清語老乞大

莊吉發譯

滿語叢刊
文史哲出版社印行

國家圖書館出版品預行編目資料

清語老乞大 / 莊吉發譯.-- 再版. -- 臺北市：
文史哲出版社, 民 73.06
面：　公分.--（滿語叢刊；2）
ISBN 978-986-314-661-2（平裝）

1.滿州語 2.讀本

802.918　　112022273

滿　語　叢　刊　2

清 語 老 乞 大

譯　者：莊　吉　發
出版者：文　史　哲　出　版　社
http:// www.lapen.com.tw
e-mail:lapen@ms74.hinet.net
登記證字號：行政院新聞局版臺業字五三三七號
發行人：彭　正　雄
發行所：文　史　哲　出　版　社
印刷者：文　史　哲　出　版　社
臺北市羅斯福路一段七十二巷四號
郵政劃撥帳號：一六一八〇一七五
電話886-2-23511028・傳真886-2-23965656
定價新臺幣四二〇元
一九七六年（65年）九月初版（精裝）
一九八四年（73年）六月再版（精裝）
二〇二三年（112年）十二月再版二刷（平裝）

ISBN 978-986-314-660-5　　65002

序

清語老乞大，計八卷，係學習滿洲語文之基本教材。老乞大原爲朝鮮譯解漢語之書籍，李朝實錄世宗十六年（1434）六月丙寅條云「頒鑄字所印老乞大、朴通事于承文院司譯院，此二書譯中國語之書也。」案乞大一詞，又作乞塔、起炭、或吉代，語出蒙古對漢人之稱謂。漢人，蒙語讀如"KITAT"，老乞大，意即老漢兒。惟老乞大原書作者及成書年月俱已不詳，據近人考證，約成於高麗末期，李朝初期，爲徙居遼東或瀋陽之朝鮮人所作，閔泳珪教授所撰「老乞大辯疑」一文，論述精闢。仁祖十四年（1636），丙子之役以後，滿鮮關係益趨密切，滿洲語文用途日廣，文書往復，言語酬酢，多賴斯語，遂有老乞大滿文譯本之刊行，但原書字句齟齬生澀，文義率多訛謬，且因歲月寖久，卷帙散軼，學者多病之。朝鮮崇政大夫行知中樞府事金振夏，以善滿洲語文聞名於當時，乘會寧開市之便，就質於淸人，將舊本字畫音義，詳加考訂。英祖四十一年（1765），歲次乙酉，改編重刊。是年秋，朝鮮提調行判中樞府事洪啓禧曾爲是書撰序，敍述其出版經過頗詳。原序云「清學在今諸譯爲用最緊，爲功最難，其課習之書，有老乞大及三譯總解，而三譯總解則本以文字翻解，無甚同異訛舛，若老乞大則始出於丙子後我人東還者之因語生解，初無原本之依倣者，故自初已不免齟齬生澀，而今過百季，又有古今之異假，使熟於此書，亦無益於通話之實，從事本學者多病之。庚辰，咸興譯學金振夏因開市往留會寧，與寧古塔筆帖式質問音義，辨明字畫，凡是書之徑庭者改之，差謬者正之。翌季開市時復質焉，則皆以為與今行話一一脗合，自此諸譯無所患於舌本之閒强，振夏儘有功於本院矣。因都提學洪公筵稟入梓箕營，不佞方與聞院事，故略記顚末如此云。」是書於滿文之旁加註韓文音譯，並將滿文意義逐句譯成韓語（見圖版一），頗便於朝鮮人之學習滿洲語文，惟原書已屬罕見。閔泳珪教授參觀法國巴黎東洋語學校圖書館所見清語老乞大八卷，即係經金振夏改訂後再版之箕營重刊本。韓國延世大學發行之人文科學第十一、二輯曾據該館藏本影印出版。惟其滿文內容與韓國亞細亞文化社出版之漢語老乞大諺解頗有出入，其漢語文辭亦不無今昔之同異，本書即據人文科學影印乙酉年金振夏改訂版重譯。因影印本字跡漫漶難辨之處甚多（見圖版二），為便於初學者閱讀，特據原文逐句重鈔，附註羅馬拼音，然後譯出漢文，其未逮之處，尚祈　博雅君子不吝教正。本書漢譯稿，承胡格金台先生詳加審訂，無任銘感，謹此誌謝。

莊吉發識
中華民國六十五年九月一日

滿洲字母表（一）

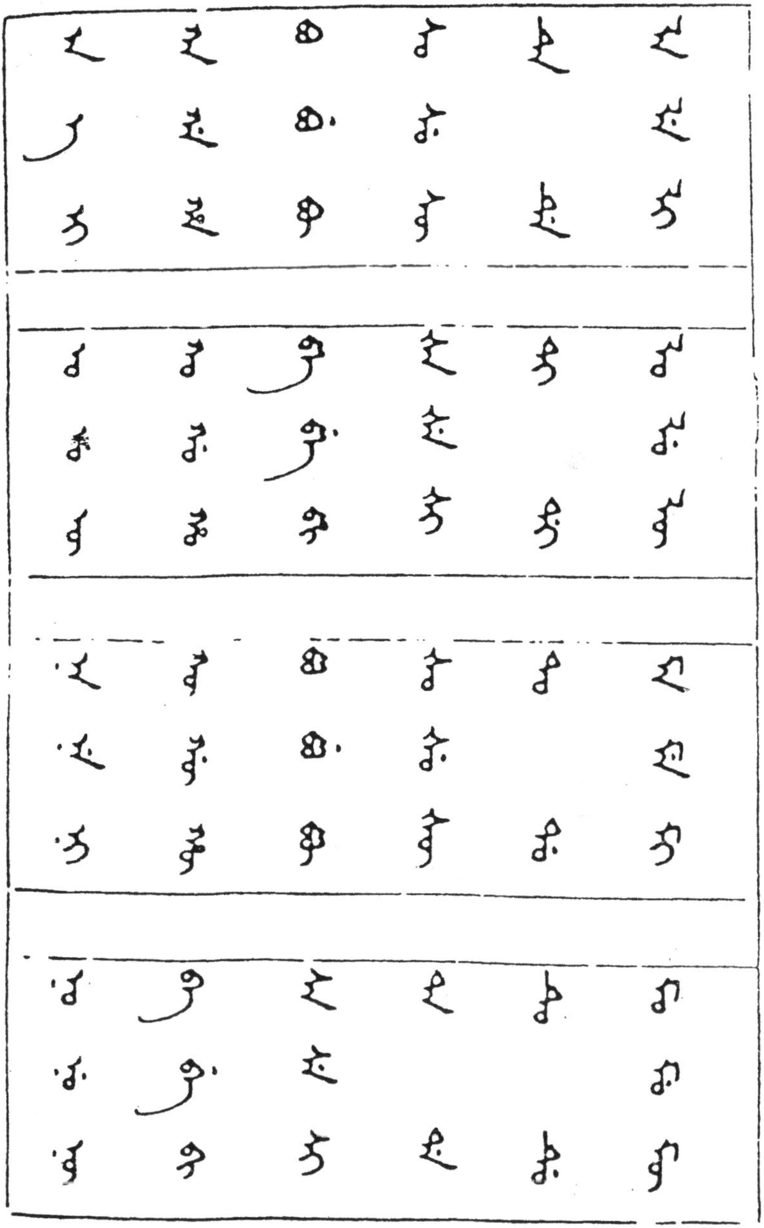

滿洲字母表（二）

母音字

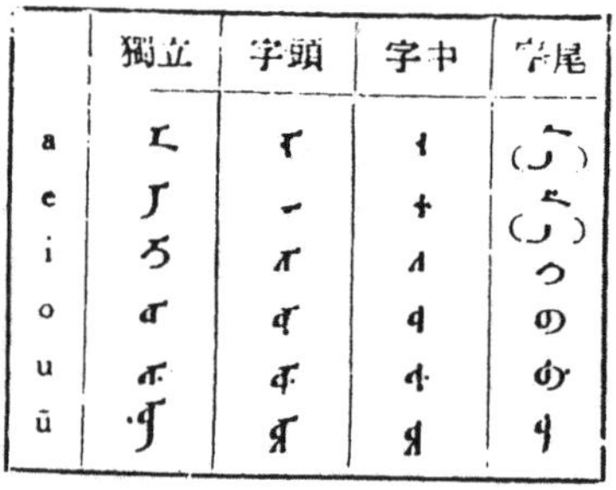

子音字

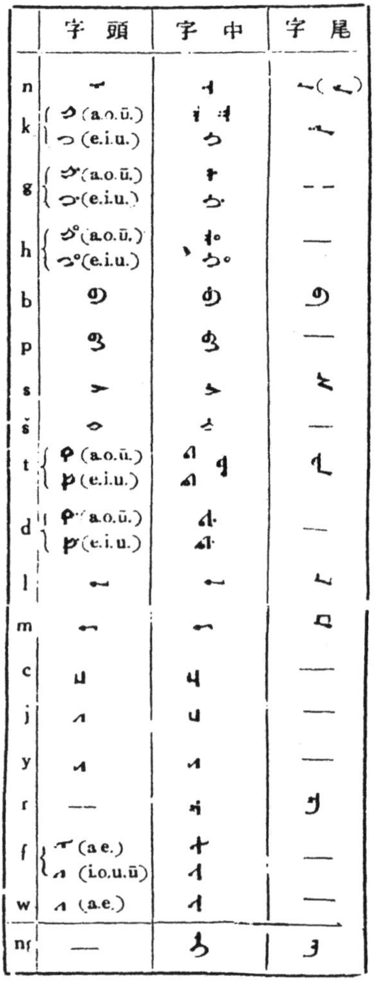

特定字

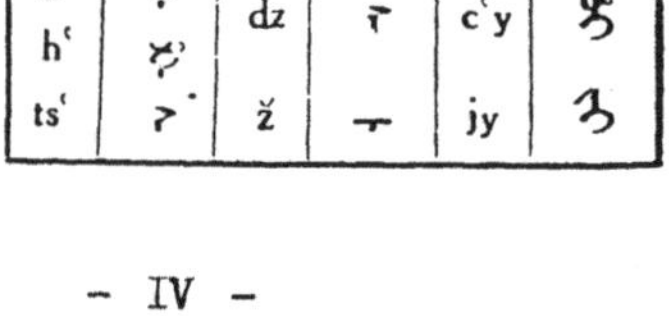

圖版一

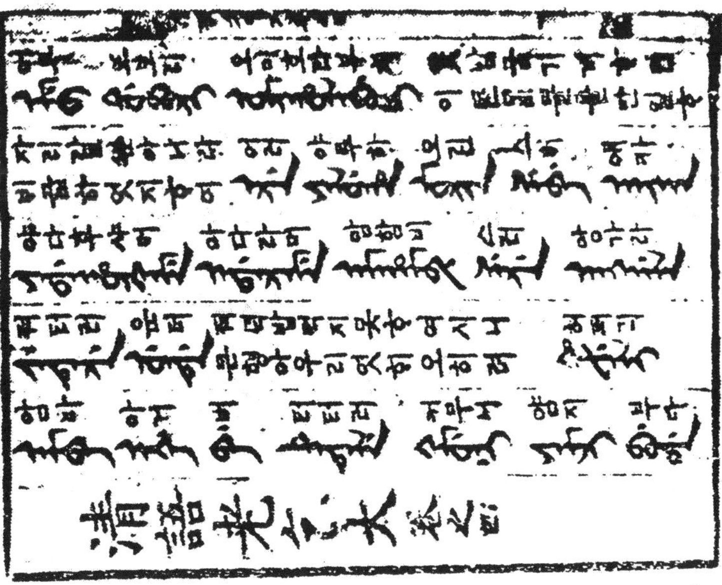

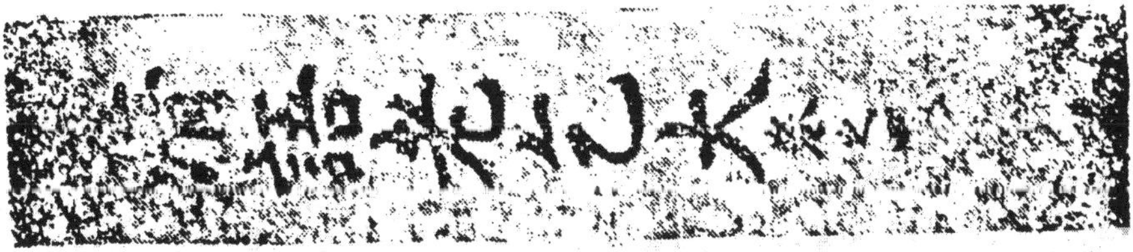

圖版二

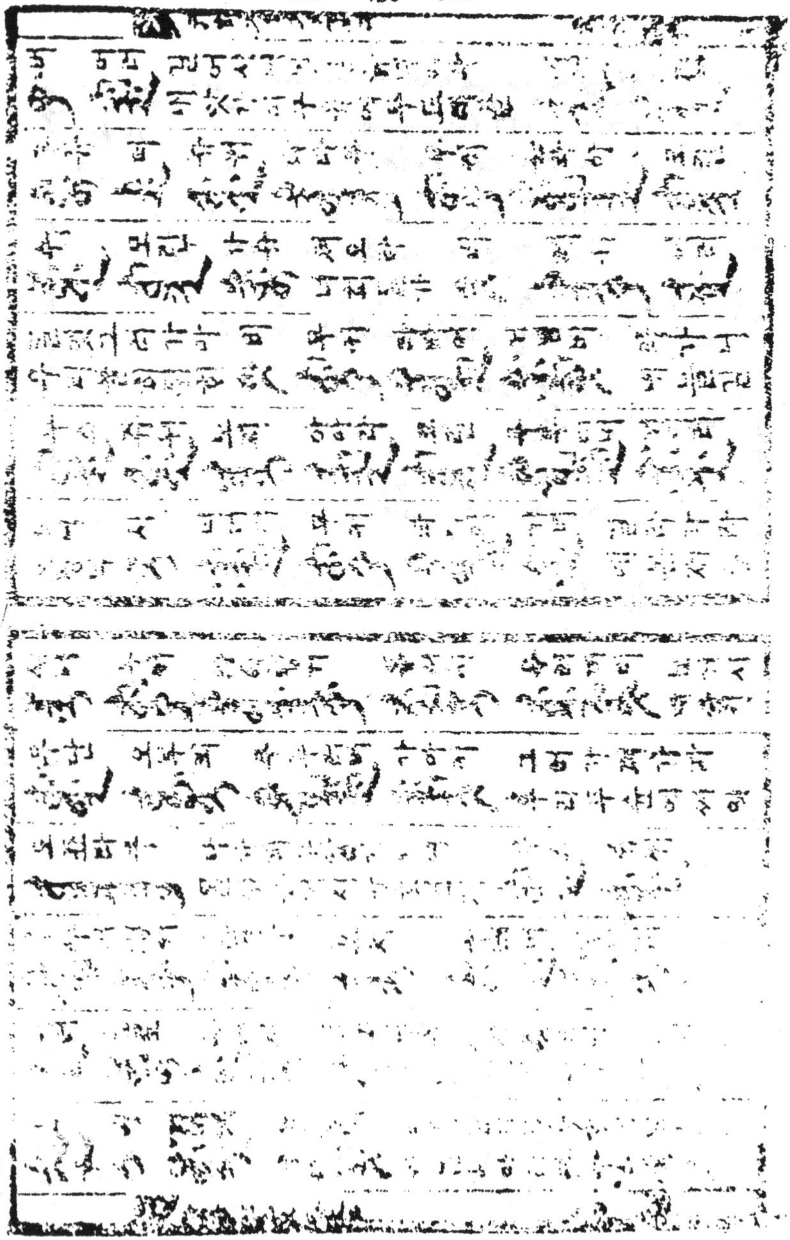

清語老乞大 卷一

一：ᠠᠮᠪᠠ ᠠᡤᡝ ᠰᡳ ᠠᡳᠪᡳᠴᡳ ᠵᡳᡥᡝ᠉

amba age **si aibici jihe?**

大阿哥你從那裏來的？

二：ᠪᡳ ᠴᠣᠣᡥᡳᠶᠠᠨ ᠸᠠᠩ ᡤᡳᠩ ᠴᡳ ᠵᡳᡥᡝ᠉

bi coohiyan wang ging ci jihe.

三：我從朝鮮王京來的。

ᡨᡝ ᠠᠪᠰᡳ ᡤᡝᠨᡝᠮᠪᡳ᠉

te absi **genembi?**

如今往那裏去？

四：ᠪᡳ ᡤᡝᠮᡠᠨ ᡥᡝᠴᡝᠨ ᡳ ᠪᠠᡵᡠ ᡤᡝᠨᡝᠮᠪᡳ᠉

bi **gemun** hecen i baru **genembi.**

八：ᠰᡳ ᡝᡵᡝ ᠪᡳᠶᠠᡳ ᡳᠴᡝ ᡩᡝ ᠵᡠᡵᠠᡶᡳ ᡨᡝ ᡥᠣᠨᡨᠣᡥᠣᠨ ᠪᡳᠶᠠ ᡥᠠᠮᡳᡴᠠ ᠪᡳᠮᡝ ᠠᡳᠨᡠ ᡨᡝᠨᡳ ᡠᠪᠠᡩᡝ ᡳᠰᡳᠨᠵᡳᡥᠠ

你既是在本月初一日起程的，到現在差不多半個月，爲何纔到這裏呢？

si ere biyai ice de jurafi, te hontohon biya hamika bime ainu teni ubade isinjiha?

七：ᠪᡳ ᡝᡵᡝ ᠪᡳᠶᠠᡳ ᡳᠴᡝ ᡩᡝ ᠵᡠᡵᠠᡴᠠ᠉

我在本月初一日起程的。

bi ere biyai ice de juraka.

六：ᠰᡳ ᠠᡨᠠᠩᡤᡳ ᠸᠠᠩ ᡤᡳᠩ ᠴᡳ ᠵᡠᡵᠠᡴᠠ᠉

你幾時從王京起程的？

si atanggi wang ging ci juraka?

五：ᠪᡳ ᡤᡝᠮᡠᠨ ᡥᡝᠴᡝᠨ ᡩᡝ ᡤᡝᠨᡝᠮᠪᡳ᠉

我往京城去。

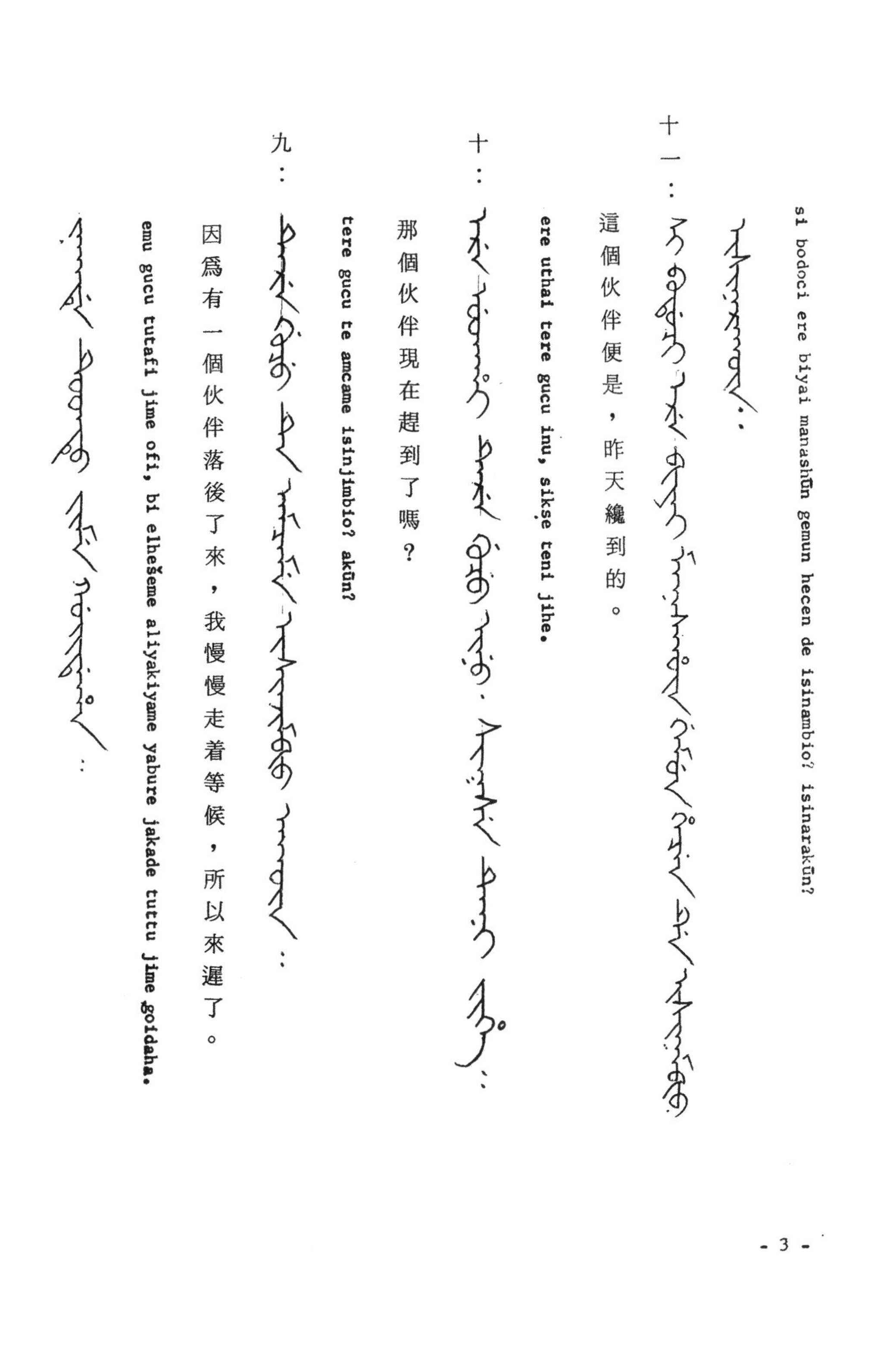

si bodoci ere biyai manashūn gemun hecen de isinambio? isinarakūn?

十一：

這個伙伴便是，昨天纔到的。

ere uthai tere gucu inu, sikse teni jihe.

十：

那個伙伴現在趕到了嗎？

tere gucu te amcame isinjimbio? akūn?

九：

因爲有一個伙伴落後了來，我慢慢走着等候，所以來遲了。

emu gucu tutafi jime ofi, bi elhešeme aliyakiyame yabure jakade tuttu jime goidaha.

bi daci nikan i niyalma de bithe taciha be dahame, nikan i gisun be majige bahanambi.

十四：ᠰᡳ ᠴᠣᠣᡥᡳᠶᠠᠨ ᡳ ᠨᡳᠶᠠᠯᠮᠠ ᡴᠠᡳ᠈ ᡤᡝᠯᡳ ᠠᡳ ᡧᠣᠯᠣ ᡩᡝ ᠨᡳᡴᠠᠨ ᡳ ᡤᡳᠰᡠᠨ ᠪᡝ ᠮᡠᠵᠠᡴᡡ ᠰᠠᡳᠨ ᡳ ᡨᠠᠴᡳᡥᠠ᠉

你是朝鮮人，又有什麼空閒把漢語學的相當好呢？

si coohiyan i niyalma kai, geli ai šolo de nikan i gisun be mujakū sain i taciha?

十三：ᠪᡳ ᠠᡩᠠᡵᠠᠮᡝ ᠪᠠᡥᠠᡶᡳ ᠰᠠᠮᠪᡳ᠈ ᠠᠪᡴᠠ ᡤᠣᠰᡳᡶᡳ ᠪᡝᠶᡝ ᡝᠯᡥᡝ ᠣᠴᡳ ᡳᠰᡳᠨᠠᠮᠪᡳ ᡩᡝᡵᡝ᠉

我怎麼得知，若上天憐憫身體安好時，想是可到吧！

bi adarame bahafi sambi? abka gosifi beye elhe oci isinambi dere.

十二：[illegible]

你計算本月底能到京城嗎？

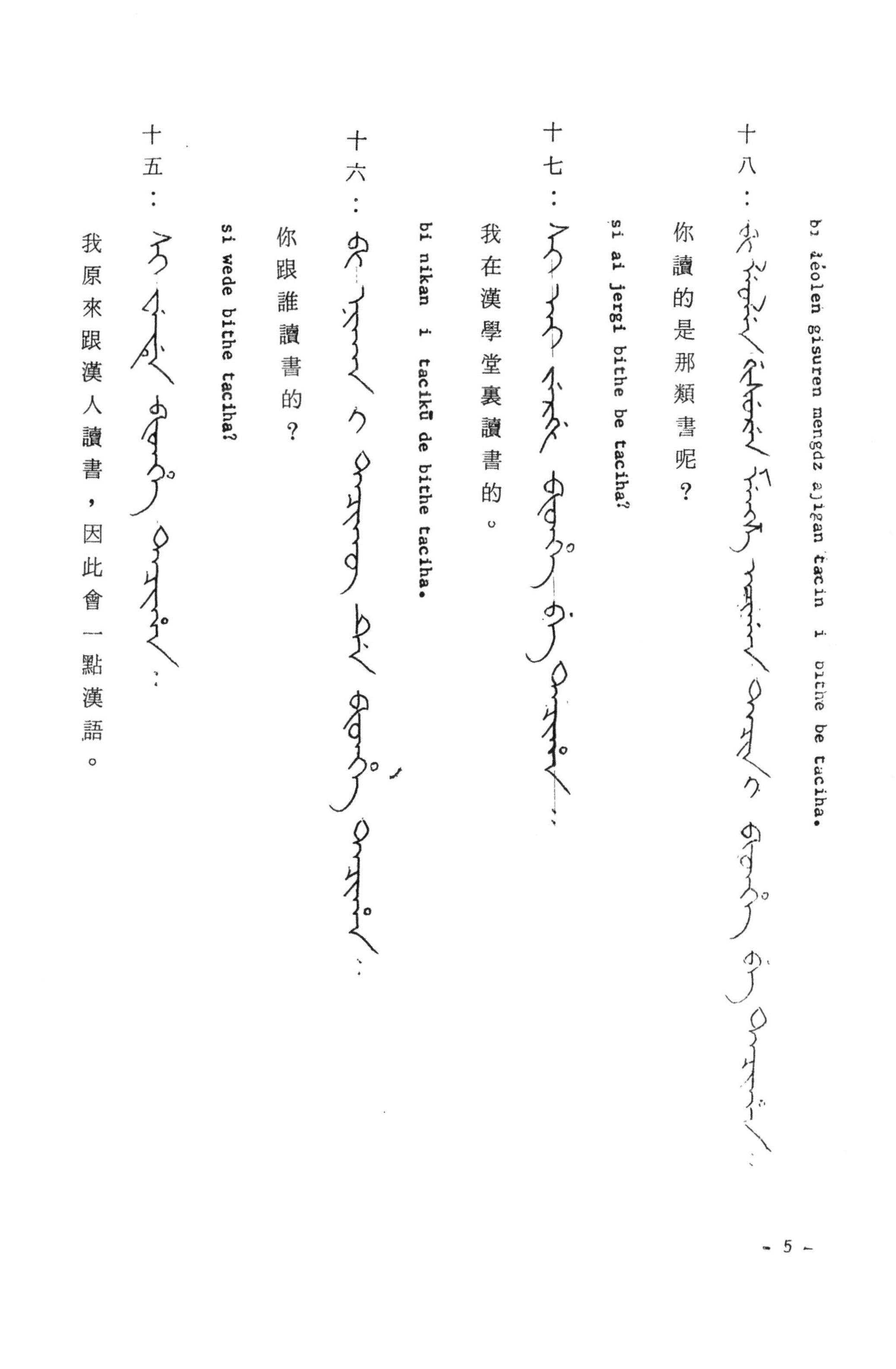

bi žeolen gisuren mengdz ajigan tacin i bithe be taciha.

十八：

你讀的是那類書呢？

si ai jergi bithe be taciha?

十七：

我在漢學堂裏讀書的。

bi nikan i tacikū de bithe taciha.

十六：

你跟誰讀書的？

si wede bithe taciha?

十五：

我原來跟漢人讀書，因此會一點漢語。

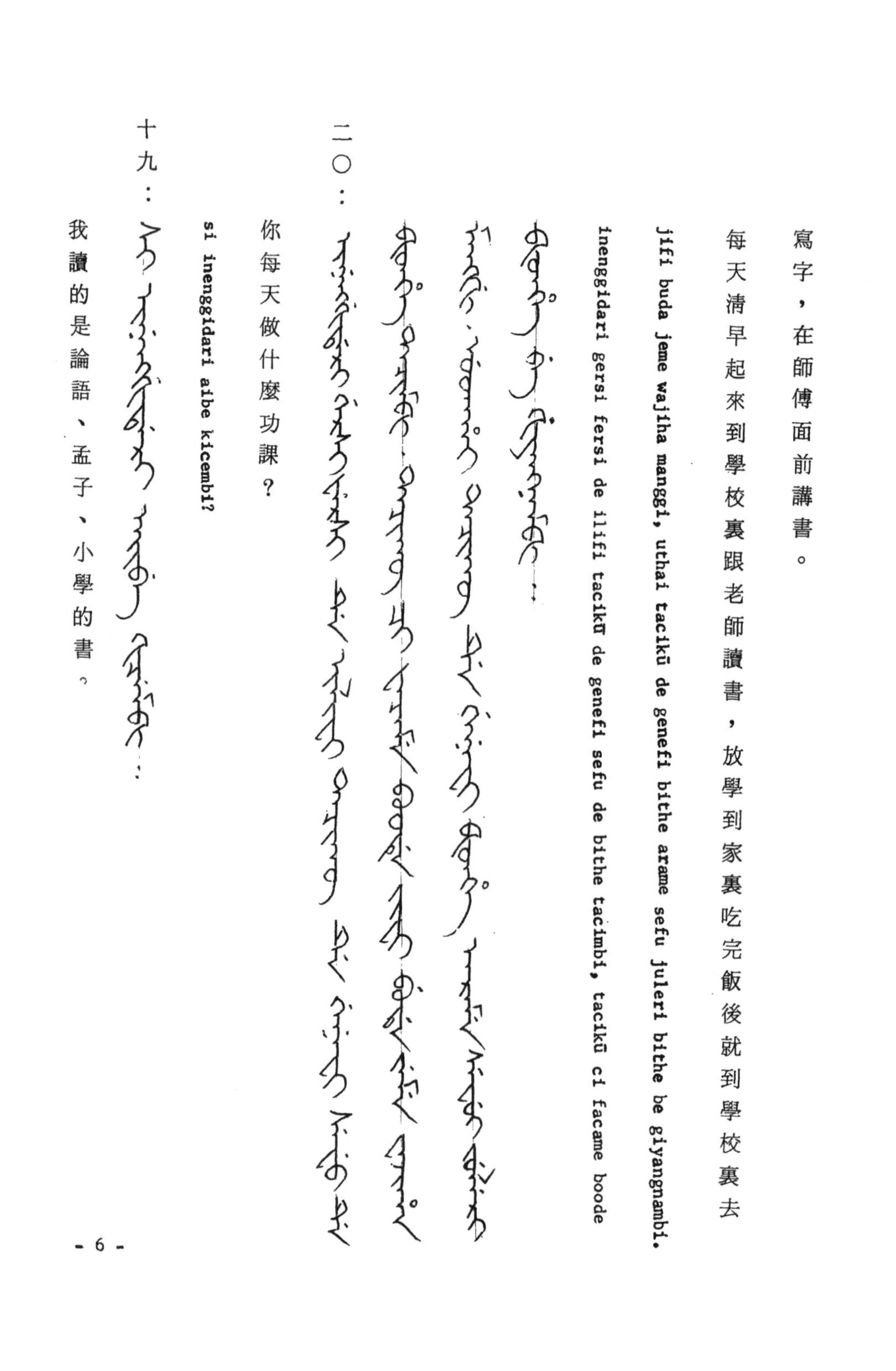

我讀的是論語、孟子、小學的書。

十九：

si inenggidari aibe kicembi?

你每天做什麼功課？

二〇：

inenggidari gersi fersi de ilifi tacikū de genefi sefu de bithe tacimbi, tacikū ci facame boode jifi buda jeme wajiha manggi, uthai tacikū de genefi bithe arame sefu juleri bithe be giyangnambi.

每天清早起來到學校裏跟老師讀書，放學到家裏吃完飯後就到學校裏去寫字，在師傅面前講書。

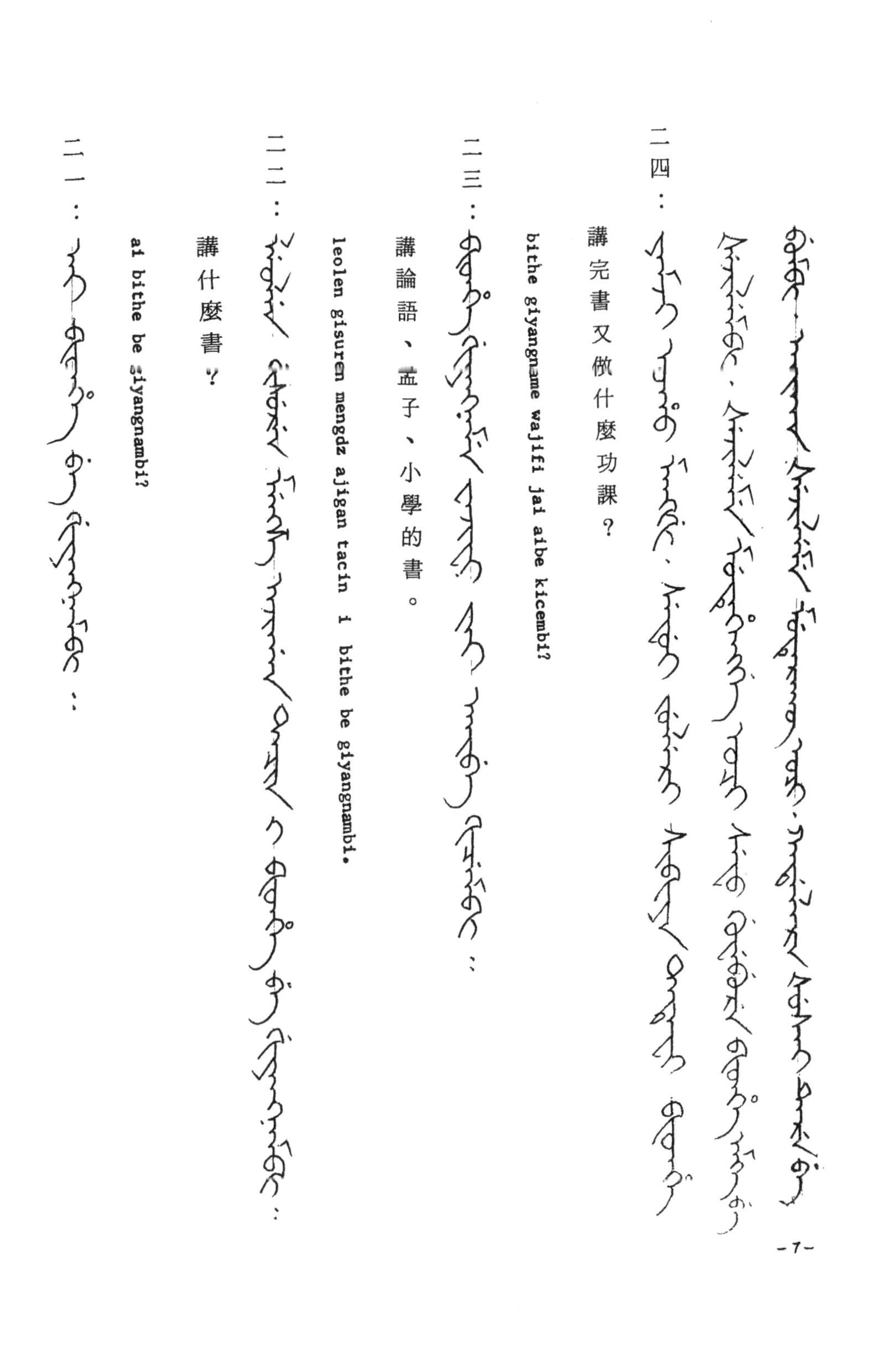

二一：

講什麼書？

ai bithe be giyangnambi?

二二：

講論語、孟子、小學的書。

leolen gisuren mengdz ajigan tacin i bithe be giyangnambi.

二三：

講完書又做什麼功課？

bithe giyangname wajifi jai aibe kicembi?

二四：

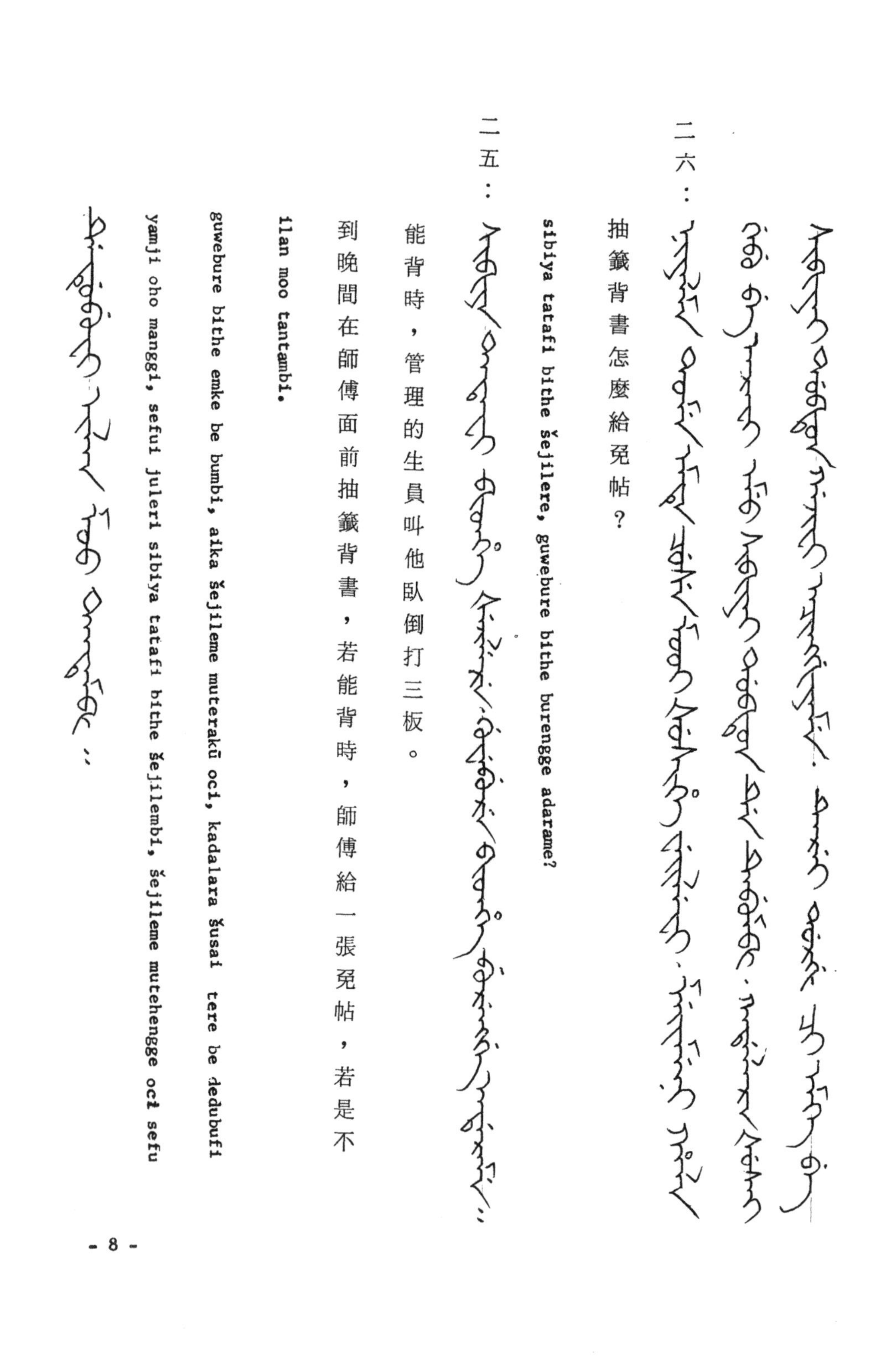

yamji oho manggi, sefu juleri sibiya tatafi bithe šejilembi, šejileme mutehenge oci sefu guwebure bithe emke be bumbi, aika šejileme muterakū oci, kadalara šusai tere be dedubufi ilan moo tantambi.

到晚間在師傅面前抽籤背書，若能背時，師傅給一張免帖，若是不能背時，管理的生員叫他臥倒打三板。

二五：

sibiya tatafi bithe šejilere, guwebure bithe burengge adarame?

抽籤背書怎麼給免帖？

二六：

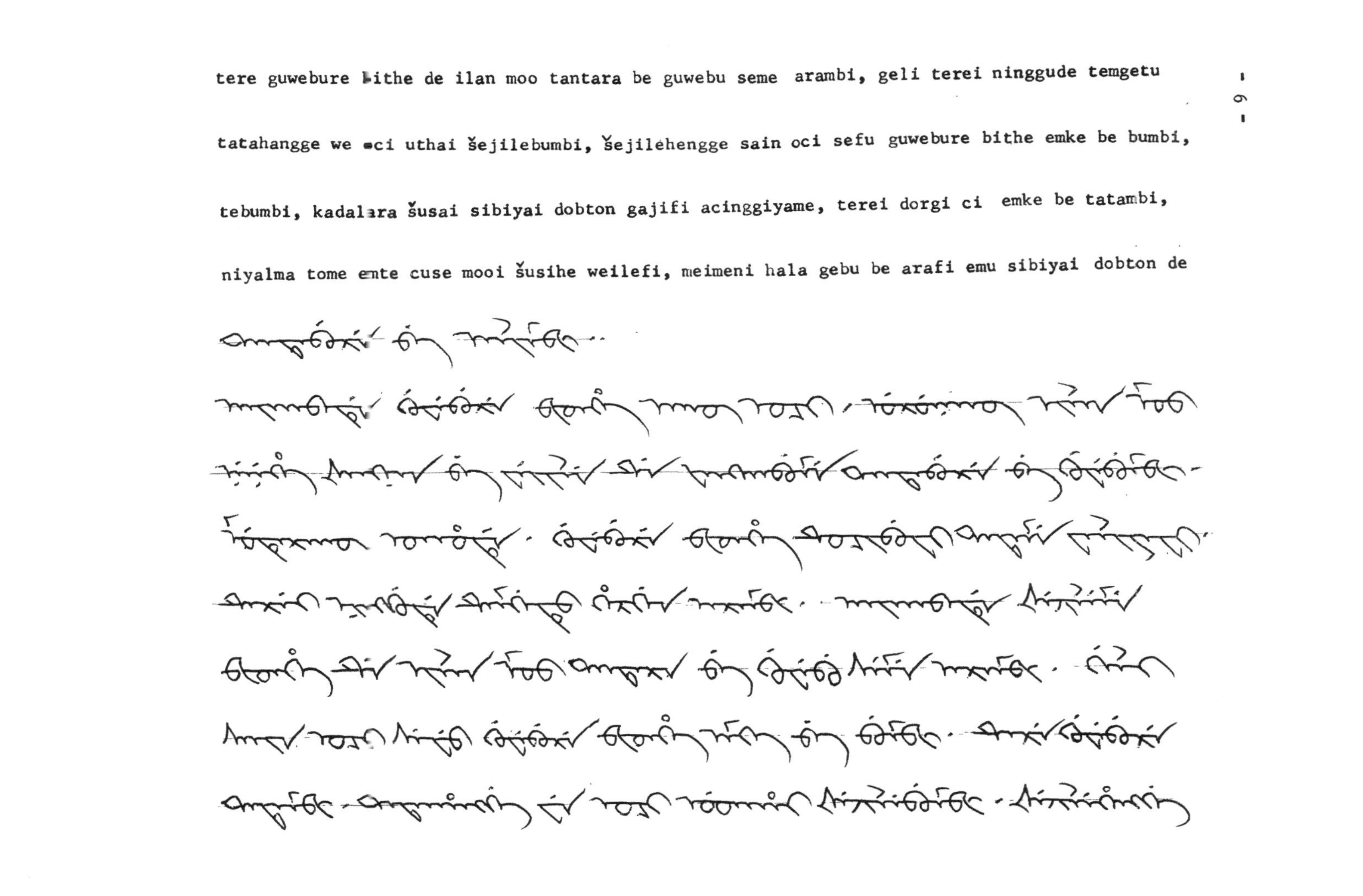

tere guwebure bithe de ilan moo tantara be guwebu seme arambi, geli terei ninggude temgetu tatahangge we oci uthai šejilebumbi, šejilehengge sain oci sefu guwebure bithe emke be bumbi, tebumbi, kadalara šusai sibiyai dobton gajifi acinggiyame, terei dorgi ci emke be tatambi, niyalma tome ente cuse mooi šusihe weilefi, meimeni hala gebu be arafi emu sibiyai dobton de

[illegible]

[illegible]

[illegible]

[illegible]

[illegible]

[illegible]

[illegible]

[illegible]

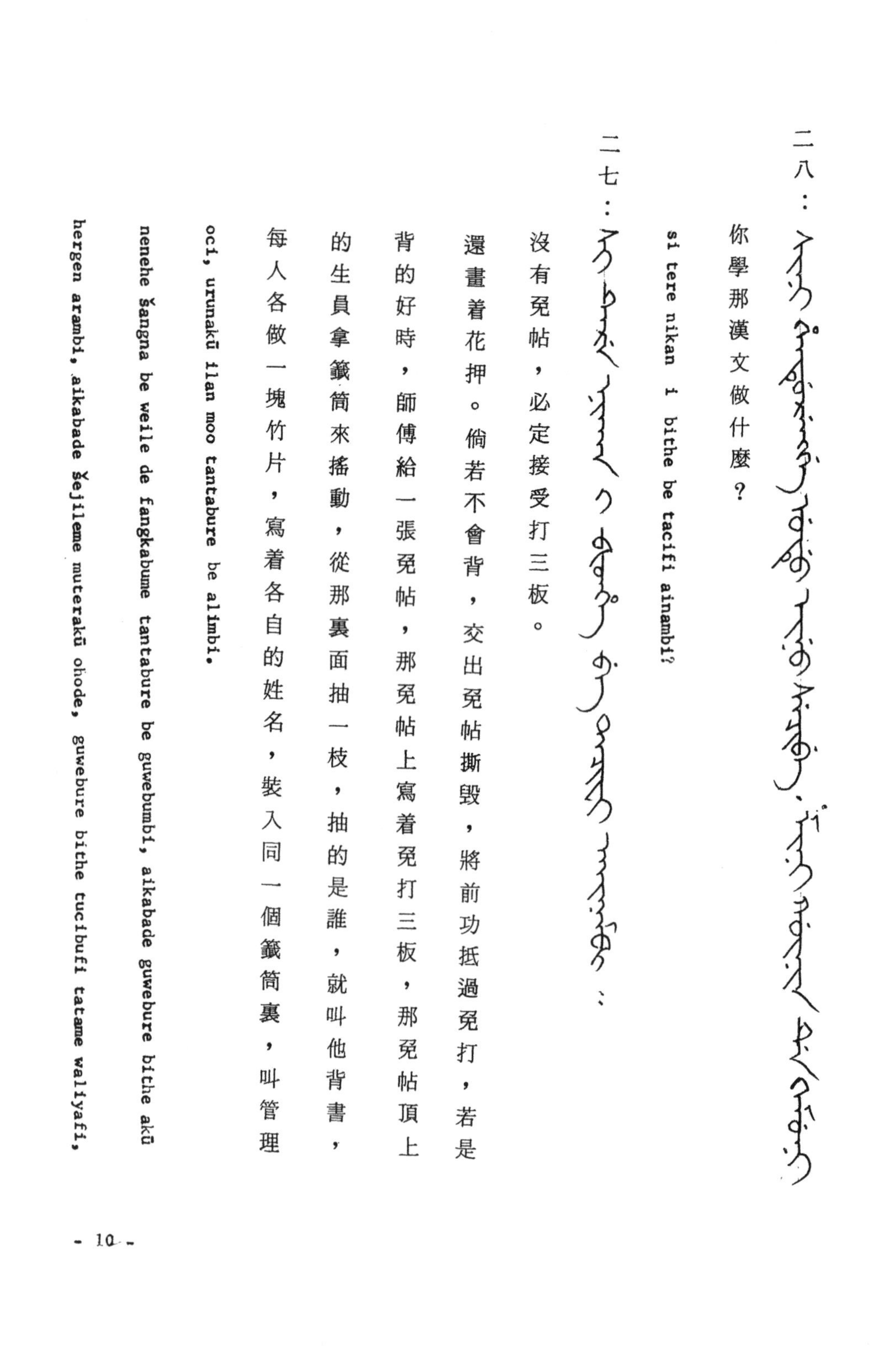

二八：

你學那漢文做什麼？

sí tere nikan i bithe be tacifi ainambi?

二七：

沒有免帖，必定接受打三板。
還畫着花押。倘若不會背，交出免帖撕毀，將前功抵過免打，若是
背的好時，師傅給一張免帖，那免帖上寫着免打三板，那免帖頂上
的生員拿籤筒來搖動，從那裏面抽一枝，抽的是誰，就叫他背書，
每人各做一塊竹片，寫着各自的姓名，裝入同一個籤筒裏，叫管理

oci, urunakū ilan moo tantabure be alimbi.
nenehe šangna be weile de fangkabume tantabure be guwebumbi, aikabade guwebure bithe akū
hergen arambi, aikabade šejileme muterakū ohode, guwebure bithe tucibufi tatame waliyafi,

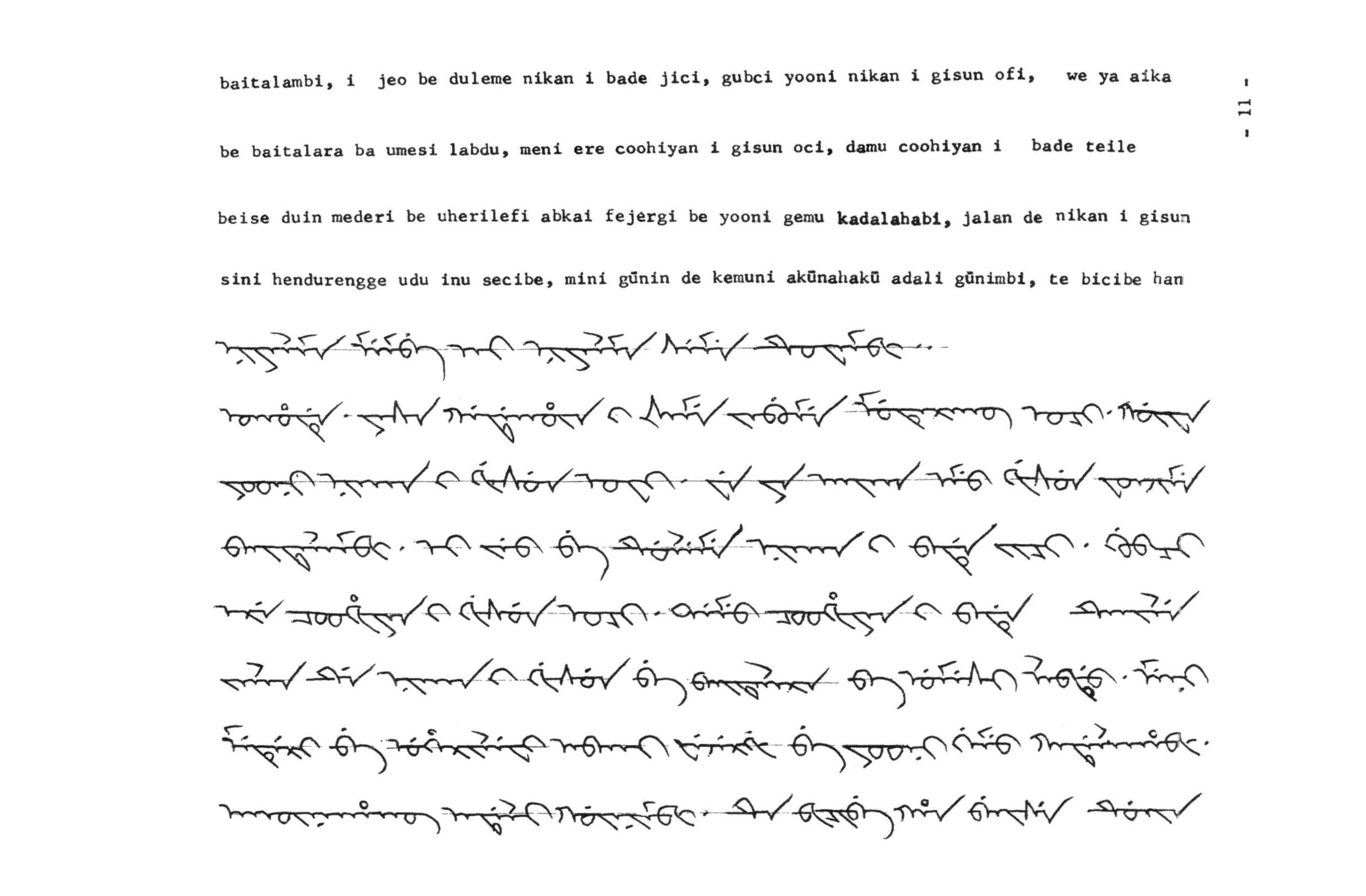

baitalambi, i jeo be duleme nikan i bade jici, gubci yooni nikan i gisun ofi, we ya aika be baitalara ba umesi labdu, meni ere coohiyan i gisun oci, damu coohiyan i bade teile beise duin mederi be uherilefi abkai fejergi be yooni gemu **kadalahabi,** jalan de nikan i gisun sini hendurengge udu inu secibe, mini gūnin de kemuni akūnahakū adali gūnimbi, te bicibe han

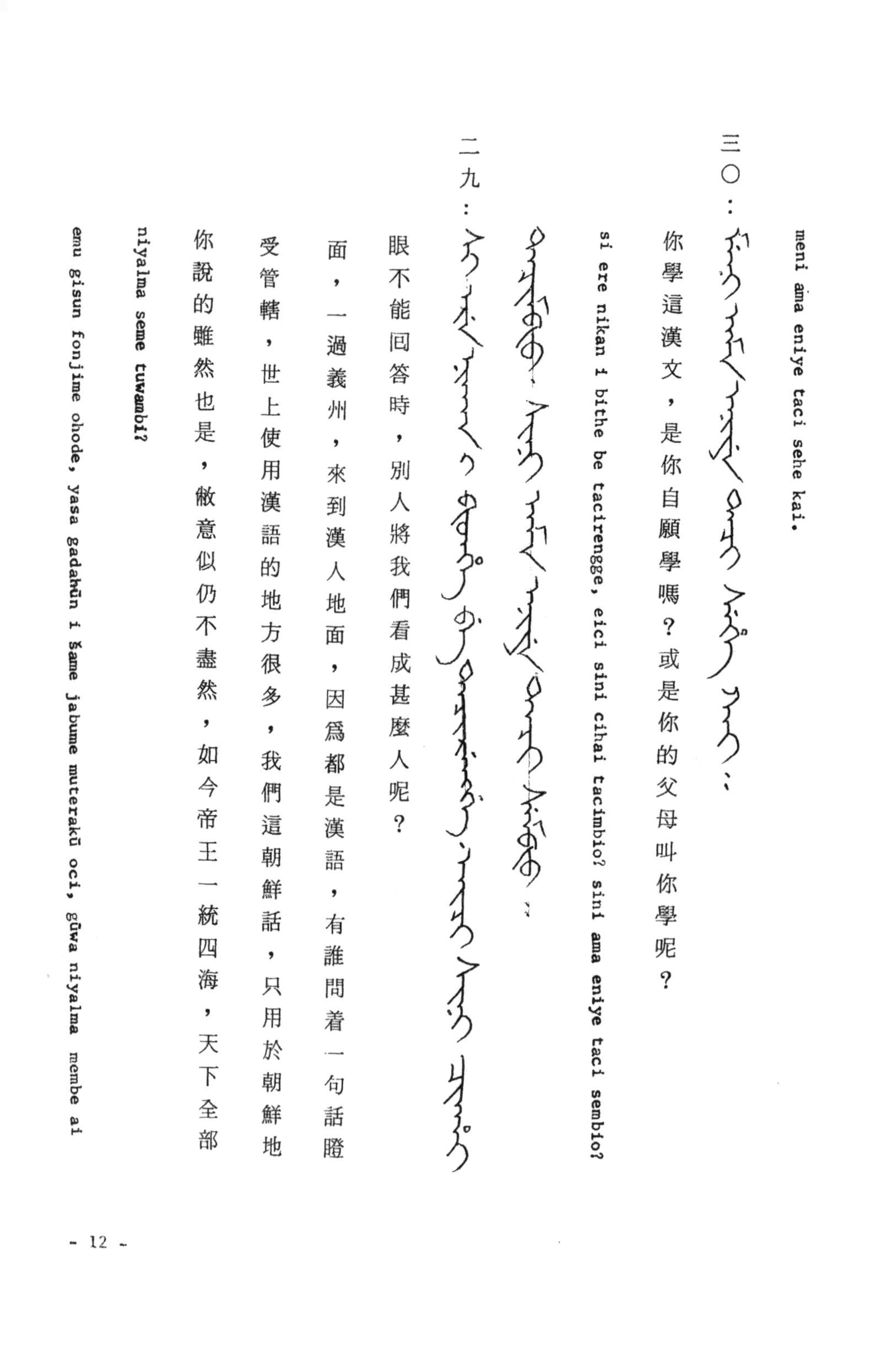

emu gisun fonjime ohode, yasa gadahūn i šame jabume muterakū oci, gūwa niyalma membe ai niyalma seme tuwambi?

你說的雖然也是，敝意似仍不盡然，如今帝王一統四海，天下全部受管轄，世上使用漢語的地方很多，我們這朝鮮話，只用於朝鮮地面，一過義州，來到漢人地面，因爲都是漢語，有誰問着一句話瞪眼不能回答時，別人將我們看成甚麼人呢？

二九：

si ere nikan i bithe be tacirengge, eici sini cihai tacimbio? sini ama eniye taci sembio?

你學這漢文，是你自願學嗎？或是你的父母叫你學呢？

三〇：

meni ama eniye taci sehe kai.

三四：

都會嗎？

gemu bahanambio? bahanarakūn?

三三：ᠮᡳᠨᡳ ᡨᠠᠴᡳᡥᠠᠩᡤᡝ ᡥᠣᠨᡨᠣᡥᠣᠨ ᠠᠨᡳᠶᠠ ᡶᡠᠨᠴᡝᡥᡝ᠉

我學了半年多了。

mini tacihangge hontohon aniya funcehe.

三二：ᠰᡳᠨᡳ ᡨᠠᠴᡳᡥᠠᠩᡤᡝ ᡠᡩᡠ ᠠᠨᡳᠶᠠ ᠣᡥᠣ᠉

你學了幾年了？

sini tacihangge udu aniya oho?

三一：

是我們的父母叫我學的啊！

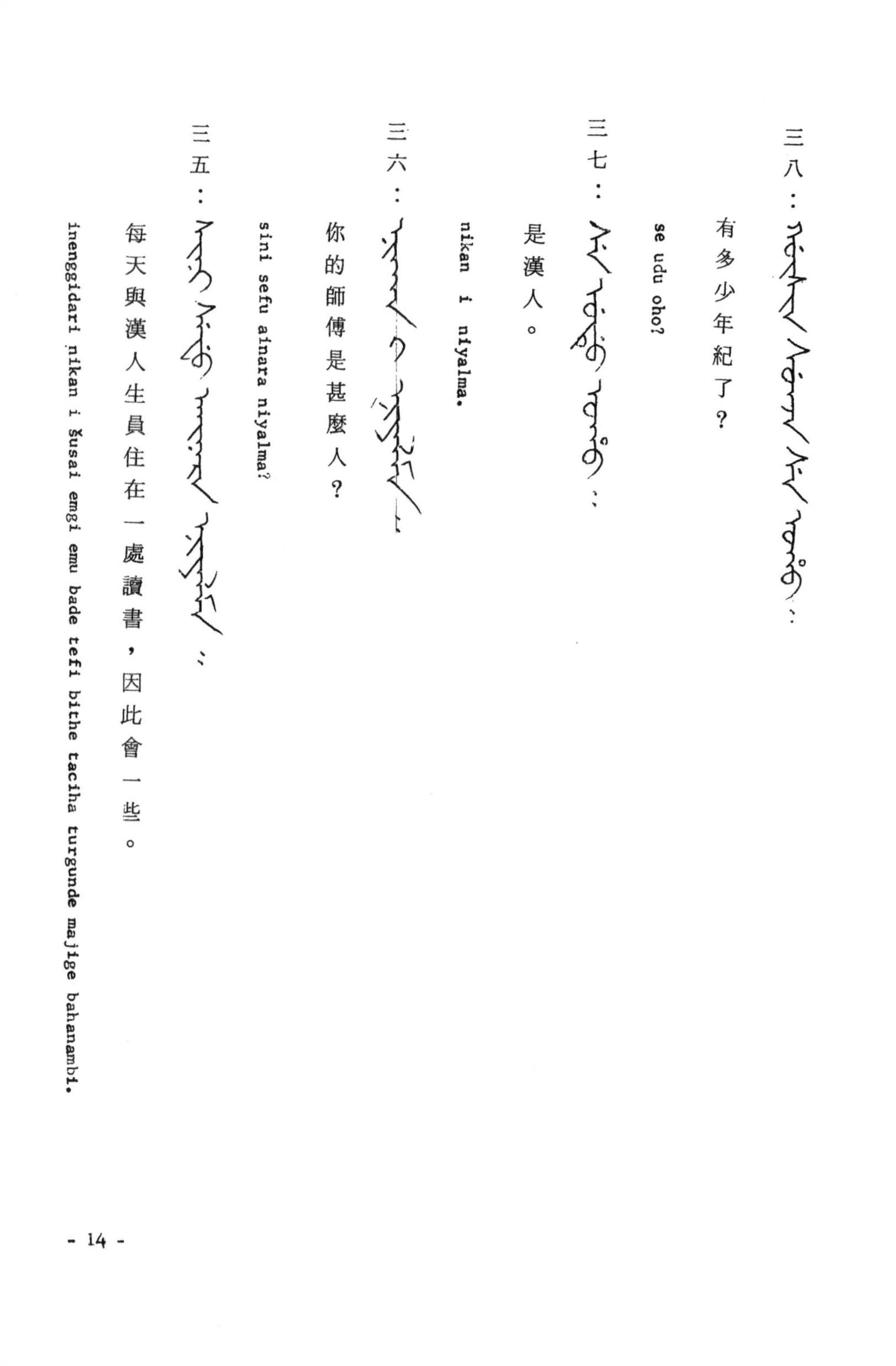

三八：

有多少年紀了？

se udu oho?

三七：

是漢人。

nikan i niyalma.

三六：

你的師傅是甚麼人？

sini sefu ainara niyalma?

三五：

每天與漢人生員住在一處讀書，因此會一些。

inenggidari nikan i šusai emgi emu bade tefi bithe taciha turgunde majige bahanambi.

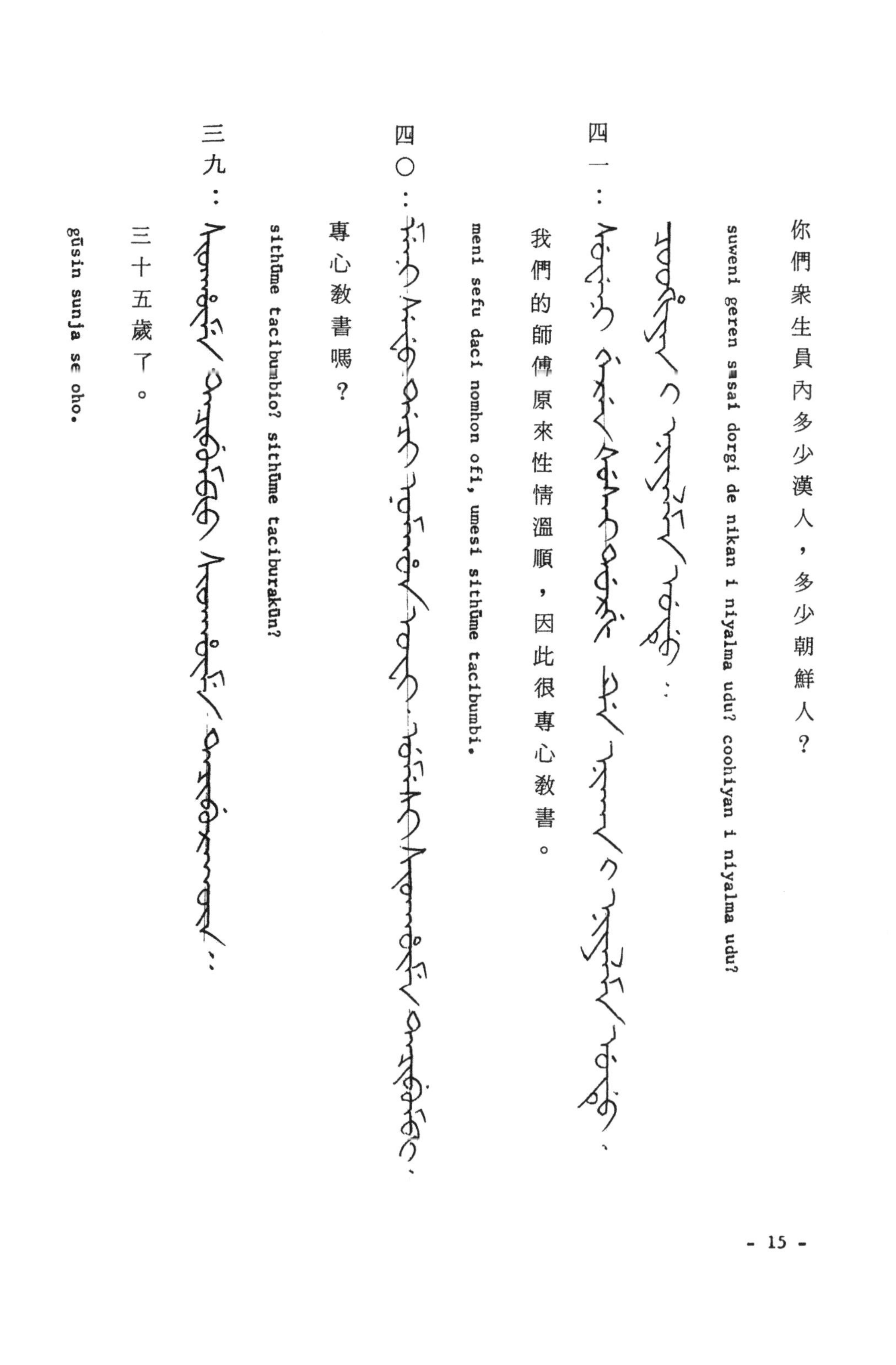

你們衆生員內多少漢人，多少朝鮮人？

suweni geren s■sai dorgi de nikan i niyalma udu? coohiyan i niyalma udu?

四一：

我們的師傅原來性情溫順，因此很專心教書。

meni sefu daci nomhon ofi, umesi sithūme tacibumbi.

四〇：

專心教書嗎？

sithūme tacibu■bio? sithūme taciburakūn?

三九：

三十五歲了。

gūsin sunja se■ oho.

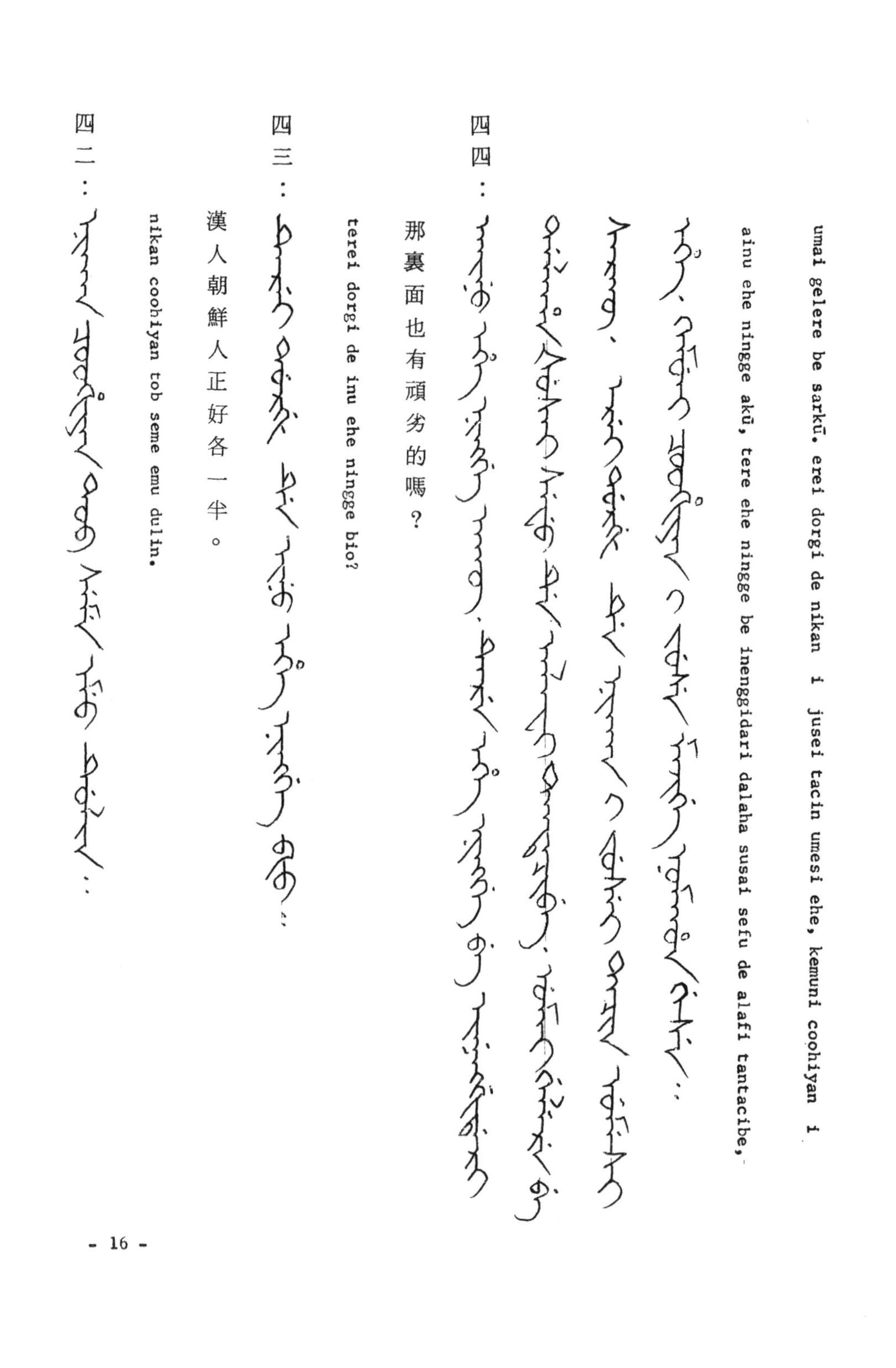

四二：

nikan coohiyan tob seme emu dulin.

漢人朝鮮人正好各一半。

四三：

terei dorgi de inu ehe ningge bio?

那裏面也有頑劣的嗎？

四四：

umai gelere be sarkū. erei dorgi de nikan i jusei tacin umesi ehe, kemuni coohiyan i ainu ehe ningge akū, tere ehe ningge be inenggidari dalaha susai sefu de alafi tantacibe,

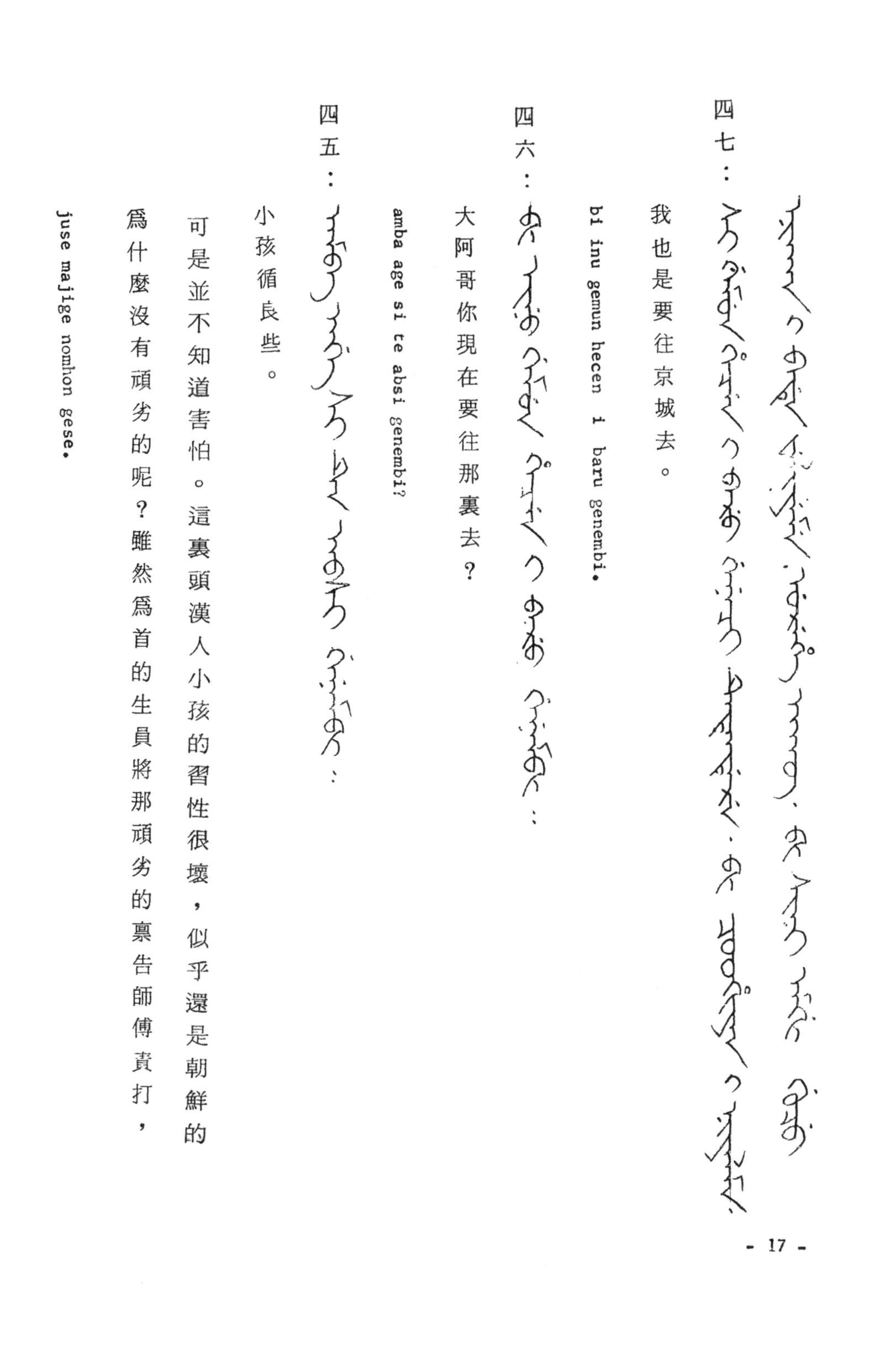

[illegible]

四七：[illegible]

我也是要往京城去。

bi inu gemun hecen i baru genembi.

四六：[illegible]

大阿哥你現在要往那裏去？

amba age si te absi genembi?

四五：[illegible]

小孩循良些。

可是並不知道害怕。這裏頭漢人小孩的習性很壞，似乎還是朝鮮的爲什麼沒有頑劣的呢？雖然爲首的生員將那頑劣的稟告師傅責打，

juse majige nomhon gese.

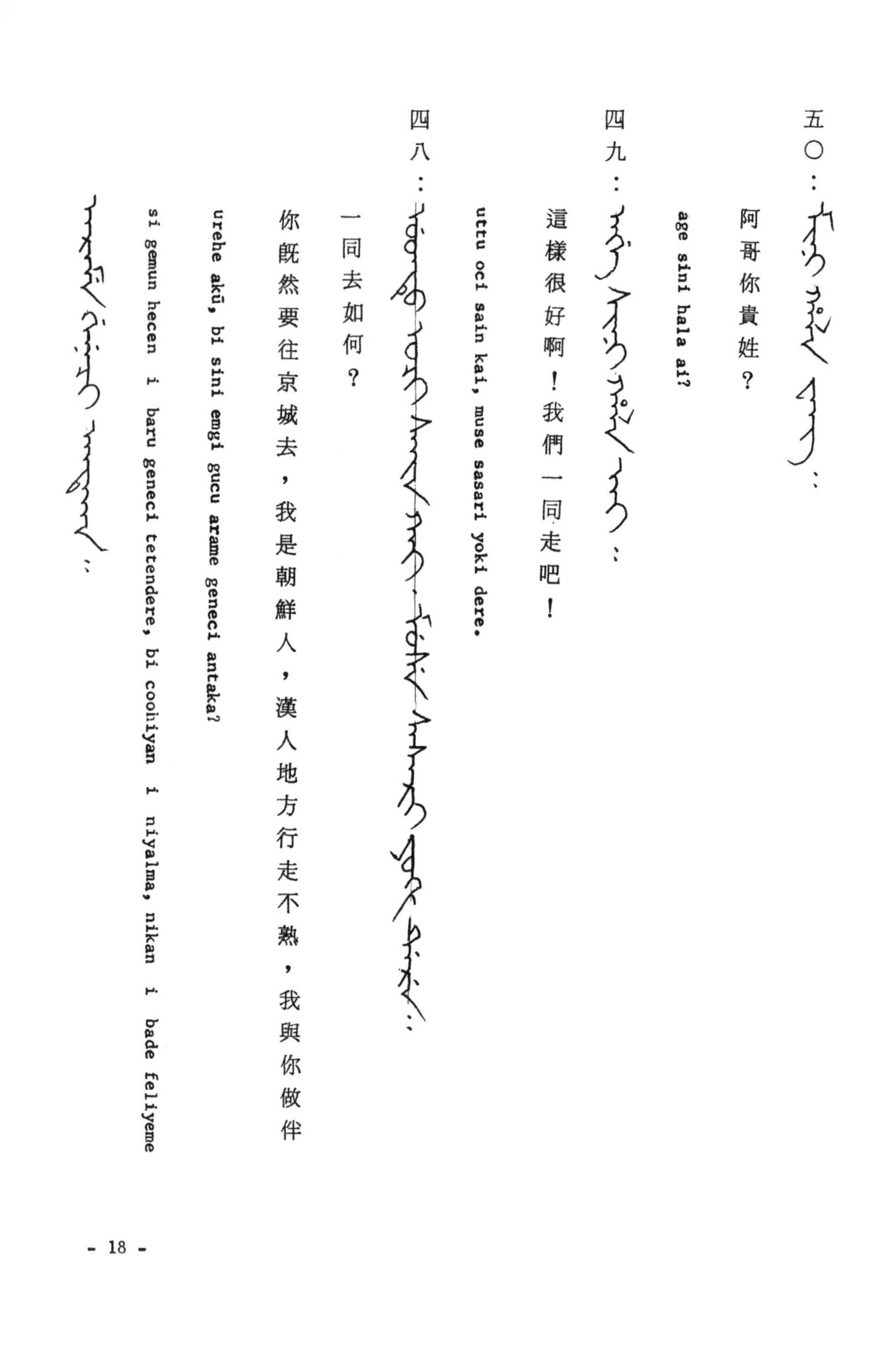

五〇：

阿哥你貴姓？

age sini hala ai?

四九：

這樣很好啊！我們一同走吧！

uttu oci sain kai, muse sasari yoki dere.

四八：

一同去如何？

你既然要往京城去，我是朝鮮人，漢人地方行走不熟，我與你做伴

si gemun hecen i baru geneci tetendere, bi coohiyan i niyalma, nikan i bade feliyeme
ureḥe akū, bi sini emgi gucu arame geneci antaka?

五四：ᠰᡳ ᡤᡝᠮᡠᠨ ᡥᡝᠴᡝᠨ ᡩᡝ ᠠᡳ ᠪᠠᡳᡨᠠ ᠪᡳᡶᡳ ᡤᡝᠨᡝᠮᠪᡳ᠉

你有什麼事要到京城去？

si gemun hecen de ai baita bifi genembi?

五三：ᠪᡳ ᠯᡳᠶᠣᠣᡩᡠᠩ ᡥᠣᡨᠣᠨ ᡩᠣᡵᡤᡳ ᡩᡝ ᡨᡝᡥᡝᠪᡳ᠉

我住在遼東城內。

bi liyoodung hoton dorgi de tehebi.

五二：ᠰᡳᠨᡳ ᠪᠣᠣ ᠠᡳᠪᡳᡩᡝ ᡨᡝᡥᡝᠪᡳ᠉

你家住在那裏？

sini boo aibide tehebi?

五一：ᠮᡳᠨᡳ ᡥᠠᠯᠠ ᠸᠠᠩ᠉

我姓王。

mini hala wang.

同一個地方去做生意，一齊做伴去的更是了。

我們趕帶的這馬及馬上所馱的夏布、葛布也是賣的，你我既然都到

ᠮᡝᠨᡳ ᡝᠷᡝ ᠪᠣᡧᠣᠮᡝ ᡤᠠᠮᠠᠷᠠ ᠮᠣᠷᡳᠨ᠈ ᠮᠣᠷᡳᠨ ᡩᡝ ᠠᠴᡳᡥᠠ ᠮᡠᡧᡠᠷᡳ ᠵᠣᡩᠣᠨ ᡳᠨᡠ ᡠᠨᠴᠠᠷᡝᠩᡤᡝ᠈ ᠰᡳ ᠮᡠᠰᡝ ᡤᡝᠮᡠ ᡝᠮᡠ ᠪᠠᡩᡝ ᡥᡡᡩᠠᡧᠠᠮᡝ ᡤᡝᠨᡝᠷᡝ ᠪᡝ ᡩᠠᡥᠠᠮᡝ᠈ ᠰᠠᠰᠠᠷᡳ ᡤᡠᠴᡠ ᠠᠷᠠᠮᡝ ᡤᡝᠨᡝᠷᡝᠩᡤᡝ ᡝᠯᡝ ᡳᠨᡠ ᠣᡥᠣ᠉

meni ere bošome gamara morin, morin de aciha mušuri jodon inu uncarengge, si muse gemu emu bade hūdašame genere be dahame, sasari gucu arame generengge ele inu oho.

五六：ᡨᡠᡨᡨᡠ ᠣᠴᡳ ᡠᠮᡝᠰᡳ ᠰᠠᡳᠨ᠉

若是那樣最好。

tuttu oci umesi sain.

五五：ᠪᡳ ᡝᠷᡝ ᠮᠣᠷᡳᠨ ᠪᡝ ᠪᠣᡧᠣᠮᡝ ᡤᠠᠮᠠᡶᡳ ᡠᠨᠴᠠᠮᡝ ᡤᡝᠨᡝᠮᠪᡳ᠉

我趕這馬帶去賣。

bi ere morin be bošome gamafi uncame genembi.

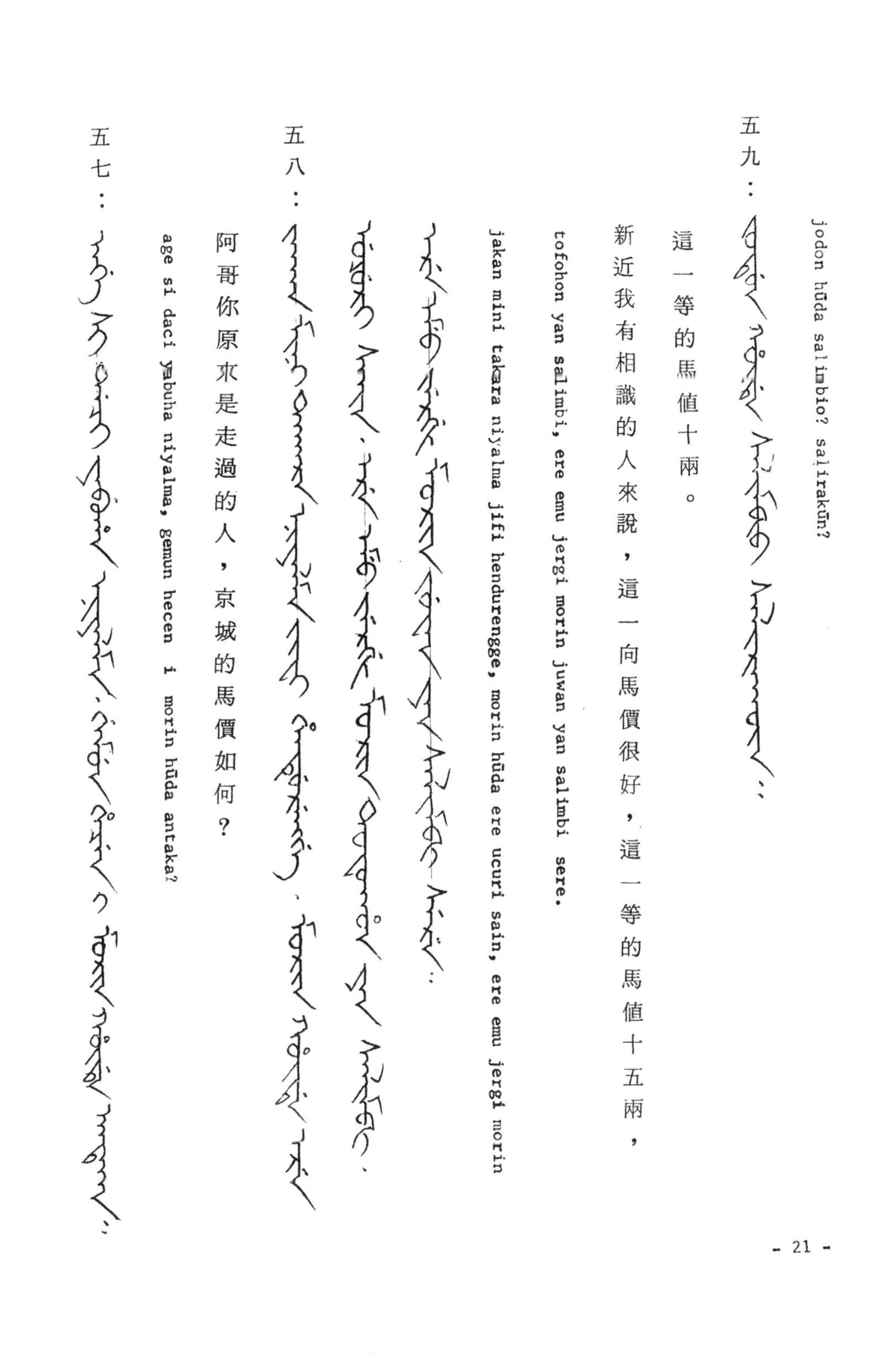

五七：

age si daci yabuha niyalma, gemun hecen i morin hūda antaka?

阿哥你原來是走過的人，京城的馬價如何？

五八：

jakan mini takara niyalma jifi hendurengge, morin hūda ere ucuri sain, ere emu jergi morin tofohon yan salimbi, ere emu jergi morin juwan yan salimbi sere.

新近我有相識的人來說，這一向馬價很好，這一等的馬值十五兩，這一等的馬值十兩。

五九：

jodon hūda salimbio? salirakūn?

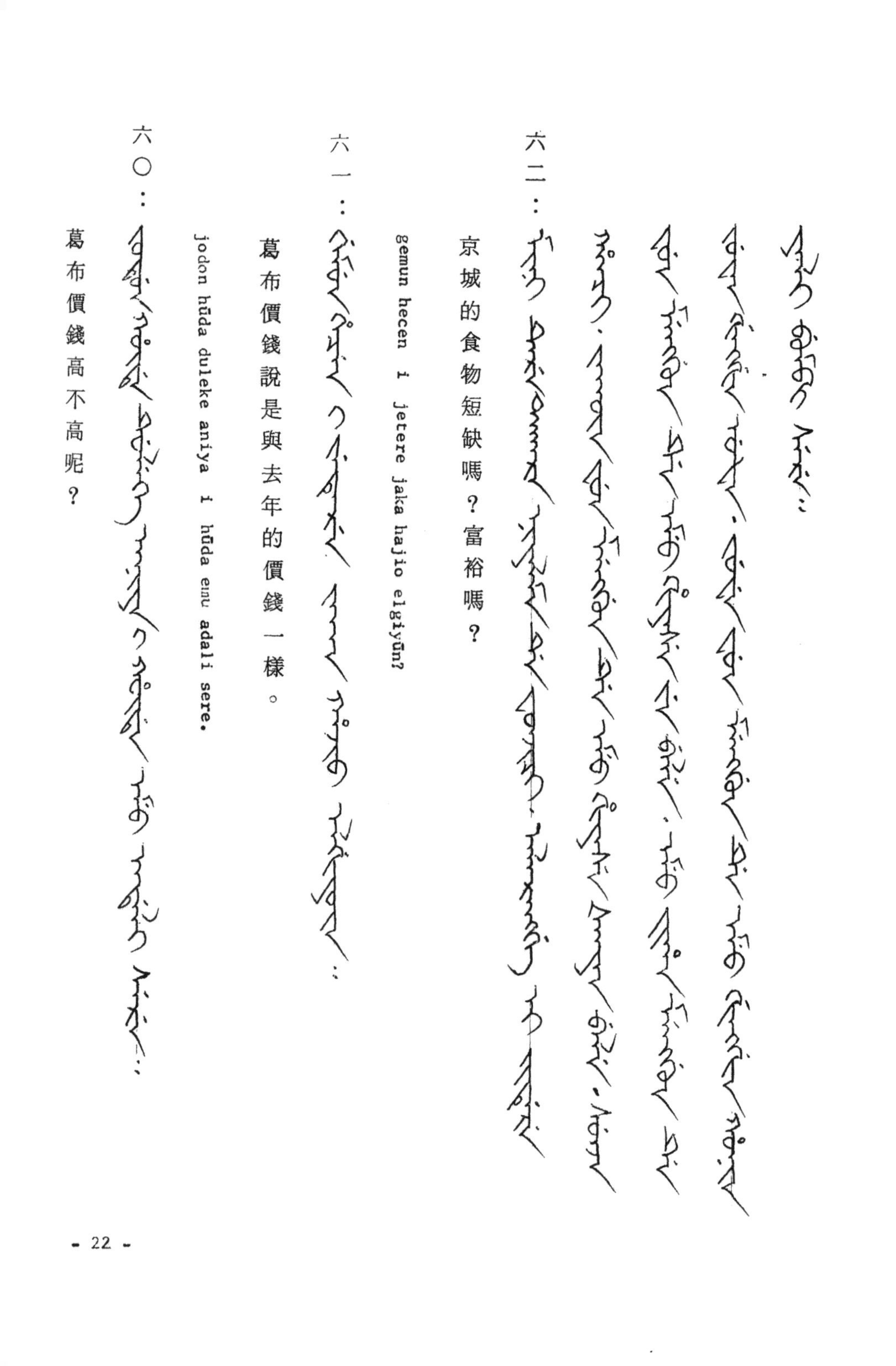

六二：

京城的食物短缺嗎？富裕嗎？

gemun hecen i jetere jaka hajio elgiyūn?

六一：

葛布價錢說是與去年的價錢一樣。

jodon hūda duleke aniya i hūda emu adali sere.

六〇：

葛布價錢高不高呢？

mini tere takara niyalma de fonjici, alarangge i jidere hanci, jakūn fun menggun de emu hiyase šanyan bele, sunja fun menggun de emu hiyase je bele, emu jiha menggun de juwan ginggin ufa, juwe fun menggun de emu ginggin honin yali bumbi sere.

我問認識的那個人，據說他將要來時，八分銀子一斗白米，五分銀子一斗小米，一錢銀子十斤麵，二分銀子一斤羊肉。

六三：ᡠᡨᡨᡠ ᠣᠴᡳ ᠪᡳ ᡩᡠᠯᡝᡴᡝ ᠠᠨᡳᠶᠠ ᡤᡝᠮᡠᠨ ᡥᡝᠴᡝᠨ ᡩᡝ ᠪᡳᡥᡝ ᡥᡡᡩᠠ ᡝᠮᡠ ᠠᡩᠠᠯᡳ᠉

uttu oci bi duleke aniya gemun hecen de bihe hūda emu adali.

這樣的話，與我去年在京城時的價錢一樣。

六四：ᠮᡠᠰᡝ ᡝᠨᡝᠩᡤᡳ ᡩᠣᠪᠣᡵᡳ ᠠᡳᠪᡳᡩᡝ ᡩᡝᡩᡠᠮᡝ ᡤᡝᠨᡝᠮᠪᡳ᠉

muse enenggi bobori aibide dedume genembi?

我們今天晚上到那裡去住宿？

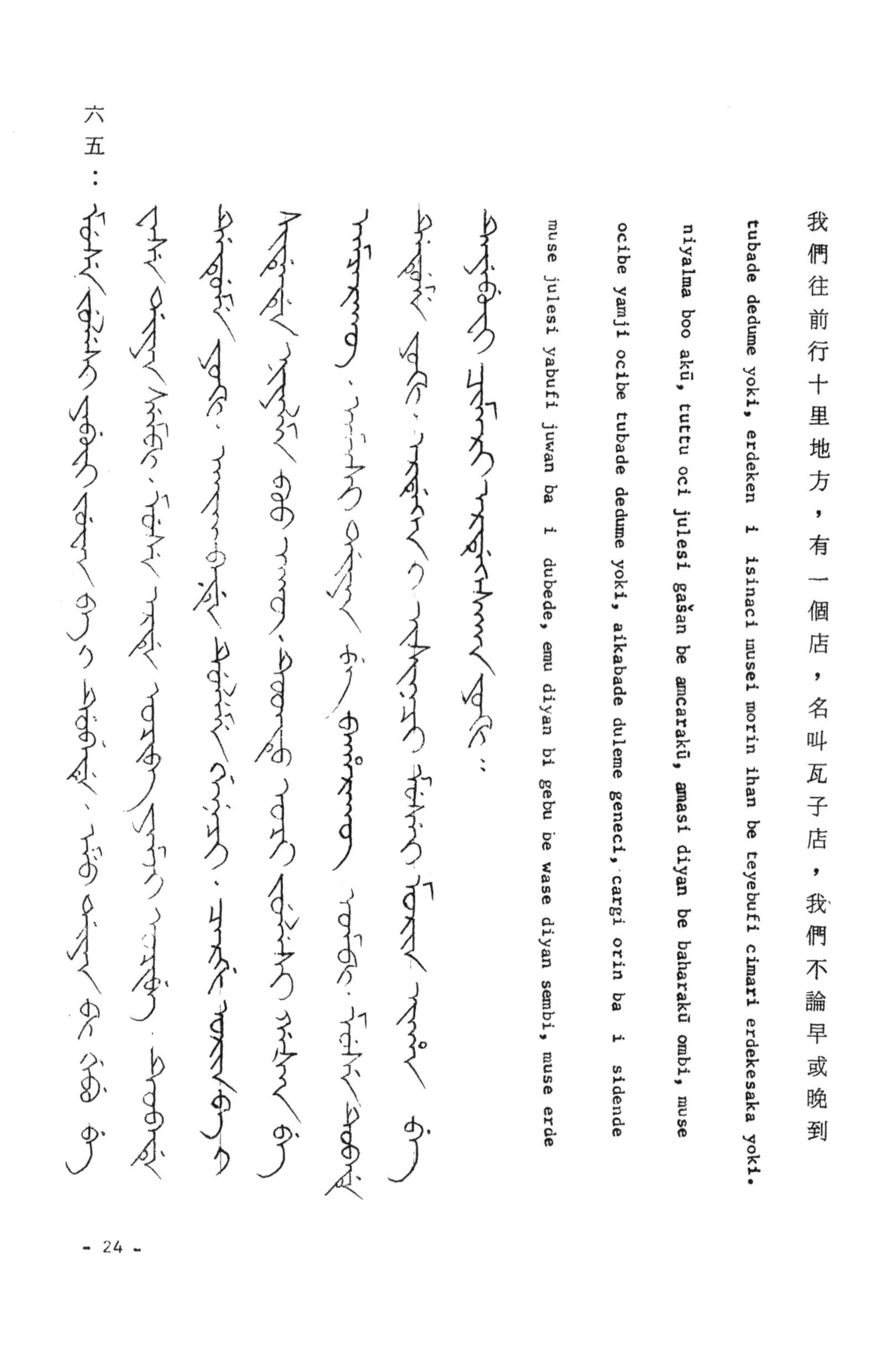

我們往前行十里地方，有一個店，名叫瓦子店，我們不論早或晚到

muse julesi yabufi juwan ba i dubede, emu diyan bi gebu be wase diyan sembi, muse erde
ocibe yamji ocibe tubade dedume yoki, aikabade duleme geneci, cargi orin ba i sidende
niyalma boo akū, tuttu oci julesi gašan be amcarakū, amasi diyan be baharakū ombi, muse
tubade dedume yoki, erdeken i isinaci musei morin ihan be teyebufi cimari erdekesaka yoki.

六五：

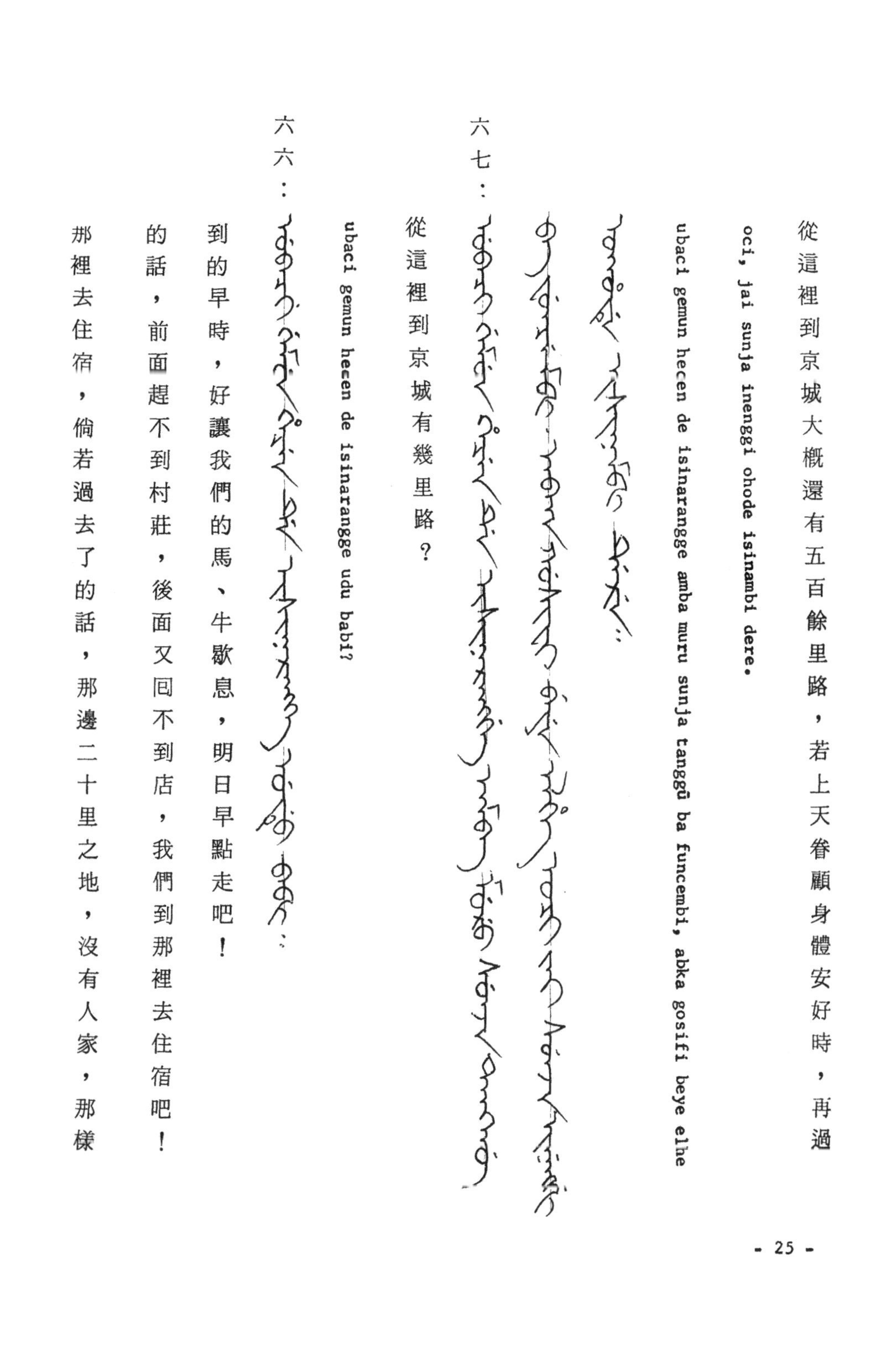

從這裡到京城大概還有五百餘里路，若上天眷顧身體安好時，再過

oci, jai sunja inenggi ohode isinambi dere.

ubaci gemun hecen de isinarangge amba muru sunja tanggū ba funcembi, abka gosifi beye elhe

六七：

從這裡到京城有幾里路？

ubaci gemun hecen de isinarangge udu babi?

六六：

到的早時，好讓我們的馬、牛歇息，明日早點走吧！

的話，前面趕不到村莊，後面又回不到店，我們到那裡去住宿吧！

那裡去住宿，倘若過去了的話，那邊二十里之地，沒有人家，那樣

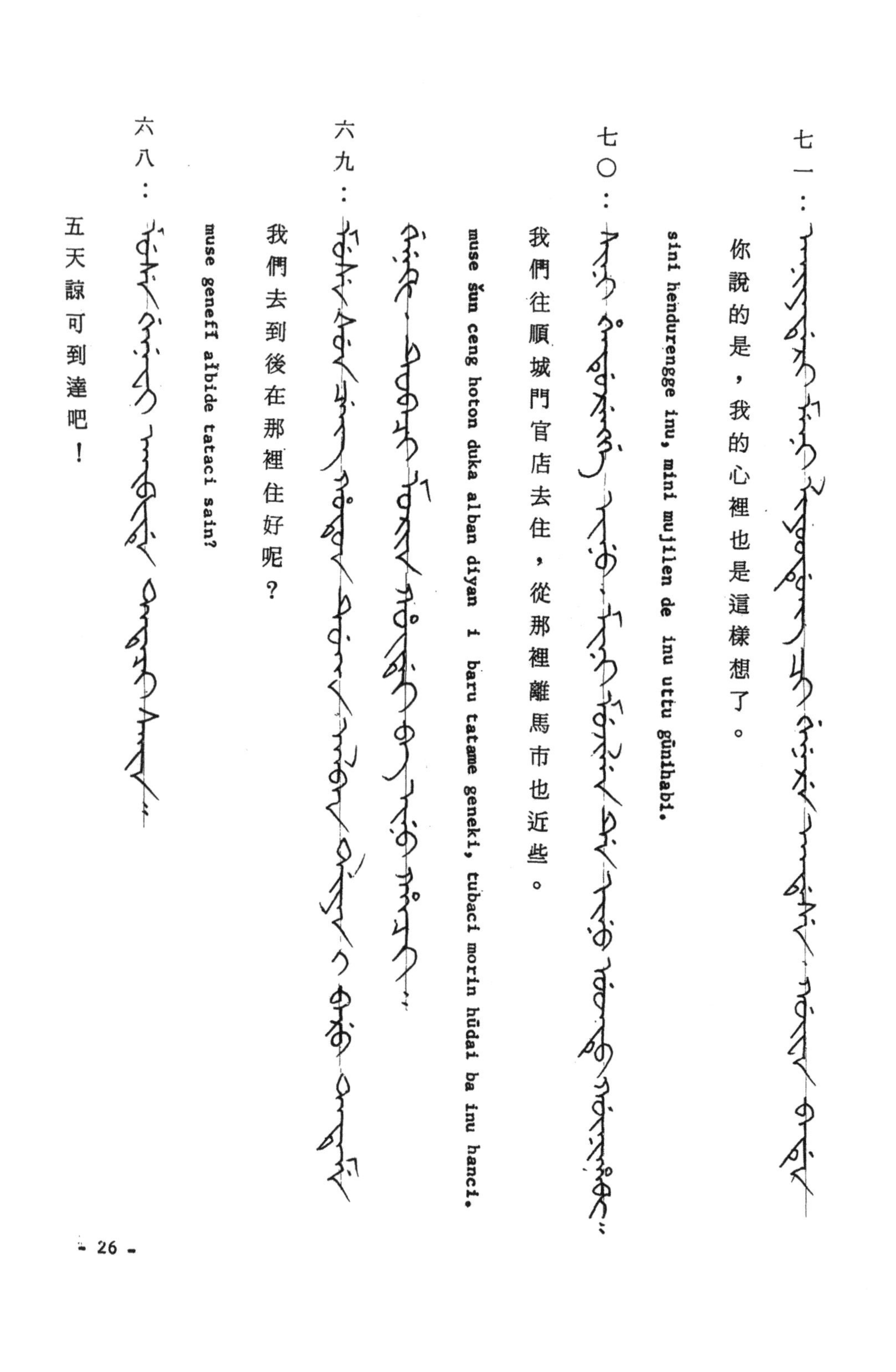

七一：

你說的是，我的心裡也是這樣想了。

sini hendurengge inu, mini mujilen de inu uttu gūnhabi.

七〇：

我們往順城門官店去住，從那裡離馬市也近些。

muse šun ceng hoton duka alban diyan i baru tatame geneki, tubaci morin hūdai ba inu hanci.

六九：

我們去到後在那裡住好呢？

muse genefi aibide tatacі sain?

六八：

五天諒可到達吧！

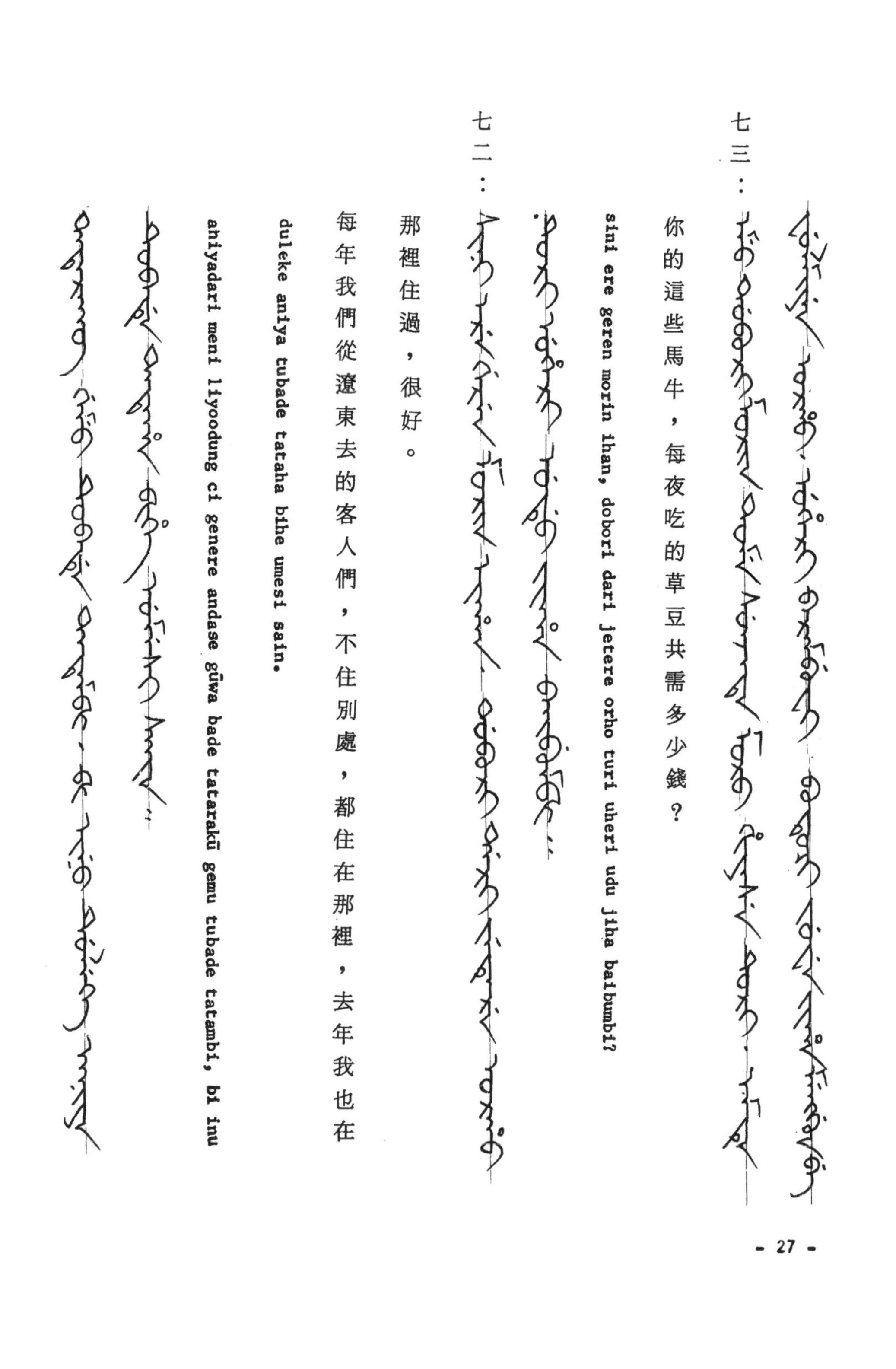

aniyadari meni liyoodung ci genere andase gūwa bade tatarakū gemu tubade tatambi, bi inu duleke aniya tubade tataha bihe umesi sain.

每年我們從遼東去的客人們，不住別處，都住在那裡，去年我也在那裡住過，很好。

七二：

sini ere geren morin ihan, dobori dari jetere orho turi uheri udu jiha baibumbi?

你的這些馬牛，每夜吃的草豆共需多少錢？

七三：

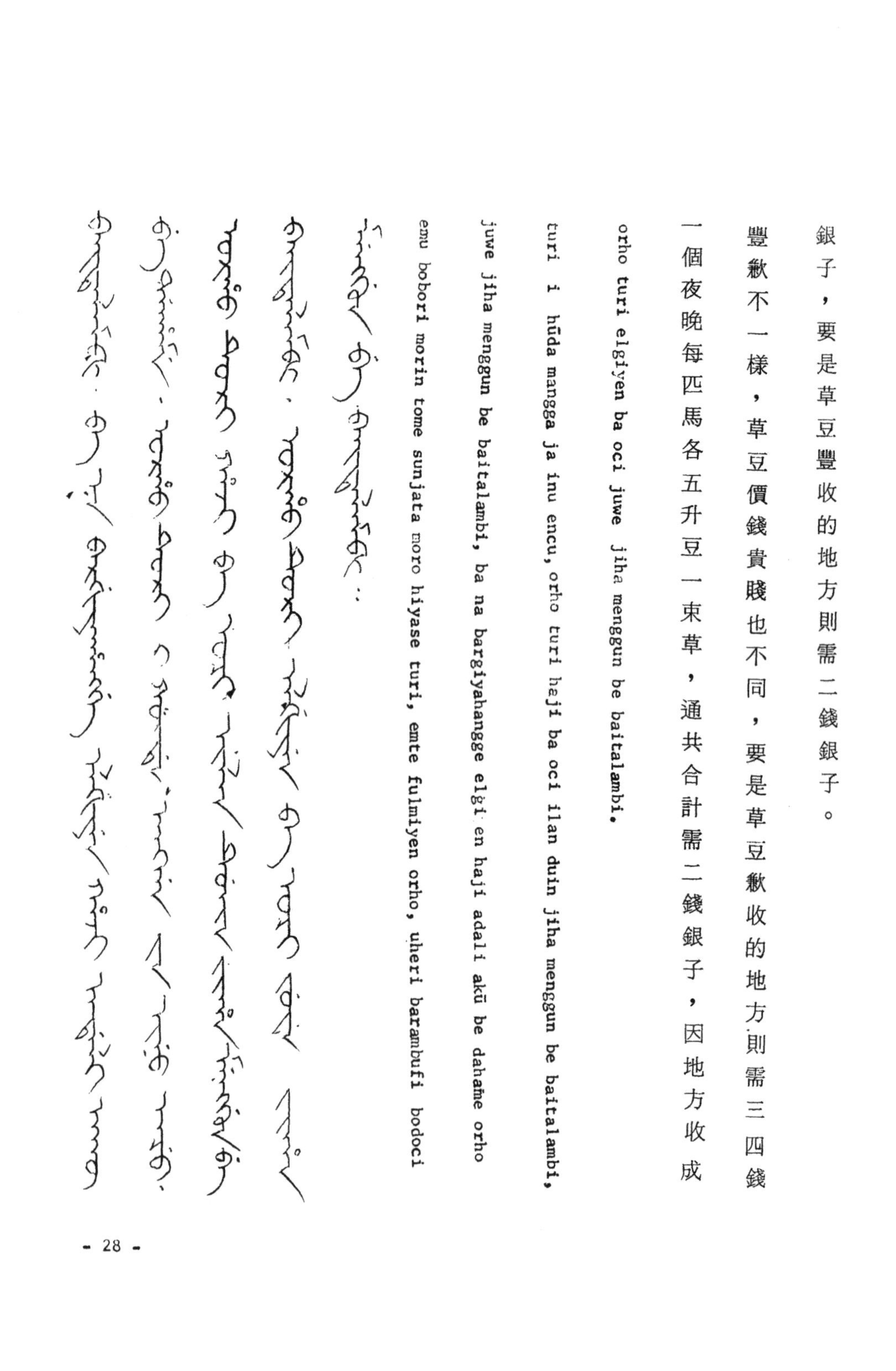

銀子，要是草豆豐收的地方則需二錢銀子。

豐歉不一樣，草豆價錢貴賤也不同，要是草豆歉收的地方則需三四錢

一個夜晚每四馬各五升豆一束草，通共合計需二錢銀子，因地方收成

emu bobori morin tome sunjata moro hiyase turi, emte fulmiyen orho, uheri barambufi bodoci
juwe jiha menggun be baitalambi, ba na bargiyahangge elgi en haji adali akū be dahame orho
turi i hūda mangga ja inu encu, orho turi haji ba oci ilan duin jiha menggun be baitalambi,
orho turi elgiyen ba oci juwe jiha menggun be baitalambi.

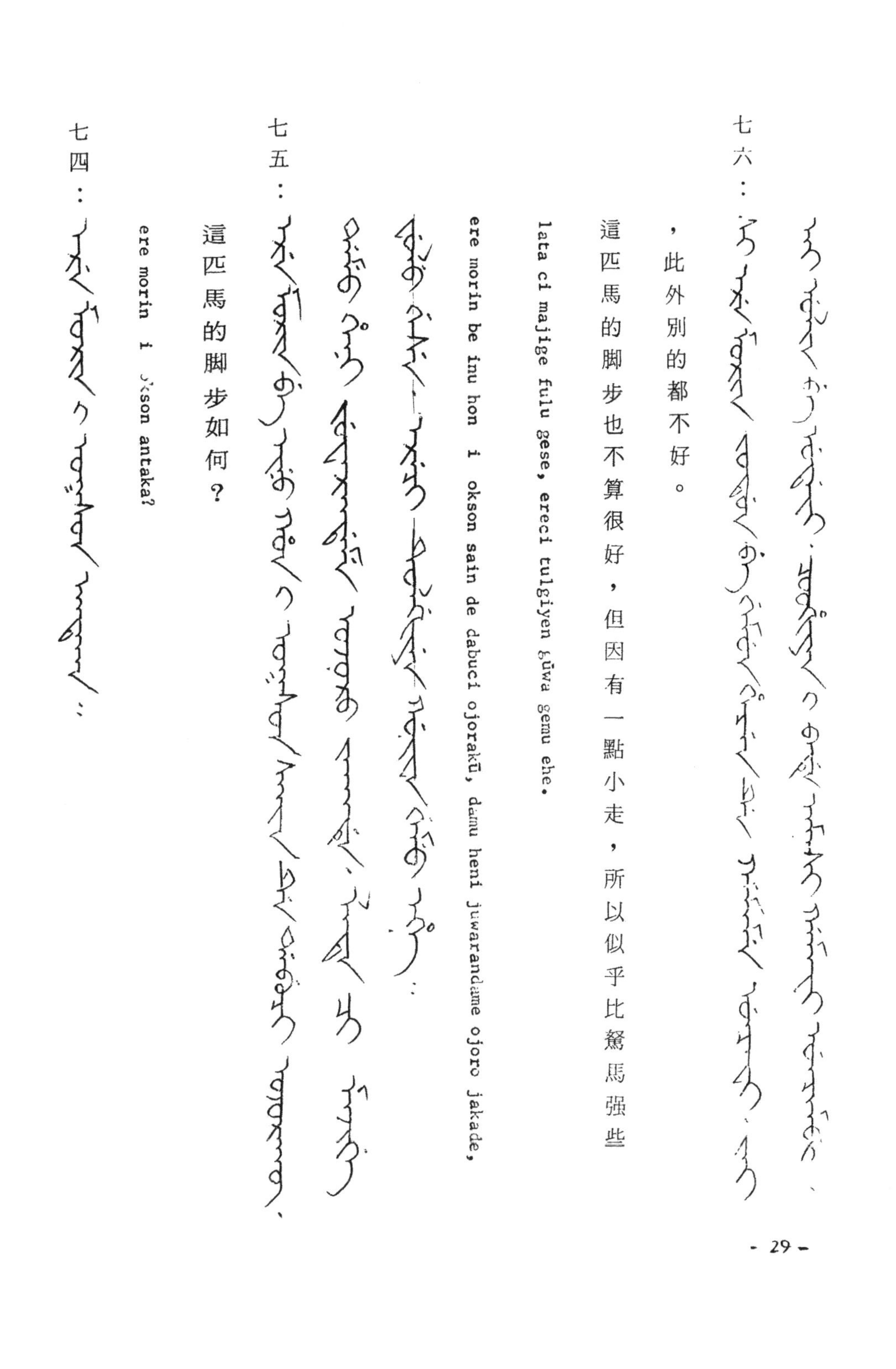

七六：

，此外別的都不好。

這匹馬的腳步也不算很好，但因有一點小走，所以似乎比駑馬強些

lata ci majige fulu gese, ereci tulgiyen gūwa gemu ehe.

ere morin be inu hon i okson sain de dabuci ojorakū, damu heni juwarandume ojoro jakade,

七五：

這匹馬的腳步如何？

ere morin i okson antaka?

七四：

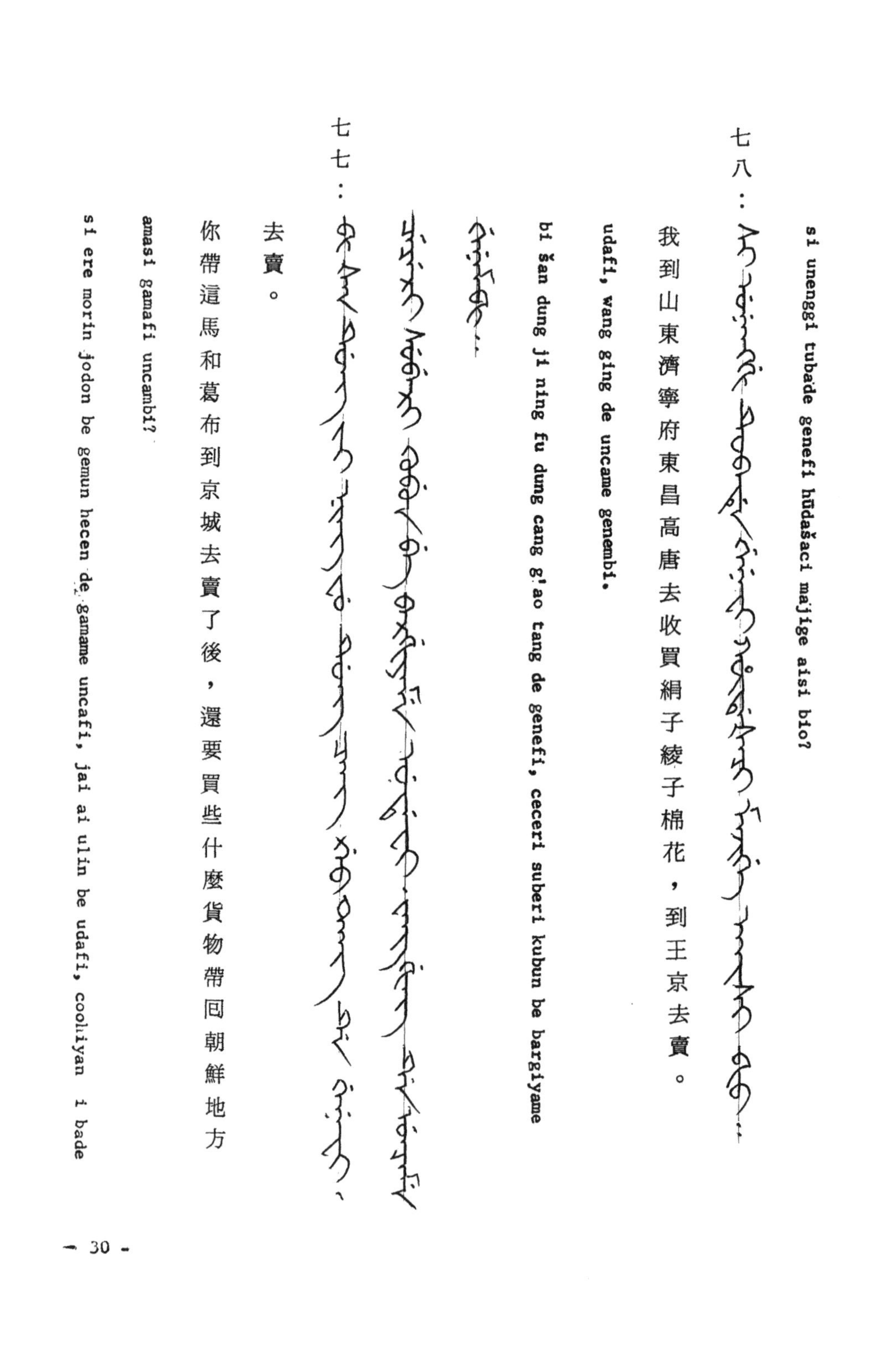

si unenggi tubade genefi hūdašaci majige aisi bio?

七八：

我到山東濟寧府東昌高唐去收買綢子綾子棉花，到王京去賣。

bi šan dung ji ning fu dung cang g'ao tang de genefi, ceceri suberi kubun be bargiyame udafi, wang ging de uncame genembi.

七七：

你帶這馬和葛布到京城去賣了後，還要買些什麼貨物帶回朝鮮地方去賣。

si ere morin jodon be gemun hecen de gamame uncafi, jai ai ulin be udafi, cooliyan i bade amasi gamafi uncambi?

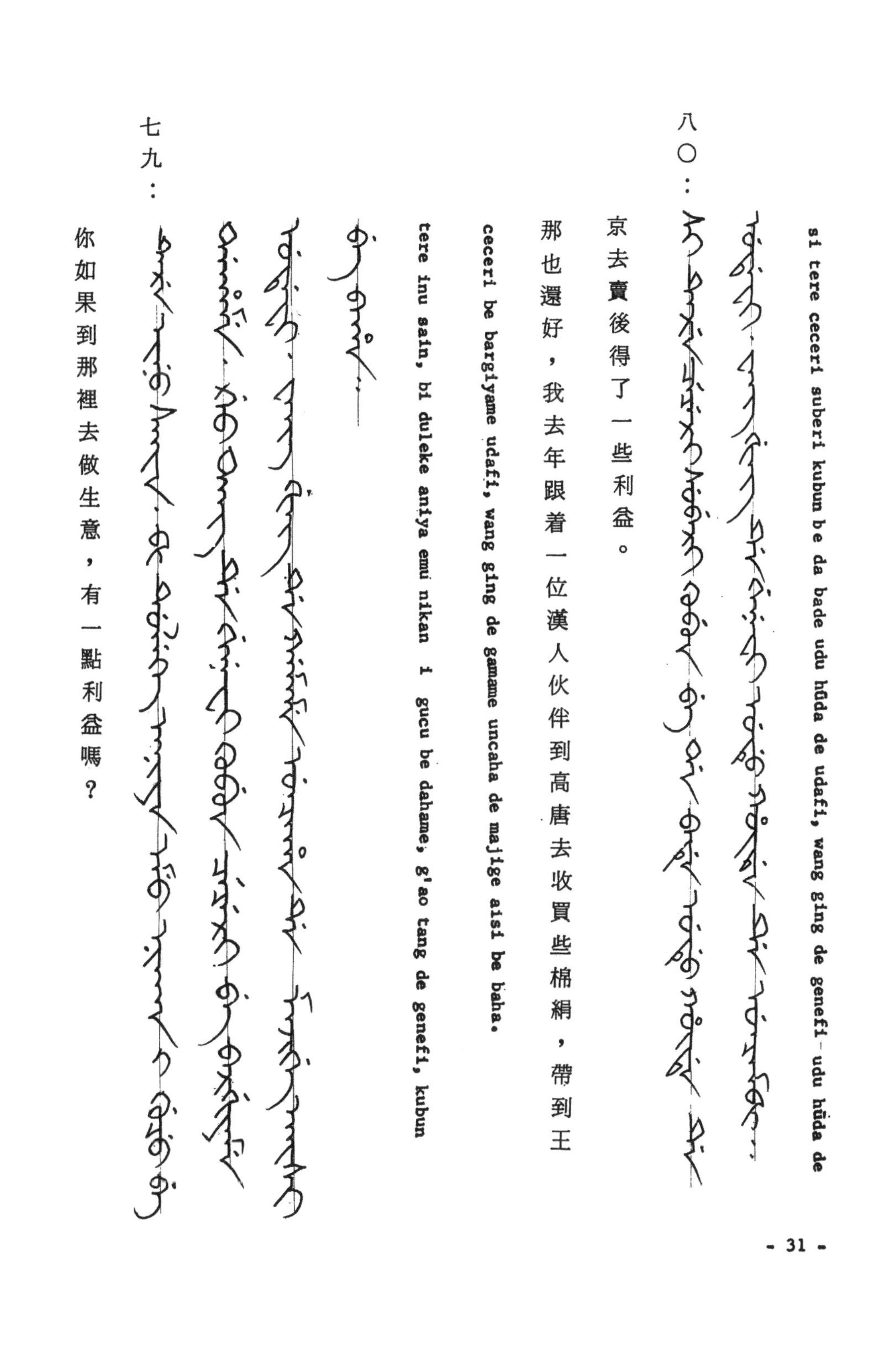

si tere ceceri suberi kubun be da bade udu hūda de udafi, wang gīng de genefi udu hūda de

京去賣後得了一些利益。

八〇：

那也還好，我去年跟着一位漢人伙伴到高唐去收買些棉絹，帶到王

tere inu sain, bi duleke aniya emu nikan i gucu be dahame; g'ao tang de genefi, kubun

ceceri be bargiyame udafi, wang gīng de gamame uncaha de majige aisi be baha.

七九：

你如果到那裡去做生意，有一點利益嗎？

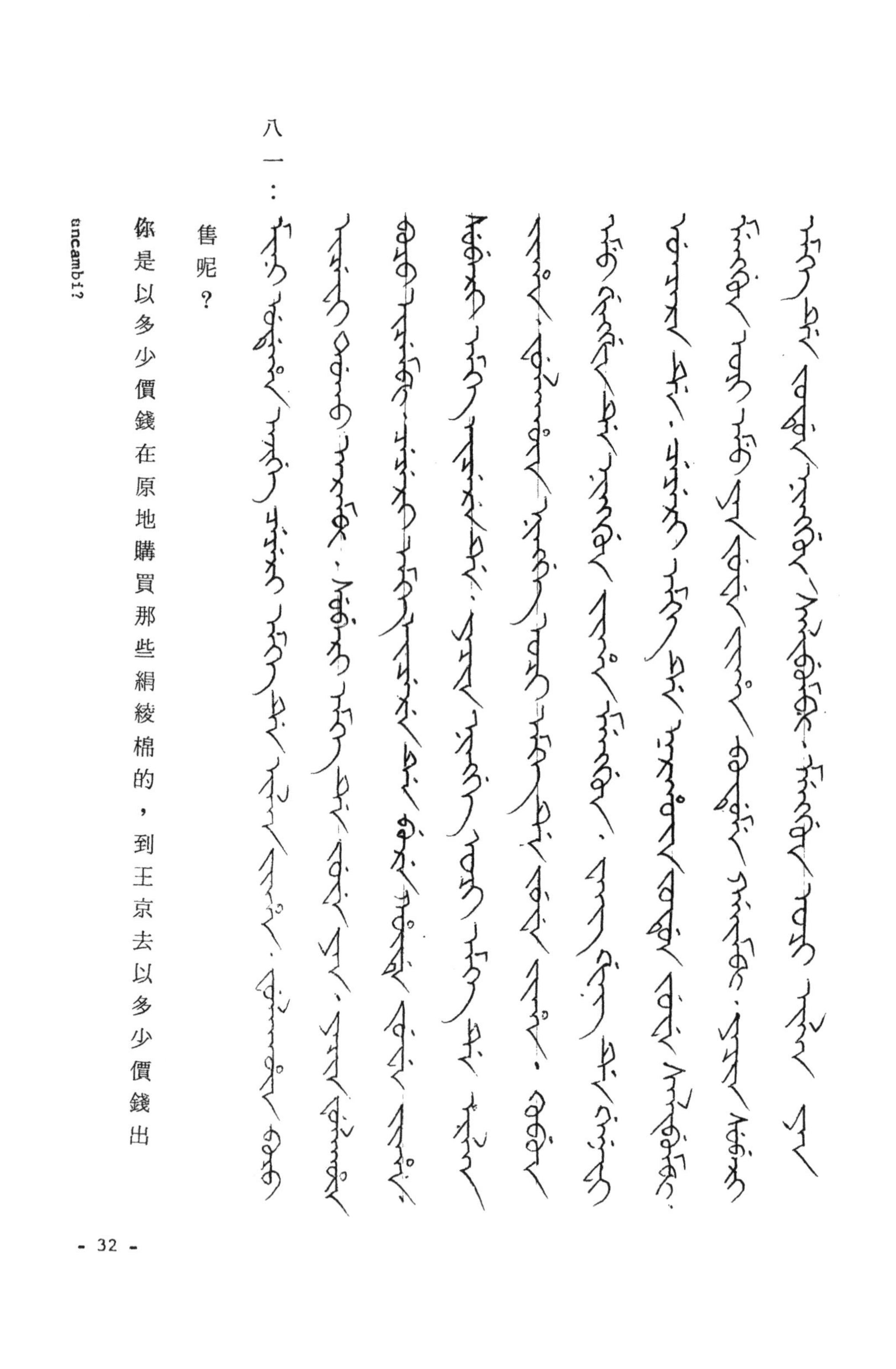

八一：

售呢？

你是以多少價錢在原地購買那些絹綾棉的，到王京去以多少價錢出

uncambi?

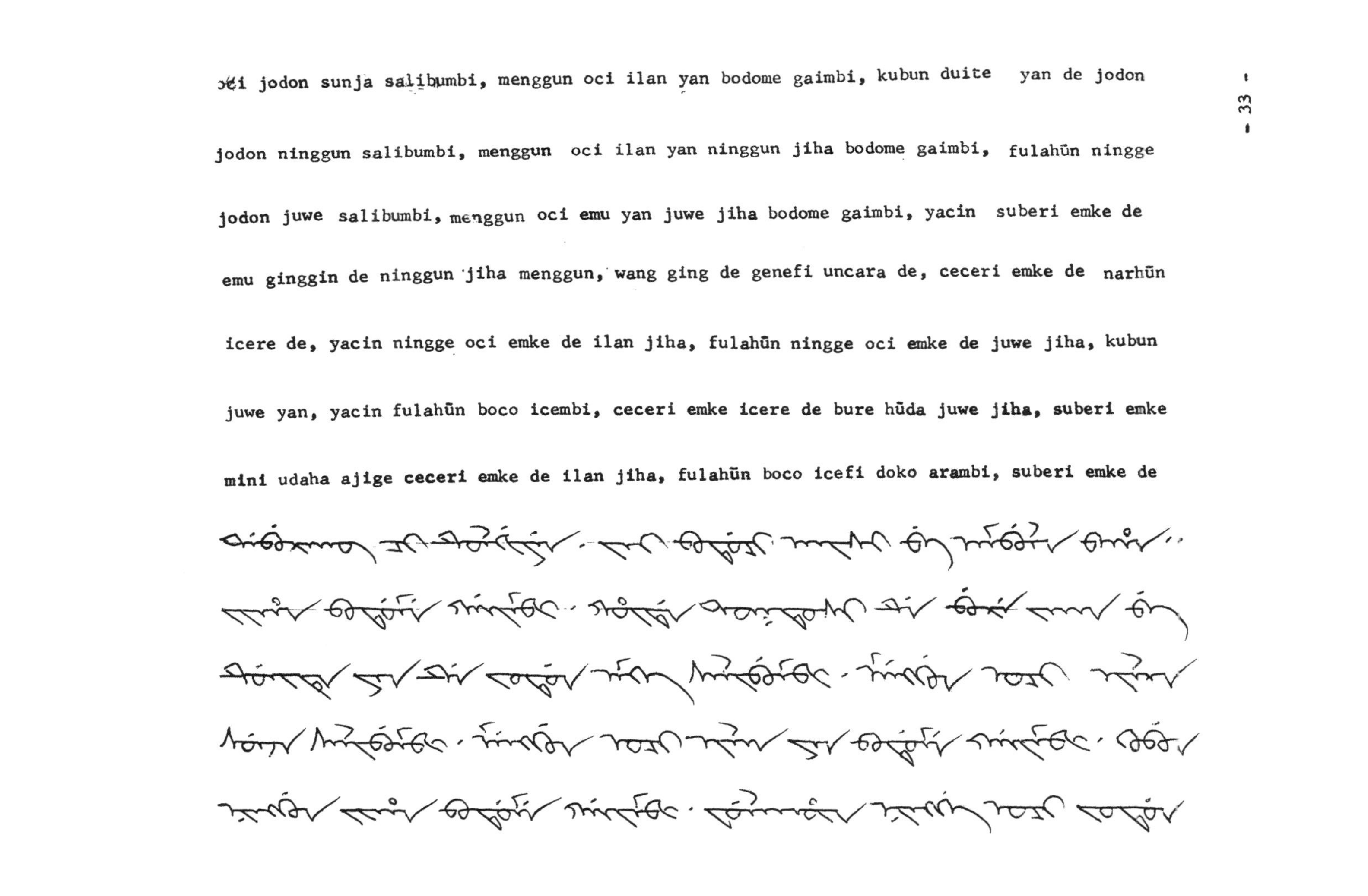

oci jodon sunja salibumbi, menggun oci ilan yan bodome gaimbi, kubun duite yan de jodon jodon ninggun salibumbi, menggun oci ilan yan ninggun jiha bodome gaimbi, fulahūn ningge jodon juwe salibumbi, menggun oci emu yan juwe jiha bodome gaimbi, yacin suberi emke de emu ginggin de ninggun jiha menggun, wang ging de genefi uncara de, ceceri emke de narhūn icere de, yacin ningge oci emke de ilan jiha, fulahūn ningge oci emke de juwe jiha, kubun juwe yan, yacin fulahūn boco icembi, ceceri emke icere de bure hūda juwe jiha, suberi emke mini udaha ajige ceceri emke de ilan jiha, fulahūn boco icefi doko arambi, suberi emke de

[illegible]

[illegible]

[illegible]

[illegible]

[illegible]

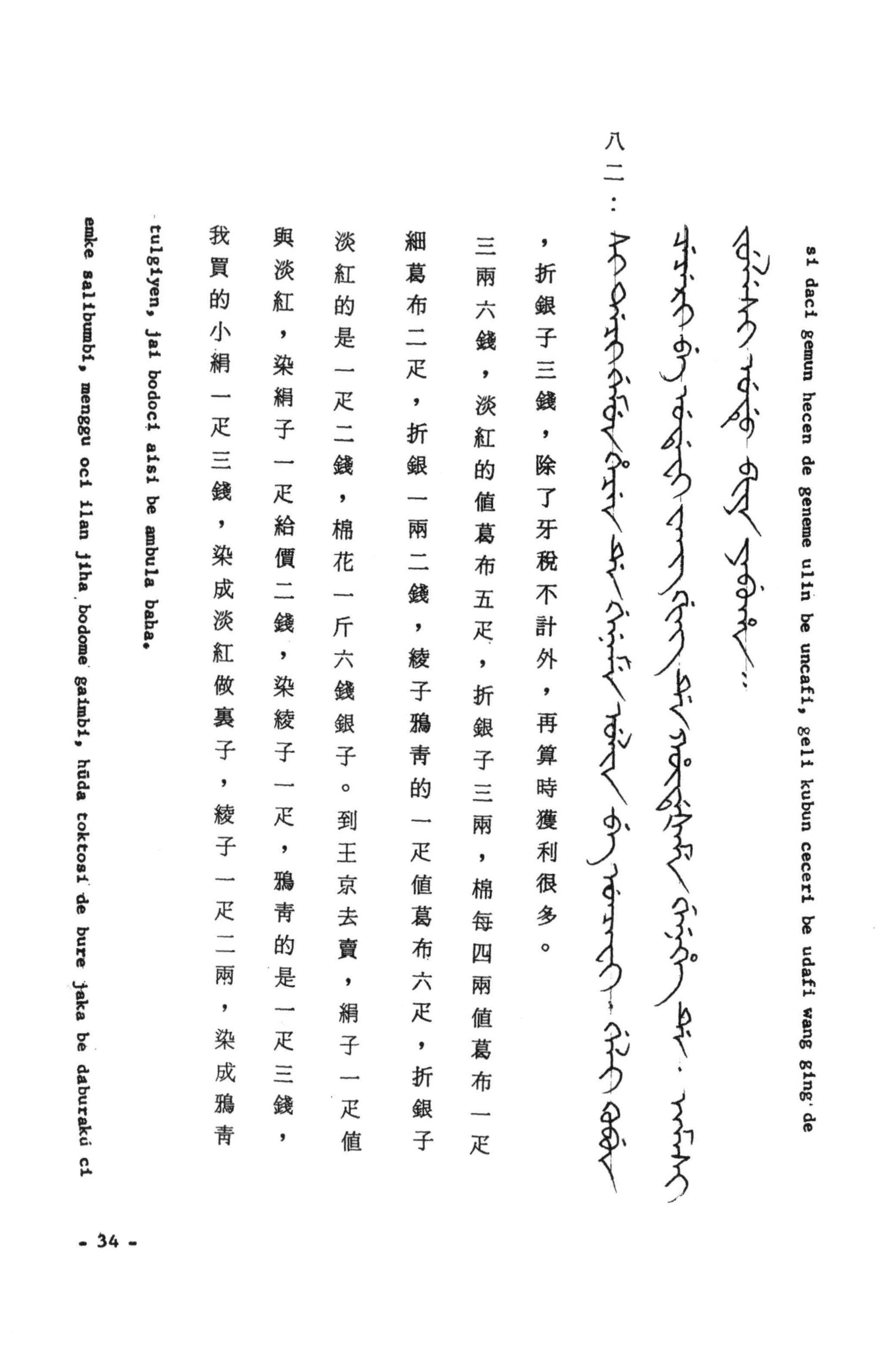

si daci gemun hecen de geneme ulin be uncafi, geli kubun ceceri be udafi wang ging de

八二：

，折銀子三錢，除了牙稅不計外，再算時獲利很多。

三兩六錢，淡紅的值葛布五疋，折銀子三兩，棉每四兩值葛布一疋

細葛布二疋，折銀一兩二錢，綾子鴉青的一疋值葛布六疋，折銀子

淡紅的是一疋二錢，棉花一斤六錢銀子。到王京去賣，絹子一疋值

與淡紅，染絹子一疋給價二錢，染綾子一疋，鴉青的是一疋三錢，

我買的小絹一疋三錢，染成淡紅做裏子，綾子一疋二兩，染成鴉青

tulgiyen, jai bodoci aisi be ambula baha.

emke salibumbi, menggu oci ilan jiha, bodome gaimbi, hūda toktosi de bure jaka be daburakū ci

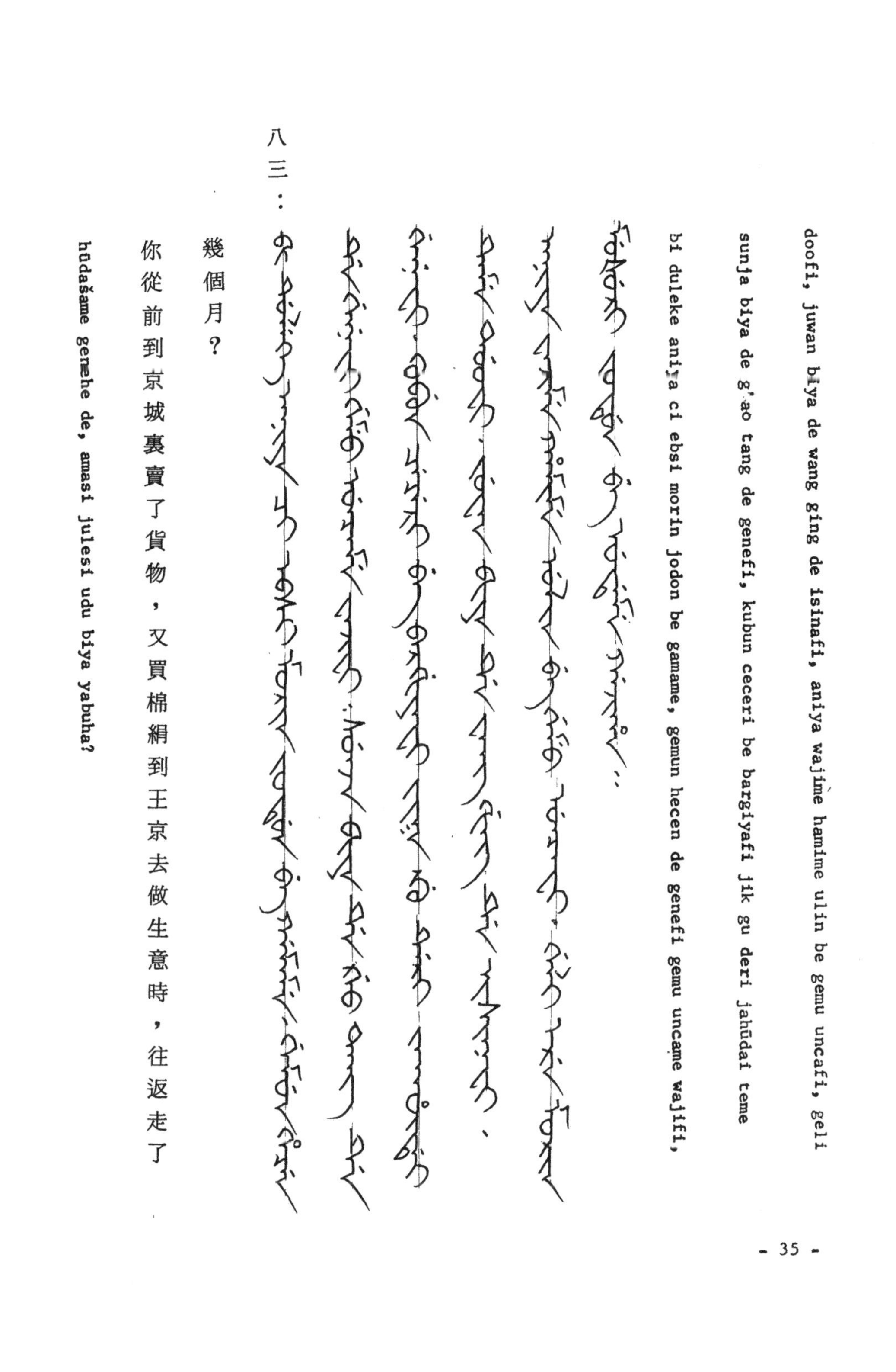

doofi, juwan biya de wang ging de isinafi, aniya wajime hamime ulin be gemu uncafi, geli sunja biya de g'ao tang de genefi, kubun ceceri be bargiyafi jik gu deri jahūdai teme bi duleke aniya ci ebsi morin jodon be gamame, gemun hecen de genefi gemu uncame wajifi,

八三：幾個月？

你從前到京城裏賣了貨物，又買棉絹到王京去做生意時，往返走了

hūdašame gemhe de, amasi julesi udu biya yabuha?

ere morin mušuri jodon be udame gajiha.

我從去年以來攜帶馬匹和葛布到京城去都賣完了，五月裡到高唐去
收買棉綢，由直沽坐船過海，十月裡到了王京，將近年終，把貨物
都賣了，又買了這些馬匹夏布葛布帶來了。

八四：ᡝᡵᡝ ᡳᠯᠠᠨ ᠨᡳᠶᠠᠯᠮᠠ᠈ ᡝᡳᠴᡳ ᠰᡳᠨᡳ ᠨᡳᠶᠠᠮᠠᠨ ᡥᡡᠨᠴᡳᡥᡳᠶᡡᠨ᠈ ᡝᡳᠴᡳ
ᡳᠰᡥᡠᠨᡩᡝ ᠠᠴᠠᡶᡳ ᠵᡳᡥᡝᠩᡤᡝᠣ᠈ ᠣᠩᡤᠣᠯᠣ ᠵᠠᠪᡩᡠᡵᠠᡴᡡ ᠣᡶᡳ ᠪᠠᡥᠠᡶᡳ
ᡥᠠᠯᠠ ᡤᡝᠪᡠ ᠪᡝ ᡶᠣᠨᠵᡳᡥᠠᡴᡡ ᠪᡳᡥᡝ᠈ ᡨᡝ ᡤᡝᠯᡥᡠᠨ ᠠᡴᡡ ᡶᠣᠨᠵᡳᡴᡳ᠈ ᡝᡵᡝ
ᠠᡤᡝ ᡳ ᡥᠠᠯᠠ ᠠᡳ ᠉

ere ilan niyalma, eici sini niyaman hūncihiyūn, eici ishunde acafi jihengeo? onggolo jabdurakū ofi bahafi hala gebu be fonjihakū bihe, te gelhun akū fonjiki, ere age i hala ai?

這三個人是你的親戚呢？或是相遇而來的呢？以前因未及請教姓名
，現在敢請賜告，這位阿哥貴姓？

八七：ᠰᡳᠨᡳ ᡝᡵᡝ ᡨᠠᡵᠠ ᠠᡥᡡᠨ ᡩᡝᠣ᠈ ᠠᡳᠨᠴᡳ ᠠᠯᡩᠠᠩᡤᠠ ᠮᡠᡴᡡᠨ ᡳ ᡨᠠᡵᠠ ᠠᡥᡡᠨ ᡩᡝᠣ ᡩᡝᡵᡝ᠉

你的這位表兄弟，想是遠族的表兄弟吧！

sini ere tara ahūn deo, ainci aldangga mukūn i tara ahūn deo dere.

八六：ᡝᡵᡝ ᡝᠮᡴᡝ ᡥᠠᠯᠠ ᠵᠣᠣ᠈ ᠮᡳᠨᡳ ᠠᡩᠠᡴᡳ ᠪᠣᠣ ᡳ ᡤᡠᠴᡠ᠈ ᡨᠠᡵᠠ ᠠᡥᡡᠨ᠈ ᡝᡵᡝ ᡝᠮᡴᡝ ᡥᠠᠯᠠ ᡤᡳᠨ᠈ ᠮᡳᠨᡳ ᡤᡠ ᡩᡝ ᠪᠠᠨᠵᡳᡥᠠ ᡨᠠᡵᠠ ᠠᡥᡡᠨ᠈ ᡝᡵᡝ ᡝᠮᡴᡝ ᡥᠠᠯᠠ ᠯᡳᡳ᠈ ᠮᡳᠨᡳ ᠨᠠᡴᠴᡠ ᡩᡝ ᠪᠠᠨᠵᡳᡥᠠ

這一位姓趙，是我隣居的伙伴。這位姓金，是我姑母所生的表哥，這一位姓李，是我舅舅所生的表

ere emke hala joo, mini adaki boo i gucu. tara ahūn, ere emke hala gin, mini gu de banjiha tara ahūn, ere emke hala lii, mini nakcu de banjiha

八五：[illegible]

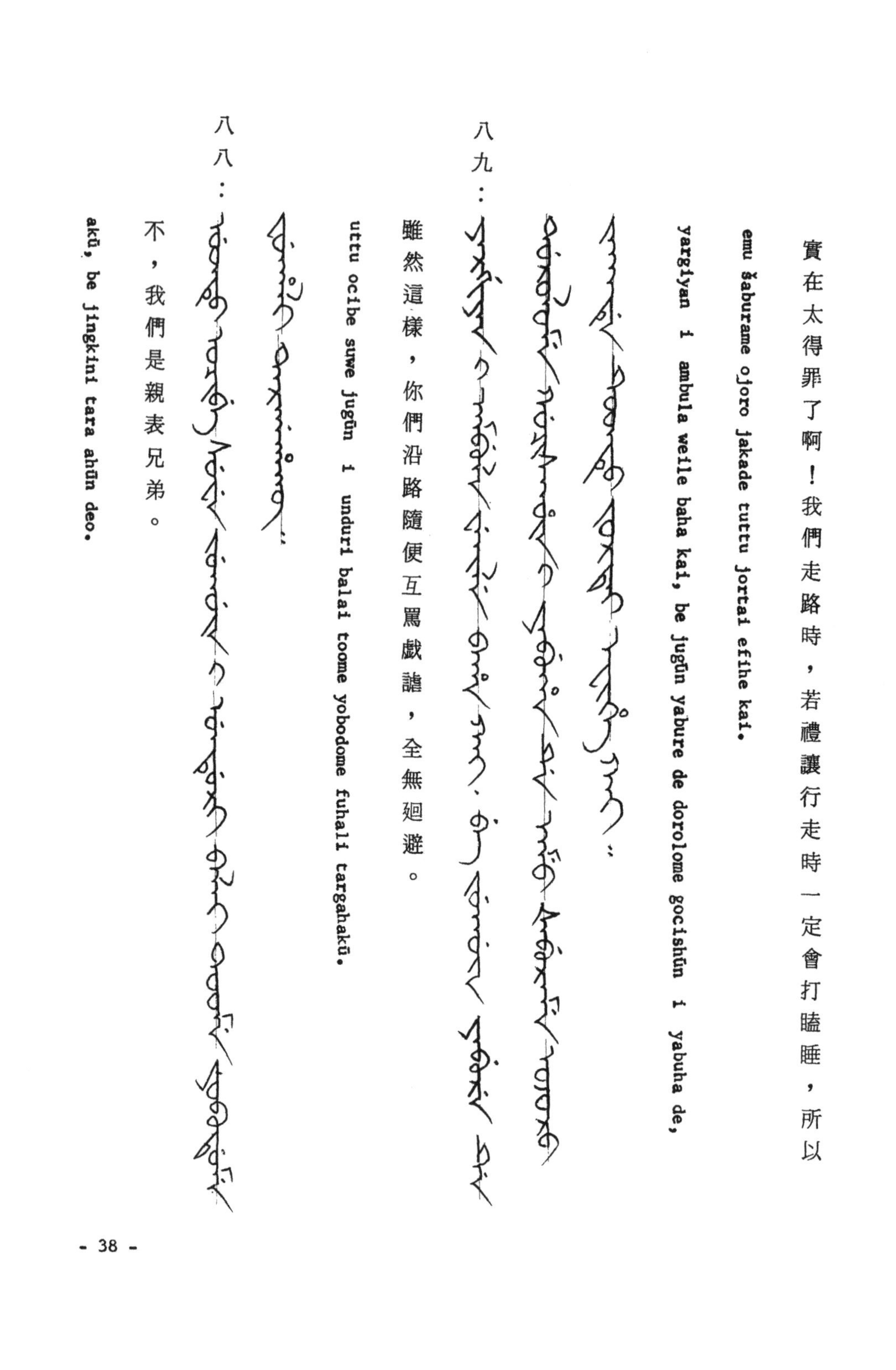

實在太得罪了啊！我們走路時，若禮讓行走時一定會打瞌睡，所以

emu šaburame ojoro jakade tuttu jortai efihe kai.

yargiyan i ambula weile baha kai, be jugūn yabure de dorolome gocishūn i yabuha de,

八九：

雖然這樣，你們沿路隨便互罵戲謔，全無迴避。

uttu ocibe suwe jugūn i unduri balai toome yobodome fuhali targahakū.

八八：

不，我們是親表兄弟。

akū, be jingkini tara ahūn deo.

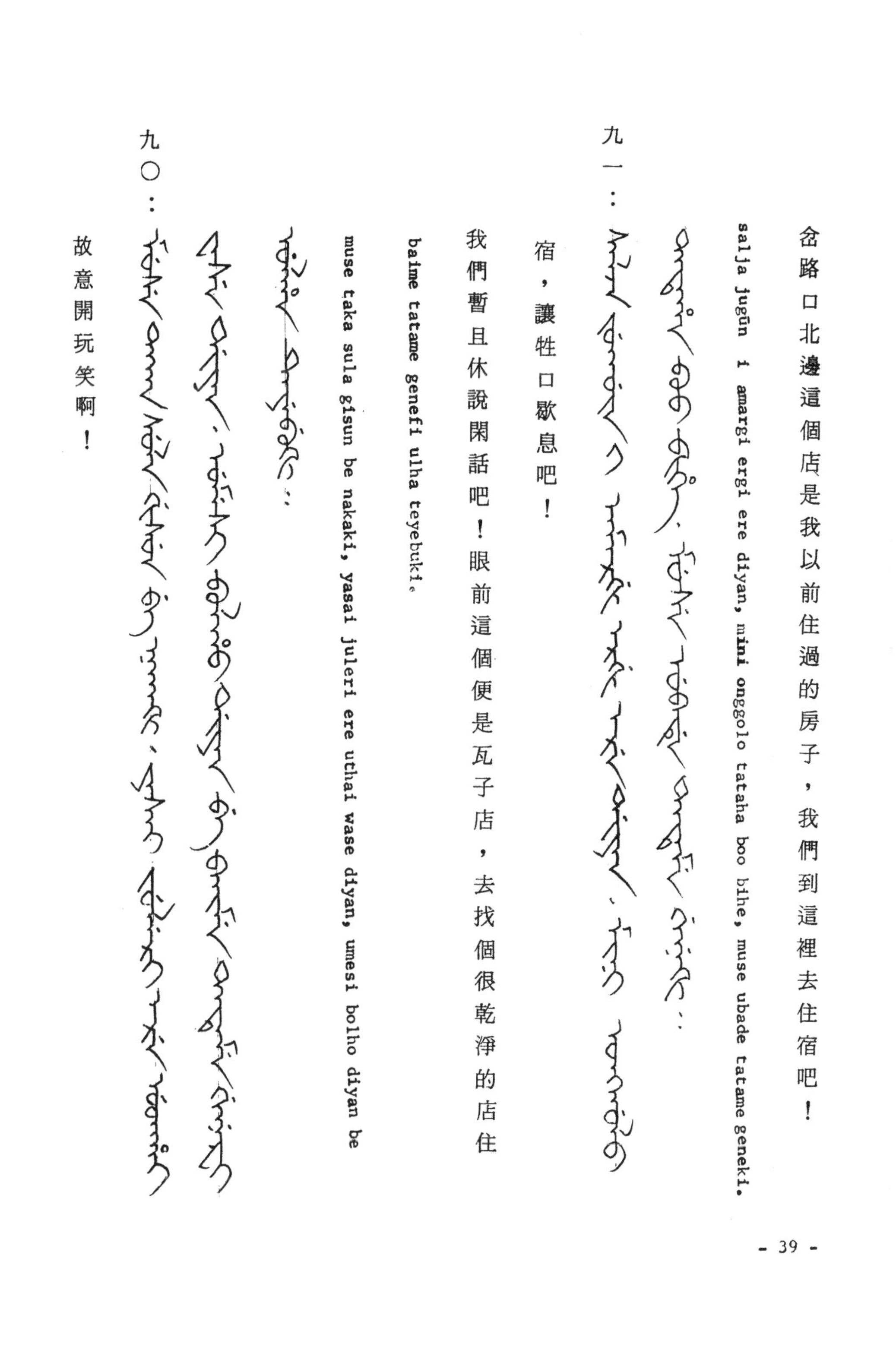

故意開玩笑啊！

九〇：

muse taka sula gisun be nakaki, yasai juleri ere uthai wase diyan, umesi bolho diyan be baime tatame genefi ulha teyebuki.

我們暫且休說閑話吧！眼前這個便是瓦子店，去找個很乾淨的店住宿，讓牲口歇息吧！

九一：

salja jugūn i amargi ergi ere diyan, mini onggolo tataha boo bihe, muse ubade tatame geneki.

岔路口北邊這個店是我以前住過的房子，我們到這裡去住宿吧！

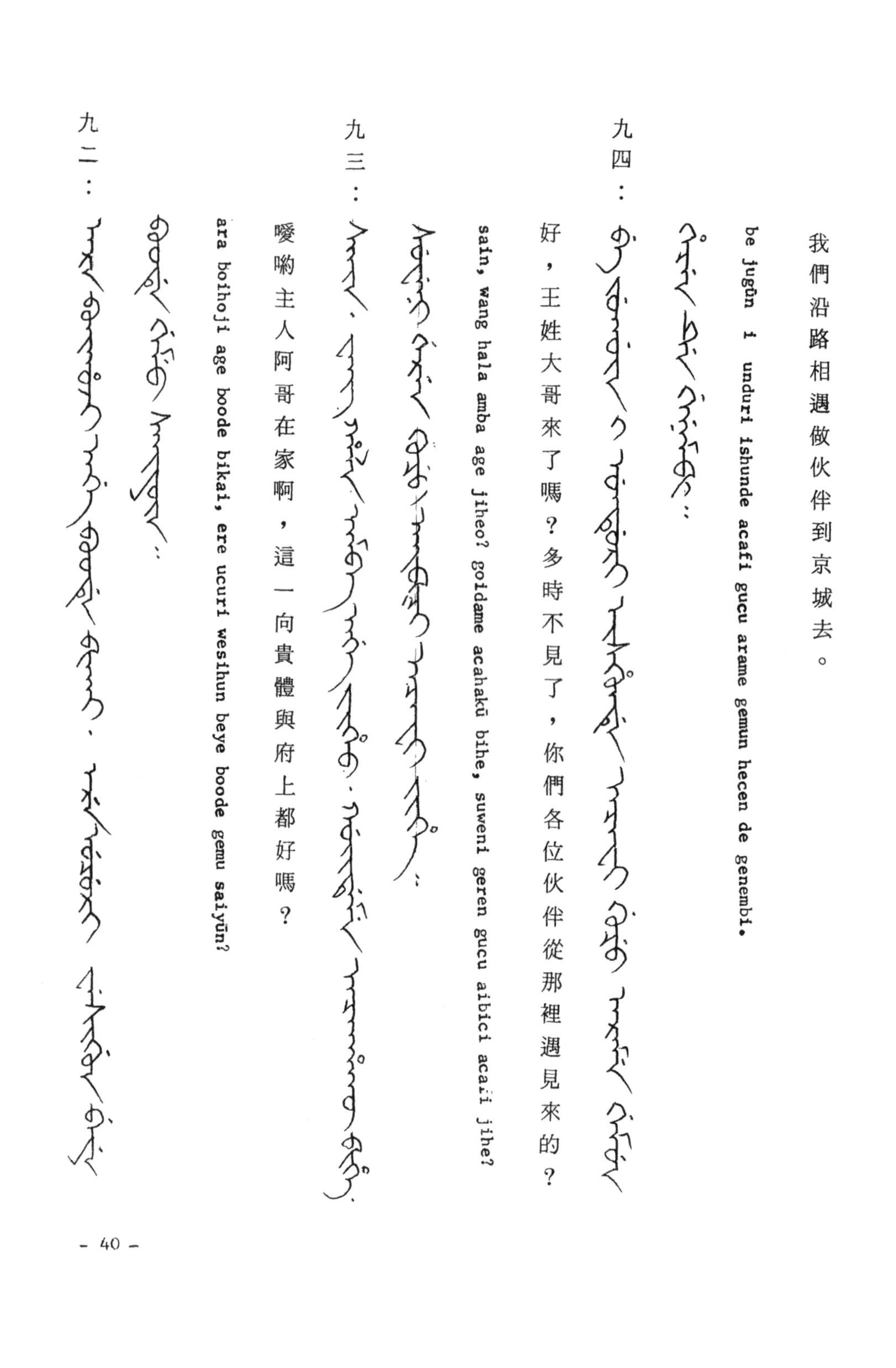

我們沿路相遇做伙伴到京城去。

be jugūn i unduri ishunde acafi gucu arame gemun hecen de genembi.

九四：

sain, wang hala amba age jiheo? goidame acahakū bihe, suweni geren gucu aibici acafi jihe?

好，王姓大哥來了嗎？多時不見了，你們各位伙伴從那裡遇見來的？

九三：

ara boihoji age boode bikai, ere ucuri wesihun beye boode gemu saiyūn?

噯喲主人阿哥在家啊，這一向貴體與府上都好嗎？

九二：

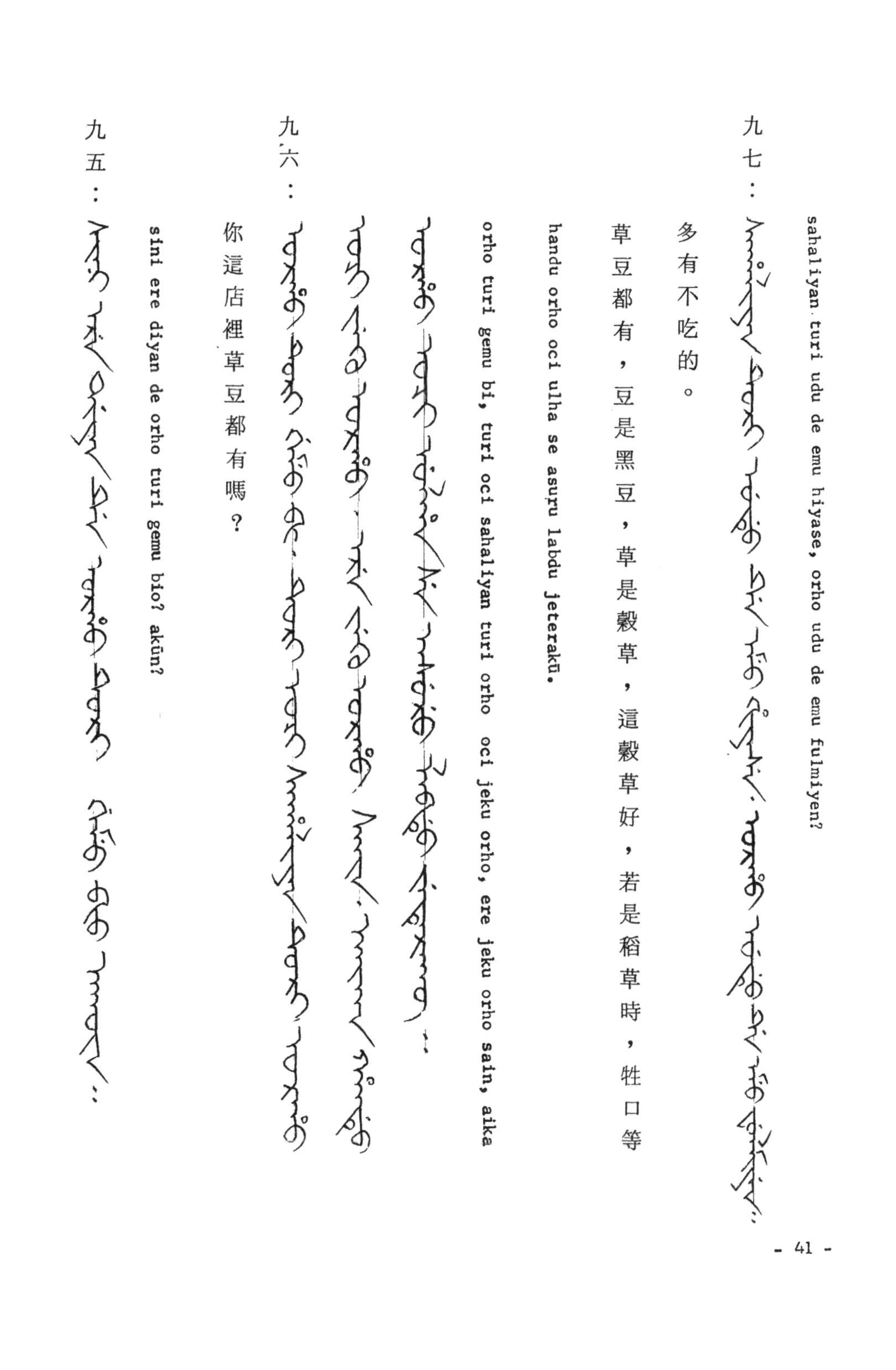

九五：

sini ere diyan de orho turi gemu bio? akūn?

你這店裡草豆都有嗎？

九六：

orho turi gemu bi, turi oci sahaliyan turi orho oci jeku orho, ere jeku orho sain, aika handu orho oci ulha se asuru labdu jeterakū.

草豆都有，豆是黑豆，草是穀草，這穀草好，若是稻草時，牲口等多有不吃的。

九七：

sahaliyan turi udu de emu hiyase, orho udu de emu fulmiyen?

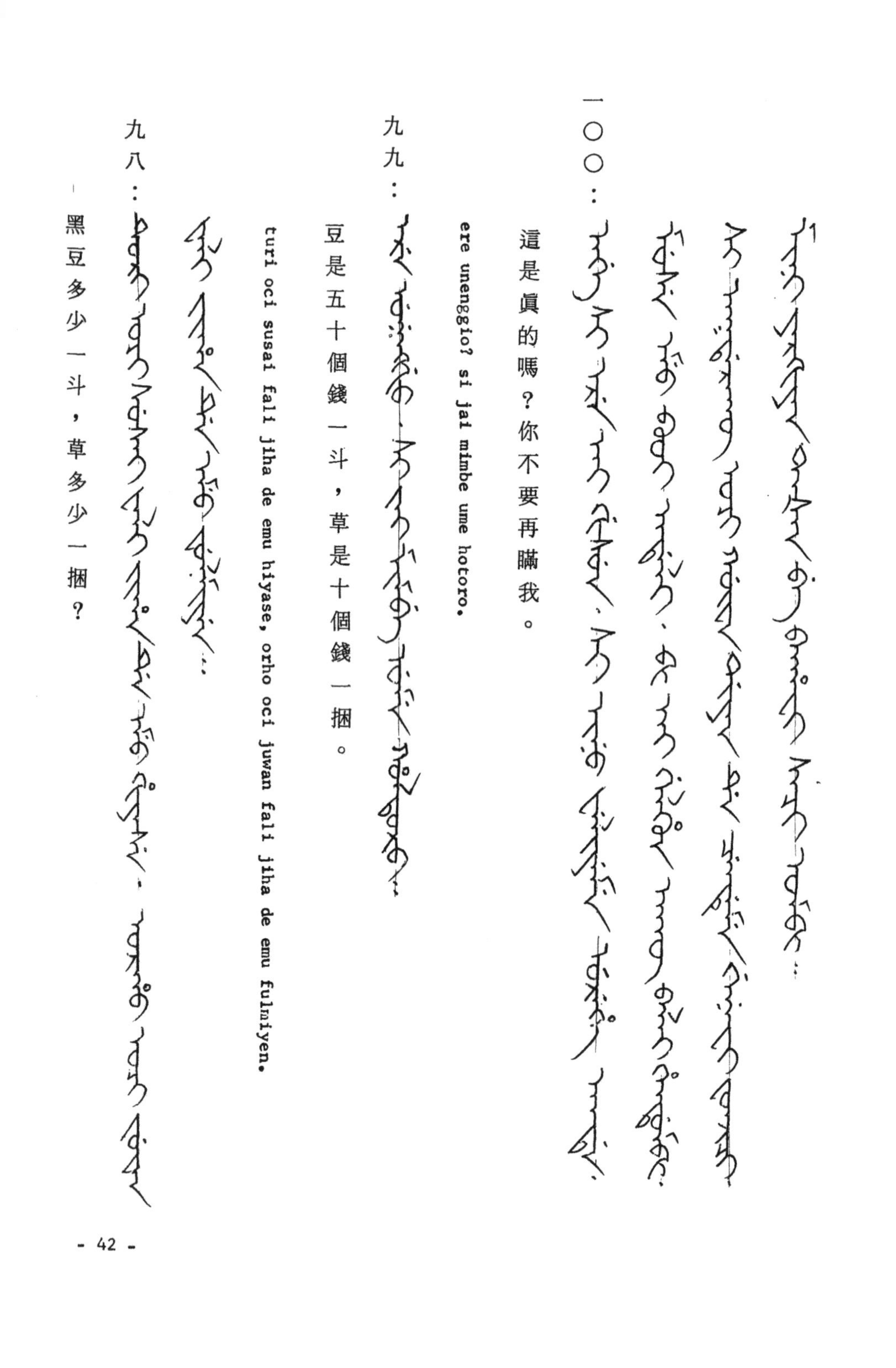

一〇〇：

這是眞的嗎？你不要再瞞我。

ere unenggio? si jai mimbe ume hotoro.

九九：

豆是五十個錢一斗，草是十個錢一捆。

turi oci susai fali jiha de emu hiyase, orho oci juwan fali jiha de emu fulmiyen.

九八：

黑豆多少一斗，草多少一捆？

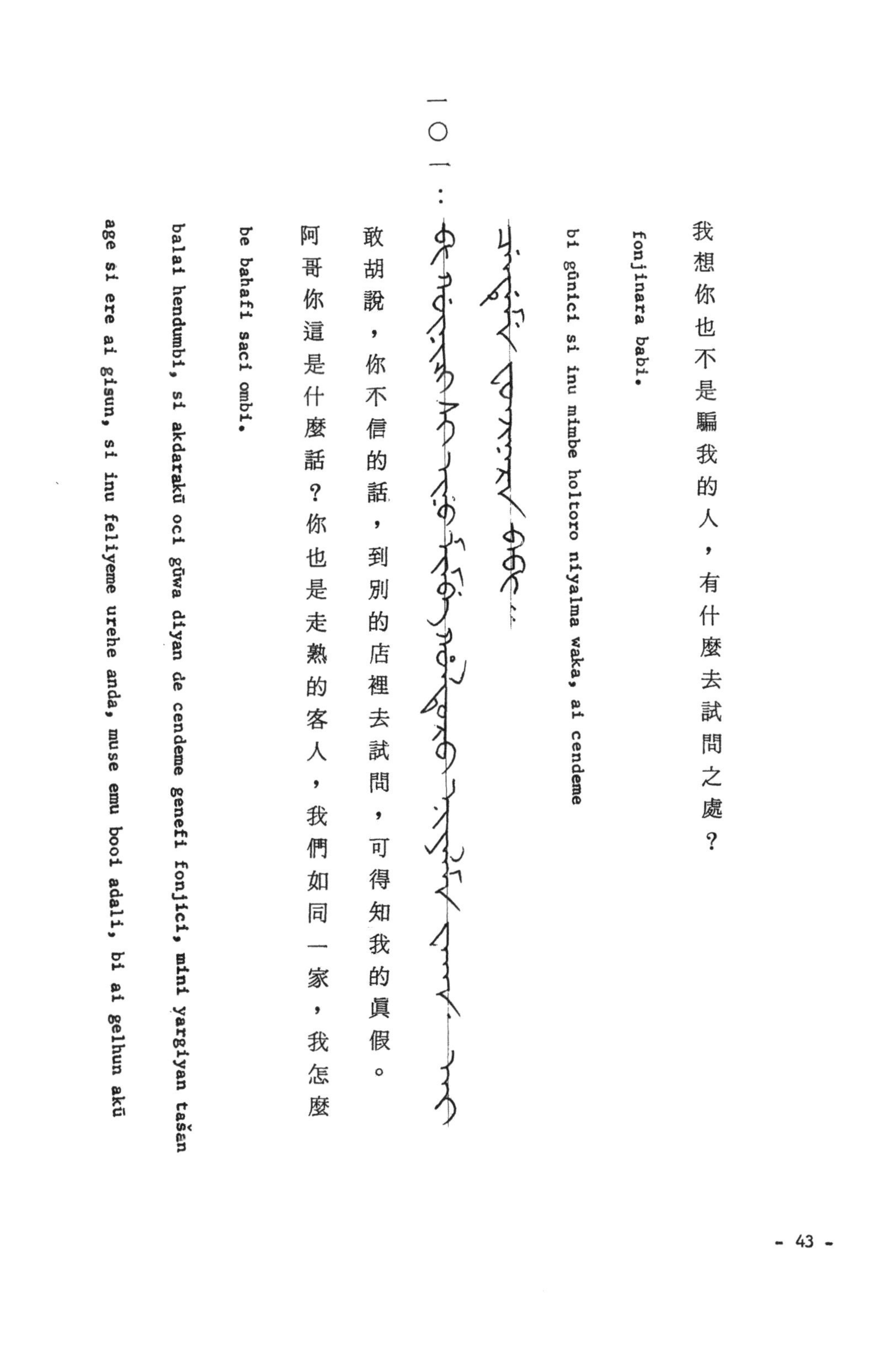

我想你也不是騙我的人，有什麼去試問之處？

bi gūnici si inu mimbe holtoro niyalma waka, ai cendeme fonjinara babi.

一〇一：

阿哥你這是什麼話？你也是走熟的客人，我們如同一家，我怎麼敢胡說，你不信的話，到別的店裡去試問，可得知我的眞假。

age si ere ai gisun, si inu feliyeme urehe anda, muse emu booi adali, bi ai gelhun akū balai hendumbi, si akdarakū oci gūwa diyan de cendeme genefi fonjici, mini yargiyan tašan be bahafi saci ombi.

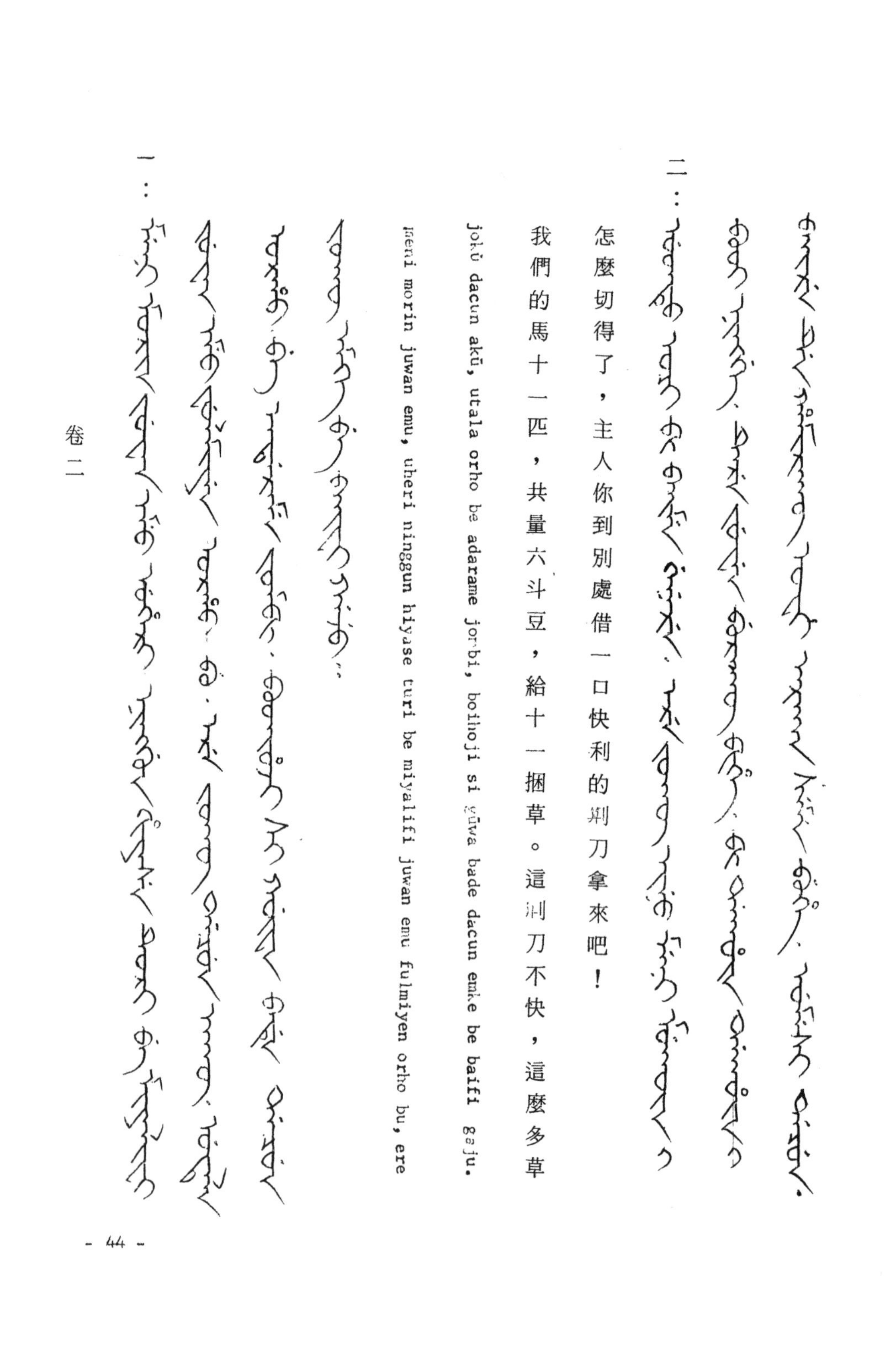

一：

Meni morin juwan emu, uheri ninggun hiyase turi be miyalifi juwan emu fulmiyen orho bu, ere jokū dacun akū, utala orho be adarame jombi, boihoji si gūwa bade dacun emke be baifi gaju.

我們的馬十一匹，共量六斗豆，給十一捆草。這鍘刀不快，這麼多草怎麼切得了，主人你到別處借一口快利的鍘刀拿來吧！

二：

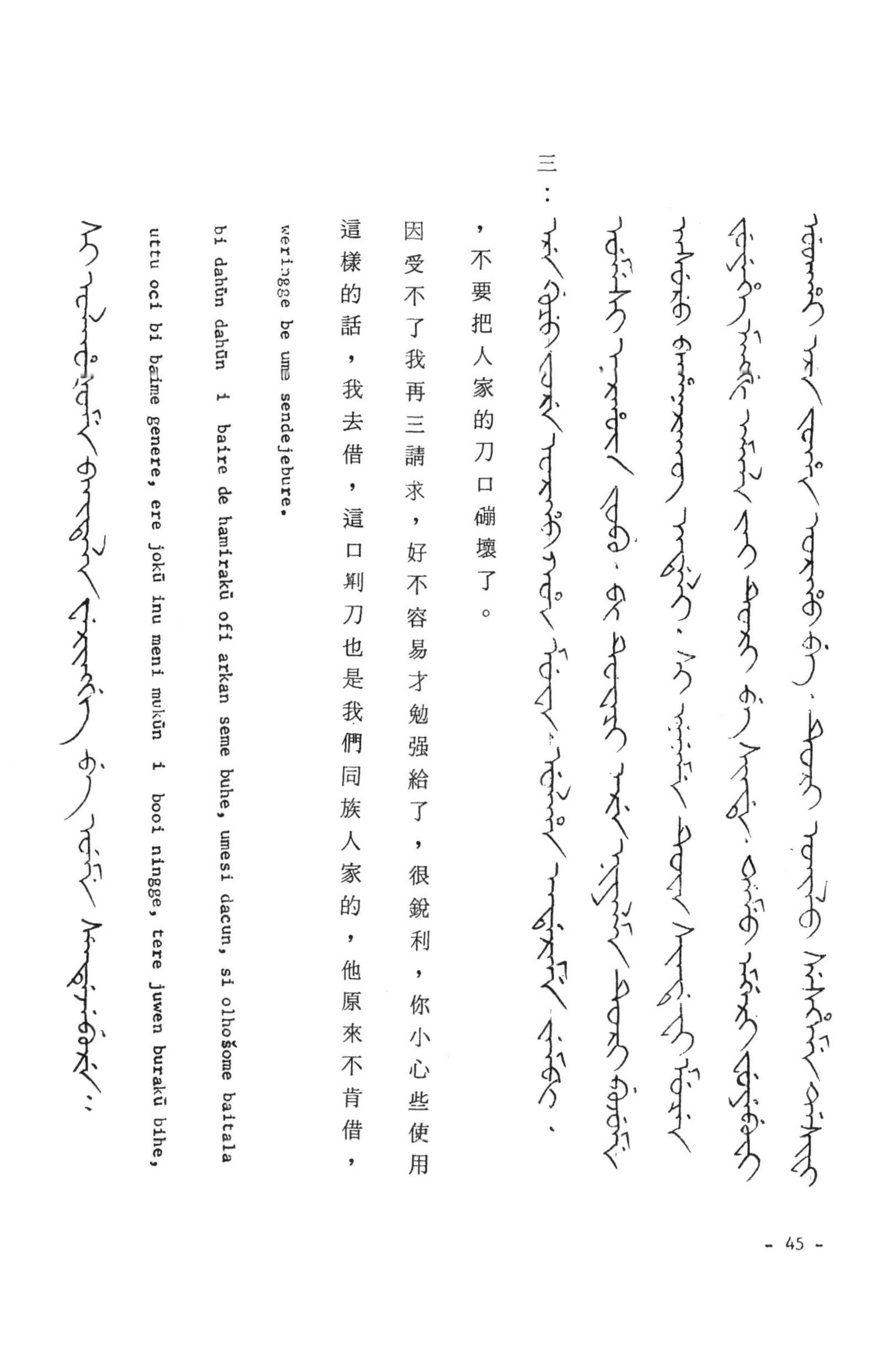

uttu oci bi baime genere, ere jokū inu meni mukūn i booi ningge, tere juwen burakū bihe,

bi dahūn dahūn i baire de hamirakū ofi arkan seme buhe, umesi dacun, si olhošome baitala

weringge be ume sendejebure.

這樣的話，我去借，這口鍘刀也是我們同族人家的，他原來不肯借，因受不了我再三請求，好不容易才勉强給了，很鋭利，你小心些使用，不要把人家的刀口硼壞了。

三：

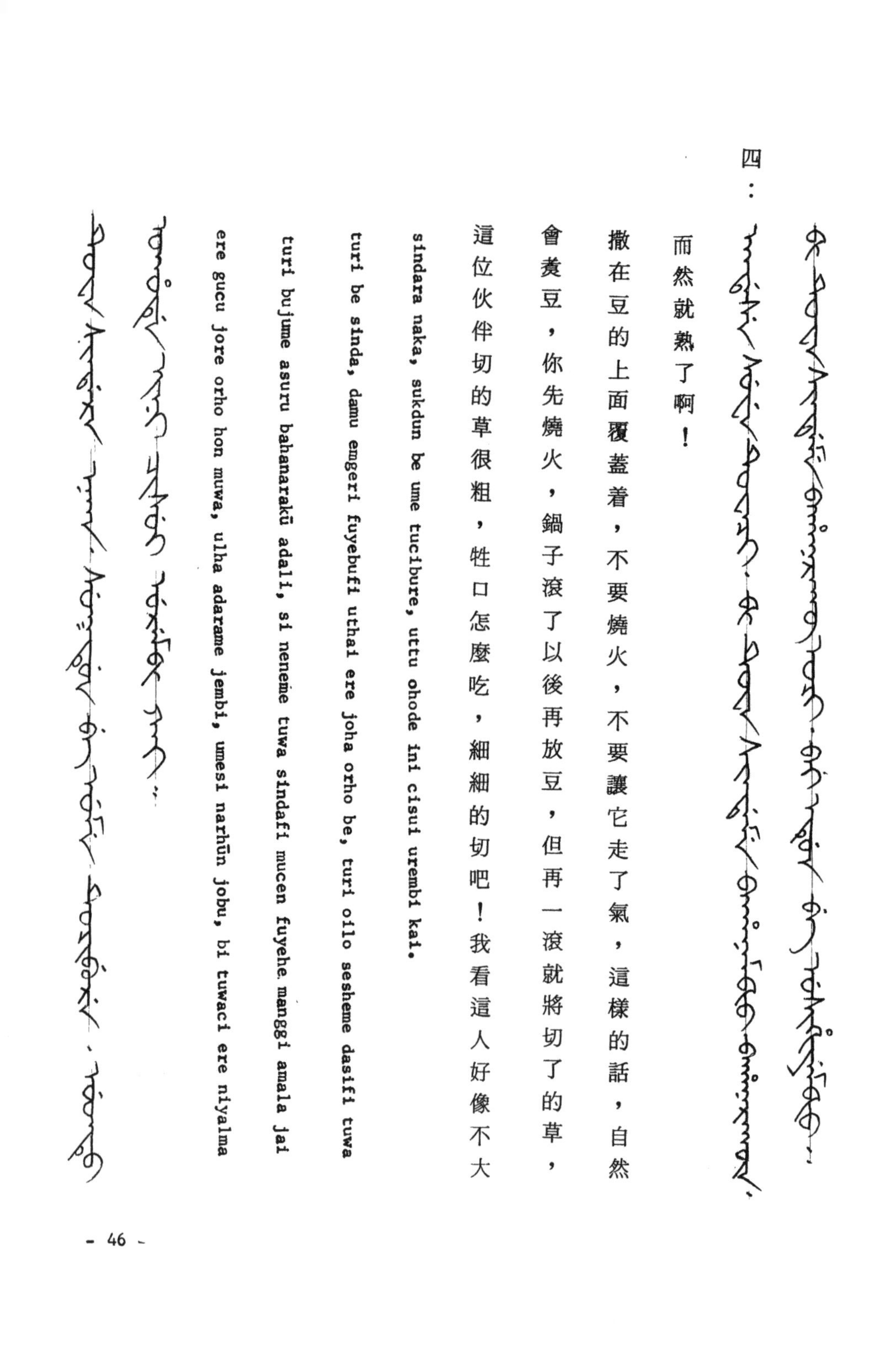

ere gucu jore orho hon muwa, ulha adarame jembi, umesi narhūn jobu, bi tuwaci ere niyalma turi bujume asuru bahanarakū adali, si neneme tuwa sindafi mucen fuyehe manggi amala jai turi be sinda, damu emgeri fuyebufi uthai ere joha orho be, turi oilo sesheme dasifi tuwa sindara naka, sukdun be ume tucibure, uttu ohode ini cisui urembi kai.

這位伙伴切的草很粗，牲口怎麼吃，細細的切吧！我看這人好像不大會養豆，你先燒火，鍋子滾了以後再放豆，但再一滾就將切了的草，撒在豆的上面覆蓋着，不要燒火，不要讓它走了氣，這樣的話，自然而然就熟了啊！

四：

meni sunja niyalma de ilan ginggin ufa i efen ara.

七：ᠮᡝᠨᡳ ᠰᡠᠨᠵᠠ ᠨᡳᠶᠠᠯᠮᠠ ᡩᡝ ᡳᠯᠠᠨ ᡤᡳᠩᡤᡳᠨ ᡠᡶᠠ ᡳ ᡝᡶᡝᠨ ᠠᡵᠠ᠉

你要吃什麼樣的飯呢？

si ai jergi buda be jeki sembi?

六：ᠰᡳ ᠠᡳ ᠵᡝᡵᡤᡳ ᠪᡠᡩᠠ ᠪᡝ ᠵᡝᡴᡳ ᠰᡝᠮᠪᡳ᠉

你不要多說話，趕緊去做五人份的飯吧！

si fulu gisun be naka, hacihiyame genefi sunja niyalmai buda be ara.

五：ᠰᡳ ᡶᡠᠯᡠ ᡤᡳᠰᡠᠨ ᠪᡝ ᠨᠠᡴᠠ ᡥᠠᠴᡳᡥᡳᠶᠠᠮᡝ ᡤᡝᠨᡝᡶᡳ ᠰᡠᠨᠵᠠ ᠨᡳᠶᠠᠯᠮᠠᡳ ᠪᡠᡩᠠ ᠪᡝ ᠠᡵᠠ᠉

客人們你們看，我會不會燒火，我若是不會燒火，不是白白喝風嗎？

andase suwe tuwaci, bi tuwa sindame bahanambio?, bahanarakūn? bi tuwa sindame bahanakū oci, bai edun be usihiyembio?

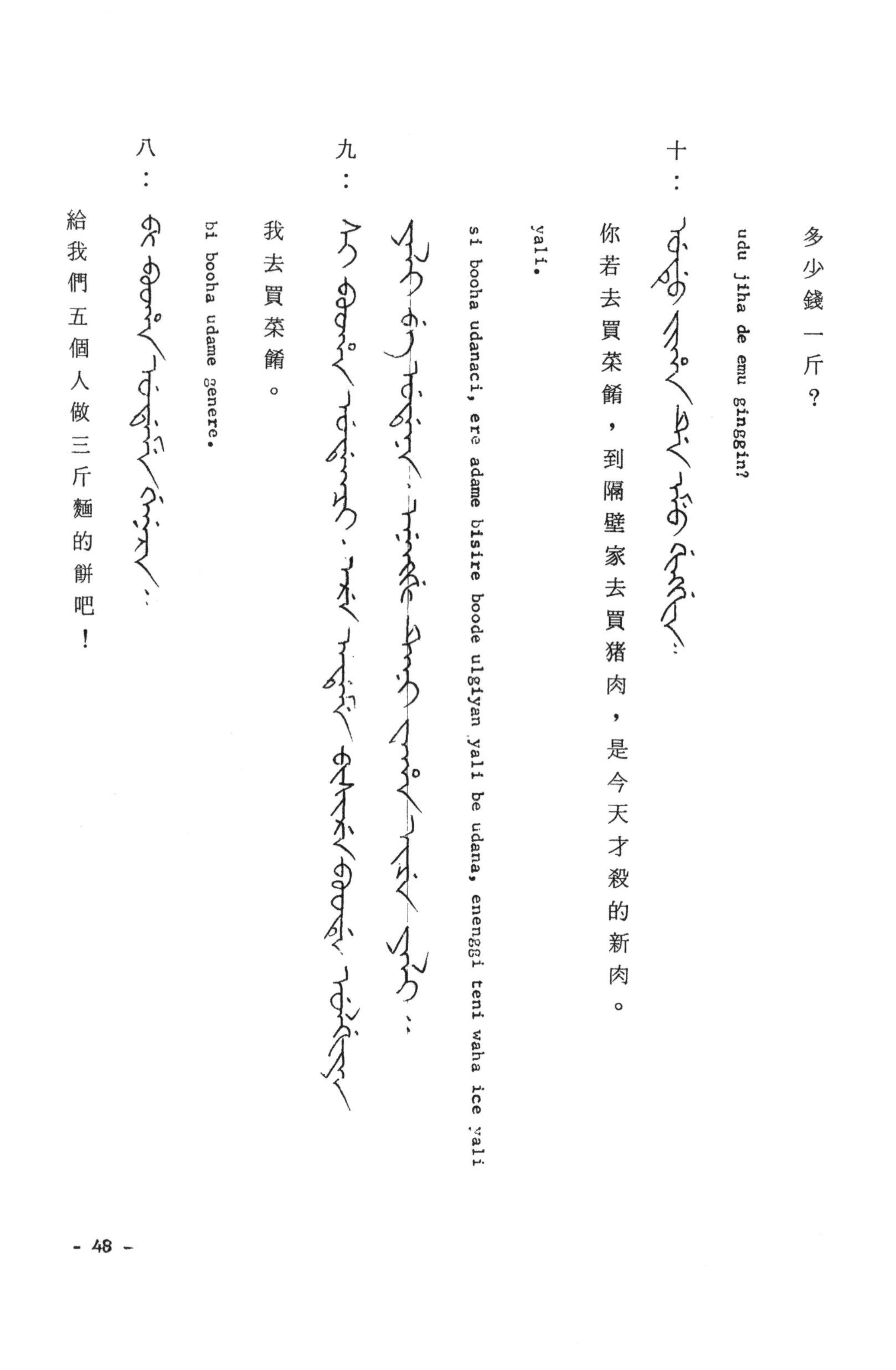

多少錢一斤？

udu jiha de emu ginggin?

十：

你若去買菜餚，到隔壁家去買猪肉，是今天才殺的新肉。

yali.

si booha udanaci, ere adame bisire boode ulgiyan yali be udana, enenggi teni waha ice yali

九：

我去買菜餚。

bi booha udame genere.

八：

給我們五個人做三斤麵的餅吧！

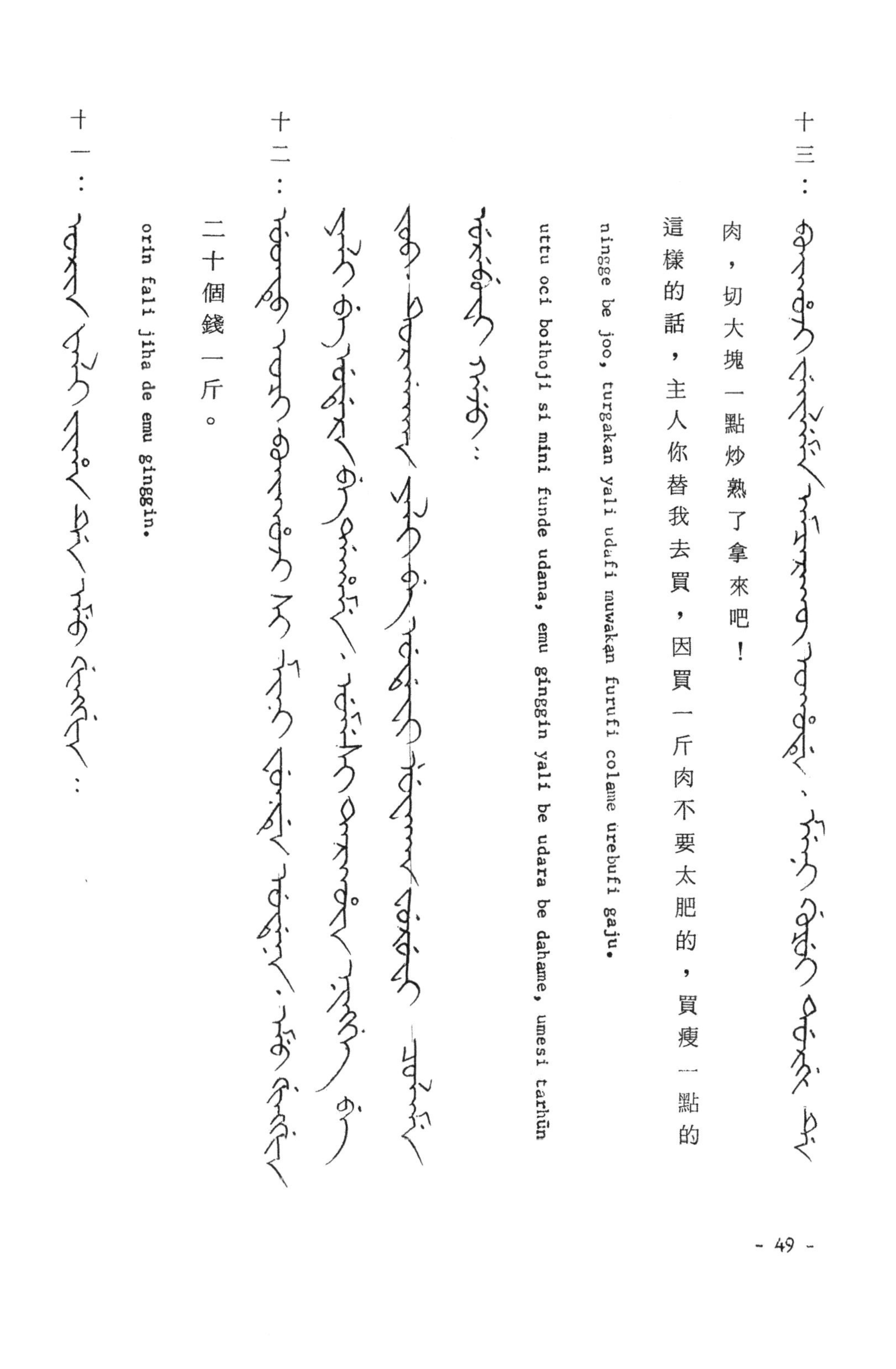

十三：

肉，切大塊一點炒熟了拿來吧！

這樣的話，主人你替我去買，因買一斤肉不要太肥的，買瘦一點的

ningge be joo, turgakan yali udafi muwakan furufi colame urebufi gaju.

uttu oci boihoji si mini funde udana, emu ginggin yali be udara be dahame, umesi tarhūn

十二：

二十個錢一斤。

orin fali jiha de emu ginggin.

十一：

bohoji weileme amcarakū ohode, meni gucui dorgi de emu niyalma be tucibufi yali colabukini.

主人如果來不及做，我們伙伴裏頭，派出一人來炒肉吧！

十四：

bi yali colame bahanarakū.

我不會炒肉。

十五：

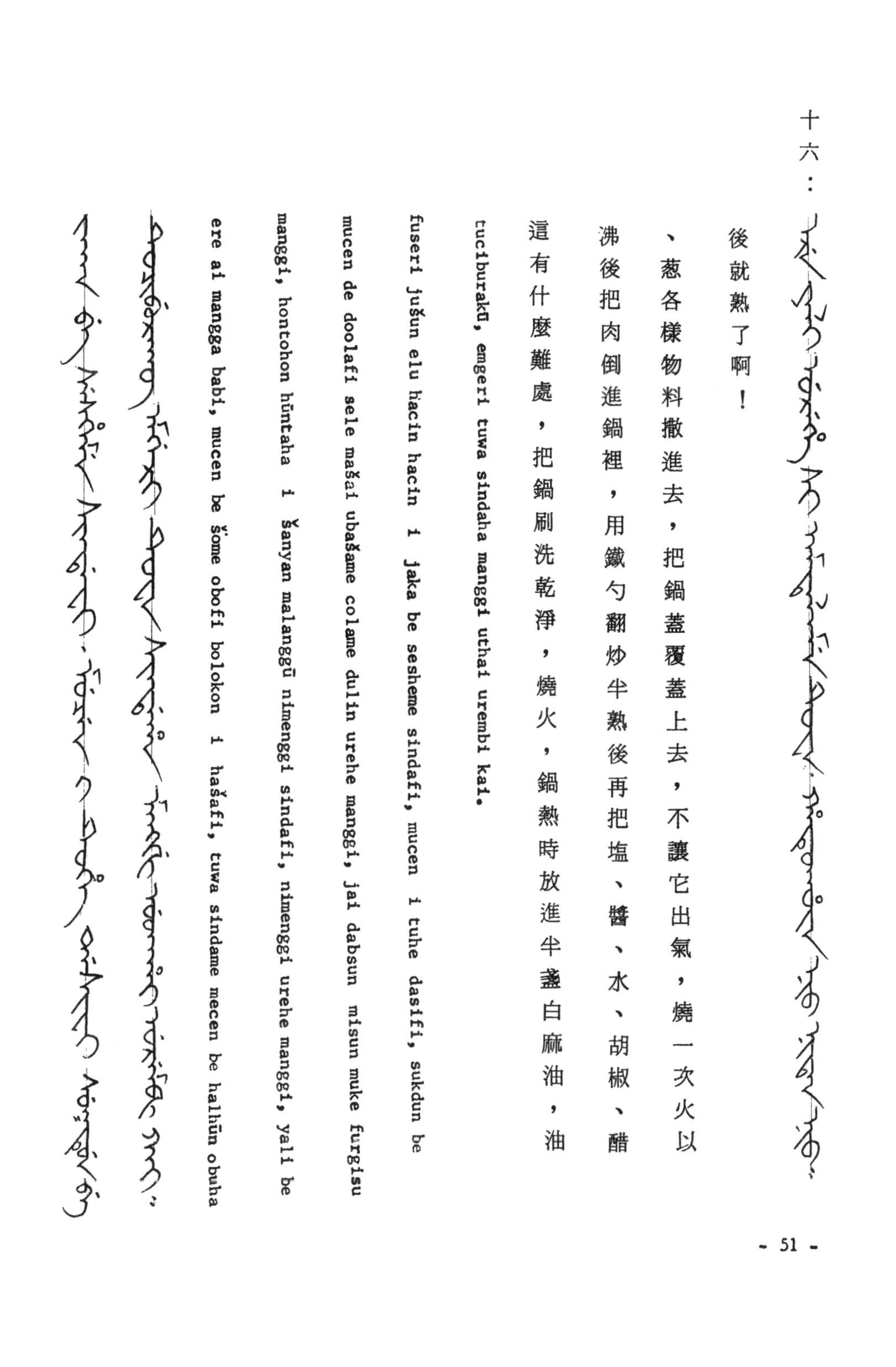

十六：

這有什麼難處，把鍋刷洗乾淨，燒火，鍋熱時放進半盞白麻油，油沸後把肉倒進鍋裡，用鐵勺翻炒半熟後再把塩、醬、水、胡椒、醋、葱各樣物料撒進去，把鍋蓋覆蓋上去，不讓它出氣，燒一次火以後就熟了啊！

ere ai mangga babi, mucen be šome obofi bolokon i hašafi, tuwa sindame mecen be halhūn obuha manggi, hontohon hūntaha i šanyan malanggū nimenggi sindafi, nimenggi urehe manggi, yali be mucen de doolafi sele mašai ubašame colame dulin urehe manggi, jai dabsun misun muke furgisu fuseri jušun elu hacin hacin i jaka be sesheme sindafi, mucen i tuhe dasifi, sukdun be tucibuakū, emgeri tuwa sindaha manggi uthai urembi kai.

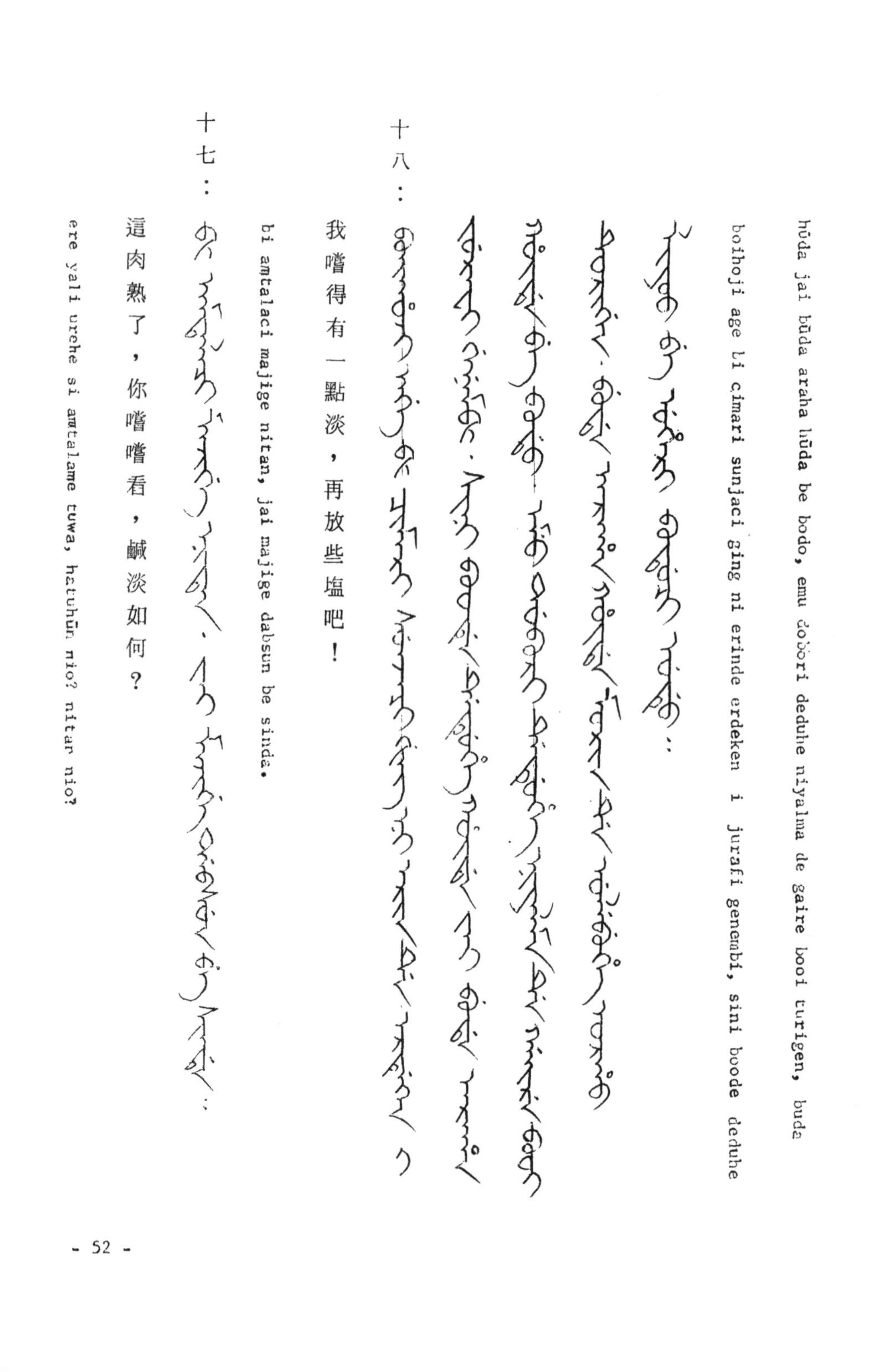

十七：

這肉熟了，你嚐嚐看，鹹淡如何？

ere yali urehe si amtalame tuwa, hatuhūn nio? nitan nio?

十八：

我嚐得有一點淡，再放些塩吧！

bi amtalaci majige nitan, jai majige dabsun be sinda.

boihoji age li cimari sunjaci ging ni erinde erdeken i jurafi genembi, sini boode deduhe

hūda jai būda araha hūda be bodo, emu dobori deduhe niyalma de gaire booi turigen, buda

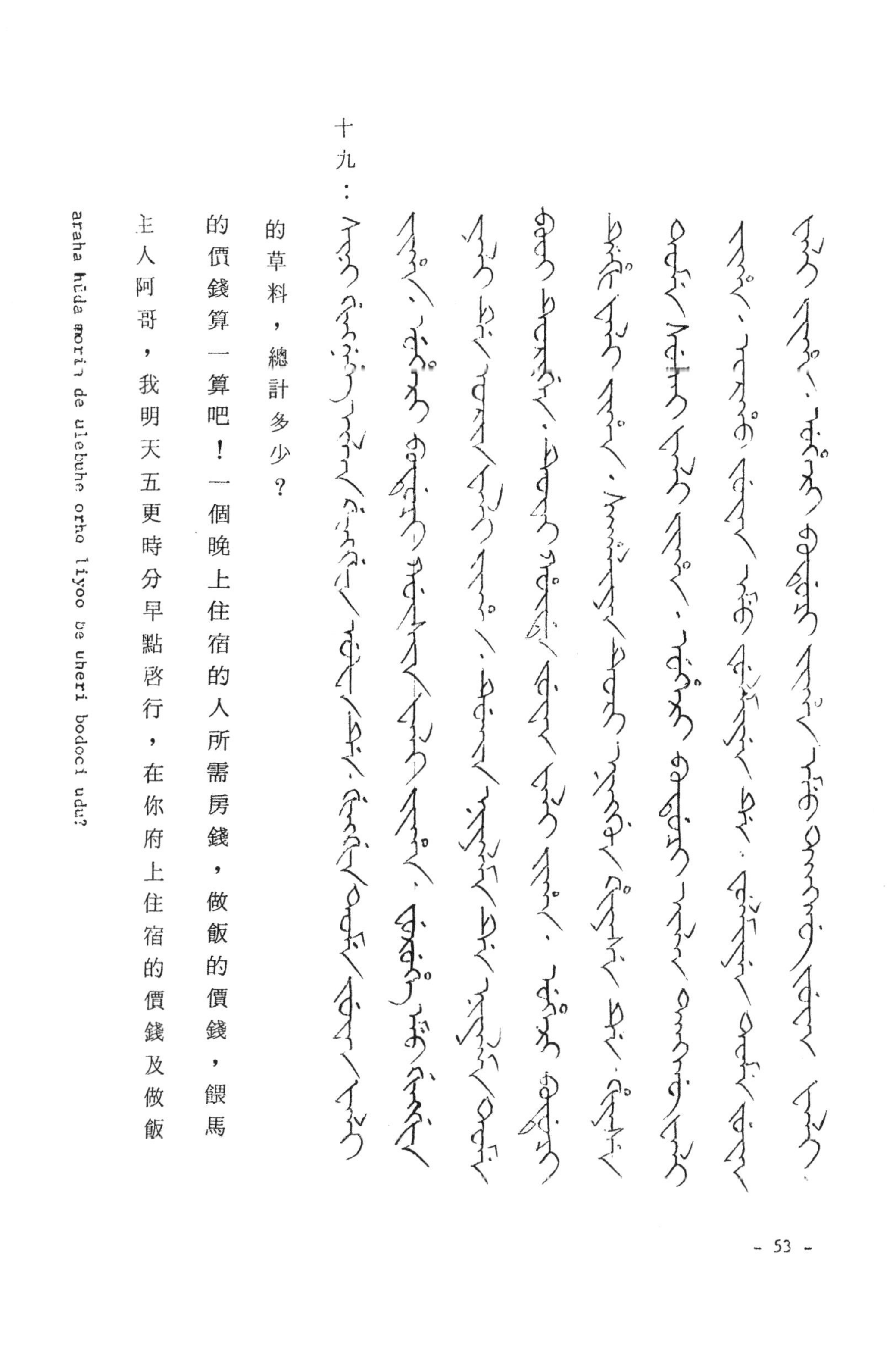

araha hūda morin de ulebuhe orho liyoo be uheri bodoci udu?

十九：

主人阿哥，我明天五更時分早點啓行，在你府上住宿的價錢及做飯的價錢算一算吧！一個晚上住宿的人所需房錢，做飯的價錢，餵馬的草料，總計多少？

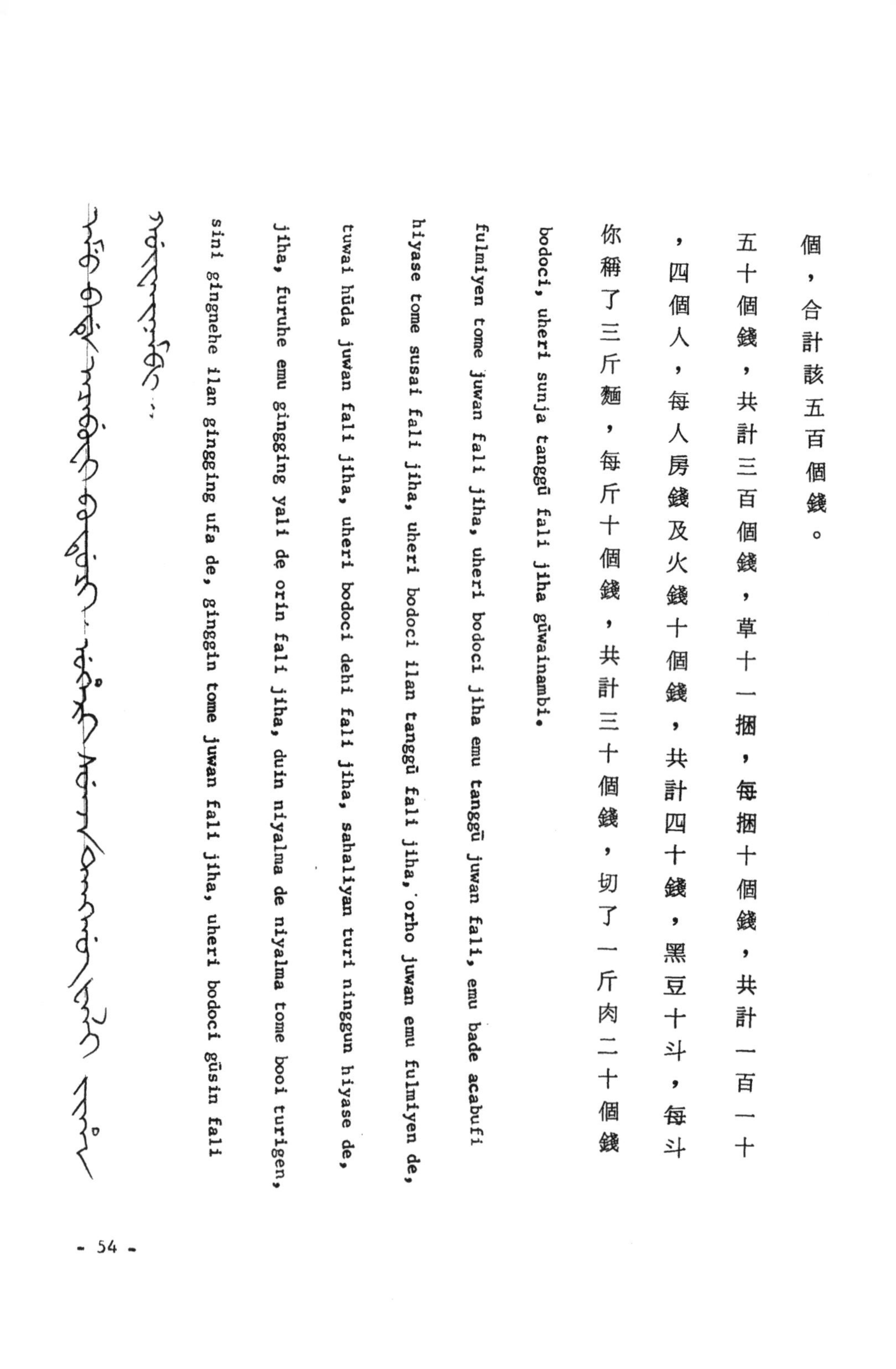

你稱了三斤麵，每斤十個錢，共計三十個錢，切了一斤肉二十個錢，四個人，每人房錢及火錢十個錢，共計四十錢，黑豆十斗，每斗五十個錢，共計三百個錢，草十一捆，每捆十個錢，共計一百一十個，合計該五百個錢。

sini gingnehe ilan ginggin ufa de, ginggin tome juwan fali jiha, uheri bodoci gūsin fali jiha, furuhe emu ginggin yali de orin fali jiha, duin niyalma de niyalma tome booi turigen, tuwai hūda juwan fali jiha, uheri bodoci dehi fali jiha, sahaliyan turi ninggun hiyase de, hiyase tome susai fali jiha, uheri bodoci ilan tanggū fali jiha, orho juwan emu fulmiyen de, fulmiyen tome juwan fali jiha, uheri bodoci jiha emu tanggū juwan fali, emu bade acabufi bodoci, uheri sunja tanggū fali jiha gūwainambi.

二〇：ᠮᡝᠨᡳ ᠣᡵᡥᠣ ᡨᡠᡵᡳ ᡠᡶᠠ ᡤᡝᠮᡠ ᠰᡳᠨᡳ ᠪᠣᠣᡩᡝ ᠵᡳᡶᡳ ᡠᡩᠠᡥᠠᠩᡤᡝ᠈ ᠰᡳ ᠮᠠᠵᡳᡤᡝ ᡝᠪᡝᡵᡝᠮᠪᡠᠴᡳ ᠠᠨᡨᠠᡴᠠ᠉

meni orho turi ufa gemu sini boode jifi udahangge, si majige eberembuci antaka?

我們的草豆麵，都是來你家裡買的，你少算一點如何？

二一：ᠪᡳᡴᡳᠨᡳ ᠪᡳᡴᡳᠨᡳ᠈ ᡩᡠᡳᠨ ᡨᠠᠩᡤᡡ ᠰᡠᠰᠠᡳ ᡶᠠᠯᡳ ᠵᡳᡥᠠ ᠣᡴᡳᠨᡳ᠉

bikini bikini, duin tanggu susai fali jiha okini.

好吧好吧，就算四百五十個錢吧！

二二：ᡠᡨᡨᡠ ᠣᠴᡳ ᡤᡠᠴᡠᠰᡝ ᠰᡠᠸᡝᠨᡳ ᡳᠯᠠᠨ ᠨᠣᡶᡳ ᡤᡝᠮᡠ ᡨᡠᠴᡳᠪᡠ᠈ ᡨᠣᠨ ᠪᡝ ᡝᠵᡝᠮᡝ ᡤᠠᡳᡶᡳ ᠪᡝᡤᡳᠩ ᡩᡝ ᡤᡝᠨᡝᡥᡝ ᠮᠠᠩᡤᡳ᠈ ᠵᠠᡳ ᡠᡥᡝᡵᡳ ᠠᠴᠠᠪᡠᠮᡝ ᠪᠣᡩᠣᡶᡳ ᠪᡠᡴᡳ᠉

uttu oci gucuse suweni ilan nofi gemu tucibu, ton oe ejeme gaifi beging de genehe manggi,

jai uheri acabume bodofi buki.

若是這樣，伙伴們你們三人都出，記着數目，到北京時，再合計總數給吧！

二三：ᡨᡠᡨᡨᡠ ᠣᠴᡳ ᠪᡳ ᡤᡝᠮᡠ ᡨᡝᡩᡝ ᠪᡠᡵᡝ᠉

tuttu oci bi gemu tede bure.

若是那樣，我都給他。

二四：[illegible]

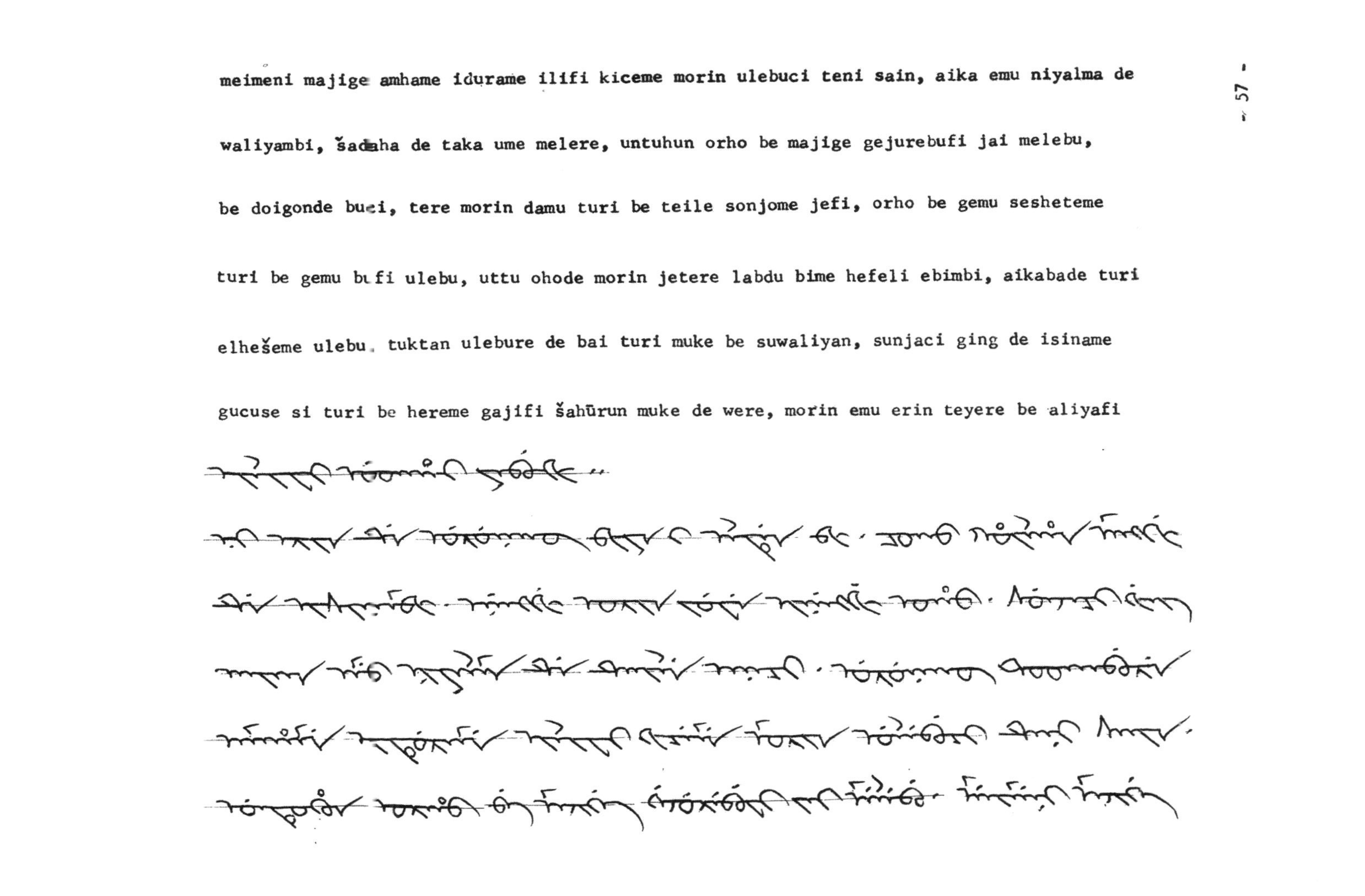

meimeni majige amhame idurame ilifi kiceme morin ulebuci teni sain, aika emu niyalma de waliyambi, šadaha de taka ume melere, untuhun orho be majige gejurebufi jai melebu, be doigonde buci, tere morin damu turi be teile sonjome jefi, orho be gemu seshteme turi be gemu bufi ulebu, uttu ohode morin jetere labdu bime hefeli ebimbi, aikabade turi elhešeme ulebu, tuktan ulebure de bai turi muke be suwaliyan, sunjaci ging de isiname gucuse si turi be hereme gajifi šahūrun muke de were, morin emu erin teyere be aliyafi

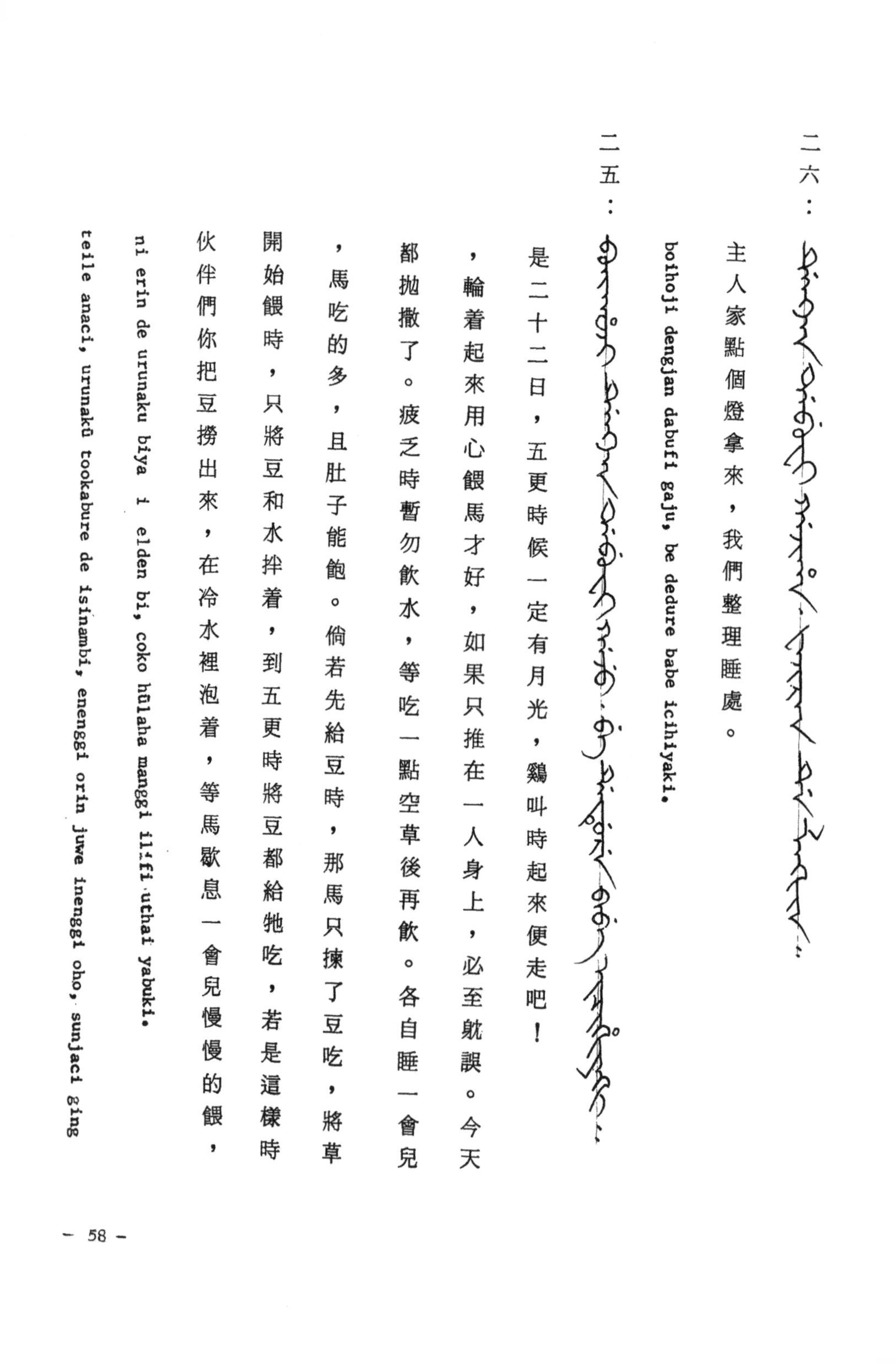

二五：

伙伴們你把豆撈出來，在冷水裡泡着，等馬歇息一會兒慢慢的餵，開始餵時，只將豆和水拌着，到五更時將豆都給牠吃，若是這樣時，馬吃的多，且肚子能飽。倘若先給豆時，那馬只揀了豆吃，將草都抛撒了。疲乏時暫勿飲水，等吃一點空草後再飲。各自睡一會兒，輪着起來用心餵馬才好，如果只推在一人身上，必至躭誤。今天是二十二日，五更時候一定有月光，雞叫時起來便走吧！

teile anaci, urunakū tookabure de isinambi, enenggi orin juwe inenggi oho, sunjaci ging ni erin de urunaku biya i elden bi, coko hūlaha manggi ilifi uthai yabuki.

二六：

主人家點個燈拿來，我們整理睡處。

bolhoji dengjan dabufi gaju, be dedure babe icihiyaki.

二九：ᠮᡳᠨᡳ ᠪᠣᠣᡩᡝ ᡩᡝᡵᡥᡳ ᠠᡴᡡ ᠣᡶᡳ᠈ ᡝᡵᡝ ᡳᠯᠠᠨ ᡶᠠᠯᡳ ᠣᡵᡥᠣᡳ ᠰᡝᡴᡨᡝᡶᡠᠨ ᠪᡝ ᠪᡝᠨᠵᡳᠮᠪᡳ᠈ ᠰᡠᠸᡝ ᡝᠮᡠ ᡩᠣᠪᠣᡵᡳ ᠨᡳᡴᡝᡩᡝᠮᡝ ᠰᡝᡴᡨᡝ᠉

因爲我家沒有蘆蓆，所以送來這三塊草蓆，你們將就鋪一個晚上吧！

mini boode derhi akū ofi ere ilan fali orhoi sektefun be benjimbi, suwe emu dobori nikedeme sekte.

二八：ᡝᡵᡝ ᡤᡝᠰᡝ ᠪᠣᡳᡥᠣᠨ ᠨᠠᡥᠠᠨ ᡩᡝ ᠠᡩᠠᡵᠠᠮᡝ ᡩᡝᡩᡠᠮᠪᡳ᠈ ᠠᡳᡴᠠ ᠣᡵᡥᠣᡳ ᠰᡝᡴᡨᡝᡶᡠᠨ ᠪᡳᠴᡳ ᡠᡩᡠ ᡶᠠᠯᡳ ᡤᠠᠵᡠ᠉

像這樣的土炕上面怎麼睡，若有草蓆的話，拿幾塊來吧！

ere gese boihon nahan de adarame dedumbi, aika orhoi sektefun bici udu fali gaju.

一七：ᡩᡝᠩᠵᠠᠨ ᡩᠠᠪᡠᡶᡳ ᡤᠠᠵᡳᡥᠠ᠈ ᡶᠠᠵᡳᡵᠠᠨ ᡩᡝ ᠯᠠᡴᡳᠶᠠ᠉

燈點來了，掛在牆壁上。

dengjan dabufi gajiha, fajiran de lakiya.

jio taka ume genere, bi sinde fonjire gisun bi, bi nenehe mudan beging ci jidere de, suweni

[illegible]

[illegible]

[illegible]

三一：[illegible]

是，就那樣吧！客人們歇息，我看看門戶就睡。

je tuttu okini, andase teye bi duka be tuwašafi dedumbi.

ᡩᡝᡩᡠᠮᠪᡳ᠉

三〇：ᠪᠣᡳᡥᠣᠵᡳ ᠰᡳ ᡨᡠᠸᠠ ᡠᠮᠪᡠ᠈ ᠪᡝ ᠴᡳᠮᠠᡵᡳ ᠰᡠᠨᠵᠠᠴᡳ ᡤᡳᠩ ᠨᡳ ᡝᡵᡳᠨ ᡩᡝ

主人家你把火埋起來，我們明天五更時候清早就走。

boihoji si tuwa umbu, be cimari sunjaci ging ni erin de erde genembi.

ᡝᡵᡩᡝ ᡤᡝᠨᡝᠮᠪᡳ᠉

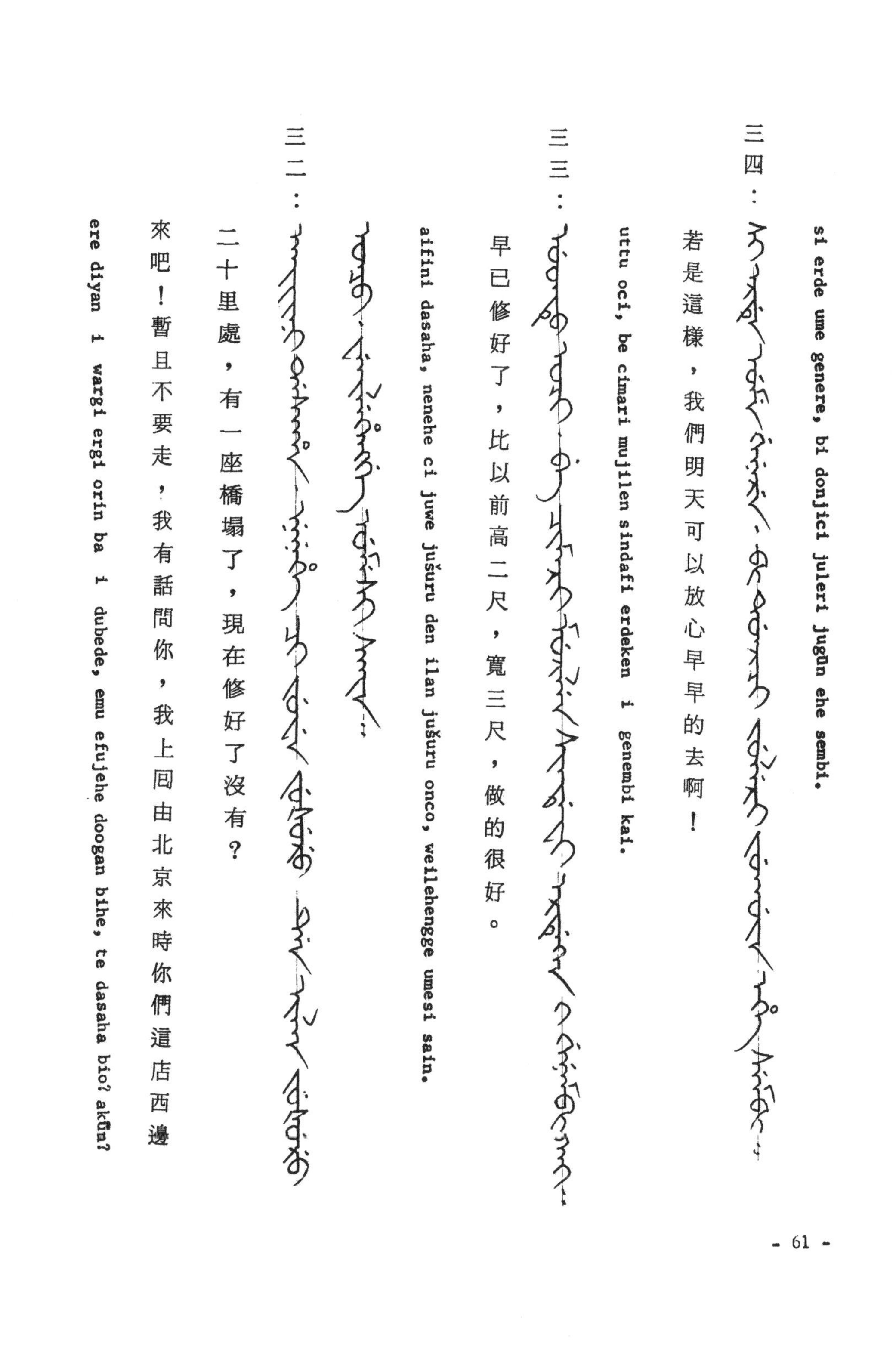

si erde ume genere, bi donjici juleri jugūn ehe sembi.

三四：

若是這樣，我們明天可以放心早早的去啊！

uttu oci, be cimari mujilen sindafi erdeken i genembi kai.

三三：

早已修好了，比以前高二尺，寬三尺，做的很好。

aifini dasaha, nenehe ci juwe jušuru den ilan jušuru onco, weilehengge umesi sain.

三二：

二十里處，有一座橋塌了，現在修好了沒有？

來吧！暫且不要走，我有話問你，我上回由北京來時你們這店西邊

ere diyan i wargi ergi orin ba i dubede, emu efujehe doogan bihe, te dasaha bio? akūn?

出來。

你不知道，從去年以來，因天旱，田禾欠收，年歲飢荒，所以歹人

si sarkū, duleke aniya ci ebsi abka hiya ofi, usin jeku bargiyahakū aniya haji ojoro jakade, ehe niyalma tucike.

ᠰᡳ ᠰᠠᡵᡴᡡ᠈ ᡩᡠᠯᡝᡴᡝ ᠠᠨᡳᠶᠠ ᠴᡳ ᡝᠪᠰᡳ ᠠᠪᡴᠠ ᡥᡳᠶᠠ ᠣᡶᡳ᠈ ᡠᠰᡳᠨ ᠵᡝᡴᡠ ᠪᠠᡵᡤᡳᠶᠠᡥᠠᡴᡡ ᠠᠨᡳᠶᠠ ᡥᠠᠵᡳ ᠣᠵᠣᡵᠣ ᠵᠠᡴᠠᡩᡝ᠈ ᡝᡥᡝ ᠨᡳᠶᠠᠯᠮᠠ ᡨᡠᠴᡳᡴᡝ᠉

三六：ᠠᡵᠠ ᠣᠩᡤᠣᠯᠣ ᡶᡠᡥᠠᠯᡳ ᡠᡨᡨᡠ ᠠᡴᡡ ᠪᡳᡥᡝ᠈ ᡨᡝ ᠠᡩᠠᡵᠠᠮᡝ ᡝᠨᡨᡝᡴᡝ ᡝᡥᡝ ᠨᡳᠶᠠᠯᠮᠠ ᡨᡠᠴᡳᡴᡝ᠉

噯喲！以前一點也沒有這樣過，現在怎麼有這樣的歹人出現呢？

ara onggolo fuhali uttu akū bihe, te adarame enteke ehe niyalma tucike.

三五：[illegible]

你不要早去，我聽說前頭路不好。

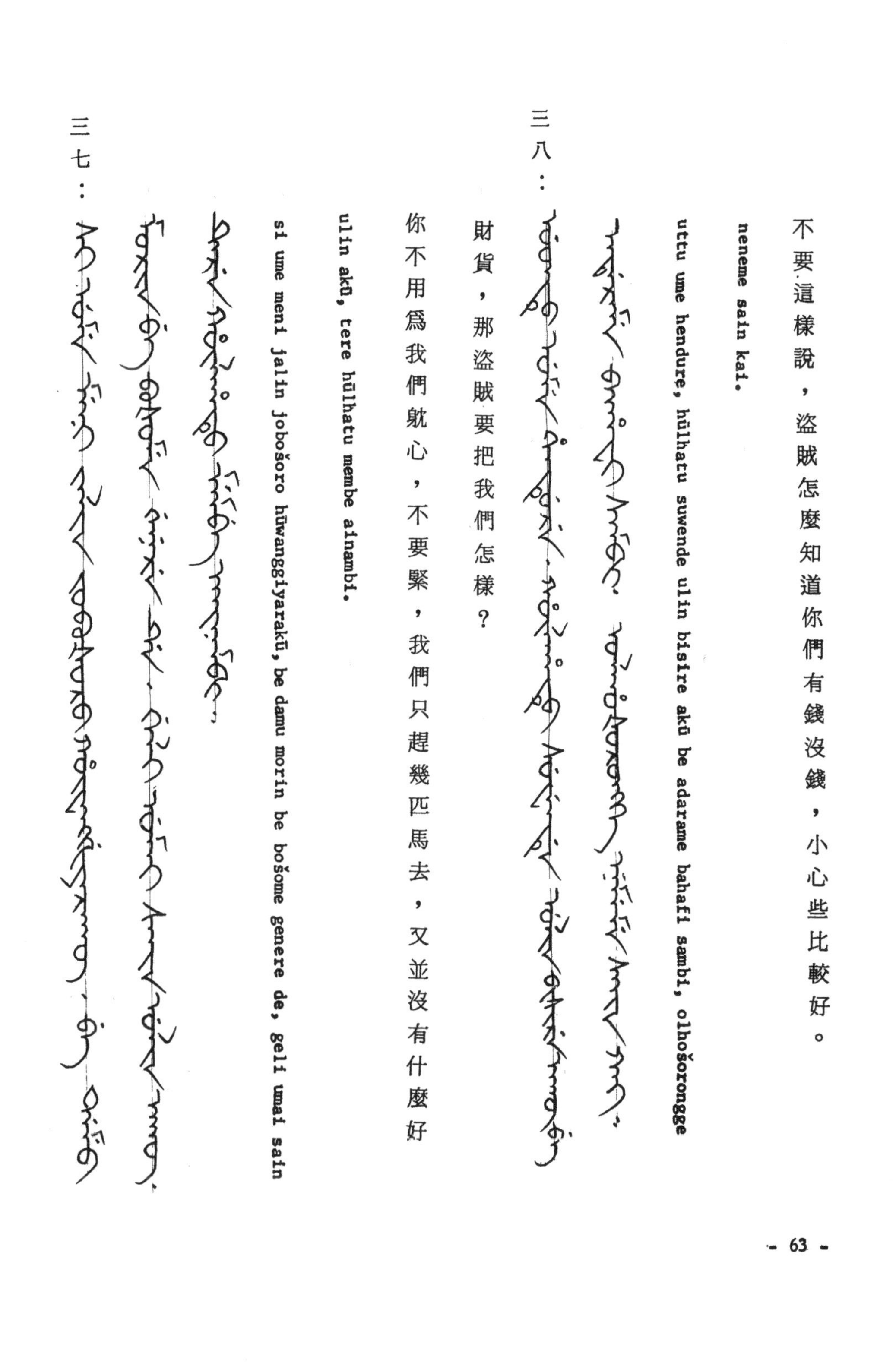

不要這樣說，盜賊怎麼知道你們有錢沒錢，小心些比較好。

neneme sain kai.

uttu ume hendure, hūlhatu suwende ulin bisire akū be adarame bahafi sambi, olhošoronge

三八：

財貨，那盜賊要把我們怎樣？

你不用為我們躭心，不要緊，我們只趕幾匹馬去，又並沒有什麼好

ulin akū, tere hūlhatu membe ainambi.

si ume meni jalin jobošoro hūwanggiyarakū, be damu morin be bošome genere de, geli umai sain

三七：

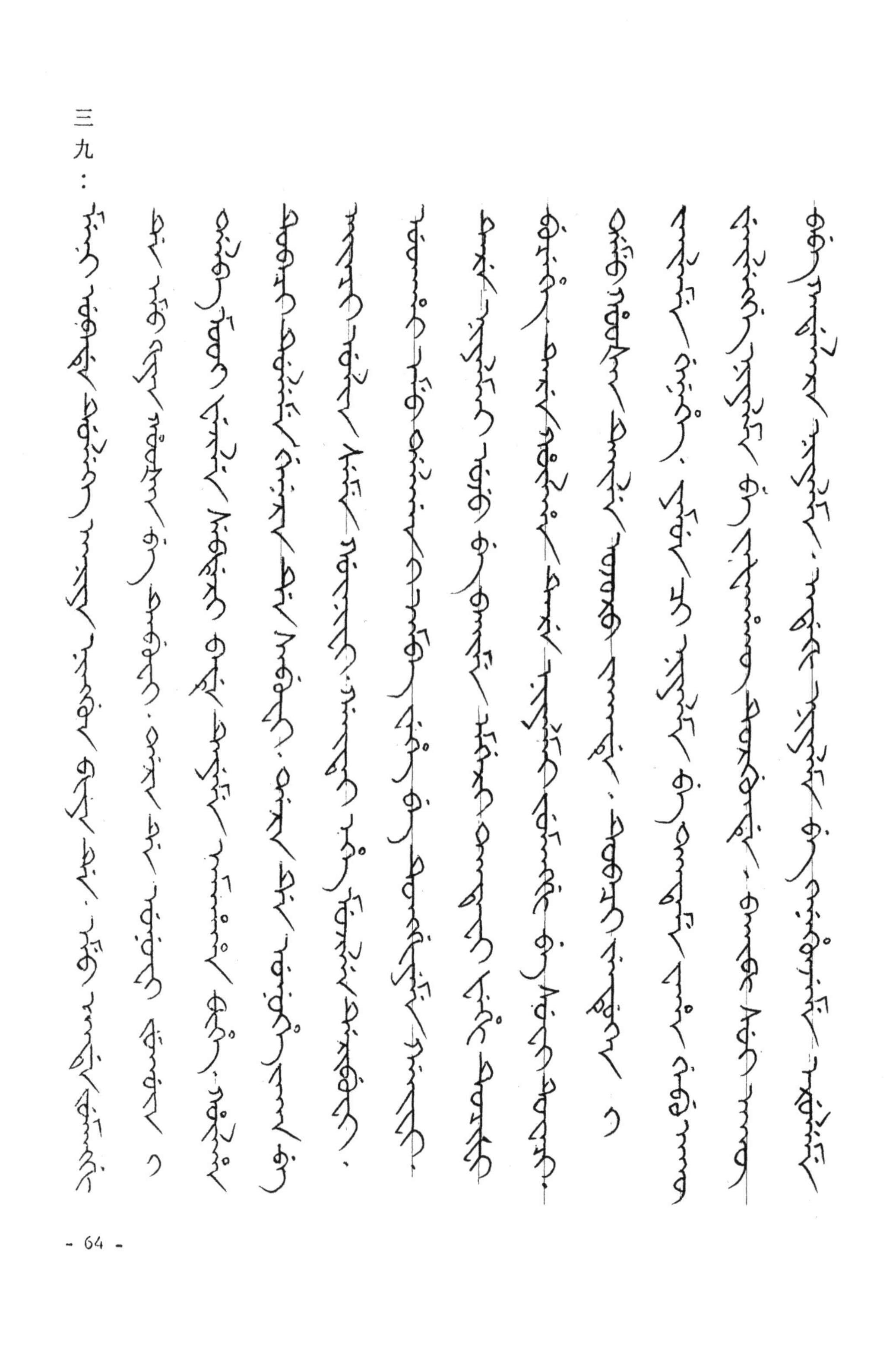

三九：

[illegible]
[illegible]
[illegible]
[illegible]
[illegible]
[illegible]
[illegible]
[illegible]
[illegible]
[illegible]
[illegible]
[illegible]

去年六月我們這裡有一個客人在纏帶裡裝着一卷紙，背在腰上，在

tere hūlha be jafafi benjihe manggi, ere emu baita teni getukelehe.

babe kadalara niyalma, adaki niyalma be kenehunjeme eruleme beideme bisire de, gūwa baci niyalma be tantame waha gebu akū weilengge niyalma be jafahakū turgunde, baibi sui akū tuwaci, damu hoošan teile ojoro jakade, tubaci jenduken i jailame genehe, yamun ci be baime emgeri tantafi fehi tucifi bucehe, tere hūlha tere niyalmai jumanggi be sufi mujilen deribufi, uthai emu dalgan i amba wehe be tunggiyeme gaifi, tere niyalmai uju tubaci duleme genere de sabufi, dara de unuhe jaka be ainci ulin seme gūnifi, gaitai ehe dara de unufi jugūn i dalba mooi fejile sebderi bade teyeme amhaha bihe, emu hūlha meni ubade duleke aniya ninggun biya de, emu anda jumanggi de emu kiyan hoošan be tebufi,

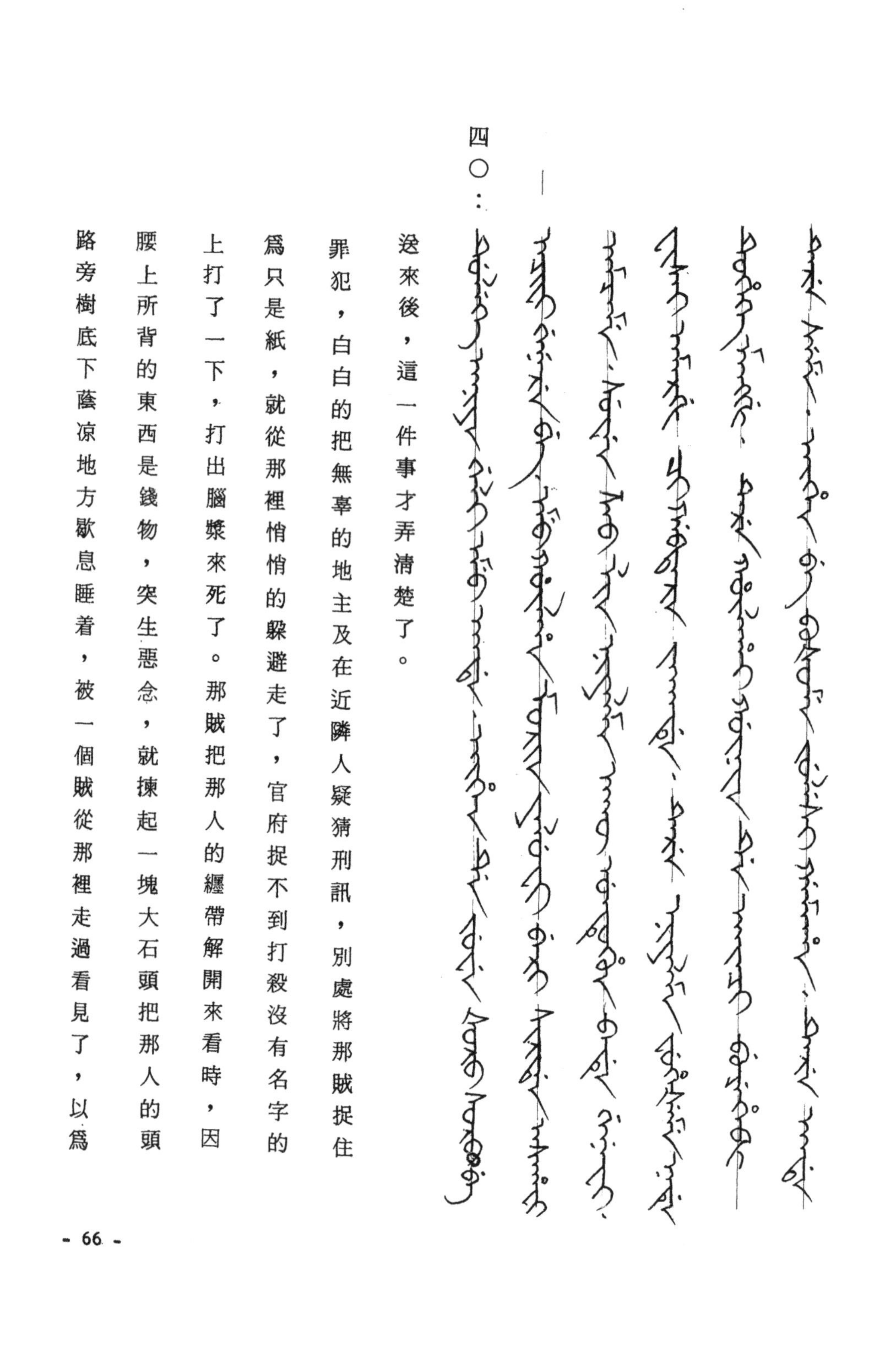

四〇：

路旁樹底下蔭凉地方歇息睡着，被一個賊從那裡走過看見了，以爲腰上所背的東西是錢物，突生惡念，就揀起一塊大石頭把那人的頭上打了一下，打出腦漿來死了。那賊把那人的纏帶解開來看時，因爲只是紙，就從那裡悄悄的躲避走了，官府捉不到打殺沒有名字的罪犯，白白的把無辜的地主及在近隣人疑猜刑訊，別處將那賊捉住迭來後，這一件事才弄清楚了。

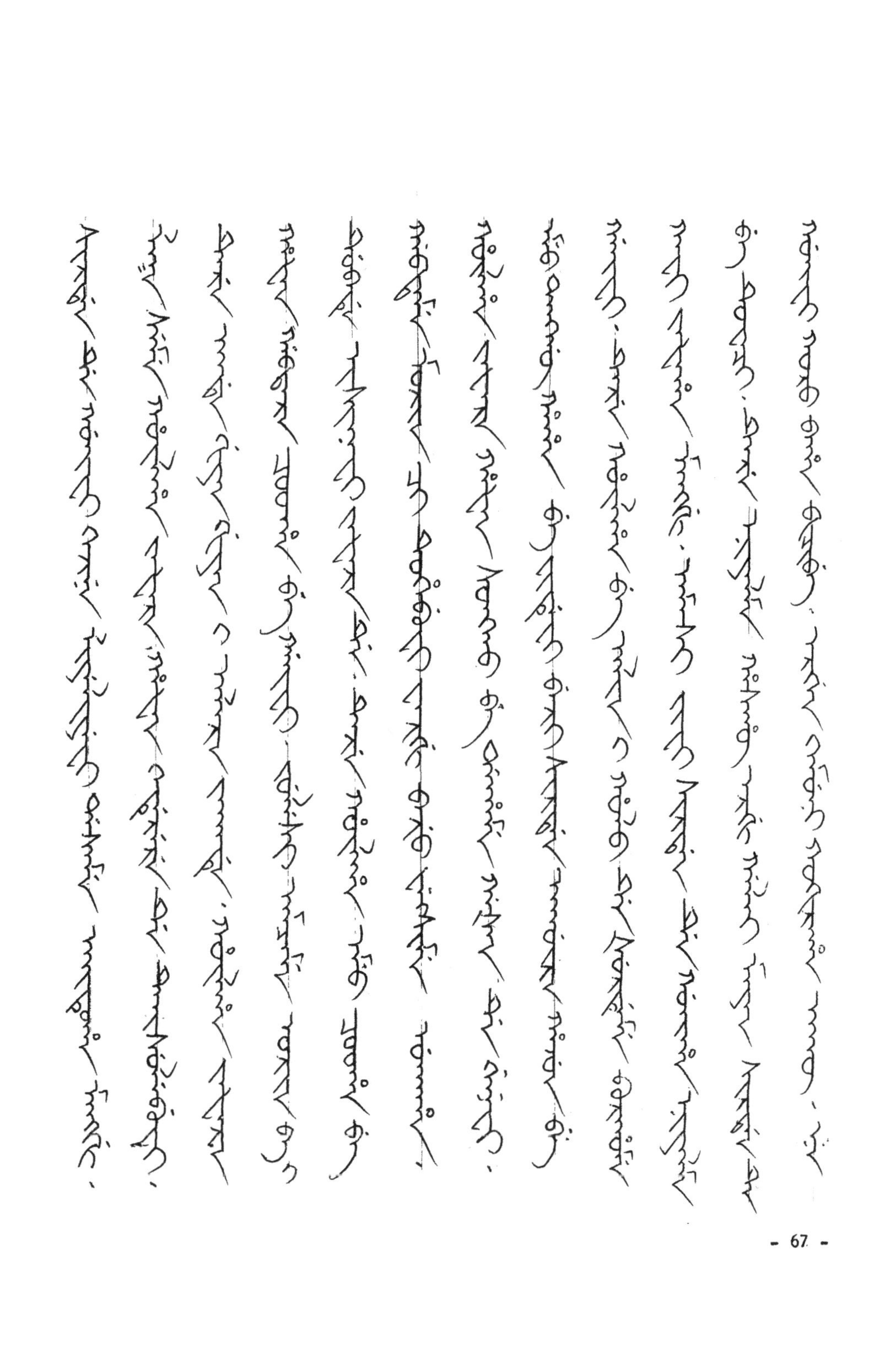

[illegible]

niyalma hashū ergi galai mayan sirdan de goifi koro baha bicibe, ergen kemuni kokiraha de šurdeme borhome kafi jafaha manggi, amasi jifi sirdan de goiha niyalma be tuwaci, tere emu tanggū haha be fidefi beri sirdan agūra hajun be gaifi, tere hūlha be alin i holo tuhebufi wargi baru feksime ukaha, hūlha jafara hafan songkoi be dahame gašan de genefi, amcame orin ba i dubede isinafi jafara de, tere hūlha emu cooha be gabtame morin ci anda giyan giyan i alara jakade, hūlha jafara hafan gabtara cooha be gaifi, julesi liyeliyefi dasame aituha manggi, lak seme hūlha jafara hafan kederere de teisulebufi tere ainci bucehebi dere seme, eihen be bošome julesi gamaha, tere anda sirdan de goifi kejine amargi ci gabtara jakade, tere niyalma fuhešeme nade tuheke manggi, tere hūlhai gūnin de yalufi beri sirdan ashafi amcame, suwen dzano lin niyalma akū untuhun bade genefi, fisai duleke aniya geli emu anda, eihen de juwe šoro soro be acifi genere be, emu hūlha morin

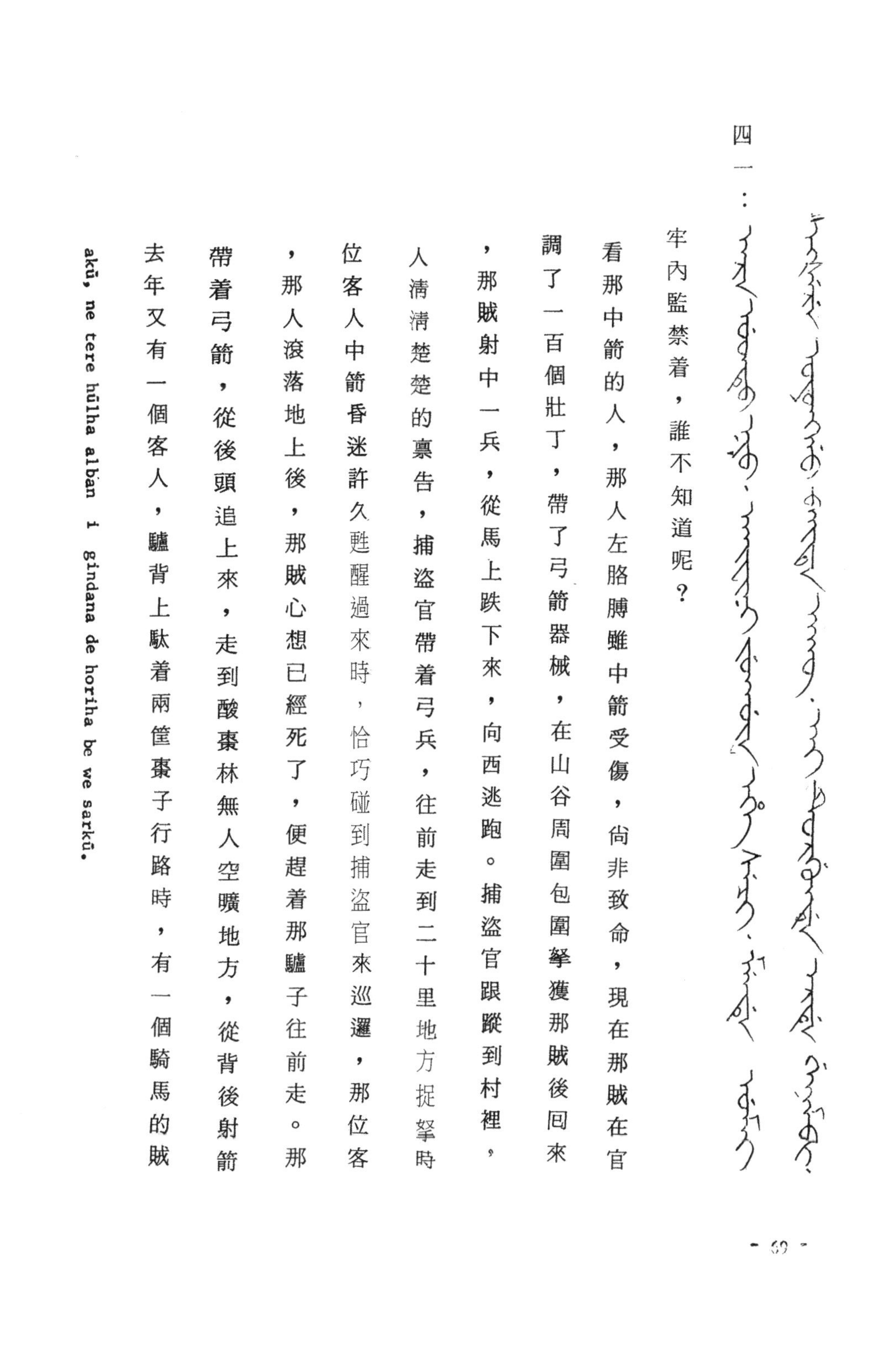

四一：

akū, ne tere hūlha albán 1 gindana de horiha be we sarkū.

去年又有一個客人，驢背上馱着兩筐棗子行路時，有一個騎馬的賊帶着弓箭，從後頭追上來，走到酸棗林無人空曠地方，從背後射箭，那人滾落地上後，那賊心想已經死了，便趕着那驢子往前走。那位客人中箭昏迷許久甦醒過來時，恰巧碰到捕盜官來巡邏，那位客人清清楚楚的稟告，捕盜官帶着弓兵，往前走到二十里地方捉拏時，那賊射中一兵，從馬上跌下來，向西逃跑。捕盜官跟蹤到村裡，調了一百個壯丁，帶了弓箭器械，在山谷周圍包圍拏獲那賊後回來看那中箭的人，那人左胳膊雖中箭受傷，尚非致命，現在那賊在官牢內監禁着，誰不知道呢？

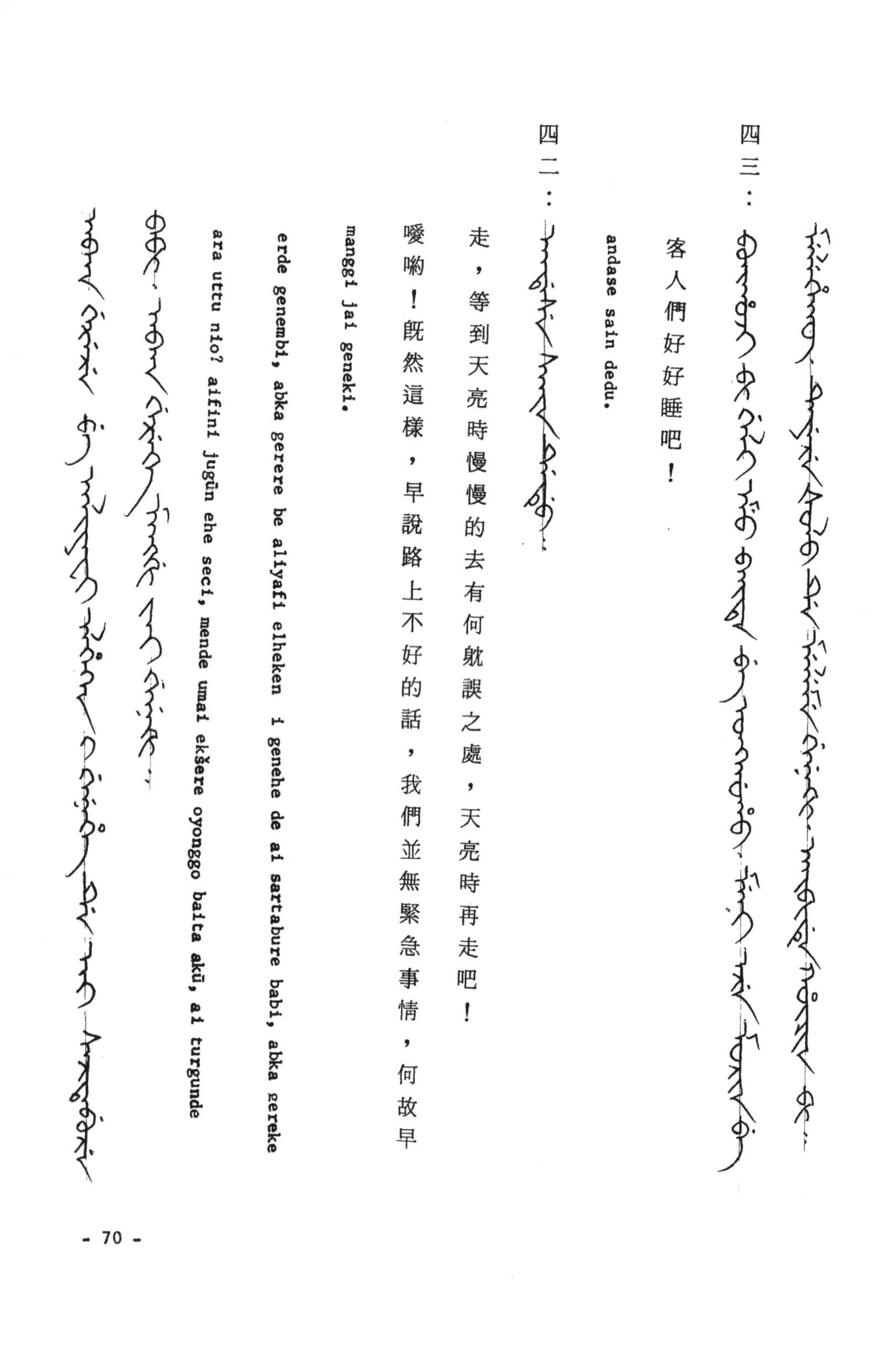

四三：

客人們好好睡吧！

andase sain dedu.

四二：

走，等到天亮時慢慢的去有何躭誤之處，天亮時再走吧！

噯喲！既然這樣，早說路上不好的話，我們並無緊急事情，何故早

erde genembi, abka gerere be aliyafi elheken i genehe de ai sartabure babi, abka gereke manggi jai geneki.

ara uttu nio? aifini jugūn ehe seci, mende umai ekšere oyonggo baita akū, ai turgunde

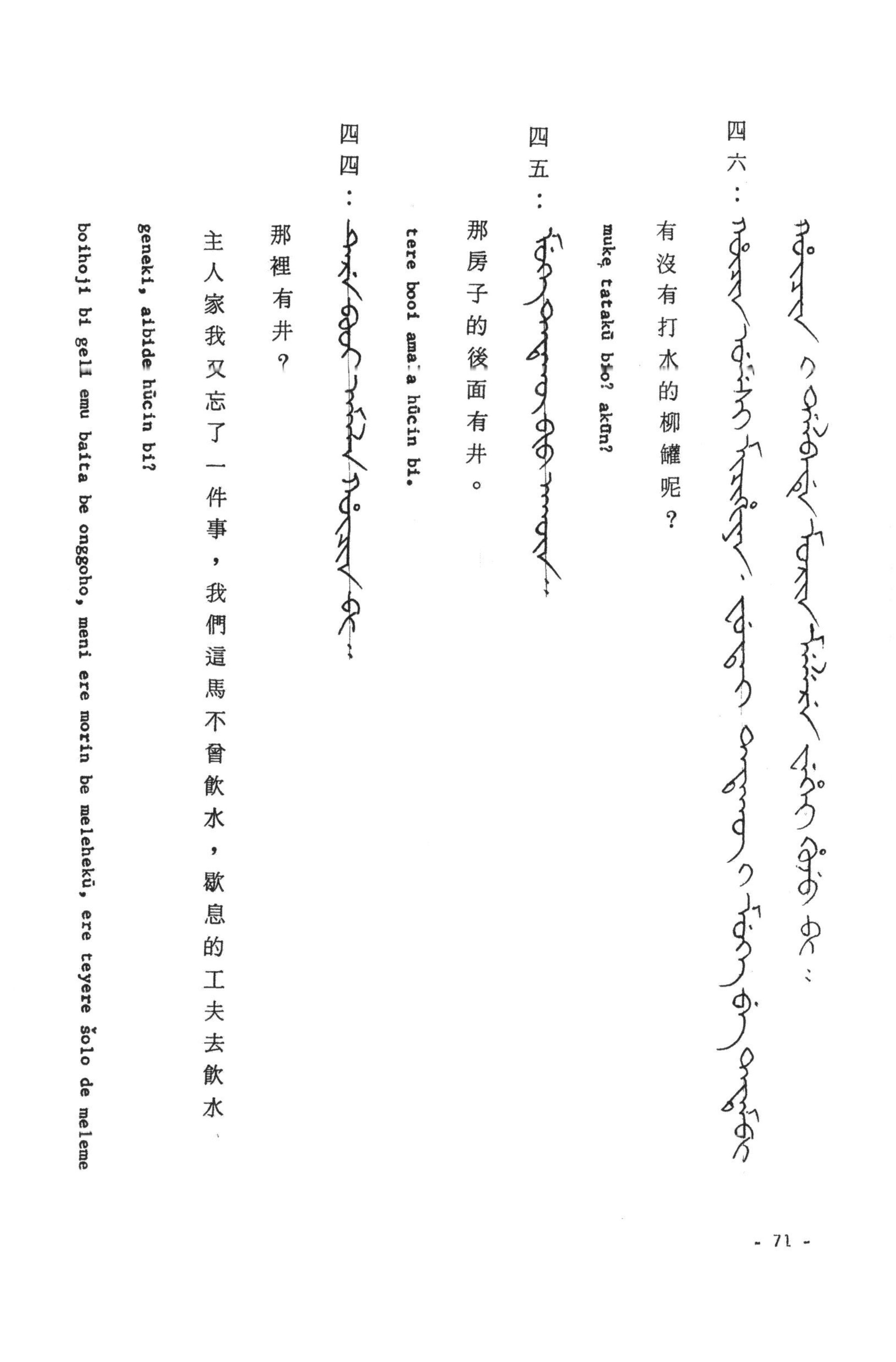

四六：

有沒有打水的柳罐呢？

muke tatakū bio? akūn?

四五：

那房子的後面有井。

tere booi amala hūcin bi.

四四：

那裡有井？

主人家我又忘了一件事，我們這馬不曾飲水，歇息的工夫去飲水。

geneki, aibide hūcin bi?

boihoji bi geli emu baita be onggoho, meni ere morin be melehekū, ere teyere šolo de meleme

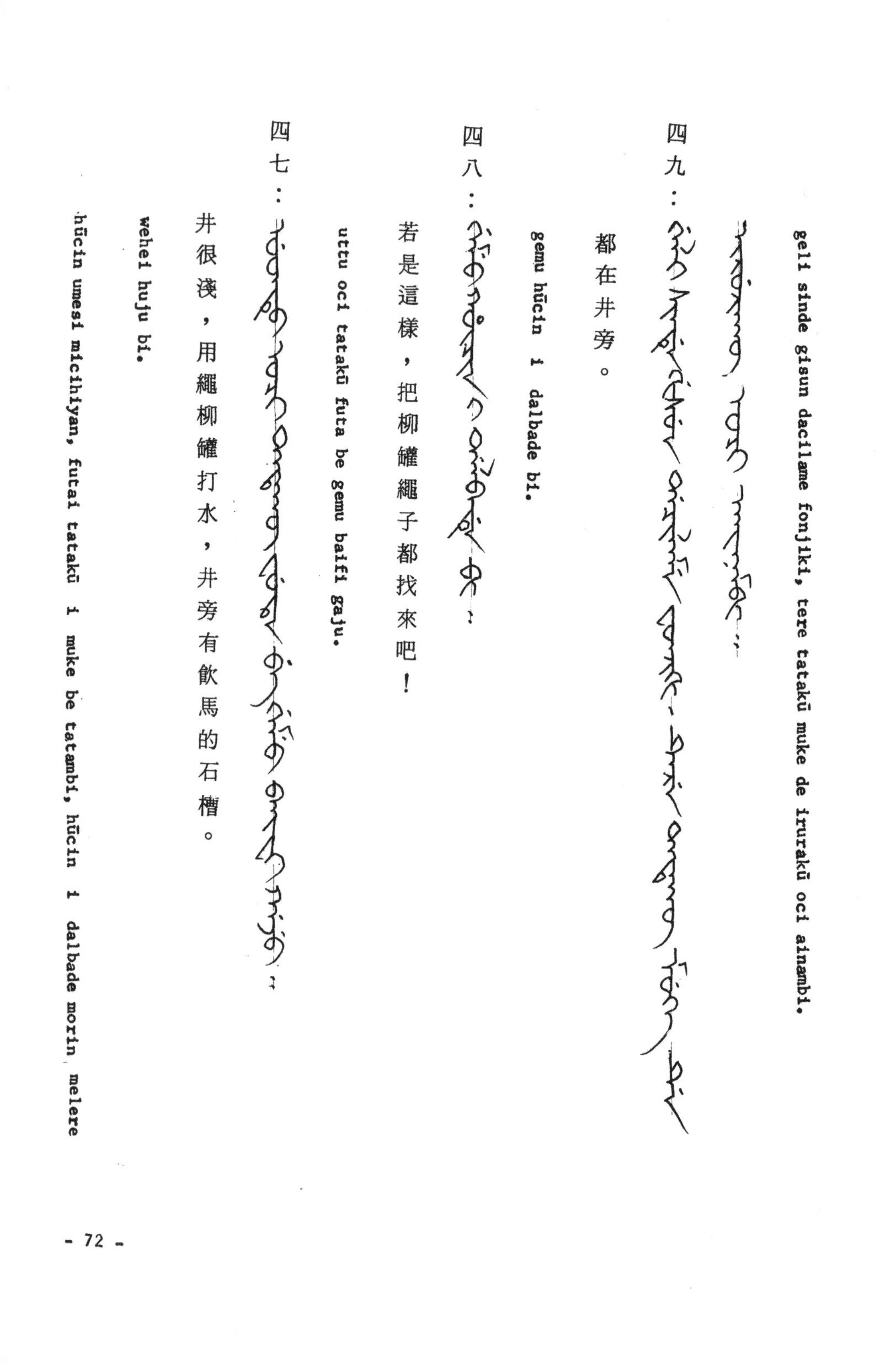

geli sinde gisun dacilame fonjiki, tere tatakū muke de irurakū oci ainambi.

四九：

都在井旁。

gemu hūcin i dalbade bi.

四八：

若是這樣，把柳罐繩子都找來吧！

uttu oci tatakū futa be gemu baifi gaju.

四七：

井很淺，用繩柳罐打水，井旁有飲馬的石槽。

hūcin umesi micihiyan, futai tatakū i muke be tatambi, hūcin i dalbade morin melere wehei huju bi.

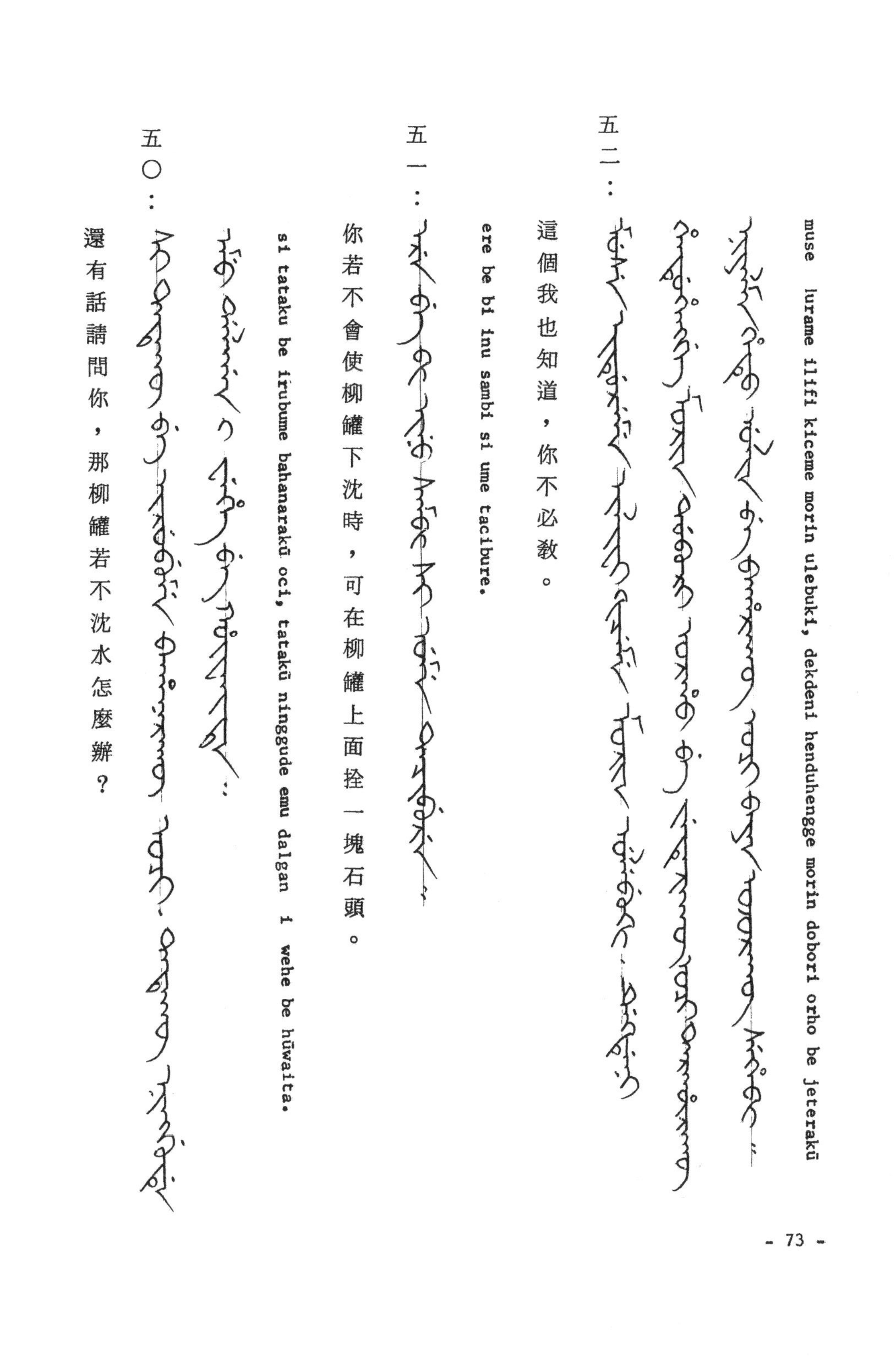

muse lurame ilifi kiceme morin ulebuki, dekdeni henduhengge morin dobori orho be jeterakū

五二：

這個我也知道，你不必教。

ere be bi inu sambi si ume tacibure.

五一：

你若不會使柳罐下沈時，可在柳罐上面拴一塊石頭。

si tataku be irubume bahanarakū oci, tatakū ninggude emu dalgan i wehe be hūwaita.

五〇：

還有話請問你，那柳罐若不沈水怎麼辦？

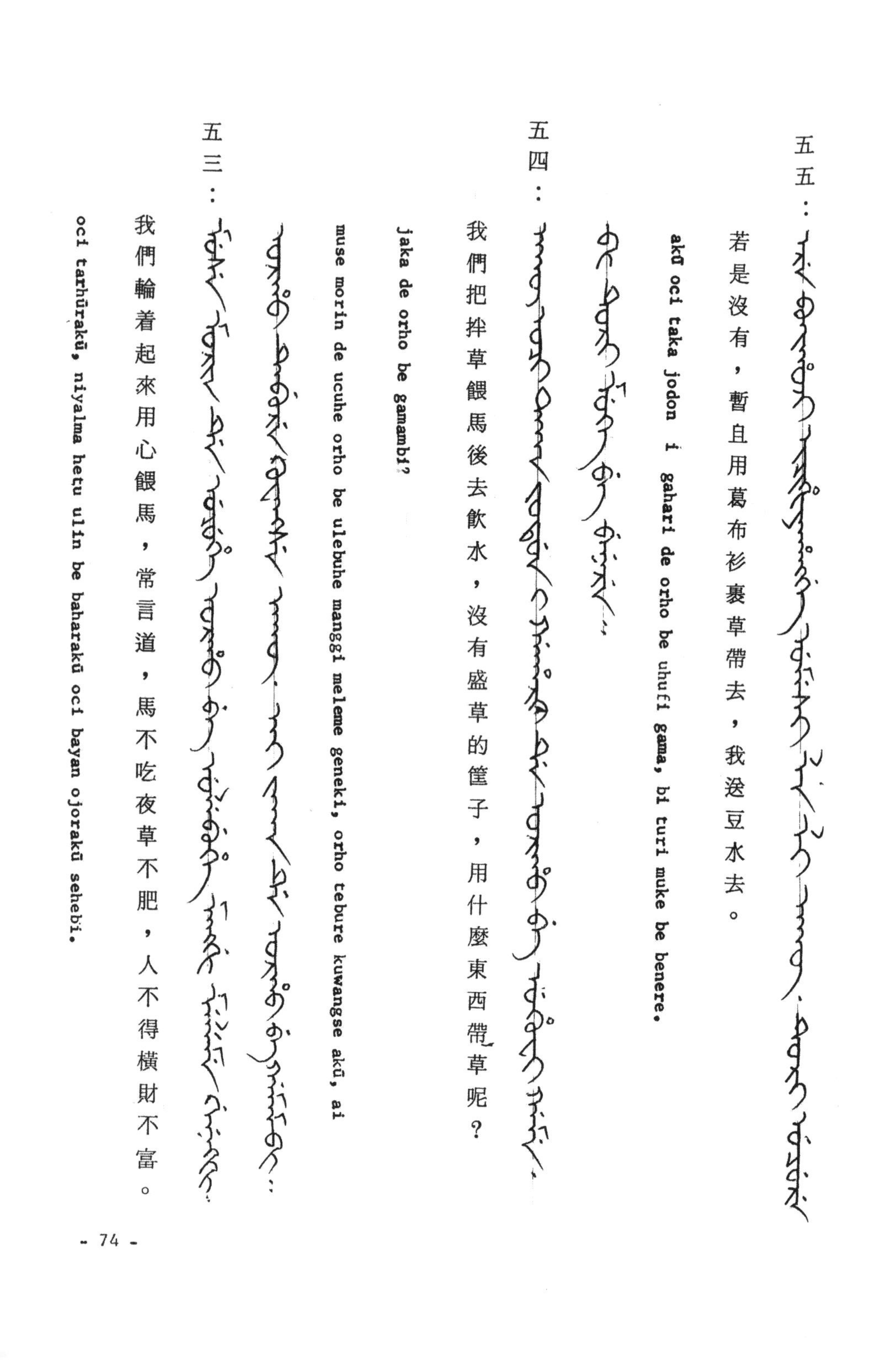

五五：

若是沒有，暫且用葛布衫裹草帶去，我送豆水去。

akū oci taka jodon i gahari de orho be uhufi gama, bi turi muke be benere.

五四：

我們把拌草餵馬後去飲水，沒有盛草的筐子，用什麼東西帶草呢？

muse morin de ucuhe orho be ulebuhe manggi meleme geneki, orho tebure kuwangse akū, ai jaka de orho be gamambi?

五三：

我們輪着起來用心餵馬，常言道，馬不吃夜草不肥，人不得橫財不富。

oci tarhūrakū, niyalma hetu ulin be baharakū oci bayan ojorakū sehebi.

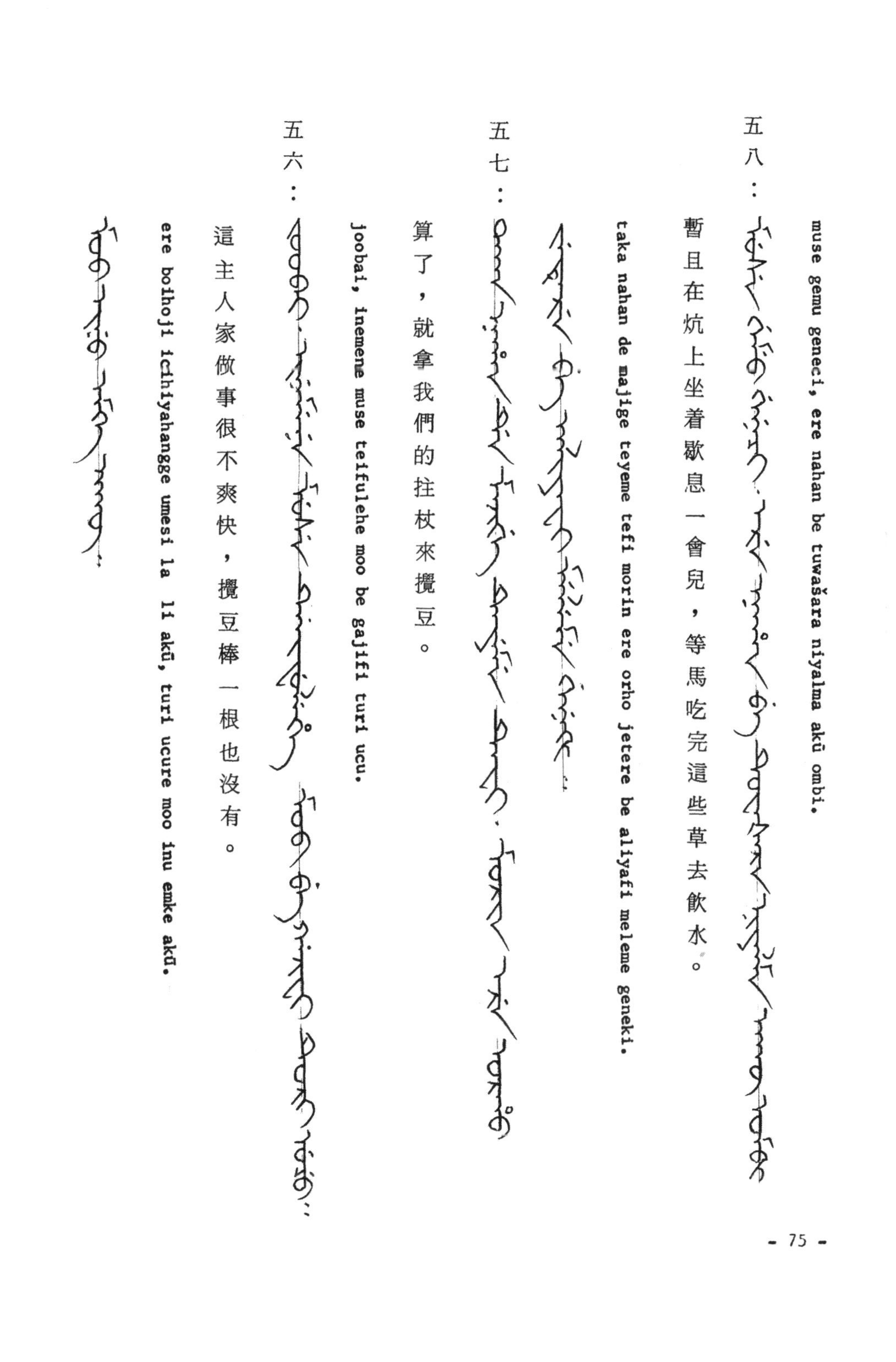

muse gemu geneci, ere nahan be tuwašara niyalma akū ombi.

五八：

暫且在炕上坐着歇息一會兒，等馬吃完這些草去飲水。

taka nahan de majige teyeme tefi morin ere orho jetere be aliyafi meleme geneki.

五七：

算了，就拿我們的拄杖來攪豆。

joobai, inemene muse teifulehe moo be gajifi turi ucu.

五六：

這主人家做事很不爽快，攪豆棒一根也沒有。

ere boihoji ichiyahangge umesi la li akū, turi ucure moo inu emke akū.

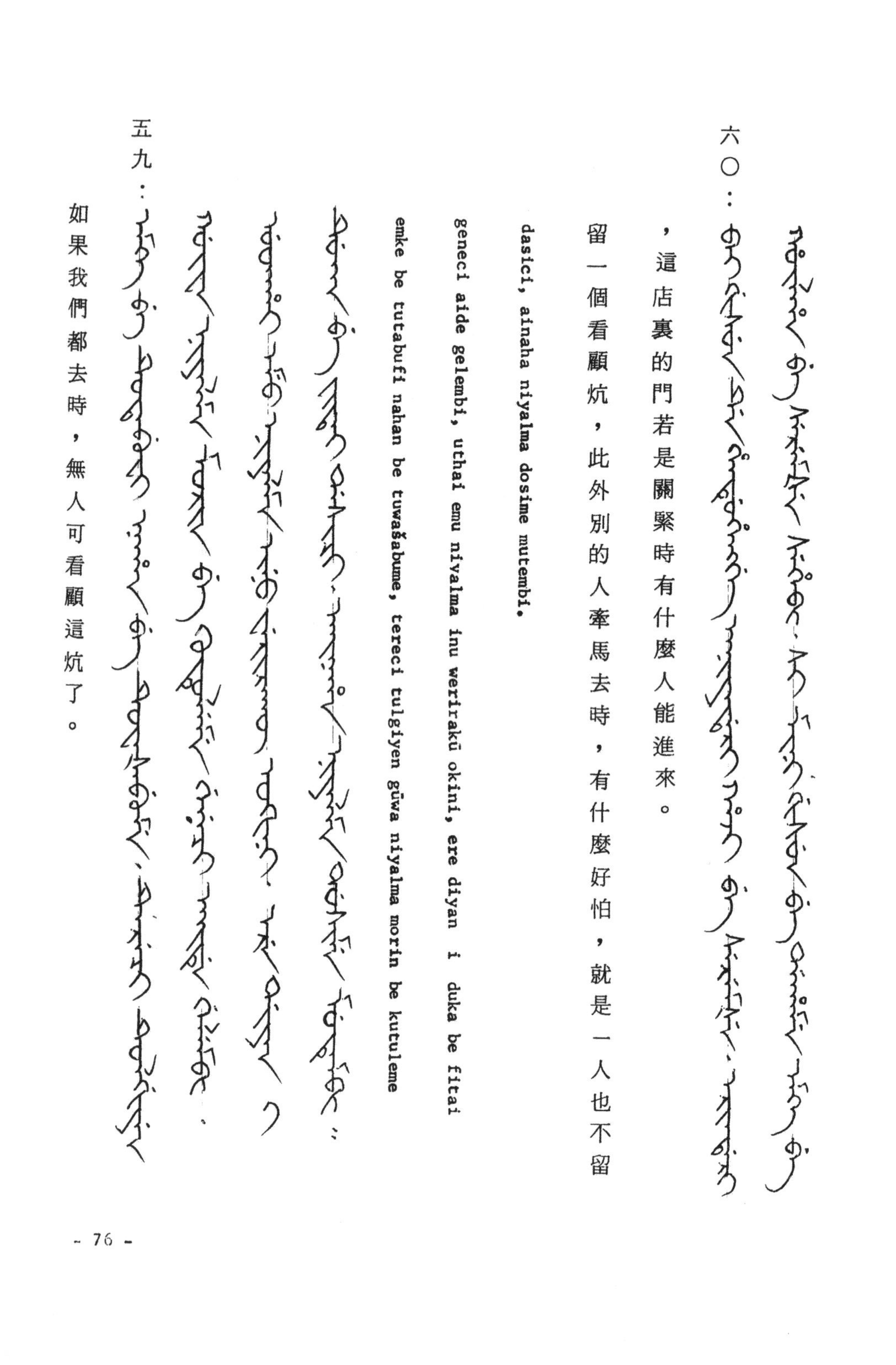

六〇：

留一個看顧炕，此外別的人牽馬去時，有什麼好怕，就是一人也不留，這店裏的門若是關緊時有什麼人能進來。

emke be tutabufi nahan be tuwašabume, tereci tulgiyen gūwa niyalma morin be kutuleme geneci aide gelembi, uthai emu niyalma inu werirakū okini, ere diyan i duka be fitai dasici, ainaha niyalma dosime mutembi.

五九：

如果我們都去時，無人可看顧這炕了。

ᡨᡠᡨᠠᠪᡠᡶᡳ ᠨᠠᡥᠠᠨ ᠪᡝ ᡨᡠᠸᠠᡴᡳᠶᠠᠪᡠ ᠉

bai gisun de henduhengge aniyadari haji be seremše, erindari hūlha be seremše sehebi, si mini gisun be dahame emke be tutabufi nahan be tuwakiyabu.

常言道，年年防飢，時時防賊，你依我的話留一人看顧炕吧！

六一：ᠮᡠᠰᡝ ᠸᡝᠪᡝ ᠪᡳᠪᡠᡶᡳ ᠨᠠᡥᠠᠨ ᠪᡝ ᡨᡠᠸᠠᡴᡳᠶᠠᠪᡠᠮᠪᡳ ᠈ ᡳᠯᠠᠨ ᠨᡳᠶᠠᠯᠮᠠ ᠰᠠᠰᠠᡵᡳ ᠶᠠᠪᡠᡵᡝ ᡩᡝ ᠠᠰᡳᡥᠠᡨᠠ ᡠᡵᡠᠨᠠᡴᡡ ᠵᠣᠪᠣᠮᠪᡳ ᠰᡝᠮᠪᡳ ᠉

muse webe bibufi nahan be tuwakiyabumbi, ilan niyalma sasari yabure de asihata urunakū jobombi sembi.

我們留誰看炕，三人同行時必定勞累年輕人。

六二：ᡝᡵᡝ ᠪᡝ ᠪᠣᡩᠣᠴᡳ ᠮᡠᠰᡝ ᡳᠯᠠᠨ ᠨᠣᡶᡳ ᡤᡳᠶᠠᠨ ᡳ ᡤᡝᠨᡝᠴᡳ ᠠᠴᠠᠮᠪᡳ ᠉

ere be bodoci muse ilan nofi giyan i geneci acambi.

算起這個，我們三人理應前往。

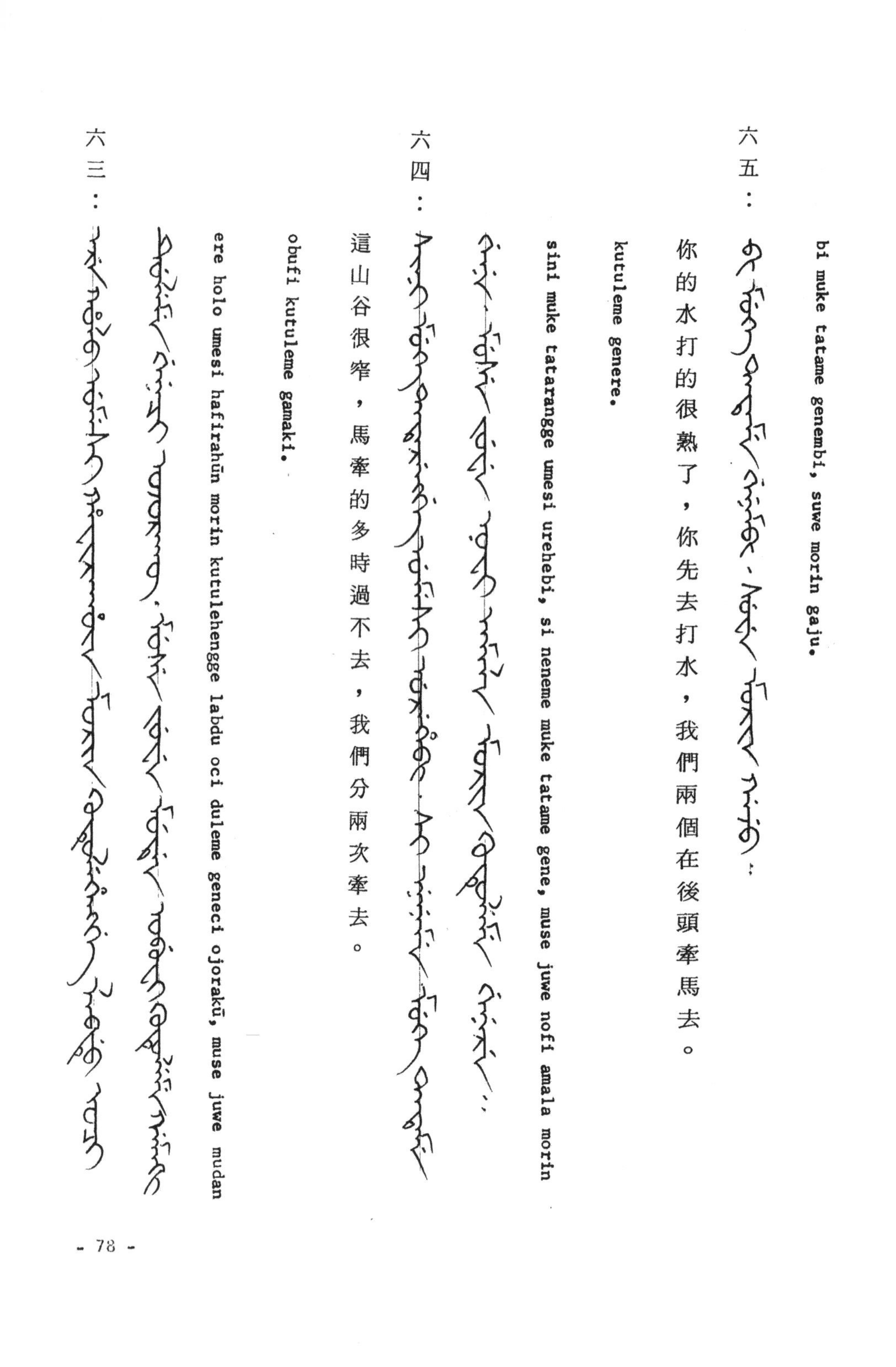

bi muke tatame genembi, suwe morin gaju.

六五：

你的水打的很熱了，你先去打水，我們兩個在後頭牽馬去。

sini muke tatarangge umesi urehebi, si neneme muke tatame gene, muse juwe nofi amala morin kutuleme genere.

六四：

這山谷很窄，馬牽的多時過不去，我們分兩次牽去。

ere holo umesi hafirahūn morin kutulehengge labdu oci duleme geneci ojorakū, muse juwe mudan obufi kutuleme gamaki.

六三：

六九：

這水少了再打一柳罐倒進去吧！

ere muke komso ohobi, jai emu tatakū tatafi doolacina.

六八：

這匹馬水喝的略足，這匹馬水喝的恰恰好。

ere morin muke omirengge juken, ere morin muke omirengge sain.

六七：

我剛才把兩柳罐水倒進這槽裏，飲馬吧！

bi teike ere huju de juwe tatakū muke doolaha morin be mele.

六六：

我去打水，你們帶馬來。

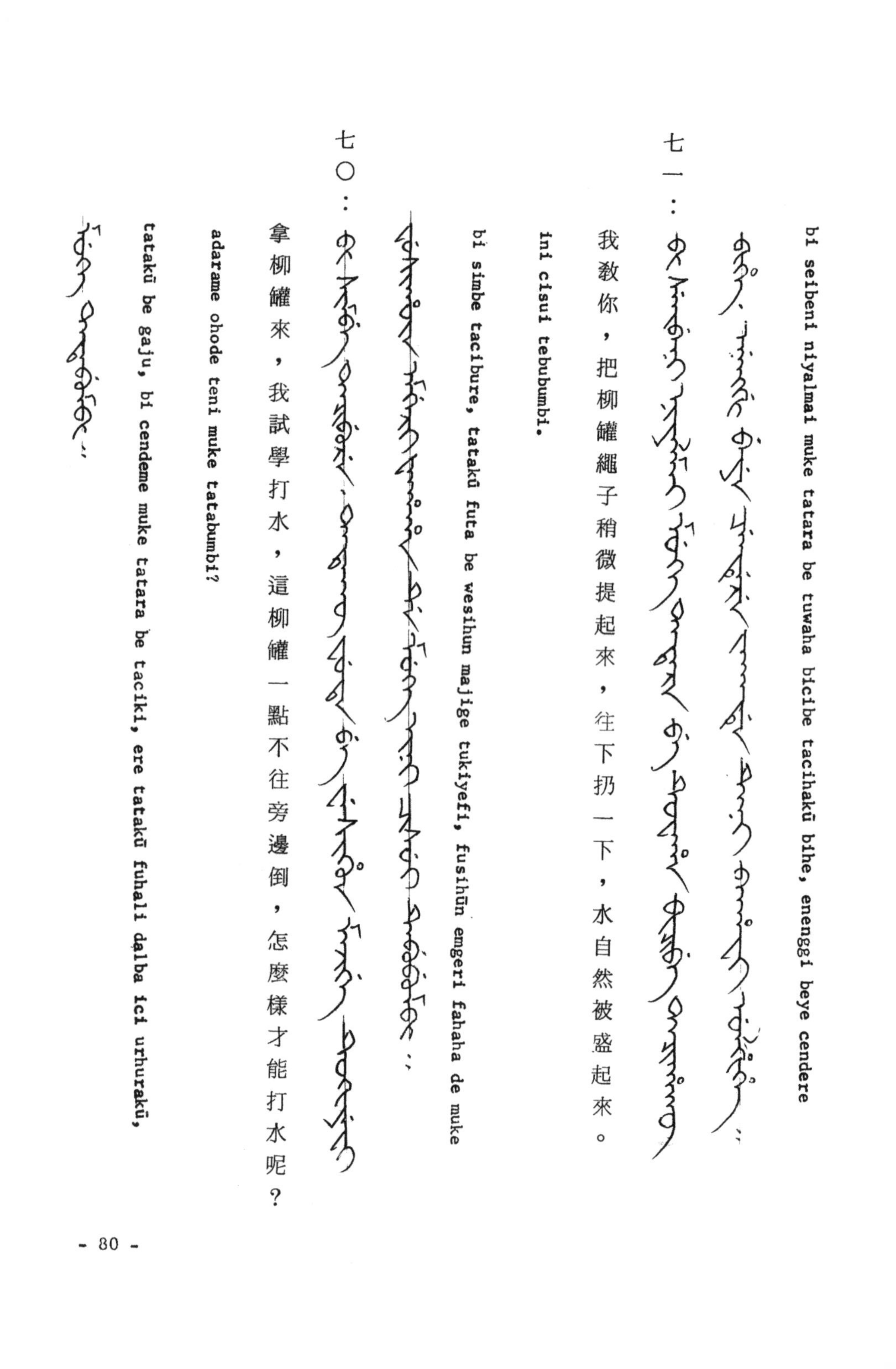

bi seibeni niyalmai muke tatara be tuwaha bicibe tacihakū bihe, enenggi beye cendere

七一：

我教你，把柳罐繩子稍微提起來，往下扔一下，水自然被盛起來。

ini cisui tebubumbi.

bi simbe tacibure, tatakū futa be wesihun majige tukiyefi, fusihūn emgeri fahaha de muke

七〇：

拿柳罐來，我試學打水，這柳罐一點不往旁邊倒，怎麼樣才能打水呢？

adarame ohode teni muke tatabumbi?

tatakū be gaju, bi cendeme muke tatara be taciki, ere tatakū fuhali dalba ici urhurakū,

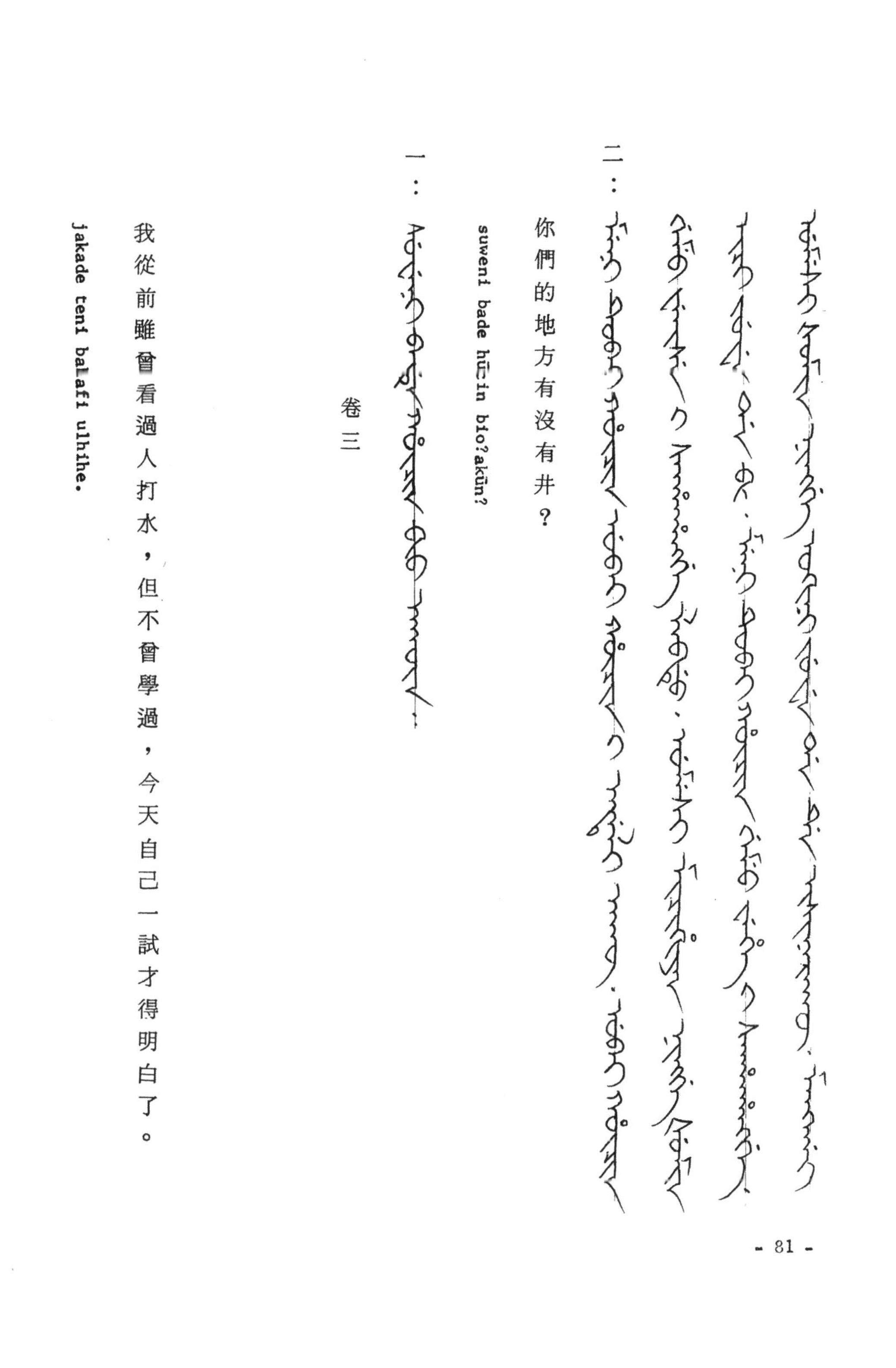

[illegible]

[illegible]

[illegible]

二：[illegible]

你們的地方有沒有井？

suweni bade hūcin bio?akūn?

一：[illegible]

我從前雖曾看過人打水，但不曾學過，今天自己一試才得明白了。

jakade teni balafi ulhihe.

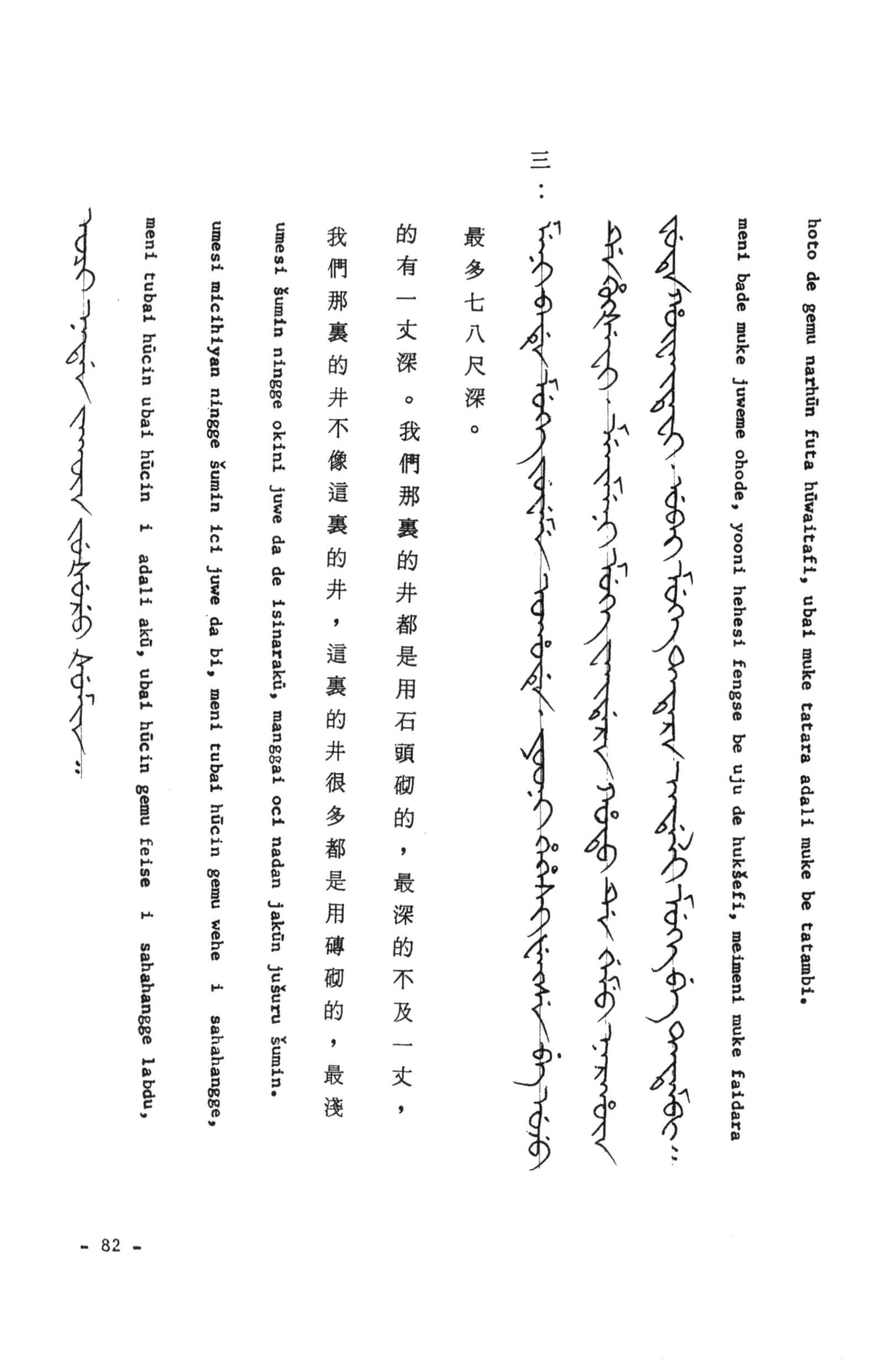

hoto de gemu narhūn futa hūwaitafi, ubai muke tatara adali muke be tatambi.

meni bade muke juweme ohode, yooni hehesi fengse be uju de hukšefi, meimeni muke faidara

三：

最多七八尺深。

的有一丈深。我們那裏的井都是用石頭砌的，最深的不及一丈，

我們那裏的井不像這裏的井，這裏的井很多都是用磚砌的，最淺

umesi šumin ningge okini juwe da de isinarakū, manggai oci nadan jakūn jušuru šumin.

umesi micihiyan ningge šumin ici juwe da bi, meni tubai hūcin gemu wehe i sahahangge,

meni tubai hūcin ubai hūcin i adali akū, ubai hūcin gemu feise i sahahangge labdu,

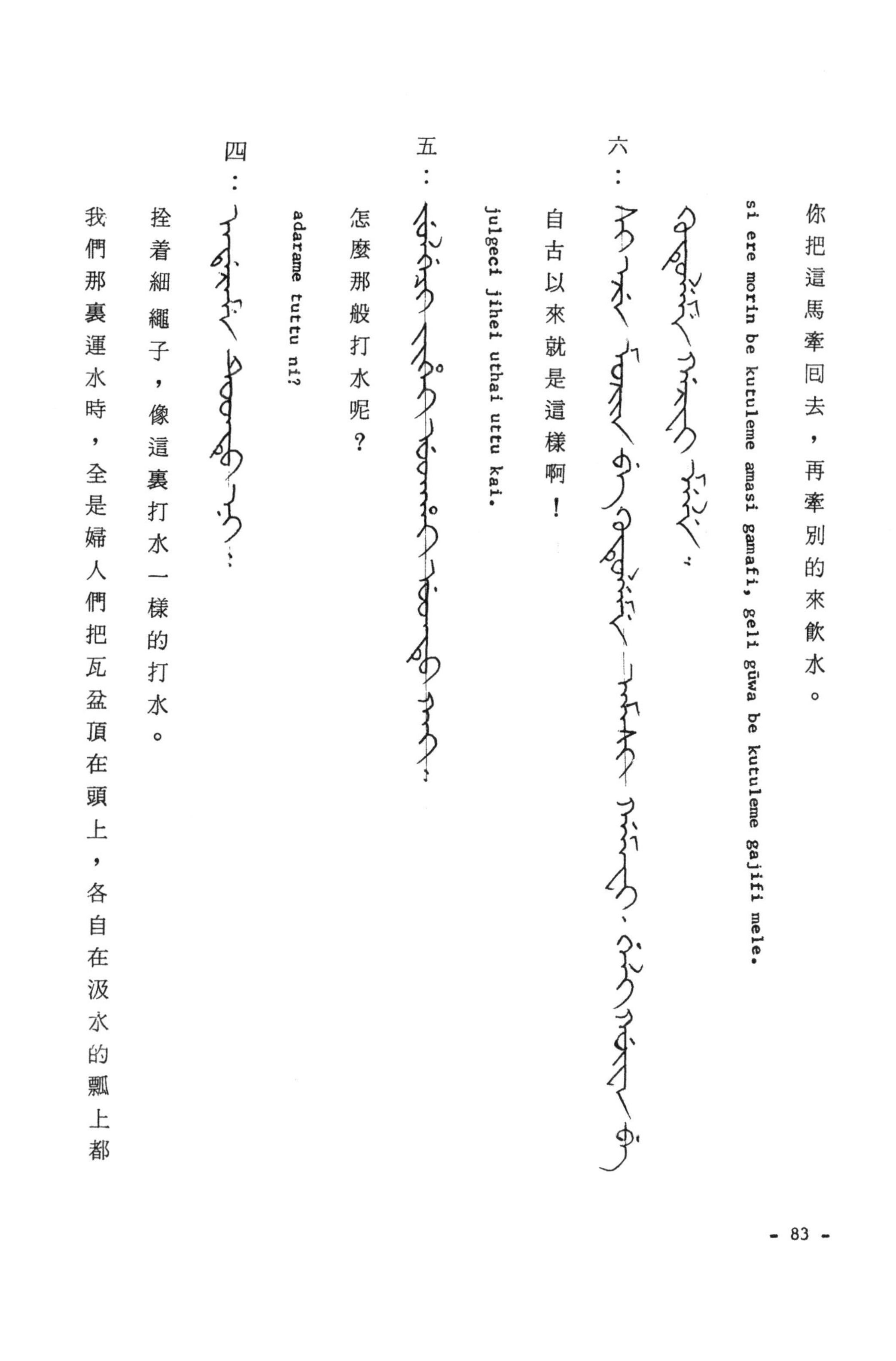

你把這馬牽回去，再牽別的來飲水。

si ere morin be kutuleme amasi gamafi, geli gūwa be kutuleme gajifi mele.

六：

自古以來就是這樣啊！

julgeci jihei uthai uttu kai.

五：

怎麼那般打水呢？

adarame tuttu ni?

四：

拴着細繩子，像這裏打水一樣的打水。

我們那裏運水時，全是婦人們把瓦盆頂在頭上，各自在汲水的瓢上都

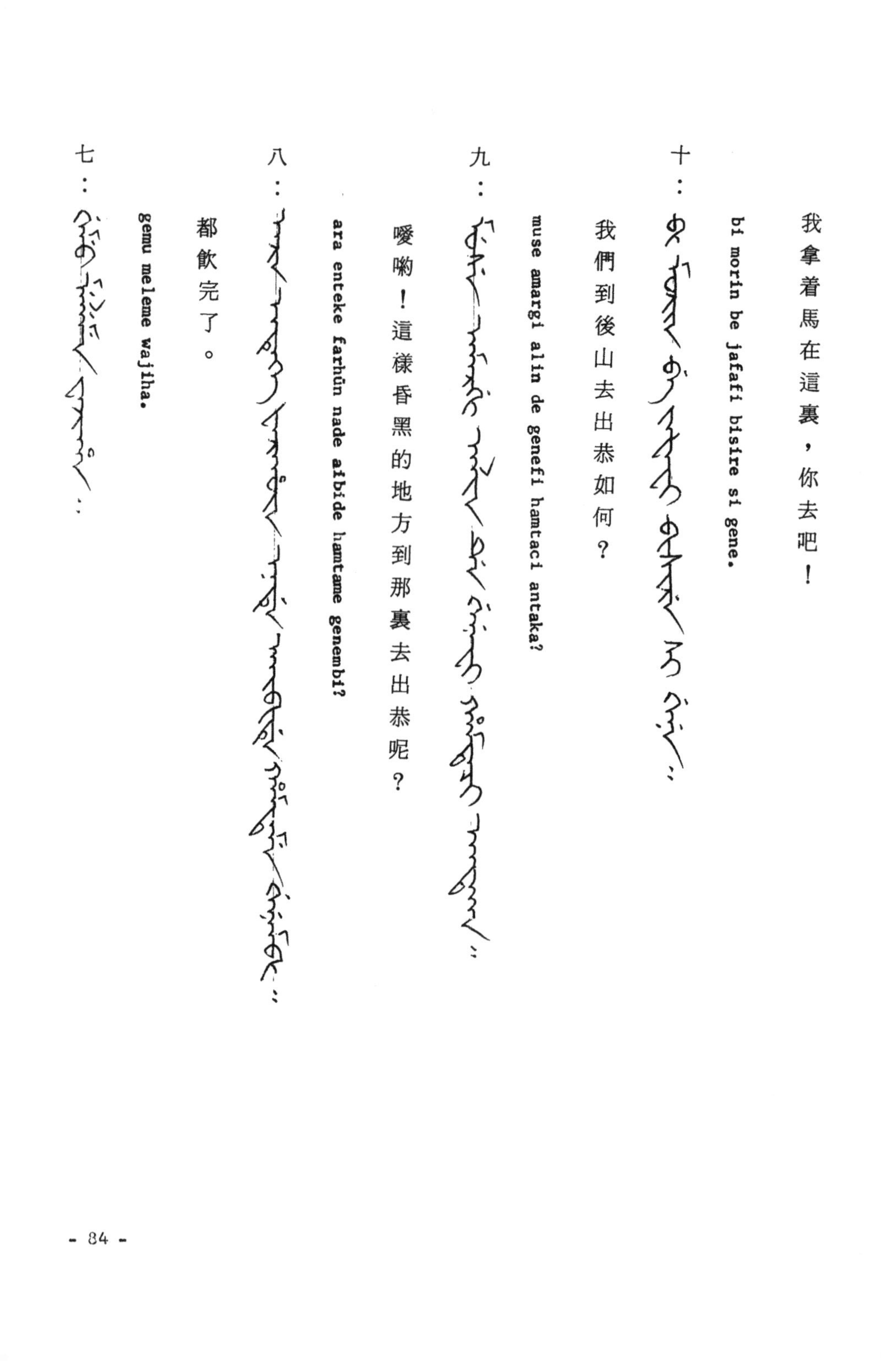

我拿着馬在這裏，你去吧！

bi morin be jafafi bisire si gene.

十：

我們到後山去出恭如何？

muse amargi alin de genefi hamtaci antaka?

九：

噯喲！這樣昏黑的地方到那裏去出恭呢？

ara enteke farhūn nade aibide hamtame genembi?

八：

都飲完了。

gemu meleme wajiha.

七：

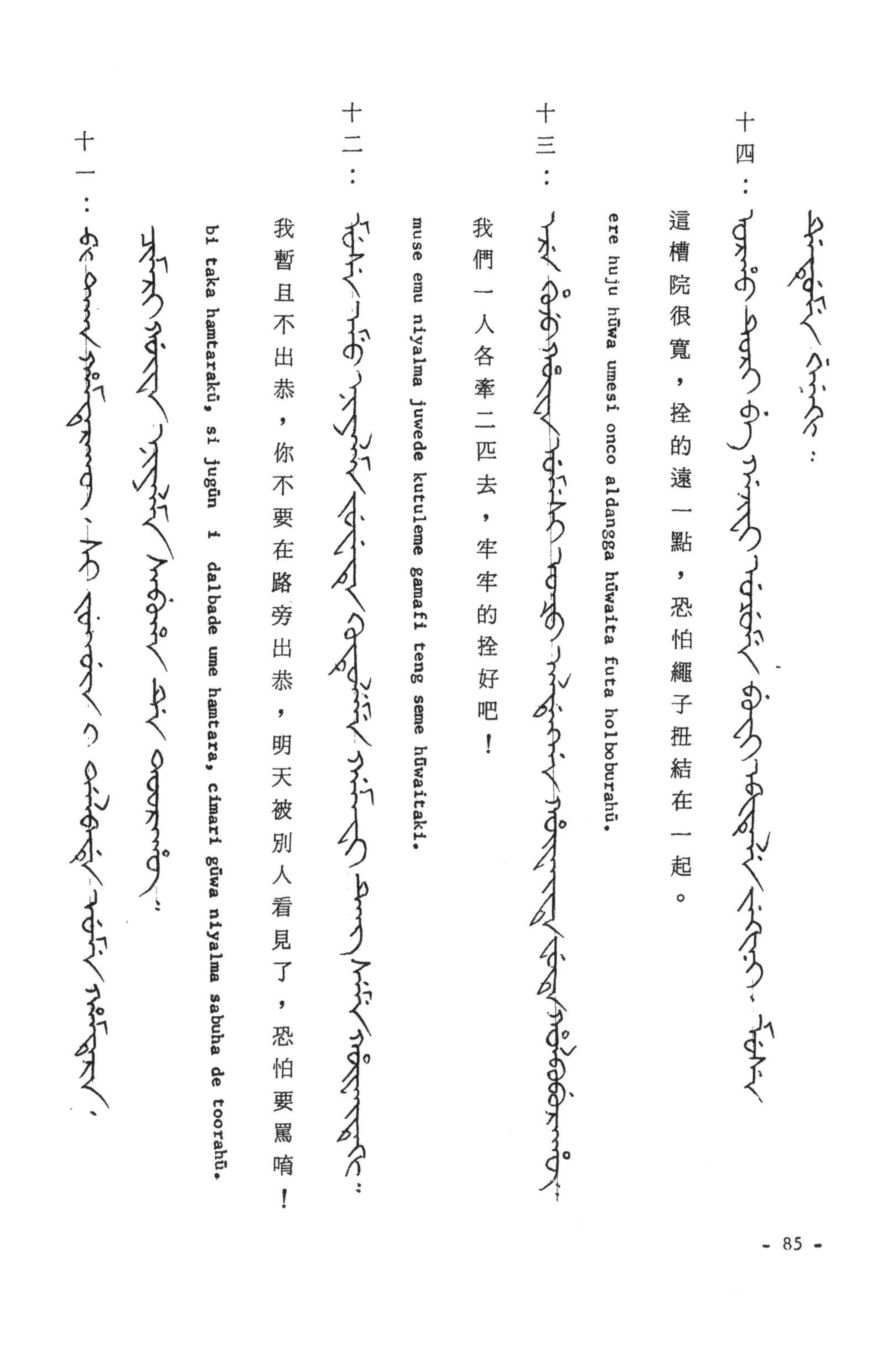

十四：

這槽院很寬，拴的遠一點，恐怕繩子扭結在一起。

ere huju hūwa umesi onco aldangga hūwaita futa holboburahū.

十三：

我們一人各牽二匹去，牢牢的拴好吧！

muse emu niyalma juwede kutuleme gamafi teng seme hūwaitaki.

十二：

我暫且不出恭，你不要在路旁出恭，明天被別人看見了，恐怕要罵唷！

bi taka hamtarakū, si jugūn i dalbade ume hamtara, cimari gūwa niyalma sabuha de toorahū.

十一：

現在整理完了，去見主人家吧！

te acime wajiha, boihoji de acafi geneki.

十六：ᡨᡝ ᠠᠴᡳᠮᡝ ᠸᠠᠵᡳᡥᠠ᠈ ᠪᠣᡳᡥᠣᠵᡳ ᡩᡝ ᠠᠴᠠᡶᡳ ᡤᡝᠨᡝᡴᡳ᠉

伙伴們起來吧！鷄叫了三遍了，天快亮了，我們趕快整理行李，在套了馬鞍的工夫，天就亮了吧！

gucuse ilicina, coko ilanggeri hūlafi abka gereme hamika, muse hūdun aciha be icihiyafi, morin enggemu tohoro sidenede abka gereke dere.

ᡤᡠᠴᡠᠰᡝ ᡳᠯᡳᠴᡳᠨᠠ᠈ ᠴᠣᡴᠣ ᡳᠯᠠᠩᡤᡝᡵᡳ ᡥᡡᠯᠠᡶᡳ ᠠᠪᡴᠠ ᡤᡝᡵᡝᠮᡝ ᡥᠠᠮᡳᡴᠠ᠈ ᠮᡠᠰᡝ ᡥᡡᡩᡠᠨ ᠠᠴᡳᡥᠠ ᠪᡝ ᡳᠴᡳᡥᡳᠶᠠᡶᡳ᠈ ᠮᠣᡵᡳᠨ ᡝᠩᡤᡝᠮᡠ ᡨᠣᡥᠣᡵᠣ ᠰᡳᡩᡝᠨᡝᡩᡝ ᠠᠪᡴᠠ ᡤᡝᡵᡝᡴᡝ ᡩᡝᡵᡝ᠉

十五：ᠣᡵᡥᠣ ᡨᡠᡵᡳ ᠪᡝ ᡤᠠᠵᡳᡶᡳ ᡠᠴᡠᠮᡝ ᠪᡠᡶᡳ ᡝᠪᡳᡨᡝᠯᡝ ᠵᡝᡴᡳᠨᡳ᠈ ᠮᡠᠰᡝ ᡩᡝᡩᡠᠮᡝ ᡤᡝᠨᡝᡴᡳ᠉

拿草豆來拌着給牠們飽飽地吃，我們去睡吧！

orho turi be gajifi ucume bufi ebitele jekini, muse dedume geneki.

二〇：ᡝᡵᡧᡝᡥᡝ ᠪᡝ ᡝᡥᡝ ᠰᡝᡵᠠᡴᡡ ᠣᠴᡳ᠈ ᠠᠮᠠᠰᡳ ᠵᡳᡩᡝᡵᡝ ᡝᡵᡳᠨ ᡩᡝ ᡴᡝᠮᡠᠨᡳ ᠮᡳᠨᡳ ᡩᡳᠶᠠᠨ ᡩᡝ ᠵᡳᡶᡳ ᡨᠠᡨᠠᡵᡝᠣ᠉

如果不以為招待不好，回來時還請來我的店住宿。

eršehe be ehe serakū oci, amasi jidere erin de kemuni mini diyan de jifi tatareo.

十九：ᠪᡳ ᠠᡳᠰᡝᠮᡝ ᡤᠠᠰᠠᠮᠪᡳ᠈ ᠰᡠᠸᡝ ᡤᠠᠰᠠᡵᠠᡴᡡ ᠣᠴᡳ ᡠᡨᡥᠠᡳ ᠵᠣᠣ ᡴᠠᡳ᠉

我為什麼抱怨你們，你們若不抱怨就好了。

bi aiseme gasambi, suwe gasarakū oci uthai joo kai.

十八：ᠪᠣᡳᡥᠣᠵᡳ ᠠᡤᡝ ᡠᠮᡝ ᡤᠠᠰᡥᡳᠶᠠᠪᡠᡥᠠ ᠰᡝᠮᡝ ᡤᠠᠰᠠᡵᠠ᠈ ᠪᡝ ᡤᡝᠨᡝᠮᠪᡳ᠉

主人家阿哥不要抱怨我們蹧踏，我們要走了。

boihoji age ume gashiyabuha seme gasara, be genembi.

十七：

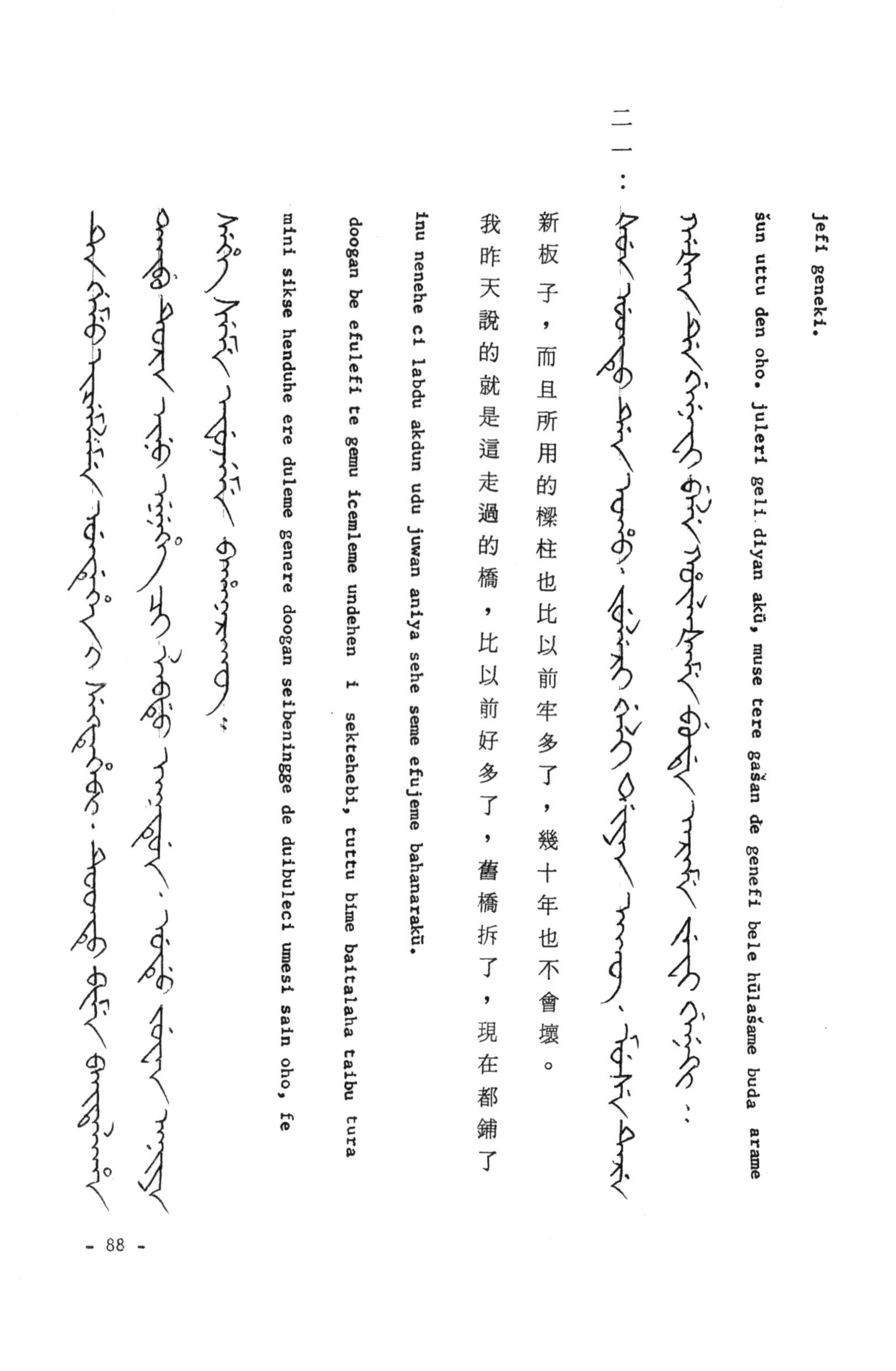

jefi geneki.

šun uttu den oho. juleri geli diyan akū, muse tere gašan de genefi bele hūlašame buda arame

二一：

新板子，而且所用的樑柱也比以前牢多了，幾十年也不會壞。

我昨天說的就是這走過的橋，比以前好多了，舊橋拆了，現在都鋪了

inu nenehe ci labdu akdun udu juwan aniya sehe seme efujeme bahanarakū.

doogan be efulefi te gemu icemleme undehen i sektehebi, tutu bime baitalaha taibu tura

mini sikse henduhe ere duleme genere doogan seibeninge de duibuleci umesi sain oho, fe

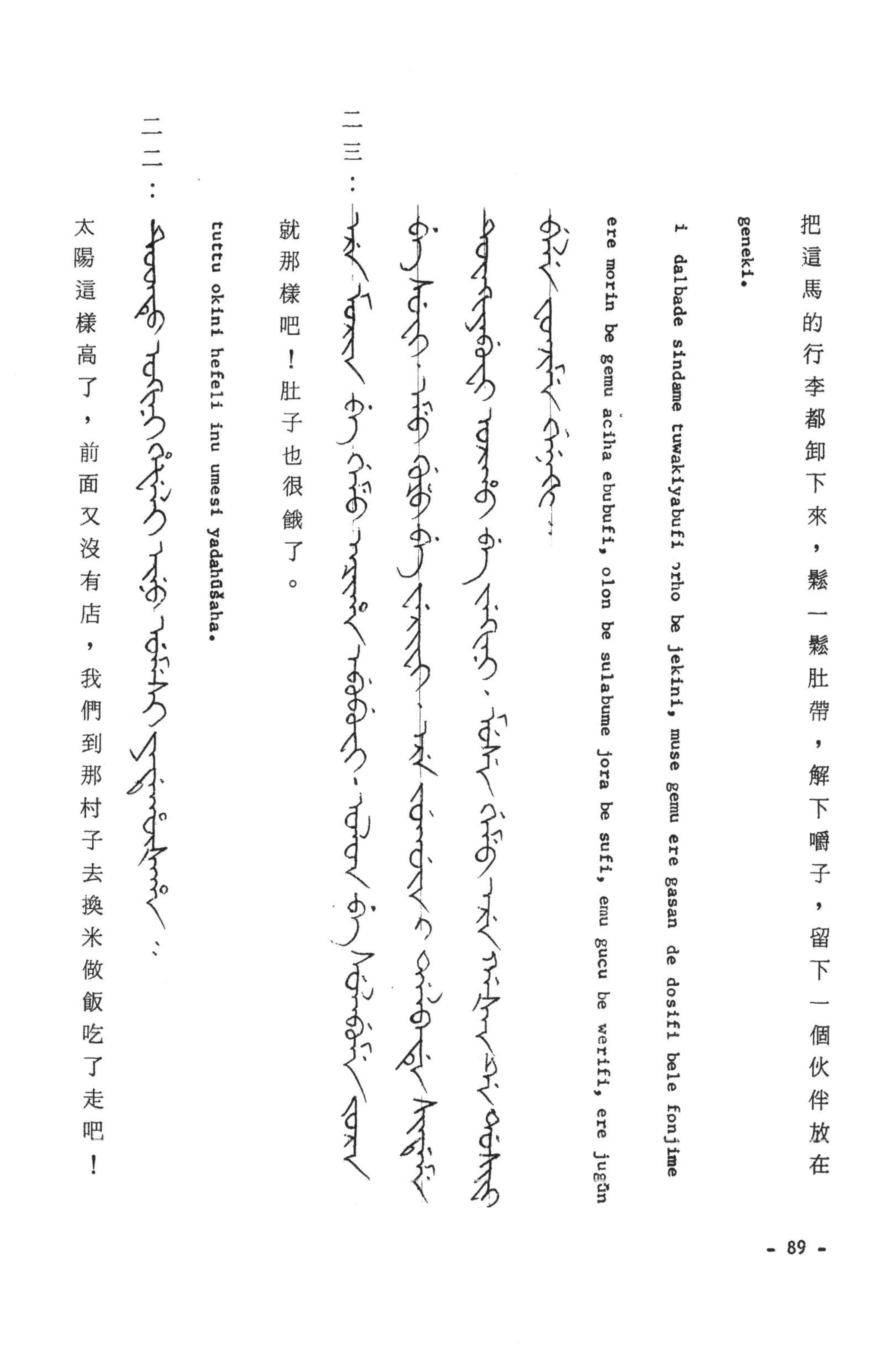

把這馬的行李都卸下來，鬆一鬆肚帶，解下嚼子，留下一個伙伴放在

ere morin be gemu aciha ebubufi, olon be sulabume jora be sufi, emu gucu be werifi, ere jugūn i dalbade sindame tuwakiyabufi ɔrho be jekini, muse gemu ere gasan de dosifi bele fonjime geneki.

二三：

就那樣吧！肚子也很餓了。

tuttu okini hefeli inu umesi yadahūšaha.

二二：

太陽這樣高了，前面又沒有店，我們到那村子去換米做飯吃了走吧！

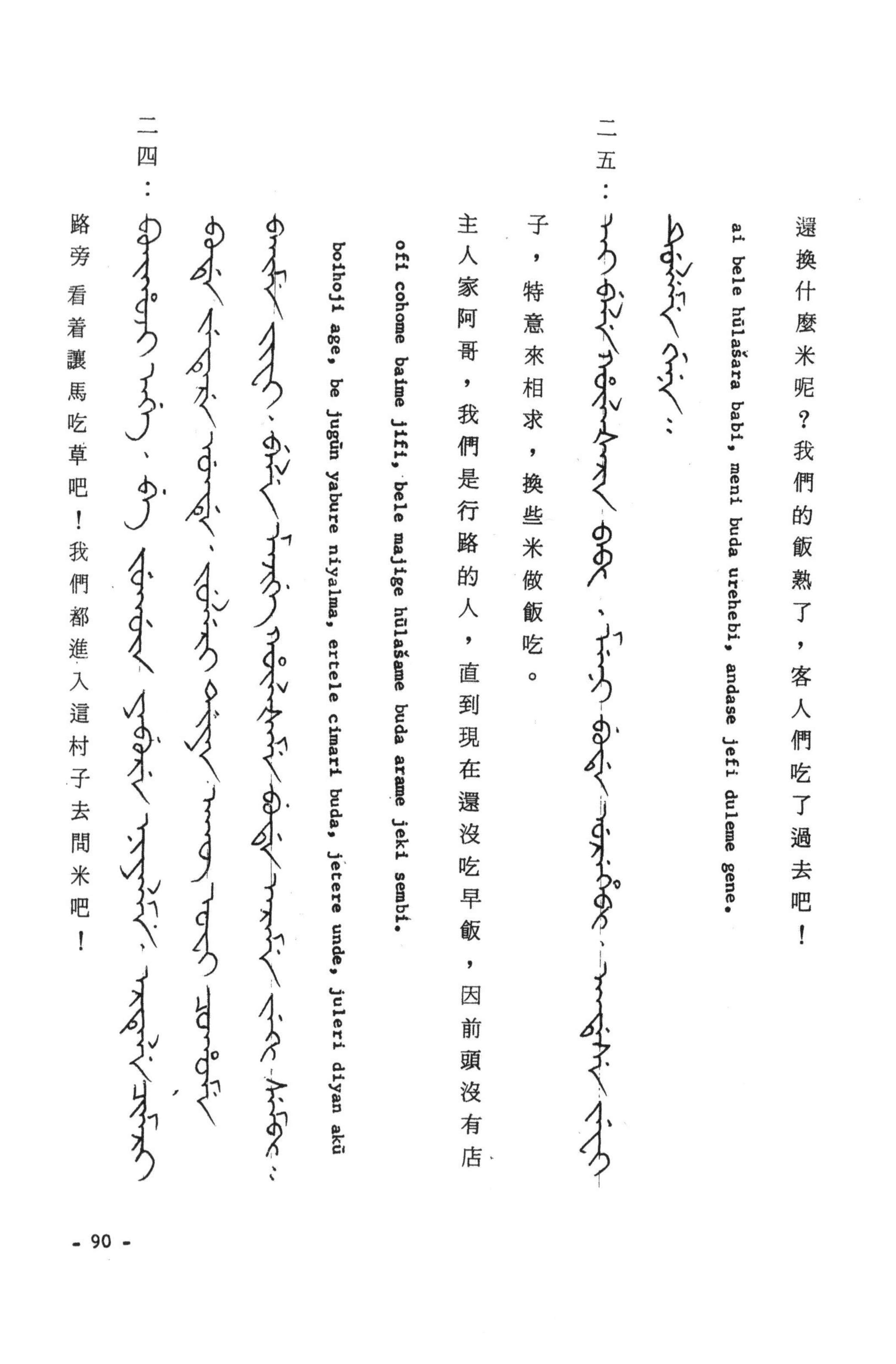

還換什麼米呢？我們的飯熟了，客人們吃了過去吧！

ai bele hūlašara babi, meni buda urehebi, andase jefi duleme gene.

二五：

boihoji age, be jugūn yabure niyalma, ertele cimari buda, jetere unde, juleri diyan akū ofi cohome baime jifi, bele majige hūlašame buda arame jeki sembi.

主人家阿哥，我們是行路的人，直到現在還沒吃早飯，因前頭沒有店子，特意來相求，換些米做飯吃。

二四：

路旁看着讓馬吃草吧！我們都進入這村子去問米吧！

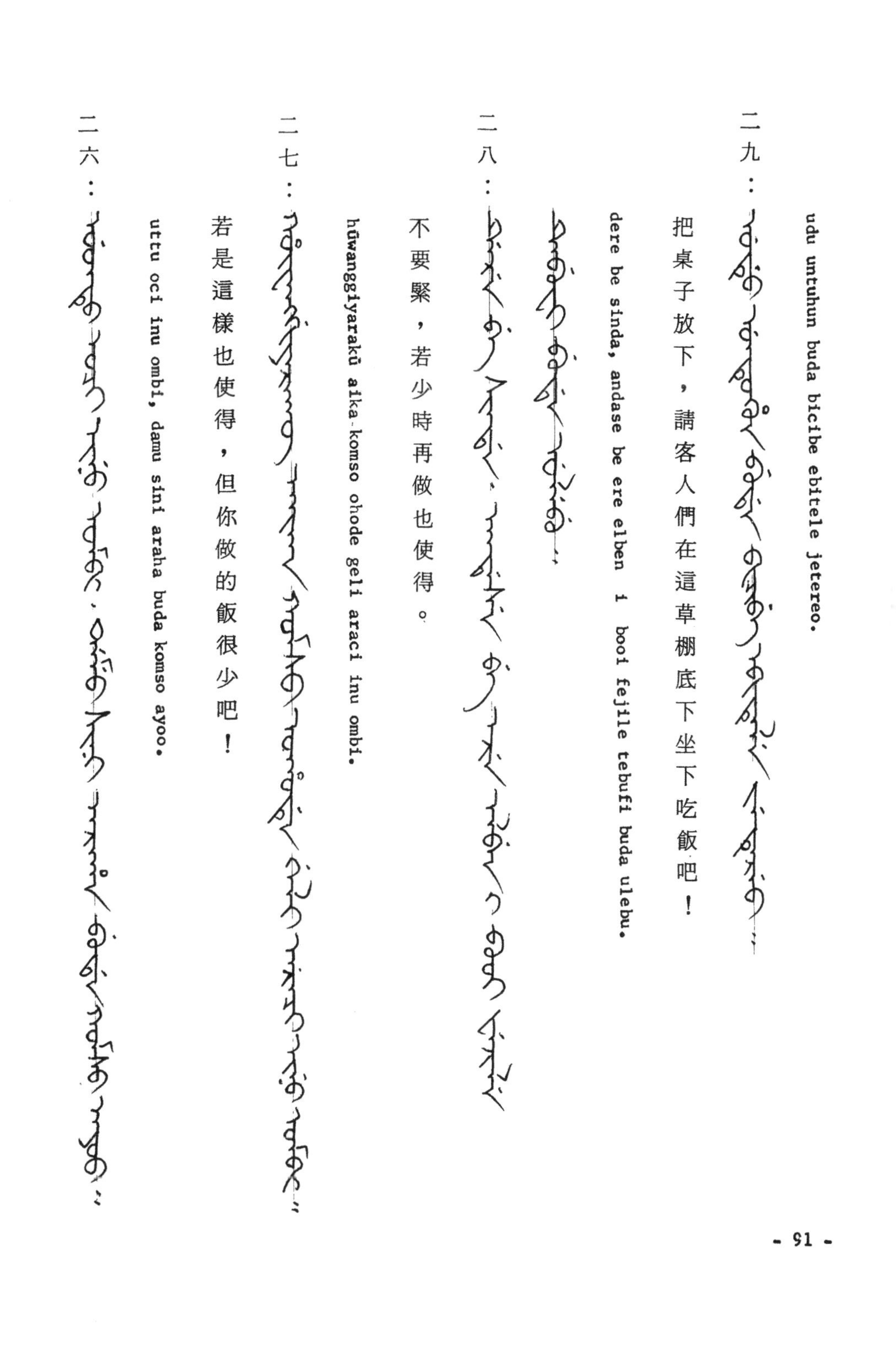

udu untuhun buda bicibe ebitele jetereo.

二九：

把桌子放下，請客人們在這草棚底下坐下吃飯吧！

dere be sinda, andase be ere elben i booi fejile tebufi buda ulebu.

二八：

不要緊，若少時再做也使得。

hūwanggiyarakū aika komso ohode geli araci inu ombi.

二七：

若是這樣也使得，但你做的飯很少吧！

uttu oci inu ombi, damu sini araha buda komso ayoo.

二六：

三二：ᠵᠠᡳ ᡤᡡᠸᠠ ᠰᠣᡤᡳ ᠠᡴᡡ᠈ ᡩᠠᠮᡠ ᡤᡳᡩᠠᡥᠠ ᠨᠠᠰᠠᠨ ᡥᡝᠩᡴᡝ ᠪᡳ᠈ ᠠᠨᡩᠠᠰᡝ ᡩᡝ ᡠᠯᡝᠪᡠᡴᡳ᠉

再沒有別的菜，只有醃的鹹瓜，給客人們吃吧！

jai gūwa sogi akū, damu gidaha nasan hengke bi, andase de ulebuki.

三一：ᠵᡠᠰᡝ ᡠᡵᡝᡥᡝ ᠰᠣᡤᡳ ᠪᡳᠴᡳ ᡤᠠᠵᡳᡶᡳ ᠠᠨᡩᠠᠰᡝ ᡩᡝ ᡨᡠᡴᡳᠶᡝ᠈ ᠠᡴᡡ ᠣᠴᡳ ᠮᡠᡵᠰᠠ ᡝᠯᡠ ᡥᠠᠰᡳ ᠪᡳᠴᡳ ᡤᠠᠵᡠ᠉

孩子們若有熟菜，端些來給客人們吃，沒有的話，如有蘿蔔、生葱、茄子就拿來吧！

juse urehe sogi bici **gajifi andase** de tukiye, **akū** oci mursa elu hasi bici **gaju.**

三〇：

雖然是淡飯，請吃飽吧！

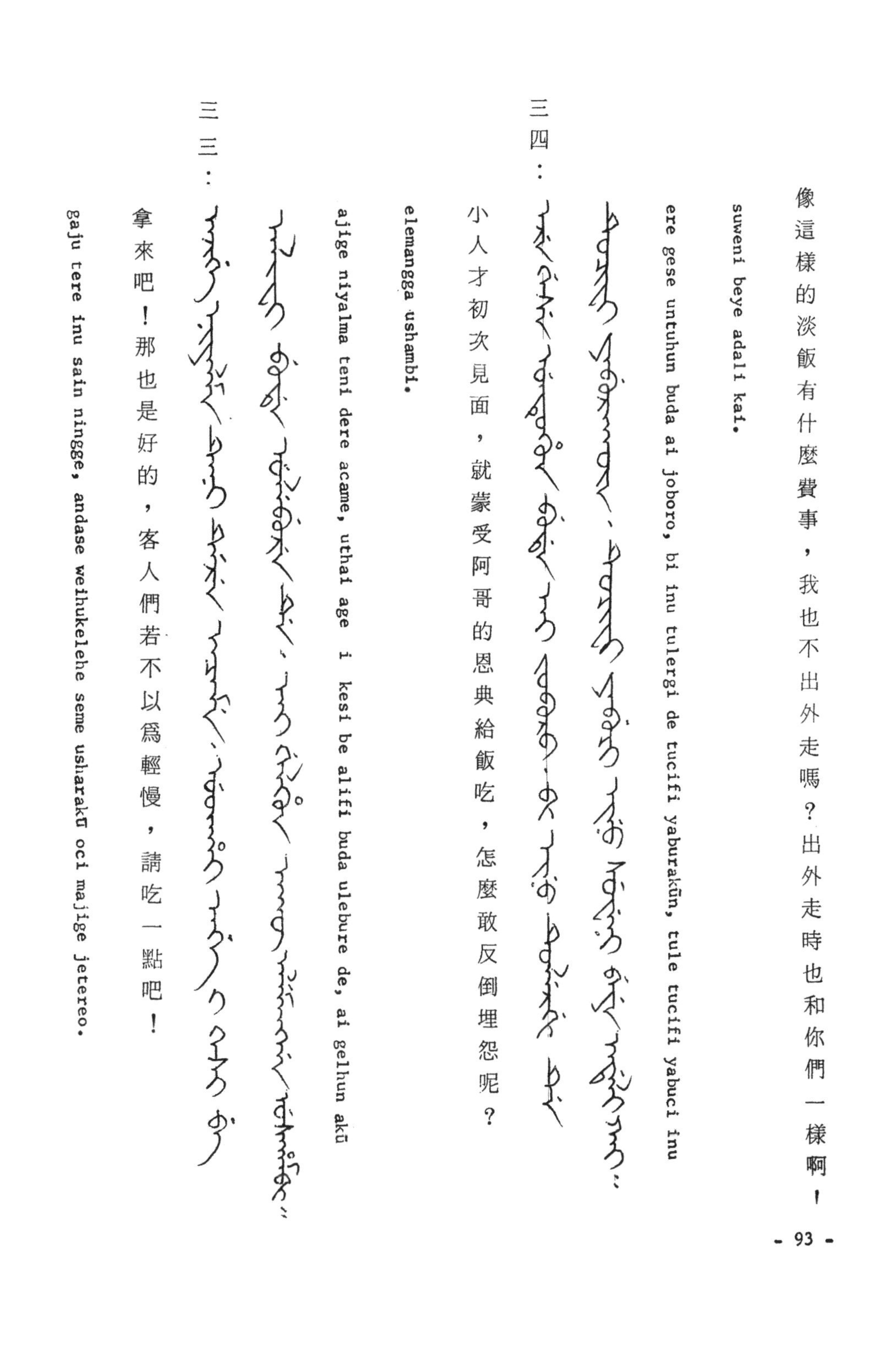

像這樣的淡飯有什麼費事，我也不出外走嗎？出外走時也和你們一樣啊！

ere gese untuhun buda ai joboro, bi inu tulergi de tucifi yaburakūn, tule tucifi yabuci inu suweni beye adali kai.

三四：

小人才初次見面，就蒙受阿哥的恩典給飯吃，怎麼敢反倒埋怨呢？

ajige niyalma teni dere acame, uthai age i kesi be alifi buda ulebure de, ai gelhun akū elemangga ushambi.

三三：

拿來吧！那也是好的，客人們若不以爲輕慢，請吃一點吧！

gaju tere inu sain ningge, andase weihukelehe seme usharakū oci majige jetereo.

有一位伙伴看行李放馬。

emu gucu aciha be tuwakiyame morin sindahabi.

三七：ᡝᠮᡠ ᡤᡠᠴᡠ ᠠᠴᡳᡥᠠ ᠪᡝ ᡨᡠᠸᠠᡴᡳᠶᠠᠮᡝ ᠮᠣᡵᡳᠨ ᠰᡳᠨᡩᠠᡥᠠᠪᡳ᠉

除你以外還有伙伴嗎？

sinci tulgiyen geli gucu bio?

三六：ᠰᡳᠨᠴᡳ ᡨᡠᠯᡤᡳᠶᡝᠨ ᡤᡝᠯᡳ ᡤᡠᠴᡠ ᠪᡳᠣ᠉

阿哥你說的話很對，出外走熟者看客重，喜好喝酒者惜醉人。

age sini hendure gisun inu, tule yabume urehengge oci antaha be tuwarengge ujen, nure de
amuran oci suktoho niyalma be hairambi kai.

ᠠᡤᡝ ᠰᡳᠨᡳ ᡥᡝᠨᡩᡠᡵᡝ ᡤᡳᠰᡠᠨ ᡳᠨᡠ᠈ ᡨᡠᠯᡝ ᠶᠠᠪᡠᠮᡝ ᡠᡵᡝᡥᡝᠩᡤᡝ ᠣᠴᡳ ᠠᠨᡨᠠᡥᠠ ᠪᡝ ᡨᡠᠸᠠᡵᡝᠩᡤᡝ ᡠᠵᡝᠨ᠈ ᠨᡠᡵᡝ ᡩᡝ
ᠠᠮᡠᡵᠠᠨ ᠣᠴᡳ ᠰᡠᡴᡨᠣᡥᠣ ᠨᡳᠶᠠᠯᠮᠠ ᠪᡝ ᡥᠠᡳᡵᠠᠮᠪᡳ ᡴᠠᡳ᠉

三五：[illegible]

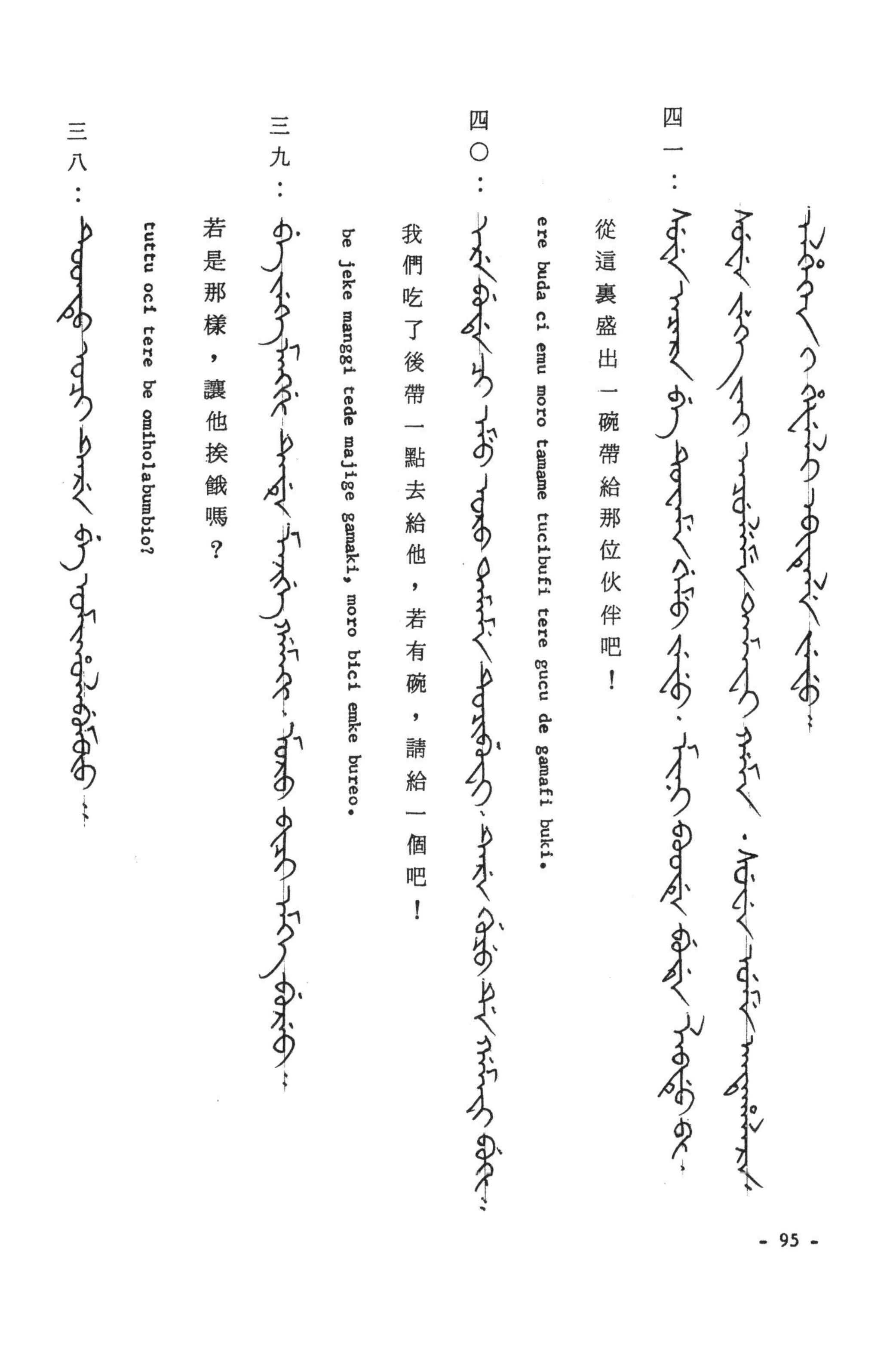

四一：

ere buda ci emu moro tamame tucibufi tere gucu de gamafi buki.

從這裏盛出一碗帶給那位伙伴吧！

四〇：

be jeke manggi tede majige gamaki, moro bici emke bureo.

我們吃了後帶一點去給他，若有碗，請給一個吧！

三九：

tuttu oci tere be omiholabumbio?

若是那樣，讓他挨餓嗎？

三八：

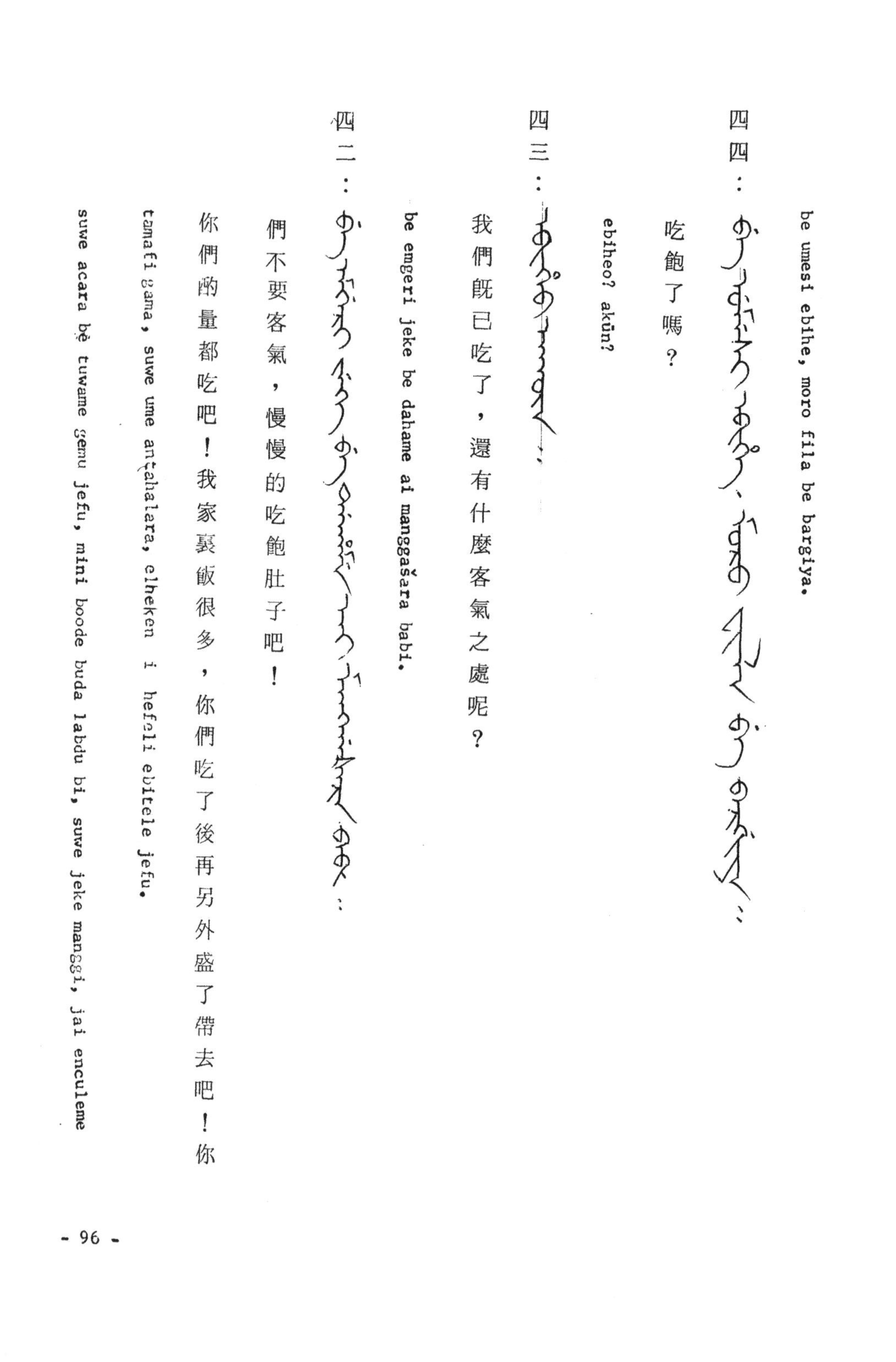

be umesi ebihe, moro fila be bargiya.

四四：

吃飽了嗎？

ebiheo? akūn?

四三：

我們既已吃了，還有什麼客氣之處呢？

be emgeri jeke be dahame ai manggašara babi.

四二：

們不要客氣，慢慢的吃飽肚子吧！

你們酌量都吃吧！我家裏飯很多，你們吃了後再另外盛了帶去吧！你

tamafi gama, suwe ume anțahalara, elheken i hefeli ebitele jefu.

suwe acara bẹ tuwame gemu jefu, mini boode buda labdu bi, suwe jeke manggi, jai enculeme

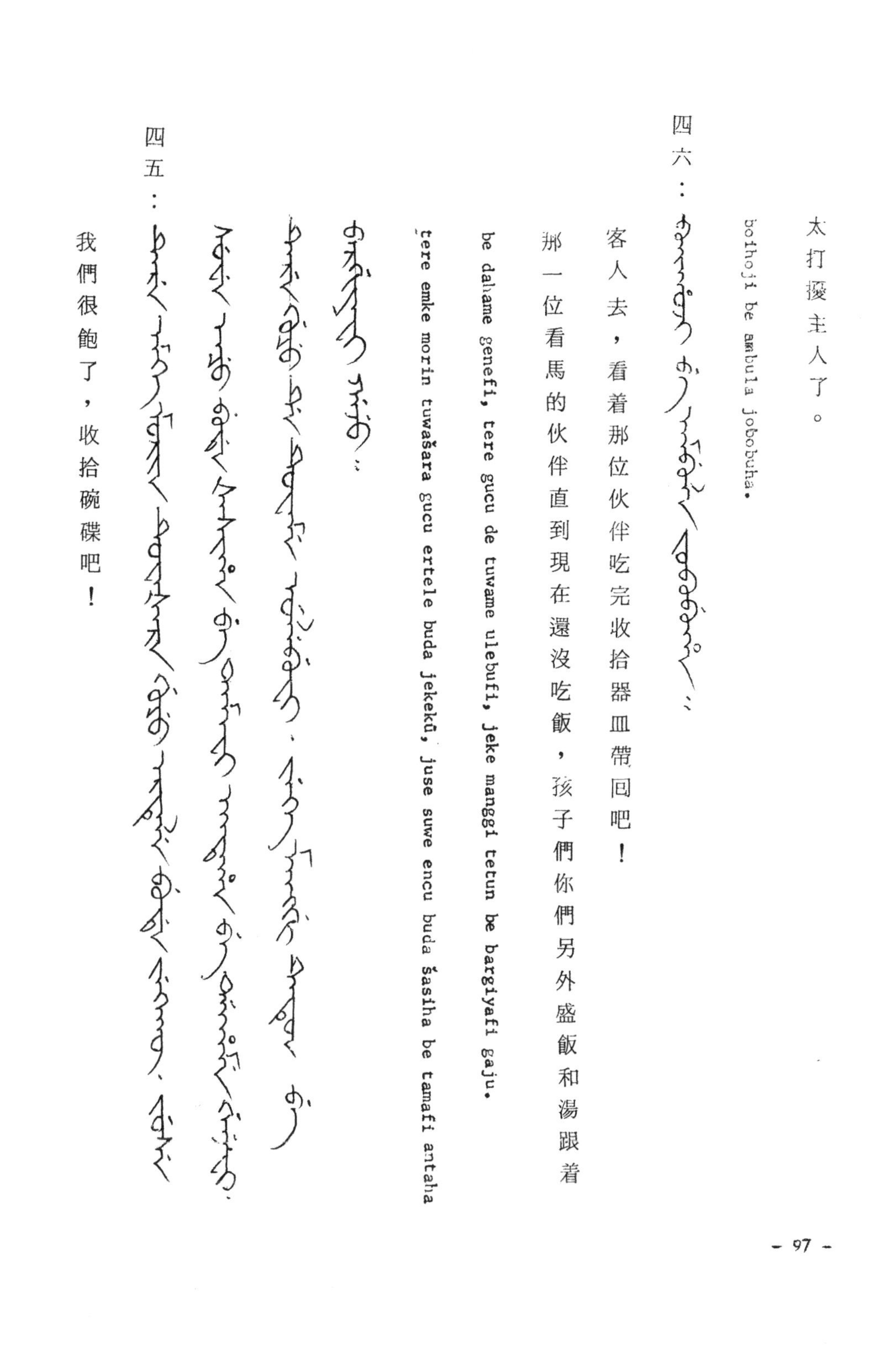

我們很飽了，收拾碗碟吧！

四五：

tere emke morin tuwašara gucu ertele buda jekekū, juse suwe encu buda šasiha be tamafi antaha be dahame genefi, tere gucu de tuwame ulebufi, jeke manggi tetun be bargiyafi gaju.

那一位看馬的伙伴直到現在還沒吃飯，孩子們你們另外盛飯和湯跟着客人去，看着那位伙伴吃完收拾器皿帶回吧！

四六：

bothoji be ambula jobobuha.

太打擾主人了。

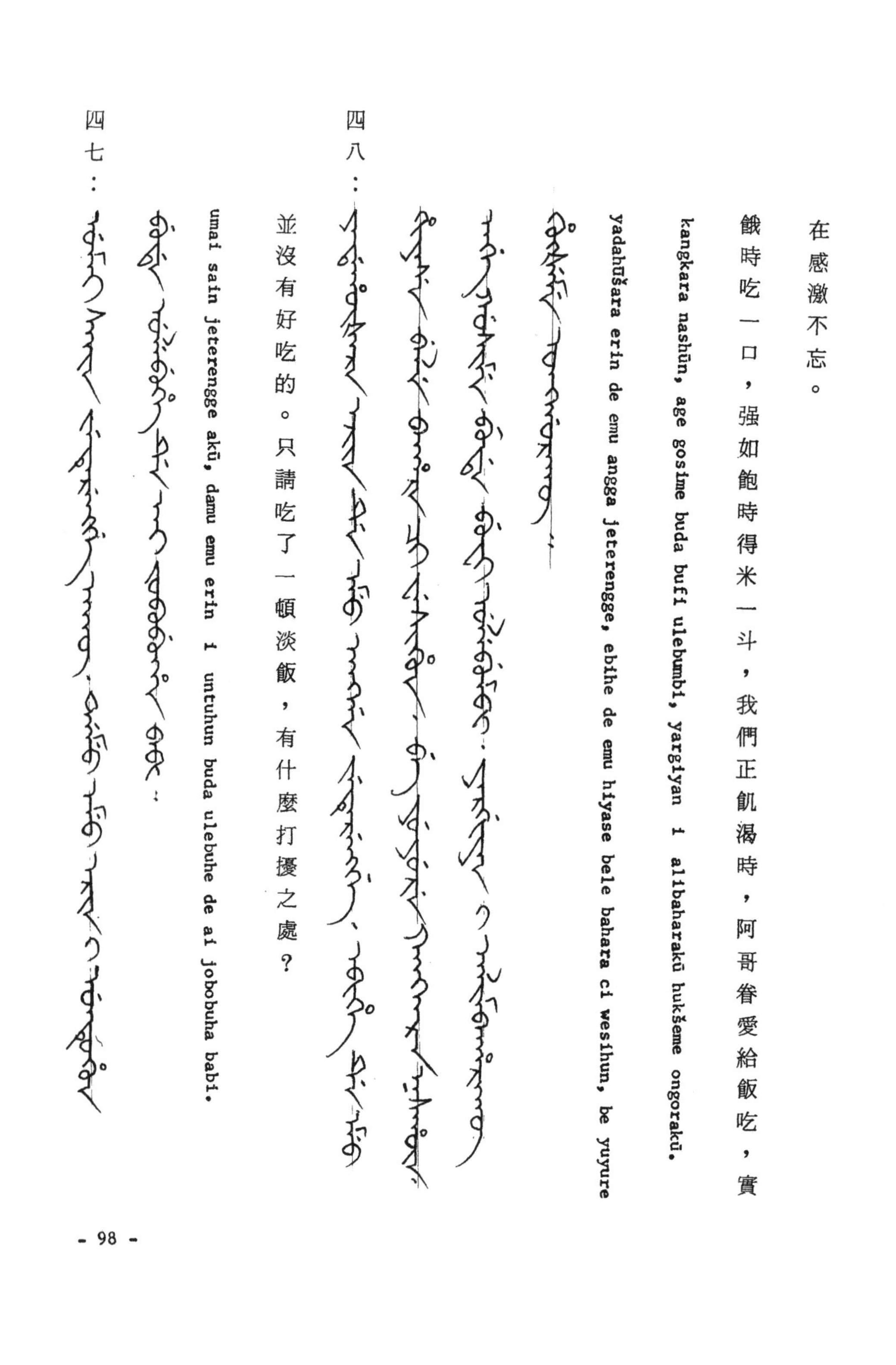

四七：

umai sain jeterengge akū, damu emu erin i untuhun buda ulebuhe de ai jobobuha babi.

並沒有好吃的。只請吃了一頓淡飯，有什麼打擾之處？

四八：

yadahūšara erin de emu angga jeterengge, ebihe de emu hiyase bele bahara ci wesihun, be yuyure kangkara nashūn, age gosime buda bufi ulebumbi, yargiyan i alibaharakū hukšeme ongorakū.

餓時吃一口，强如飽時得米一斗，我們正飢渴時，阿哥肯愛給飯吃，實在感激不忘。

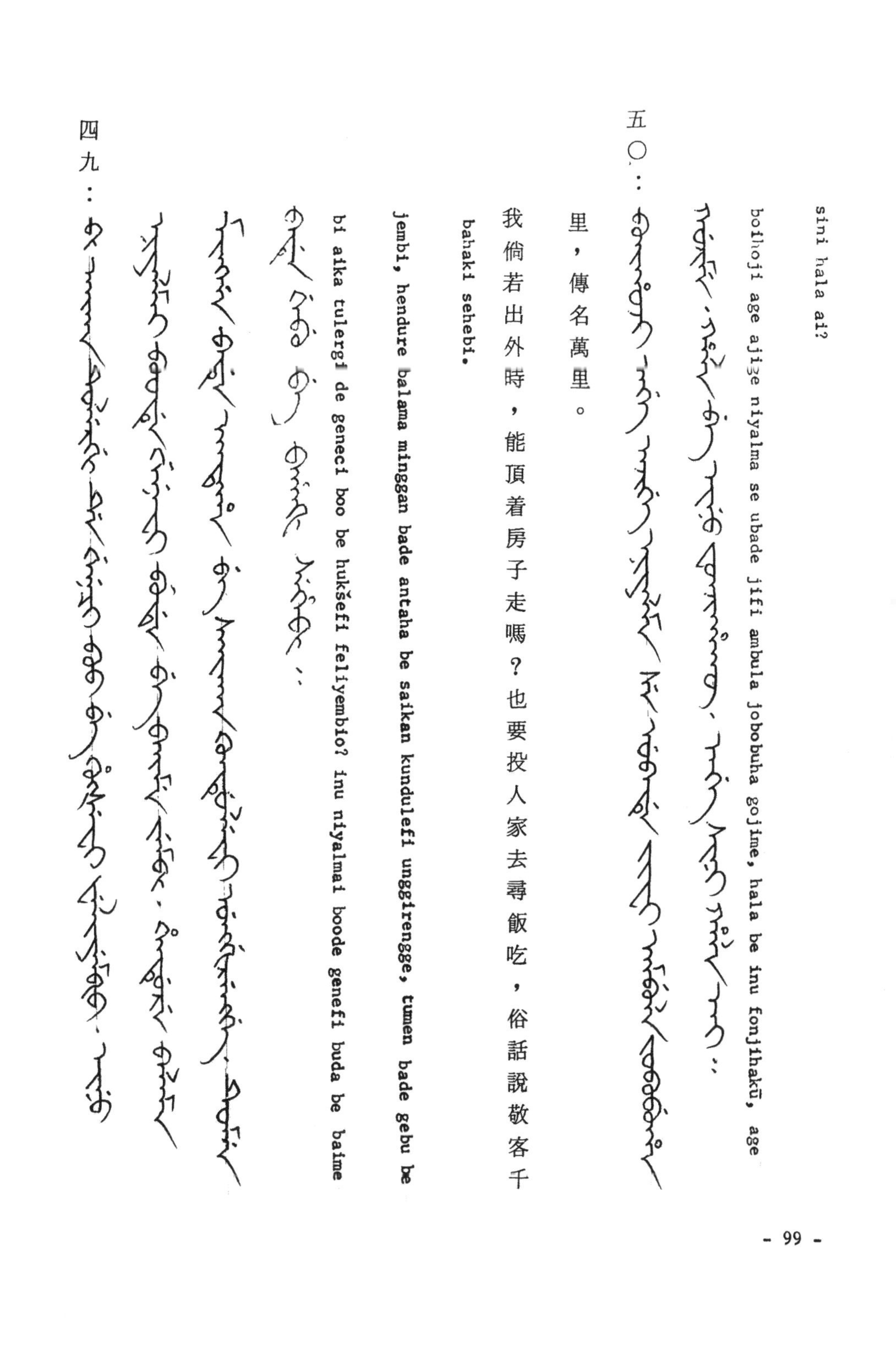

四九：

bi aika tulergi de geneci boo be hukšefi feliyembio? inu niyalmai boode genefi buda be baime jembi, hendure balama minggan bade antaha be saikan kundulefi unggirengge, tumen bade gebu be bahaki sehebi.

我倘若出外時，能頂着房子走嗎？也要投人家去尋飯吃，俗話說敬客千里，傳名萬里。

五〇：

boihoji age ajige niyalma se ubade jifi ambula jobobuha gojime, hala be inu fonjihakū, age sini hala ai?

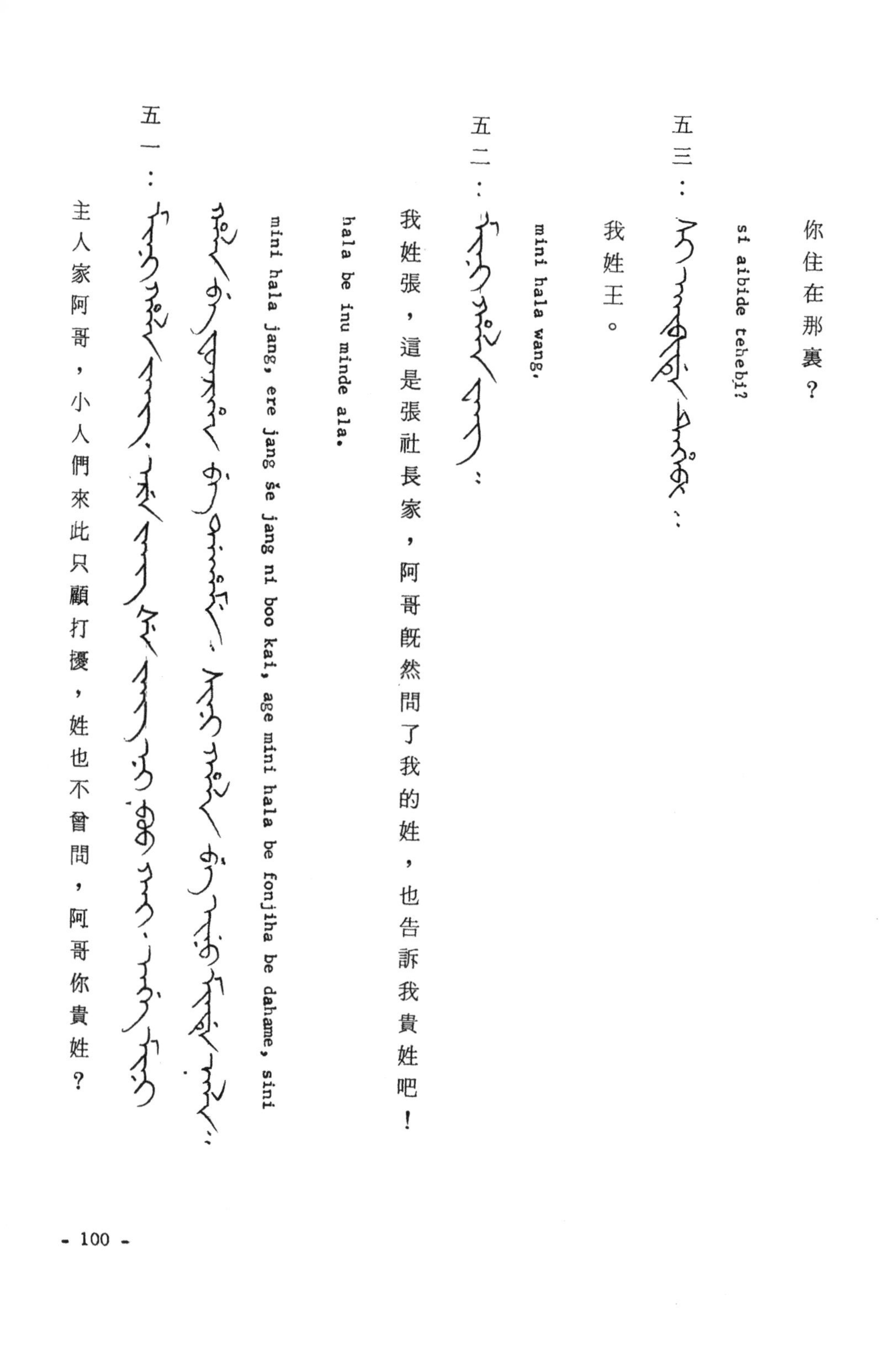

你住在那裏？

sí aibide tehebi?

五三：

我姓王。

mini hala wang.

五二：

我姓張，這是張社長家，阿哥既然問了我的姓，也告訴我貴姓吧！

mini hala jang, ere jang še jang ni boo kai, age mini hala be fonjiha be dahame, sini hala be inu minde ala.

五一：

主人家阿哥，小人們來此只顧打擾，姓也不曾問，阿哥你貴姓？

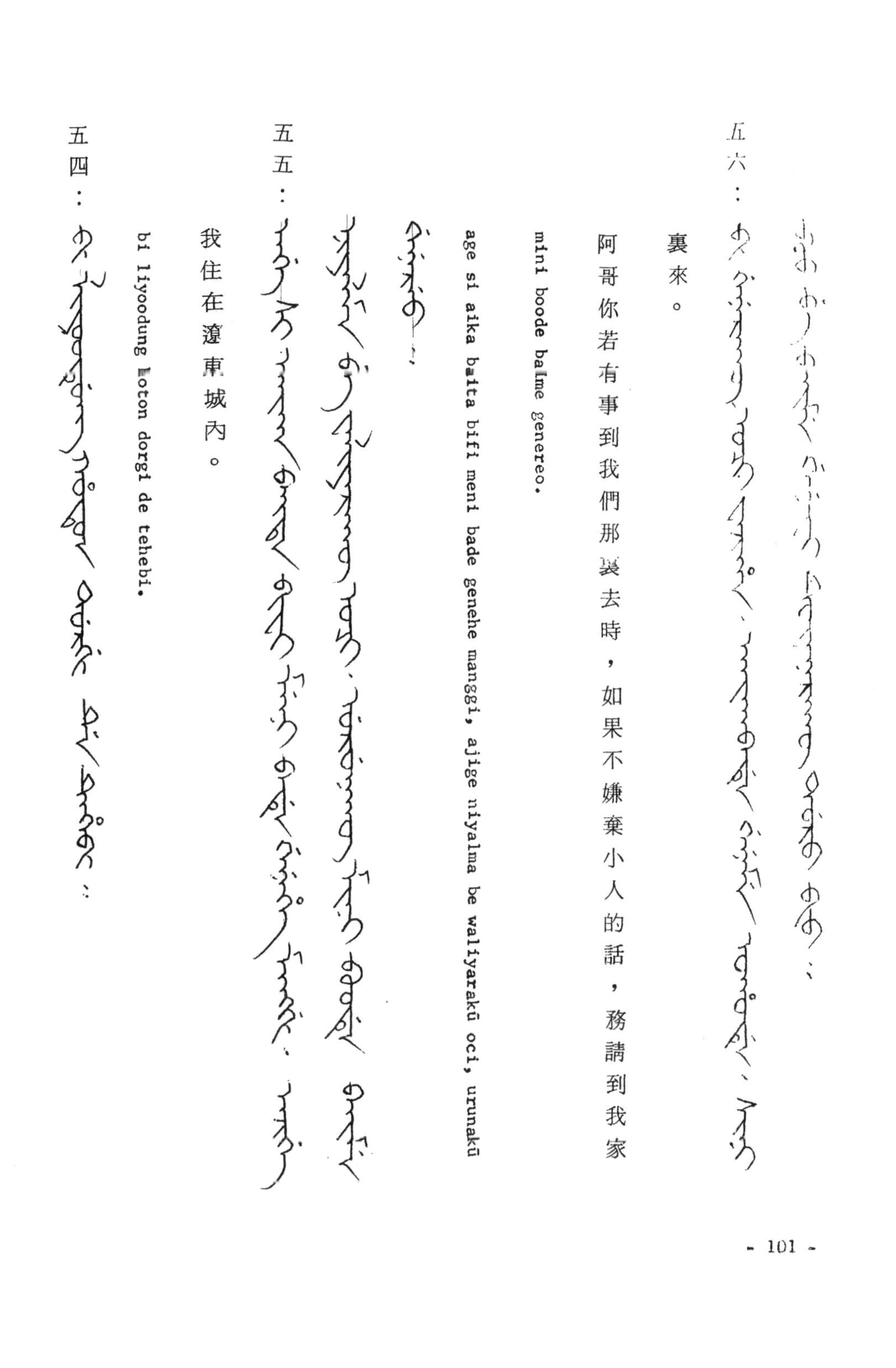

五四：

bi liyoodung hoton dorgi de tehebi.

我住在遼東城內。

五五：

age si aika baita bifi meni bade genehe manggi, ajige niyalma be waliyarakū oci, urunakū mini boode balme genereo.

阿哥你若有事到我們那裏去時，如果不嫌棄小人的話，務請到我家裏來。

五六：

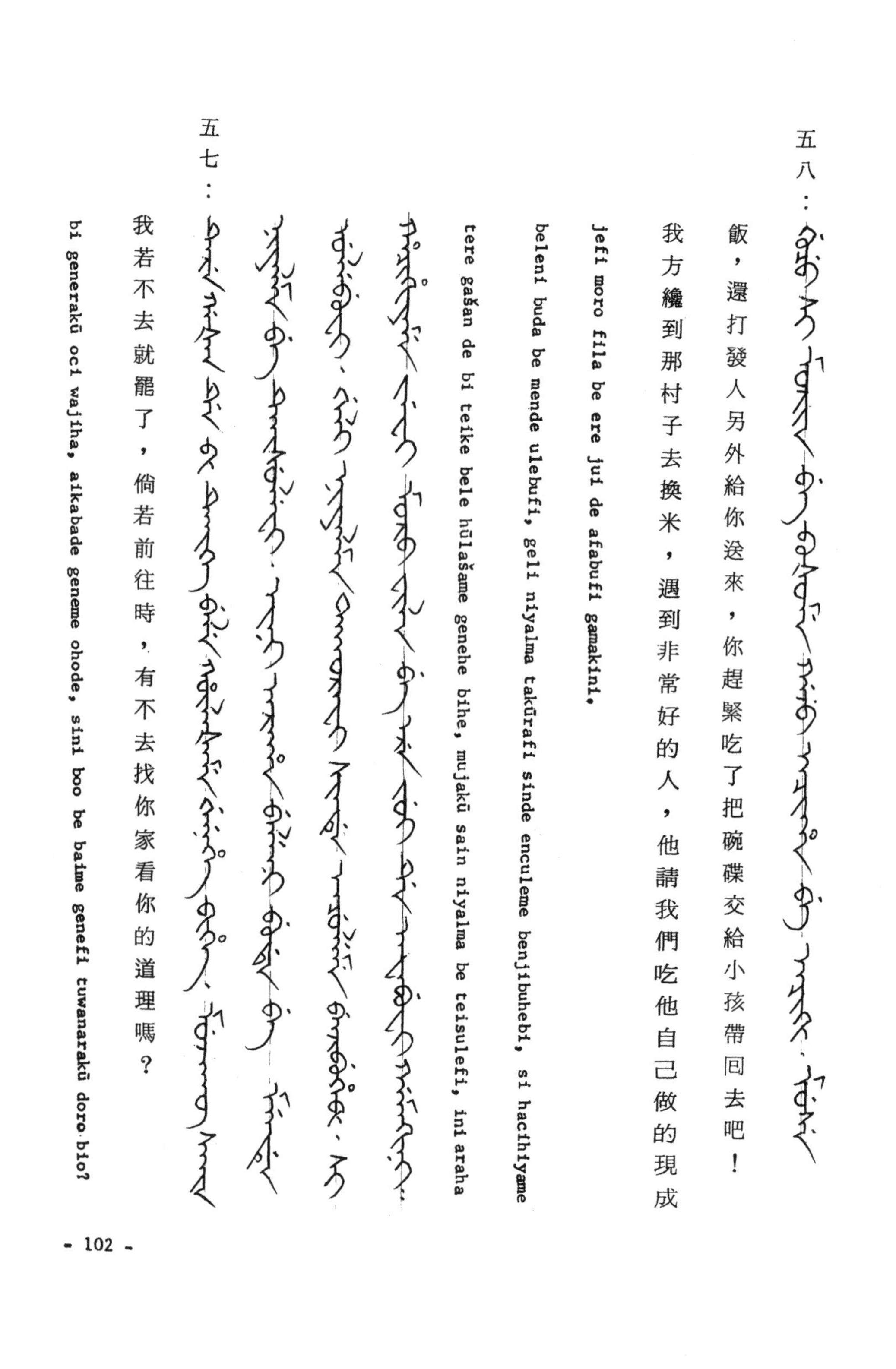

五七：

我若不去就罷了，倘若前往時，有不去找你家看你的道理嗎？

bi generakū oci wajiha, aikabade geneme ohode, sini boo be baime genefi tuwanarakū doro bio?

五八：

我方纔到那村子去換米，遇到非常好的人，他請我們吃他自己做的現成飯，還打發人另外給你送來，你趕緊吃了把碗碟交給小孩帶回去吧！

tere gašan de bi teike bele hūlašame genehe bihe, mujakū sain niyalma be teisulefi, ini araha beleni buda be mende ulebufi, geli niyalma takūrafi sinde enculeme benjibuhebi, si hacihiyame jefi moro fila be ere jui de afabufi gamakini.

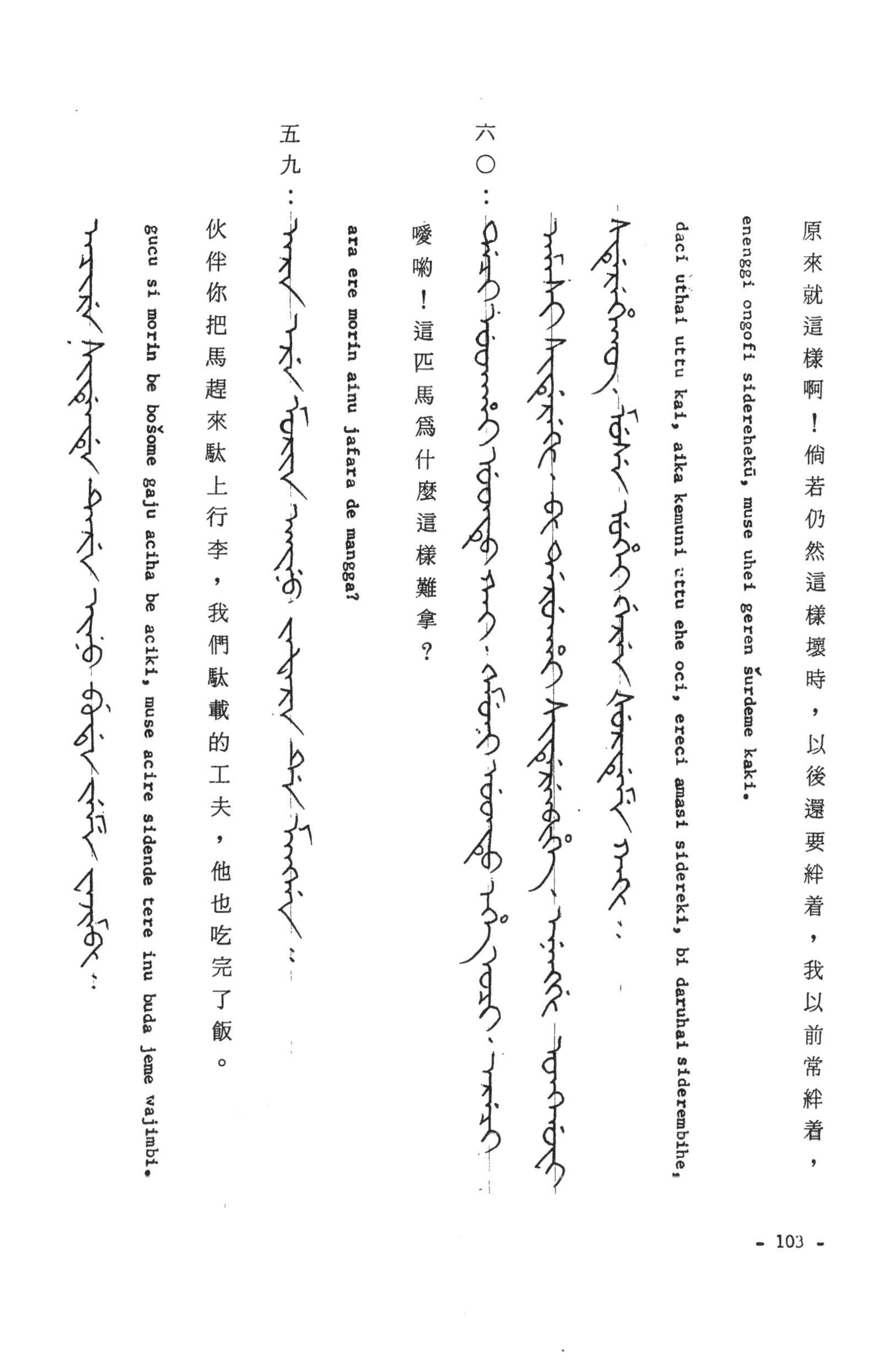

原來就這樣啊！倘若仍然這樣壞時，以後還要絆着，我以前常絆着，

enenggi ongofi siderehekū, muse uhei geren šurdeme kaki.

daci uthai uttu kai, aika kemuni uttu ehe oci, ereci amasi sidereki, bi daruhai siderembihe,

六〇：

噯喲！這匹馬爲什麼這樣難拿？

ara ere morin ainu jafara de mangga?

五九：

伙伴你把馬趕來馱上行李，我們馱載的工夫，他也吃完了飯。

gucu si morin be bošome gaju aciha be aciki, muse acire sidende tere inu buda jeme wajimbi.

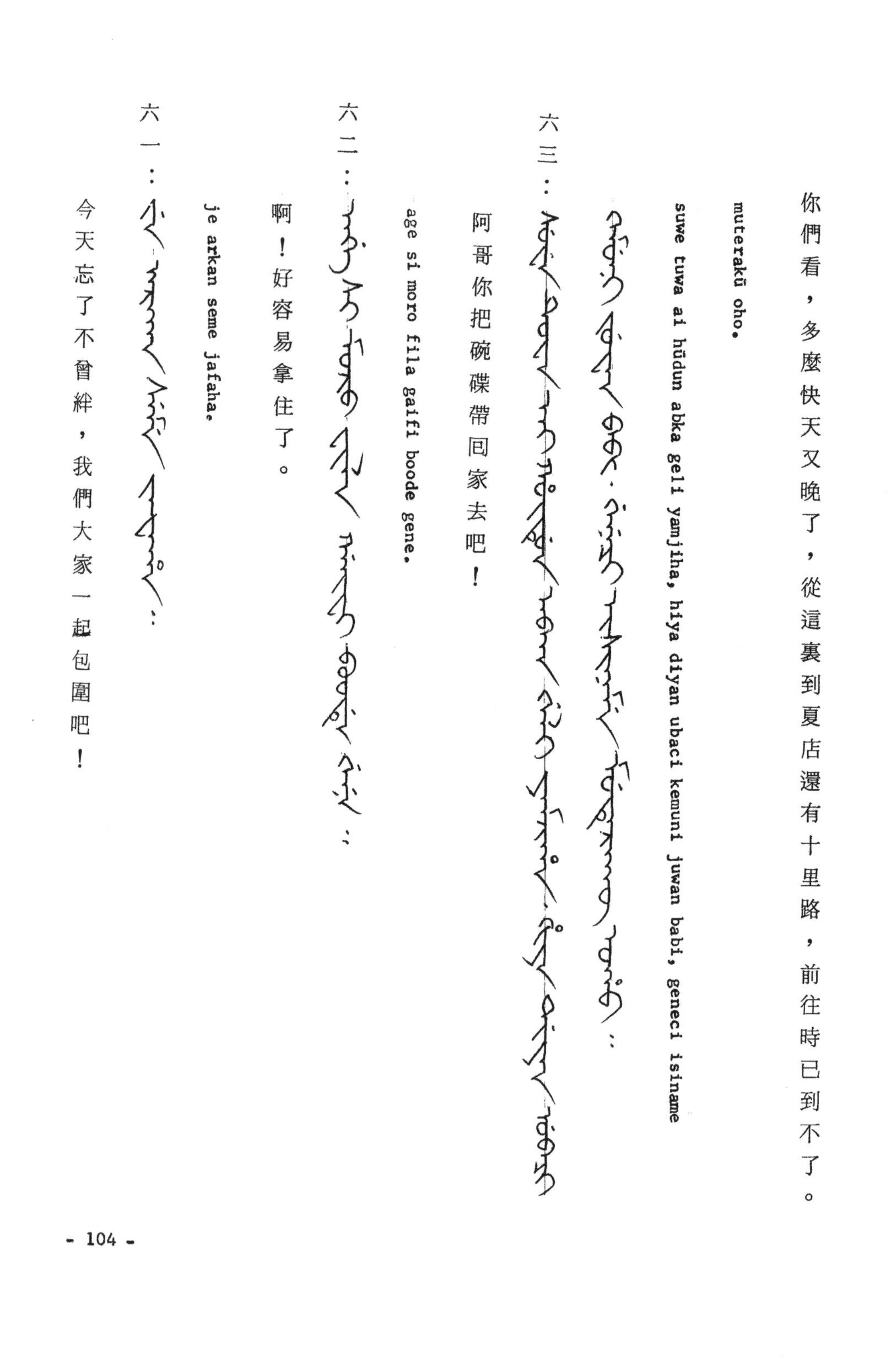

今天忘了不曾絆，我們大家一起包圍吧！

六一：

je arkan seme jafaha.

啊！好容易拿住了。

六二：

age si moro fila gaifi boode gene.

阿哥你把碗碟帶回家去吧！

六三：

suwe tuwa ai hūdun abka geli yamjiha, hiya diyan ubaci kemuni juwan babi, geneci isiname muterakū oho.

你們看，多麼快天又晚了，從這裏到夏店還有十里路，前往時已到不了。

六四：ᡝᡵᡝ ᠵᡠᡤᡡᠨ ᠠᠮᠠᡵᡤᡳ ᡝᡵᡤᡳ ᡨᡝᡵᡝ ᠨᡳᠶᠠᠯᠮᠠᡳ ᠪᠣᠣᡩᡝ ᡤᡝᠨᡝᡶᡳ ᡩᡝᡩᡠᡵᡝ ᠪᠠᠪᡝ
ᠪᠠᡳᡴᡳ᠉

ere jugūn amargi ergi tere niyalmai boode genefi dedure babe baiki.

去投路北那人家找個住宿地方吧！

六五：ᡨᠠᡴᠠᠰᡠ ᠮᡠᠰᡝ ᠠᡳᡴᠠ ᡴᡠᠩᡤᡠᡵ ᠰᡝᠮᡝ ᡤᡝᠨᡝᠴᡳ᠈ ᡨᡝᡵᡝ ᠪᠣᠣᡳ ᠨᡳᠶᠠᠯᠮᠠ ᡠᡵᡠᠨᠠᡴᡡ ᠨᡳᠶᠠᠯᠮᠠ ᡤᡝᡵᡝᠨ ᠰᡝᠮᡝ ᡝᡳᠮᡝᠮᡝ ᡩᡝᡩᡠᡵᠠᡴᡡ᠈ ᠰᡠᠸᡝᠨᡳ ᠵᡠᠸᡝ ᠨᡳᠶᠠᠯᠮᠠ ᡠᠪᠠᡩᡝ ᠠᠴᡳᡥᠠ ᠪᡝ ᡨᡠᠸᠠᠮᡝ ᠪᡳᠰᡠ᠈ ᠮᡠᠰᡝ ᠵᡠᠸᡝ ᠨᠣᡶᡳ ᡶᠣᠨᠵᡳᠮᡝ
ᡤᡝᠨᡝᡴᡳ᠉

takasu muse aika kunggur seme geneci, tere booi niyalma urunakū niyalma geren seme eimeme dedurakū, suweni juwe niyalma ubade aciha be tuwame bisu, muse juwe nofi fonjime geneki.

且慢，倘若我們一齊蜂擁而去時，那家的人一定嫌人多不肯讓我們住宿，你們兩人留在這裏看行李，我們兩個去問吧！

六六：ᠪᠣᡳᡤᠣᠵᡳ ᠠᡤᡝ ᡩᡝ ᡩᠣᡵᠣᠯᠣᠮᠪᡳ᠉

boigoji age de dorolombi.

給主人阿哥行禮。

六七：ᠰᡠᠸᡝ ᠠᡳᠨᠠᡵᠠ ᠨᡳᠶᠠᠯᠮᠠ᠉

suwe ainara niyalma?

你們是做什麼的人？

六八：ᠪᡝ ᠵᡠᡤᡡᠨ ᠶᠠᠪᡠᡵᡝ ᠠᠨᡩᠠ ᠪᡳᡥᡝ᠈ ᡝᠨᡝᠩᡤᡳ ᠠᠪᡴᠠ ᠶᠠᠮᠵᡳᡶᡳ ᠰᡳᠨᡳ ᠪᠣᠣᡩᡝ ᡩᡝᡩᡠᡵᡝ ᠪᠠᠪᡝ ᠪᠠᡳᠮᡝ ᠵᡳᡥᡝ᠉

be jugūn yabure anda bihe, enenggi abka yamjifi sini boode dedure babe baime jihe.

我們是行路的客人，今日天晚了，來府上找個住宿的地方。

六九：[illegible]

七一：ᠣᡴᡳᠨᡳ᠈ ᡝᡵᡝ ᡩᡠᡴᠠᡳ ᠵᡠᠯᡝᡵᡳ ᠰᡝᠵᡝᠨ ᡳ ᠪᠣᠣᡩᡝ ᠮᡝᠮᠪᡝ ᡝᠮᡠ ᡩᠣᠪᠣᡵᡳ ᡩᡝᡩᡠᠪᡠᠴᡳ ᠠᠨᡨᠠᡴᠠ᠉ ᠠᡳᠨᠠᡵᠠ ᠠᡤᡝ ᠪᡝ ᠵᡠᡤᡡᠨ ᠶᠠᠪᡠᡵᡝ ᠨᡳᠶᠠᠯᠮᠠ ᠸᡝᠪᡝ ᡨᠠᡴᠠᠮᠪᡳ᠈ ᡠᡨᡥᠠᡳ ᠰᡳᠨᡳ ᠨᠠᡥᠠᠨ ᡩᡝ ᡧᠣᠯᠣ ᠠᡴᡡ ᠮᡝᠮᠪᡝ ᡩᡝᡩᡠᡵᠠᡴᡡ᠉

我們住宿吧，這門前的車房裏讓我們住宿一夜如何？怎麼辦呢？阿哥我們是行路的人，認得誰呢？就是你的炕沒有空位不讓

okini, ere dukai juleri sejen i boode membe emu dobori dedubuci antaka? ainara age be jugūn yabure niyalma webe takambi, uthai sini nahan de šolo akū membe dedurakū

七〇：ᠮᡝᠨᡳ ᠪᠣᠣ ᡥᠠᡶᡳᡵᠠᡥᡡᠨ ᠨᡳᠶᠠᠯᠮᠠ ᡨᠠᡨᠠᡵᠠ ᠪᠠ ᠠᡴᡡ᠈ ᠰᡳ ᡤᡡᠸᠠ ᠪᠠᡩᡝ ᡩᡝᡩᡠᡵᡝ ᠪᠠᠪᡝ ᠪᠠᡳᠮᡝ ᡤᡝᠨᡝ᠉

我們的房子窄，沒有別人住宿的地方，你到別的地方尋找住宿的地方吧！

meni boo hafirahūn niyalma tatara ba akū, si gūwa bade dedure babe baime gene.

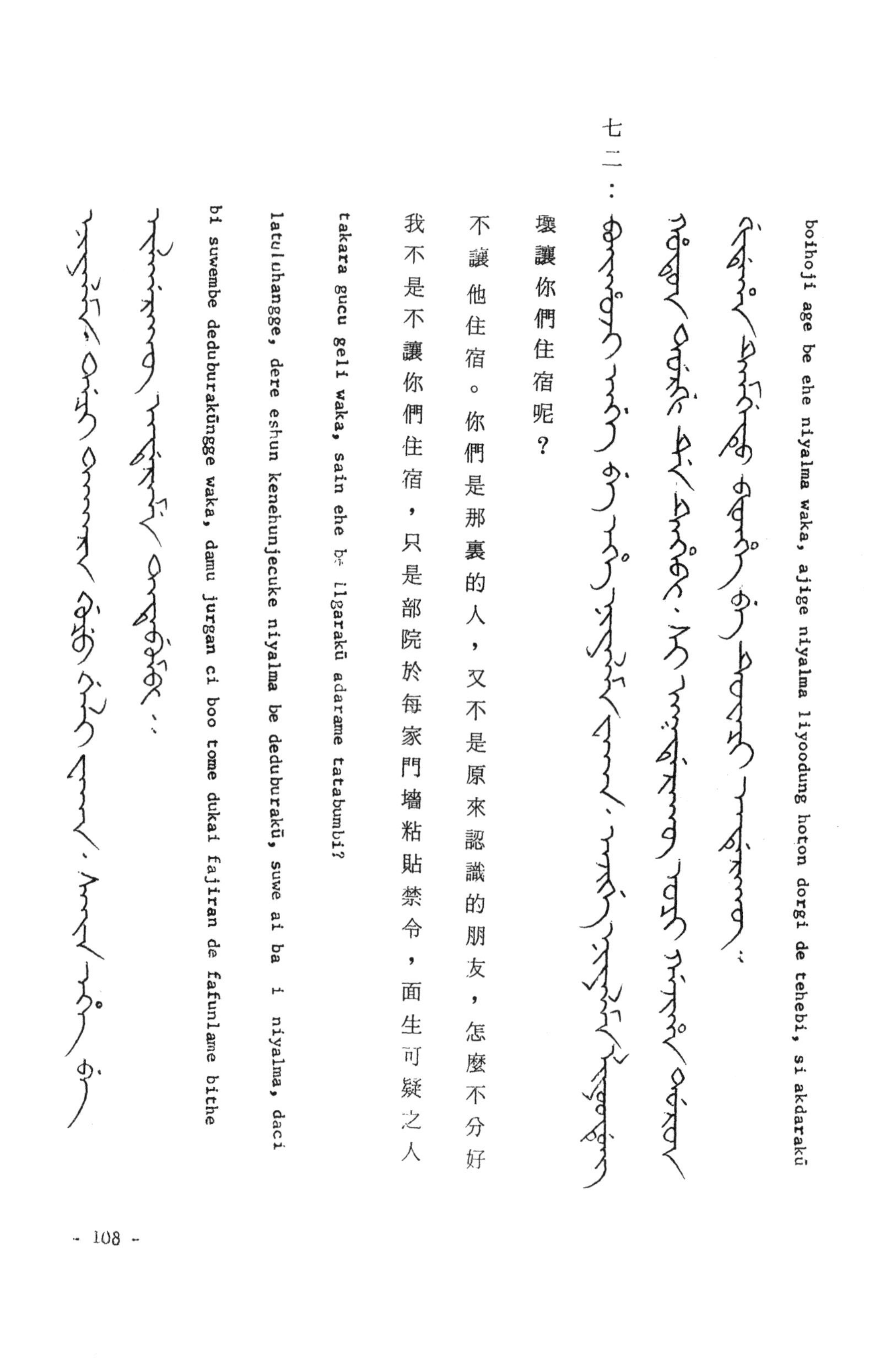

bi suwembe dedurakūngge waka, damu jurgan ci boo tome dukai fajiran de fafunlame bithe latuluhangge, dere eshun kenehunjecuke niyalma be dedurakū, suwe ai ba i niyalma, daci takara gucu geli waka, sain ehe be ilgarakū adarame tatabumbi?

我不是不讓你們住宿，只是部院於每家門牆粘貼禁令，面生可疑之人不讓他住宿。你們是那裏的人，又不是原來認識的朋友，怎麼不分好壞讓你們住宿呢？

七二：

boihoji age be ehe niyalma waka, ajige niyalma liyoodung hoton dorgi de tehebi, si akdarakū leose ci udu goro giyalabuhabi.

七五：

小人住在遼東城內樓閣北街東邊。

ajige niyalma liyoodung hoton dorgi leose i amargi giyai dergi ergi de tehebi.

七四：

你住在遼東城內什麼地方呢？

si liyoodung hoton dorgi ya bade tehebi?

七三：

看拿來蓋印的證件，不會錯。

主人家阿哥，我們不是壞人，小人住在遼東城內，你若是不信時，看

oci gajiha doron gidaha temgetu bithe be tuwaci enderakū.

七九：[illegible]

是。

inu.

七八：ᡳᠨᡠ ::

那雜貨舖是你的嗎？

tere ulin i hūdai ba singge?

七七：ᠯᡝᠣᠰᡝ ᠴᡳ ᡝᠮᡠ ᡨᠠᠩᡤᡡ ᠣᡴᠰᠣᠨ ᠠᠮᠠᡵᡤᡳ ᡤᡳᠶᠠᡳ ᡠᠯᡳᠨ ᡳ ᡥᡡᡩᠠ

離樓閣一百步北街開雜貨舖的便是。

leose ci emu tanggū okson amargi giyai ulin i hūda tucire ba tere inu.

ᡨᡠᠴᡳᡵᡝ ᠪᠠ ᡨᡝᡵᡝ ᡳᠨᡠ ::

七六：[illegible]

離樓閣有多遠？

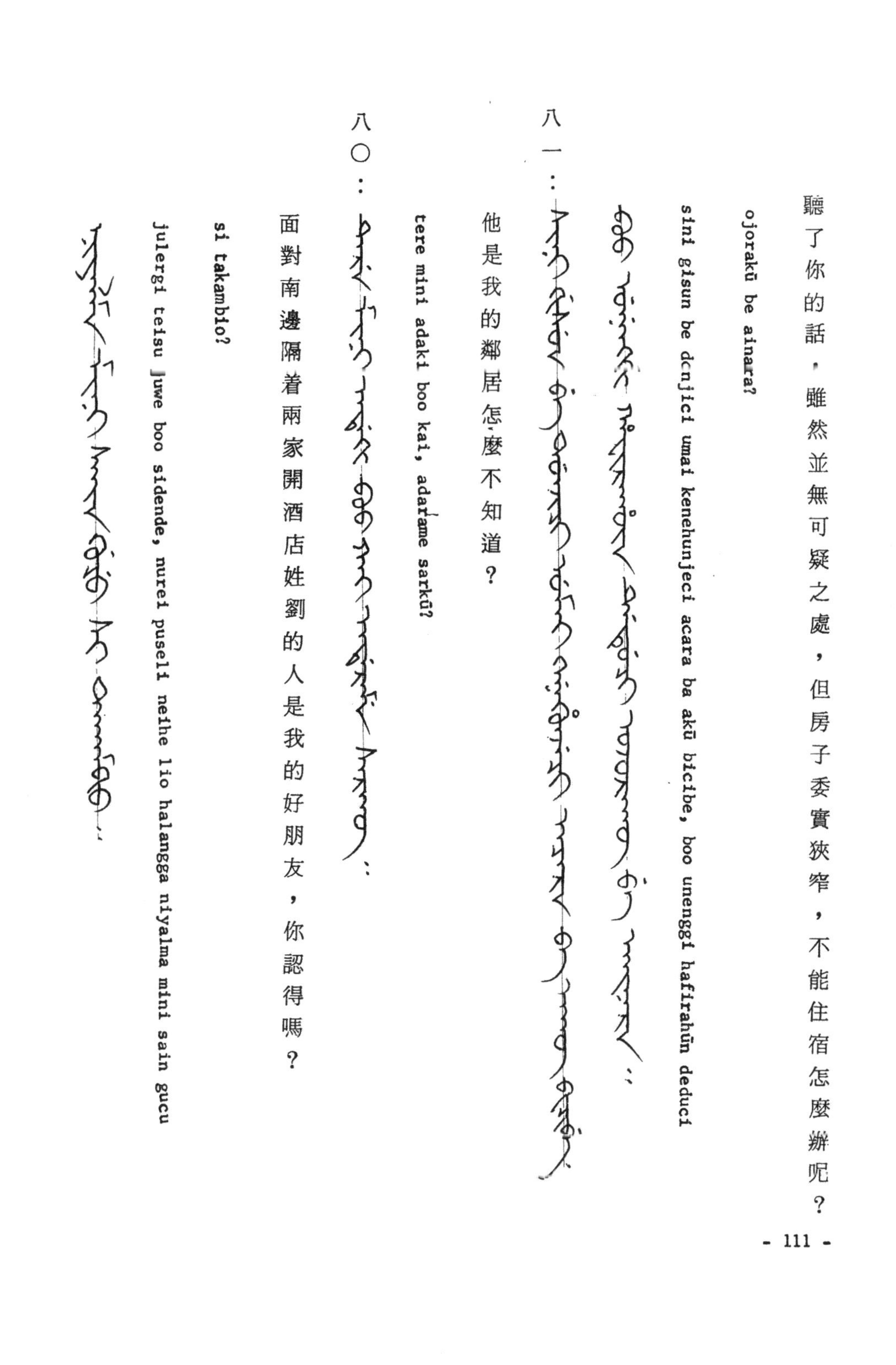

聽了你的話，雖然並無可疑之處，但房子委實狹窄，不能住宿怎麼辦呢？

ojorakū be ainara?

sini gisun be donjici umai kenehunjeci acara ba akū bicibe, boo unenggi hafirahūn deduci

八一：

他是我的鄰居怎麼不知道？

tere mini adaki boo kai, adarame sarkū?

八〇：

面對南邊隔着兩家開酒店姓劉的人是我的好朋友，你認得嗎？

si takambio?

julergi teisu juwe boo sidende, nurei puseli neihe lio halangga niyalma mini sain gucu

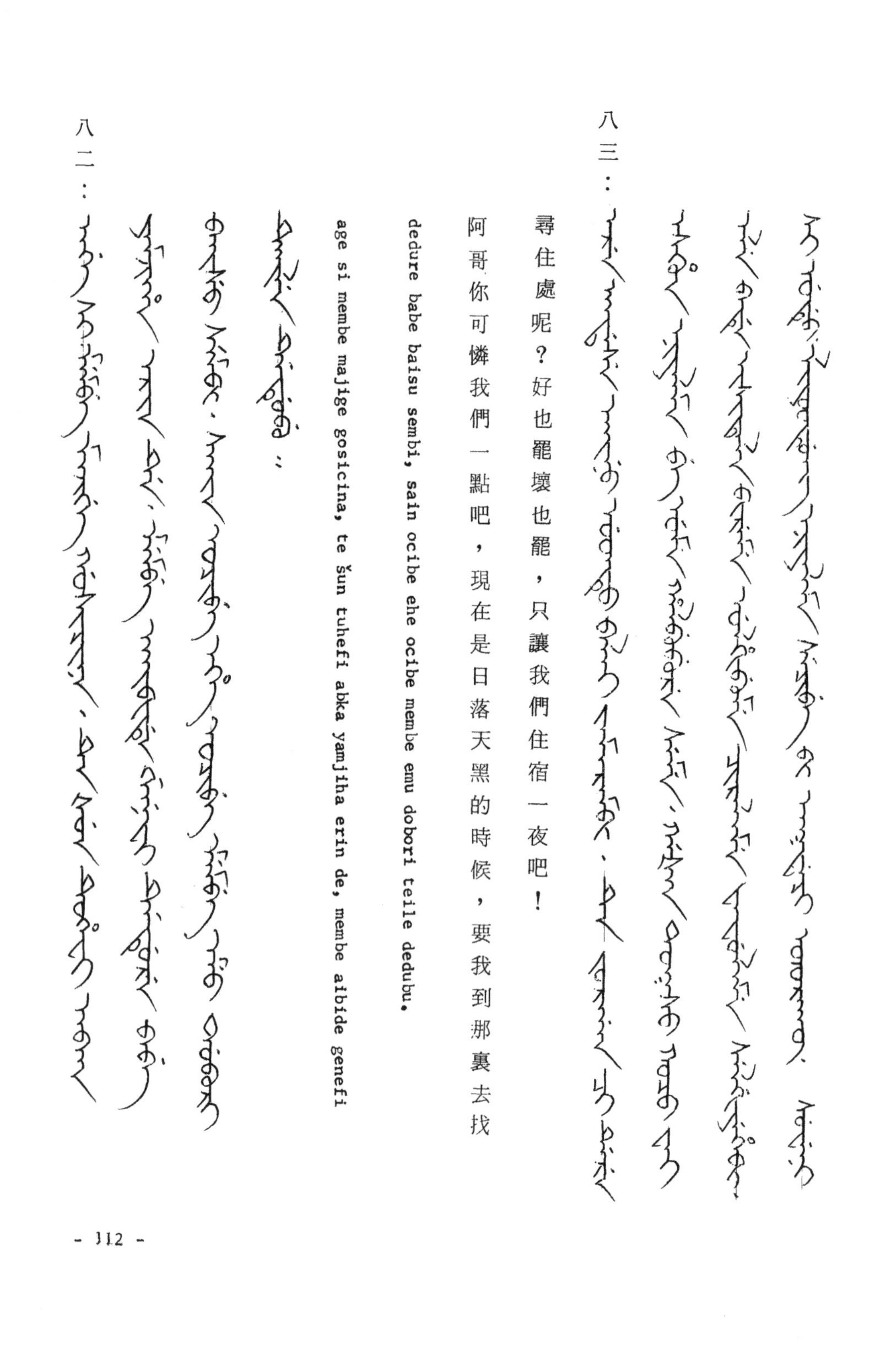

八二：

age si membe majige gosicina, te šun tuhefi abka yamjiha erin de, membe aibide genefi dedure babe baisu sembi, sain ocibe ehe ocibe membe emu dobori teile dedubu.

阿哥你可憐我們一點吧，現在是日落天黑的時候，要我到那裏去找尋住處呢？好也罷壞也罷，只讓我們住宿一夜吧！

八三：

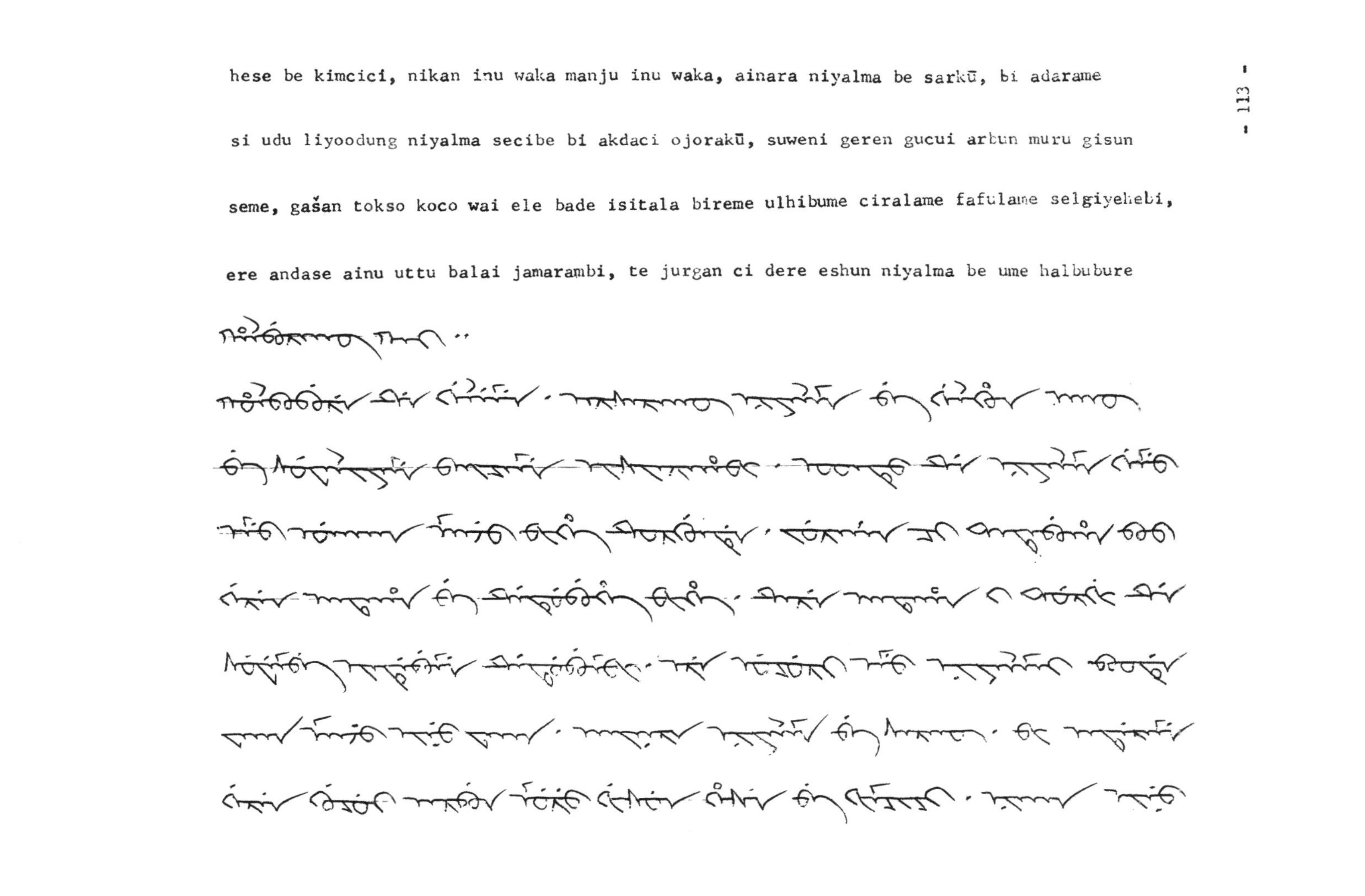

hese be **kimcici**, nikan inu waka manju inu **waka**, **ainara** niyalma be **sarkū**, bi adarame si udu liyoodung niyalma secibe bi akdaci ojorakū, suweni geren gucui arbun muru gisun **seme**, **gašan** tokso koco **wai** ele bade **isitala** **bireme** **ulhibume** **ciralame** fafulame selgiyehebi, **ere** **andase** **ainu** **uttu** **balai** **jamarambi**, te jurgan ci dere eshun niyalma be ume halbubure

[illegible]

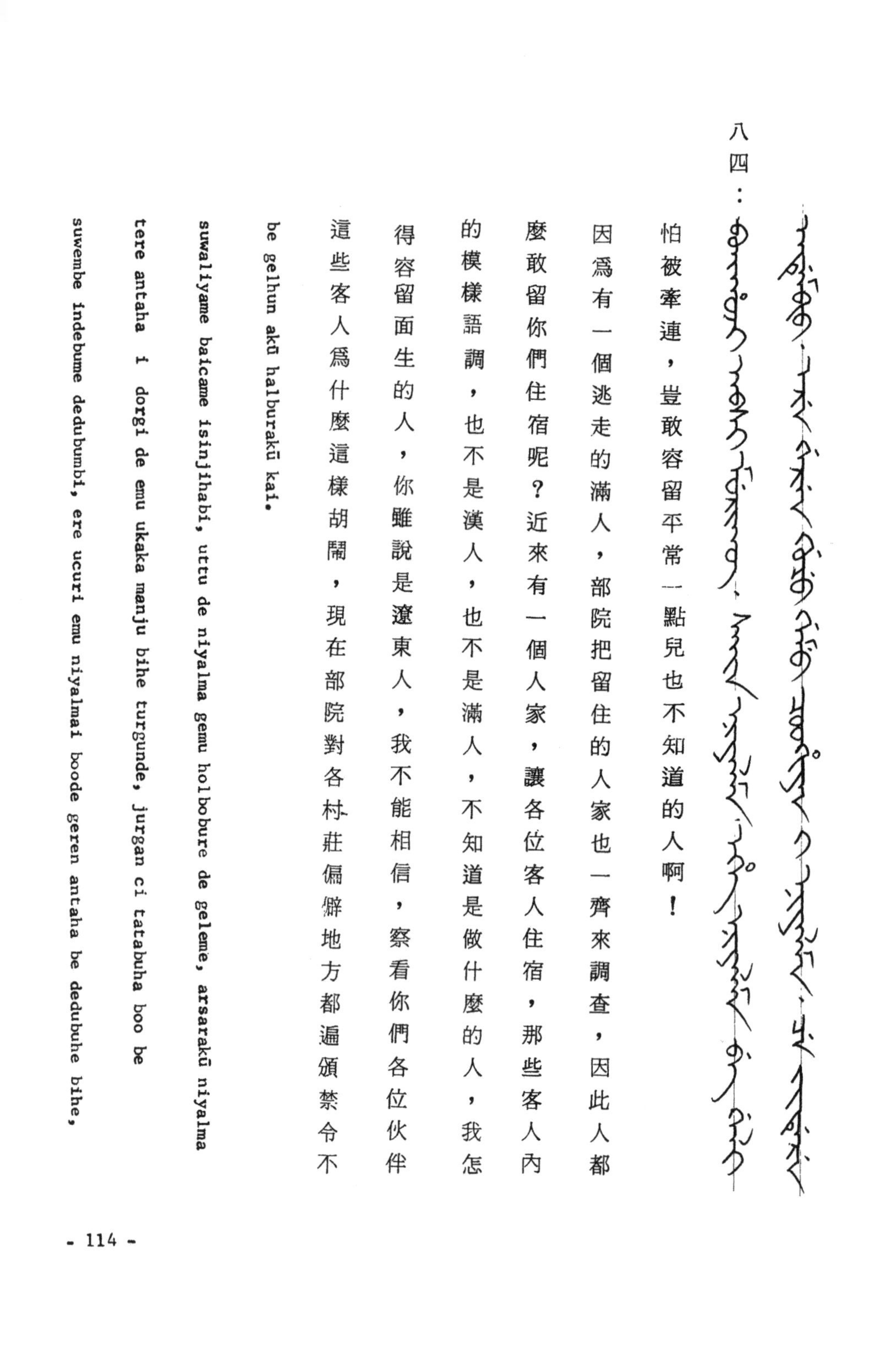

八四：

怕被牽連，豈敢容留平常一點兒也不知道的人啊！

因為有一個逃走的滿人，部院把留住的人家也一齊來調查，因此人都麼敢留你們住宿呢？近來有一個人家，讓各位客人住宿，那些客人內的模樣語調，也不是漢人，也不是滿人，不知道是做什麼的人，我怎得容留面生的人，你雖說是遼東人，我不能相信，察看你們各位伙伴這些客人為什麼這樣胡鬧，現在部院對各村莊偏僻地方都遍頒禁令不

be gelhun akū halburakū kai.

suwaliyame baicame isinjihabi, uttu de niyalma gemu holbobure de geleme, arsarakū niyalma tere antaha i dorgi de emu ukaka manju bihe turgunde, jurgan ci tatabuha boo be suwembe indebume dedubumbi, ere ucuri emu niyalmai boode geren antaha be dedubuhe bihe,

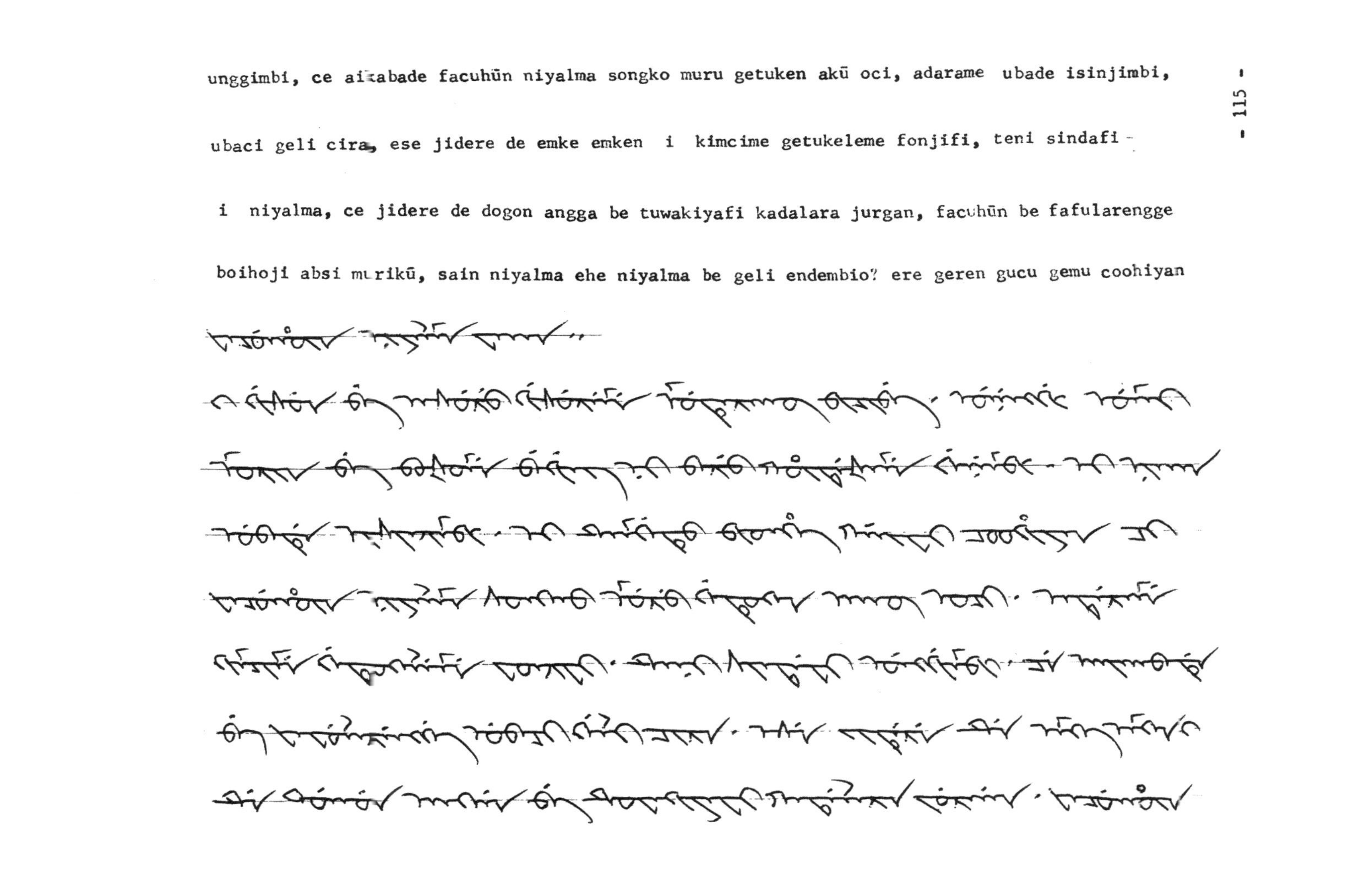

unggimbi, ce aikabade facuhūn niyalma songko muru getuken akū oci, adarame ubade isinjimbi, ubaci geli cira, ese jidere de emke emken i kimcime getukeleme fonjifi, teni sindafi - i niyalma, ce jidere de dogon angga be tuwakiyafi kadalara jurgan, facuhūn be fafularengge boihoji absi murikū, sain niyalma ehe niyalma be geli endembio? ere geren gucu gemu coohiyan

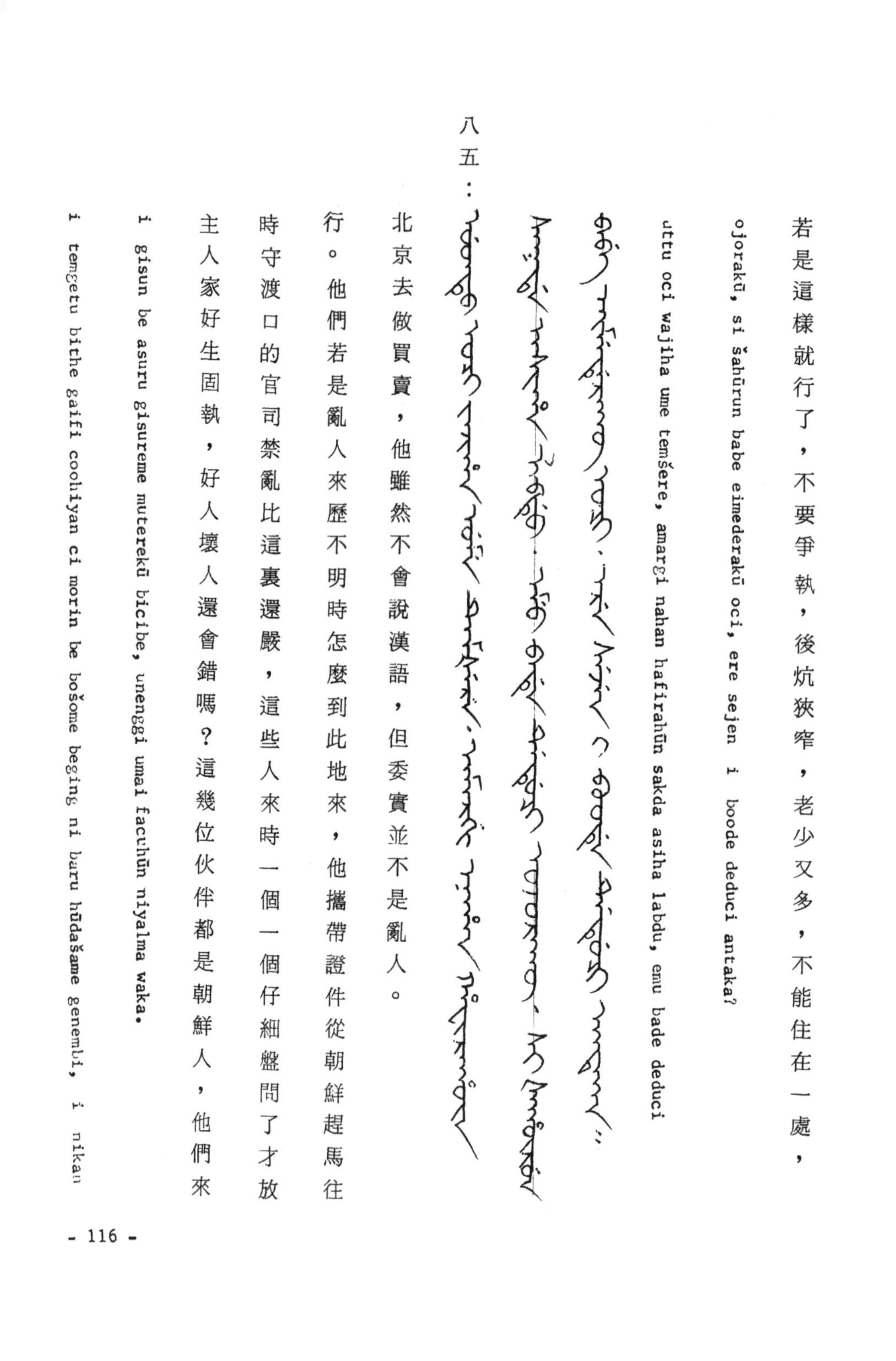

uttu oci wajiha ume temšere, amargi nahan hafirahūn sakda asiha labdu, emu bade deduci ojorakū, si šahūrun babe eimederakū oci, ere sejen i boode deduci antaka?

若是這樣就行了，不要爭執，後炕狹窄，老少又多，不能住在一處，

八五：

i temgetu bithe gaifi coohiyan ci morin be bošome beging ni baru hūdašame genembi, i nikan i gisun be asuru gisureme muterakū bicibe, unenggi umai facuhūn niyalma waka.

主人家好生固執，好人壞人還會錯嗎？這幾位伙伴都是朝鮮人，他們來時守渡口的官司禁亂比這裏還嚴，這些人來時一個一個仔細盤問了才放行。他們若是亂人來歷不明時怎麼到此地來，他攜帶證件從朝鮮趕馬往北京去做買賣，他雖然不會說漢語，但委實並不是亂人。

只要得到住宿的地方就罷了啊！還嫌什麼冷？

damu dedure bebe bahaci uthai joo kai, geli ai šahūrun seme eimere babi.

ᠰᡝᠮᡝ ᡝᡳᠮᡝᡵᡝ ᠪᠠᠪᡳ᠉

八六：[illegible]

你不嫌冷的話，在這車房裏住宿如何？

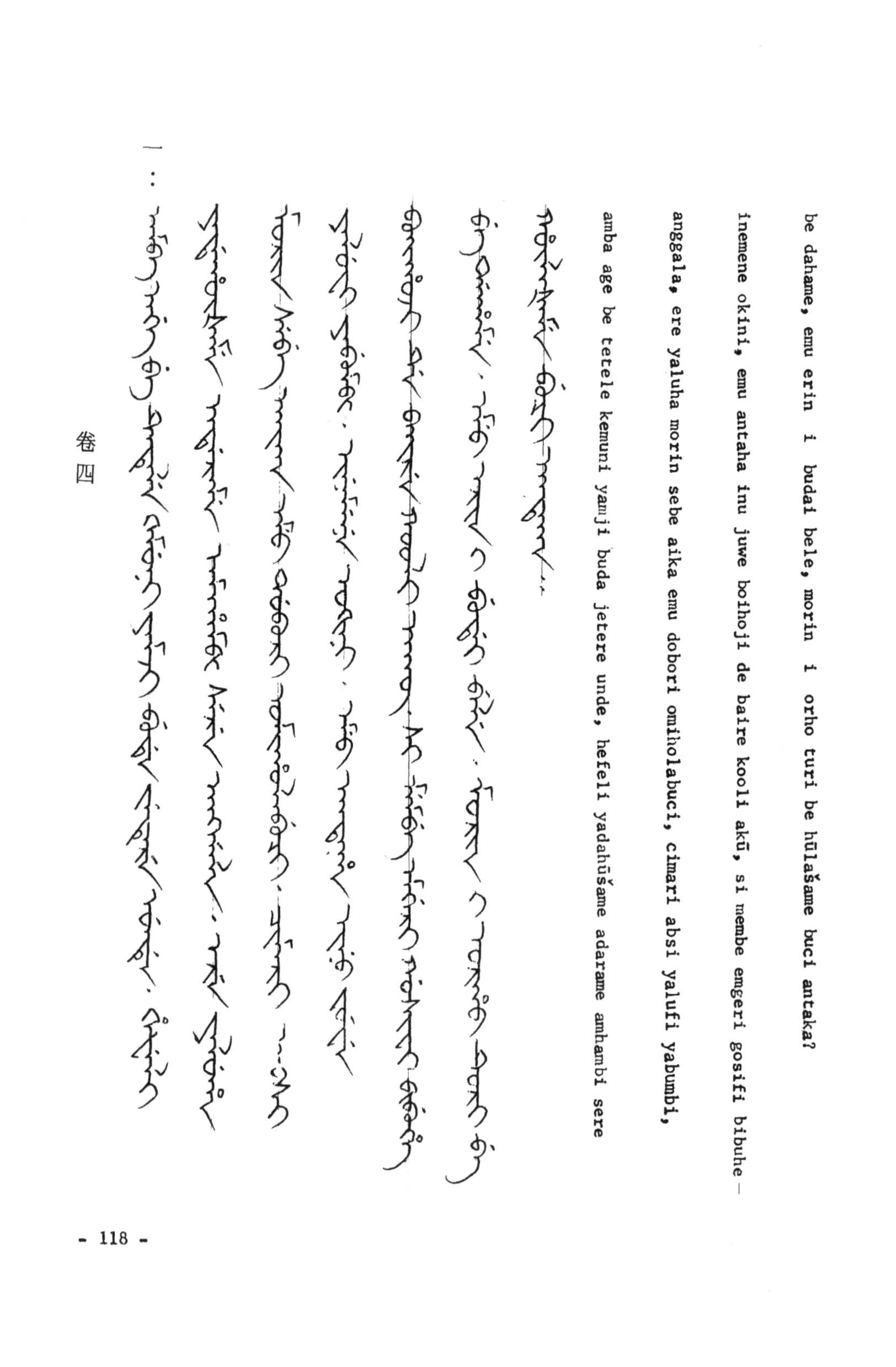

be dahame, emu erin i budai bele, morin i orho turi be hūlašame buci antaka?

inemene okini, emu antaha inu juwe boihoji de baire kooli akū, si membe emgeri gosifi bibuhe–

anggala, ere yaluha morin sebe aika emu dobori omiholabuci, cimari absi yalufi yabumbi,

amba age be tetele kemuni yamji buda jetere unde, hefeli yadahūšame adarame amhambi sere

卷四

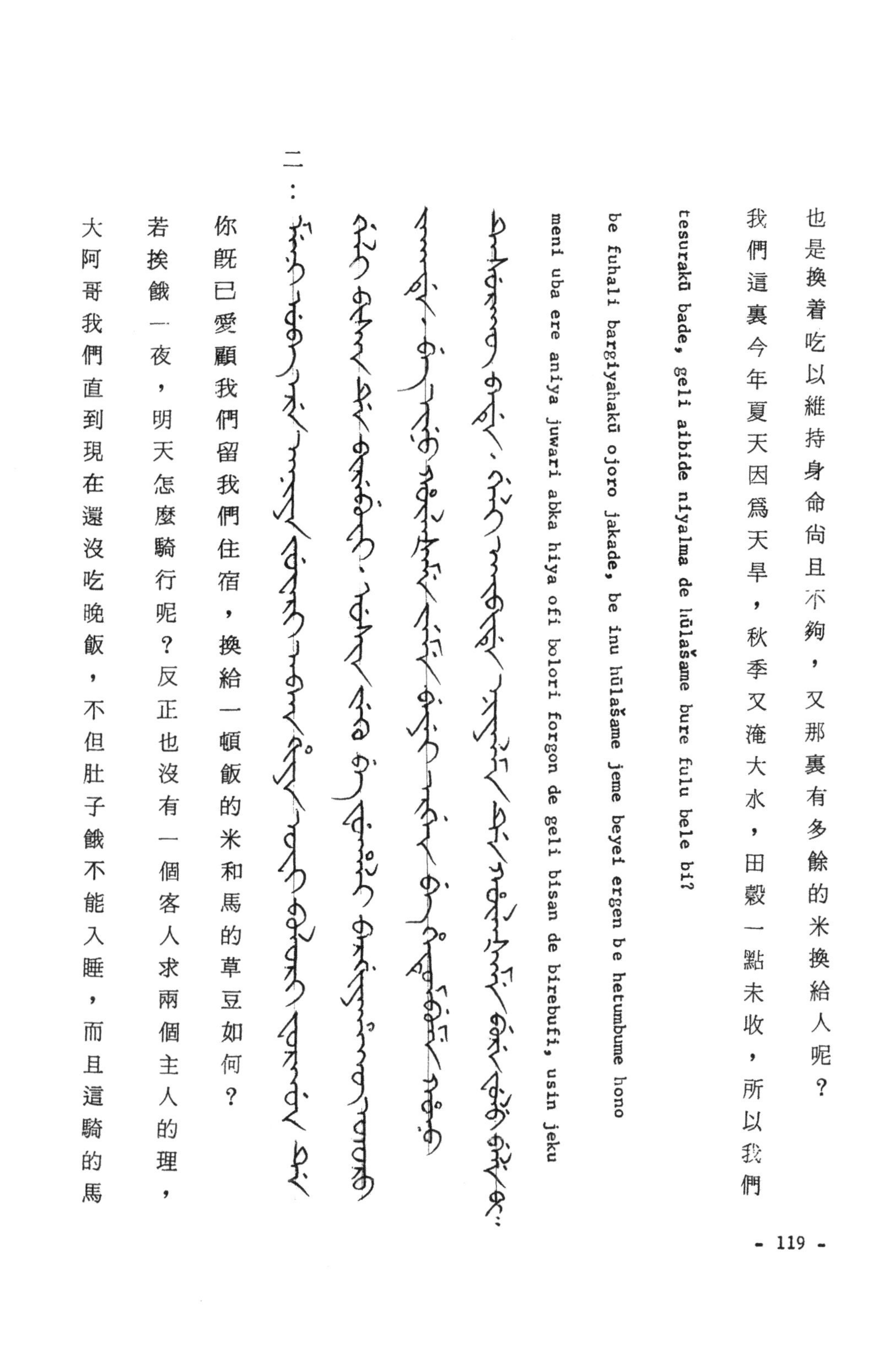

大阿哥我們直到現在還沒吃晚飯，不但肚子餓不能入睡，而且這騎的馬若挨餓一夜，明天怎麼騎行呢？反正也沒有一個客人求兩個主人的理，你既已愛顧我們留我們住宿，換給一頓飯的米和馬的草豆如何？

二：

meni uba ere aniya juwari abka hiya ofi bolori forgon de geli bisan de birebufi, usin jeku be fuhali bargiyahakū ojoro jakade, be inu hūlašame jeme beyei ergen be hetumbume hono tesurakū bade, geli aibide niyalma de hūlašame bure fulu bele bi?

我們這裏今年夏天因為天旱，秋季又淹大水，田穀一點未收，所以我們也是換着吃以維持身命尚且不夠，又那裏有多餘的米換給人呢？

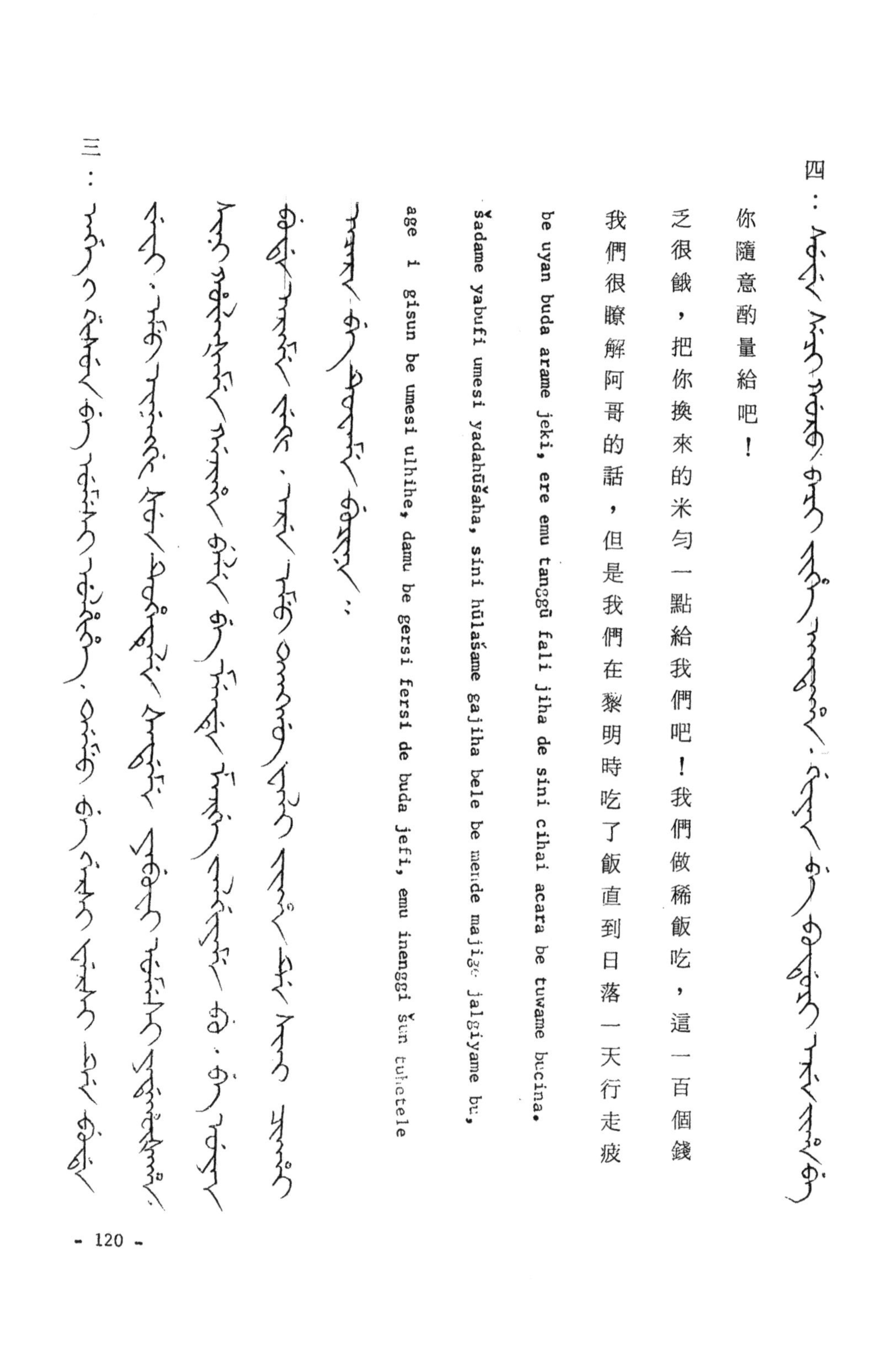

四：

你隨意酌量給吧！

乏很餓，把你換來的米勻一點給我們吧！我們做稀飯吃，這一百個錢

我們很瞭解阿哥的話，但是我們在黎明時吃了飯直到日落一天行走疲

be uyan buda arame jeki, ere emu tanggū fali jiha de sini cihai acara be tuwame bucina.

šadame yabufi umesi yadahūšaha, sini hūlašame gajiha bele be mende majige jalgiyame bu,

age i gisun be umesi ulhihe, damu be gersi fersi de buda jefi, emu inenggi šun tuhetele

三：

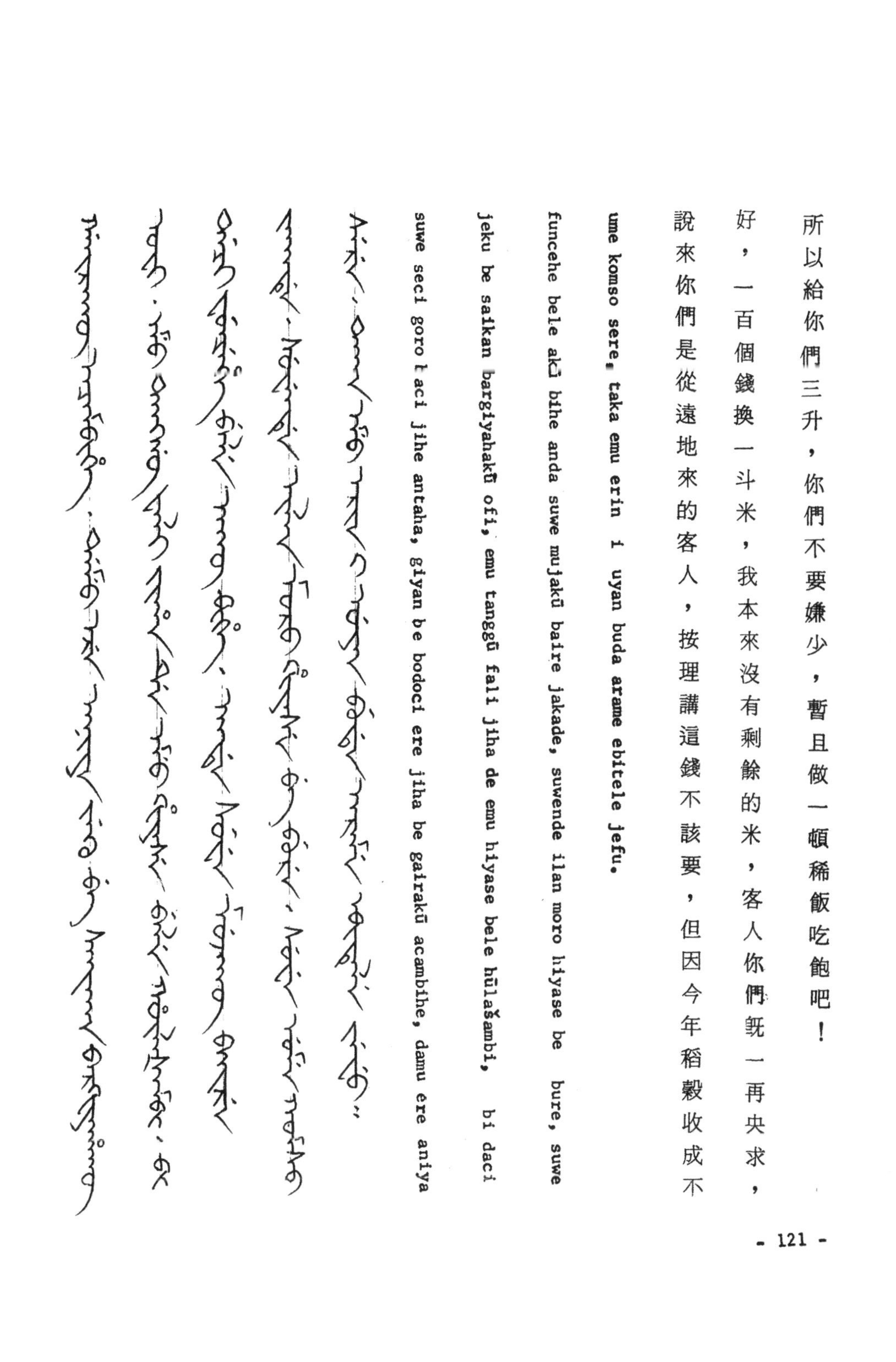

說來你們是從遠地來的客人，按理講這錢不該要，但因今年稻穀收成不好，一百個錢換一斗米，我本來沒有剩餘的米，客人你們旣一再央求，所以給你們三升，你們不要嫌少，暫且做一頓稀飯吃飽吧！

suwe seci goro baci jihe antaha, giyan be bodoci ere jiha be gairakū acambihe, damu ere aniya jeku be saikan bargiyahakū ofi, emu tanggū fali jiha de emu hiyase bele hūlašambi, bi daci funcehe bele akū bihe anda suwe mujakū baire jakade, suwende ilan moro hiyase be bure, suwe ume komso sere, taka emu erin i uyan buda arame ebitele jefu.

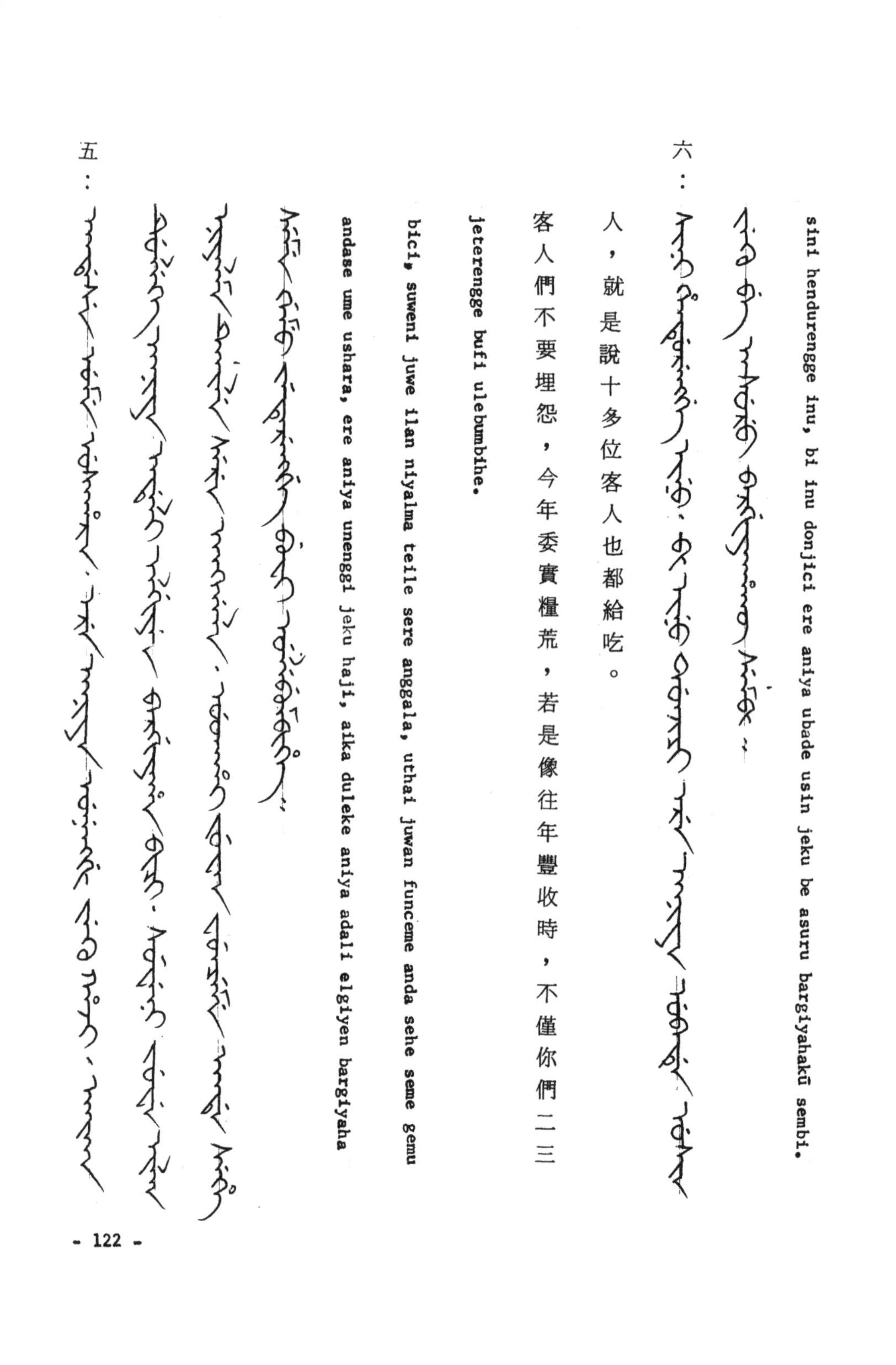

sini hendurengge inu, bi inu donjici ere aniya ubade usin jeku be asuru bargiyahakū sembi.

六：

人，就是說十多位客人也都給吃。

客人們不要埋怨，今年委實糧荒，若是像往年豐收時，不僅你們二三

jeterengge bufi ulebumbihe.

bici, suweni juwe ilan niyalma teile sere anggala, uthai juwan funceme anda sehe seme gemu

andase ume ushara, ere aniya unenggi jeku haji, aika duleke aniya adali elgiyen bargiyaha

五：

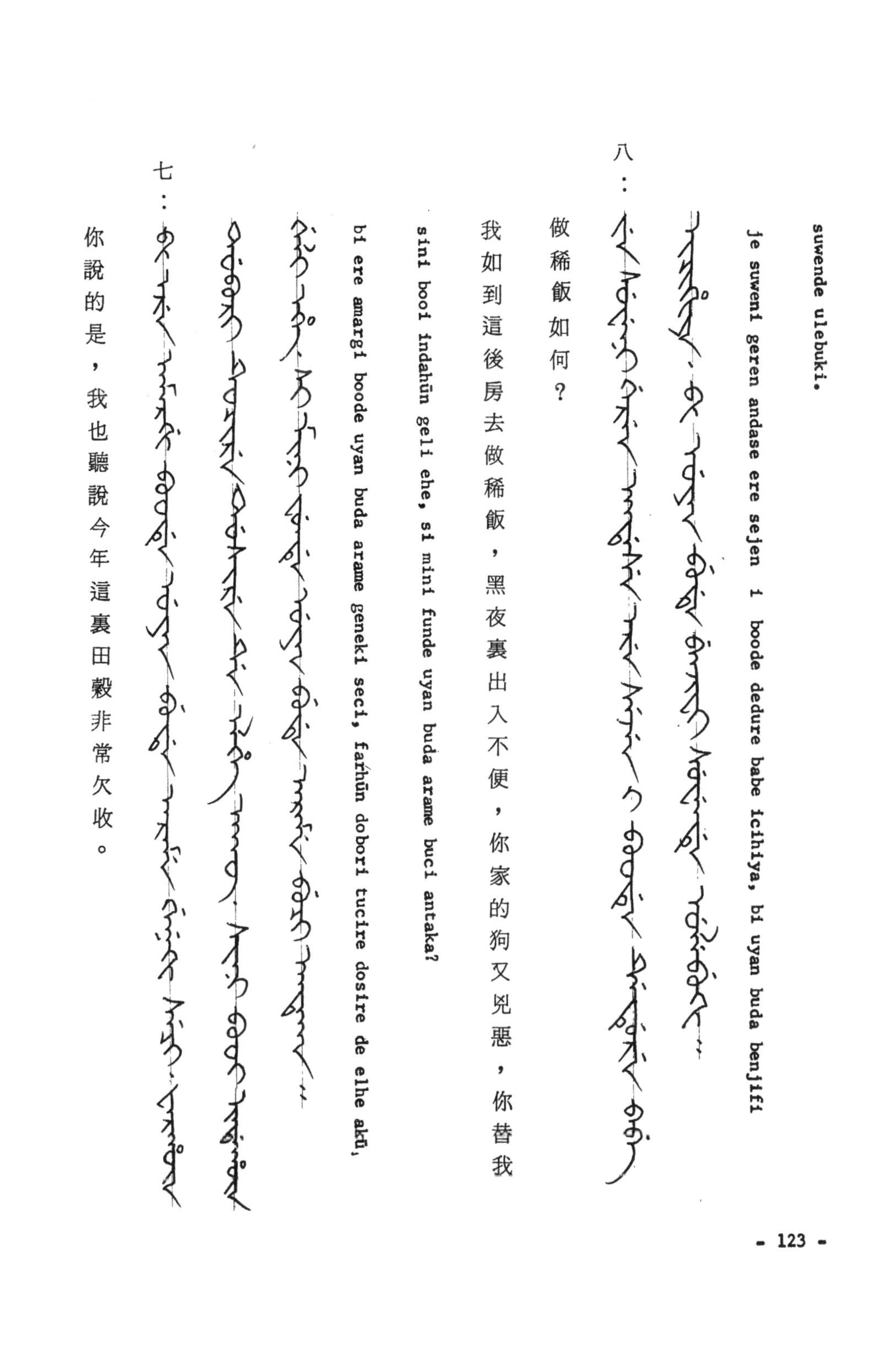

suwende ulebuki.

je suweni geren andase ere sejen i boode dedure babe icihiya, bi uyan buda benjifi

八：

做稀飯如何？

我如到這後房去做稀飯，黑夜裏出入不便，你家的狗又兇惡，你替我

sini booi indahūn geli ehe, si mini funde uyan buda arame buci antaka?

bi ere amargi boode uyan buda arame geneki seci, farhūn dobori tucire dosire de elhe akū,

七：

你說的是，我也聽說今年這裏田穀非常欠收。

是，你們幾位客人收拾這車房住宿地方，我送稀飯來給你們吃。

九：

uttu oci ambula baniha.

若是這樣，多謝。

一〇：

boihoji age geli emu gisun bi, niyalma jeterengge majige bicibe, ere morin be ainara, orho turi be buci antaka?

主人家阿哥，還有一句話，人雖有一點吃的，但這馬怎麼辦呢？給些草豆如何？

一一：

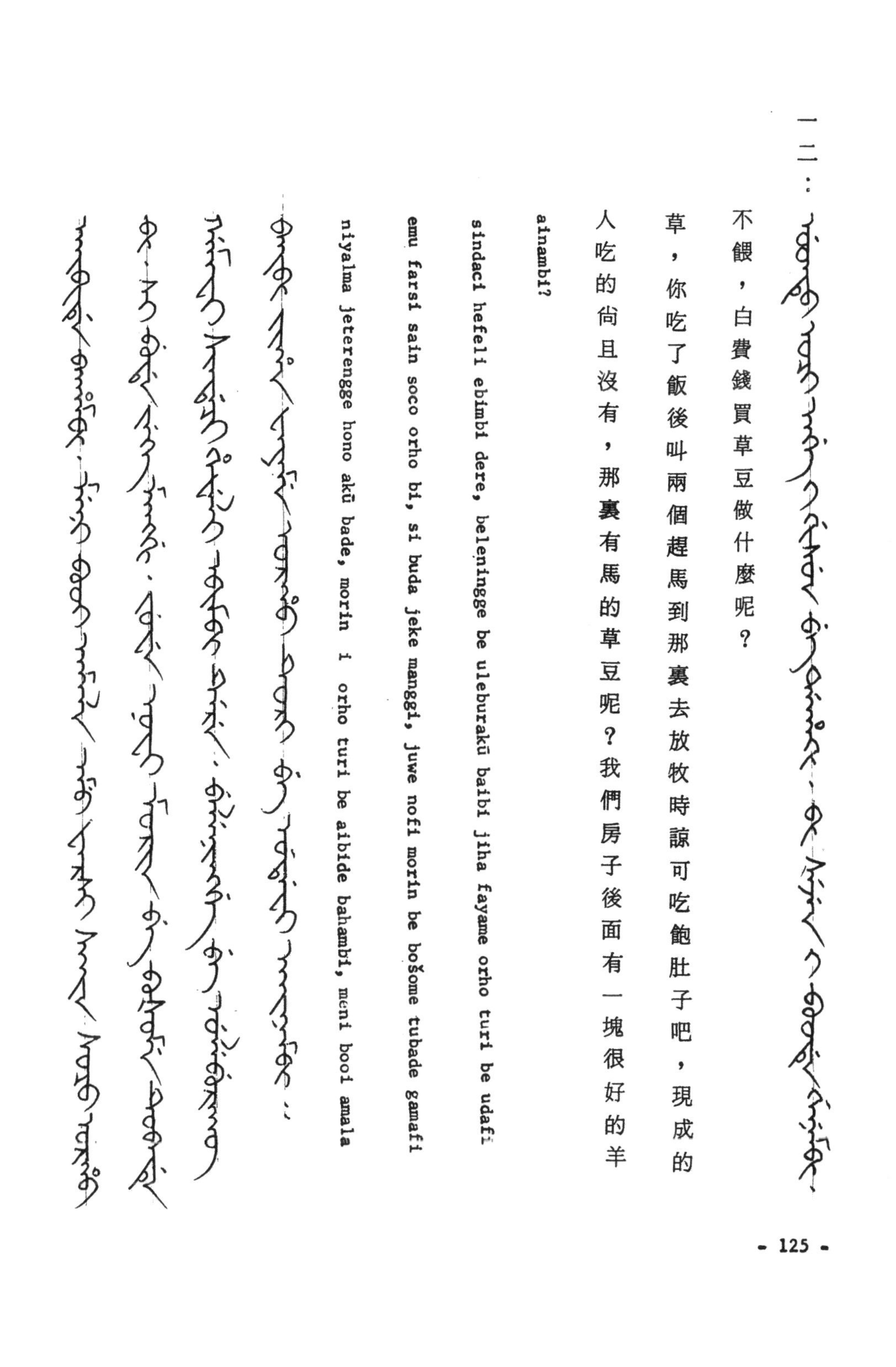

一二：

不餵，白費錢買草豆做什麼呢？

草，你吃了飯後叫兩個趕馬到那裏去放牧時諒可吃飽肚子吧，現成的

人吃的尚且沒有，那裏有馬的草豆呢？我們房子後面有一塊很好的羊

ainambi?

sindaci hefeli ebimbi dere, beleningge be uleburakū baibi jiha fayame orho turi be udafi

emu farsi sain soco orho bi, si buda jeke manggi, juwe nofi morin be bošome tubade gamafi

niyalma jeterengge hono akū bade, morin i orho turi be aibide bahambi, meni booi amala

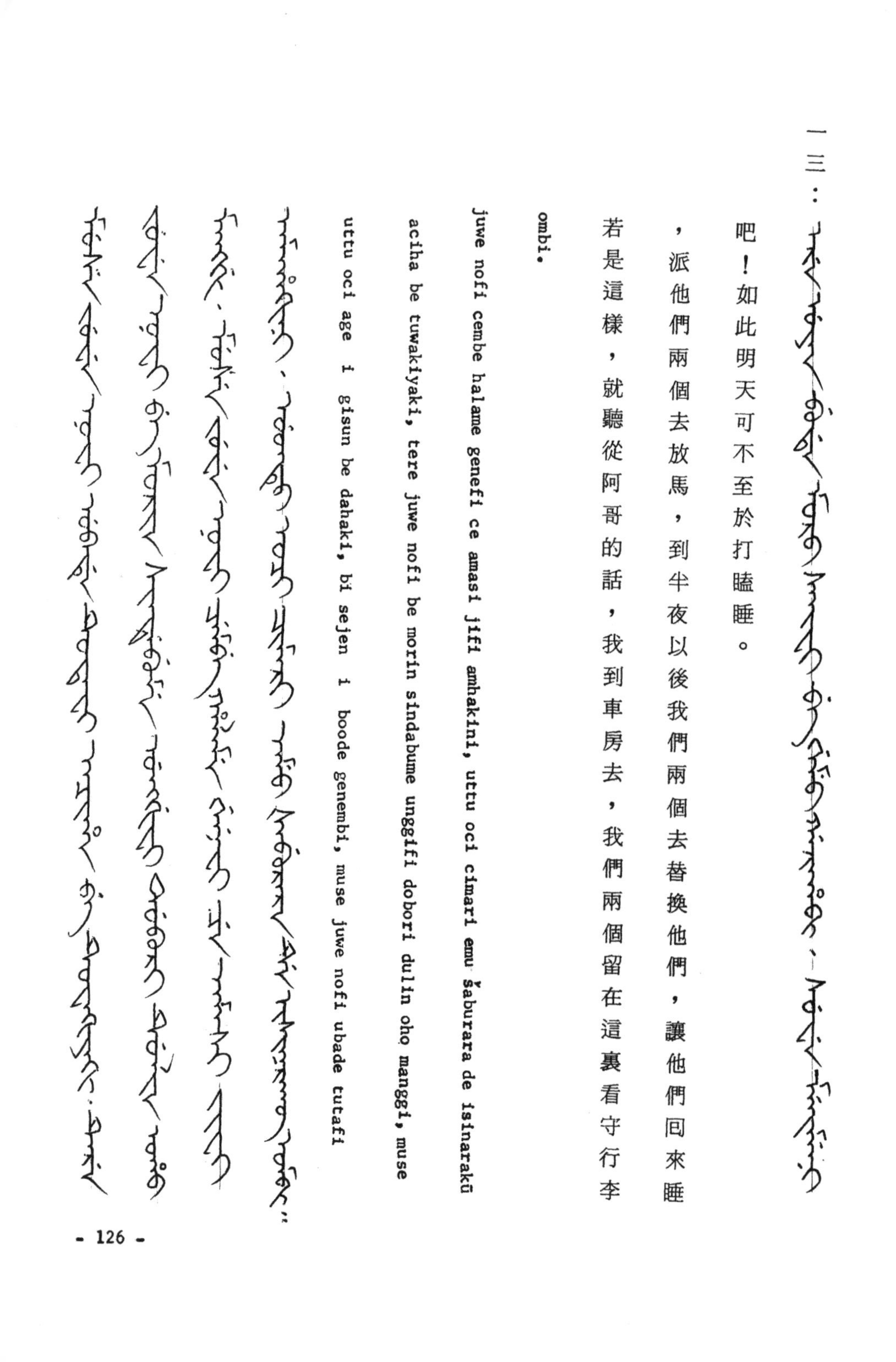

一三：

吧！如此明天可不至於打瞌睡。

，派他們兩個去放馬，到半夜以後我們兩個去替換他們，讓他們回來睡

若是這樣，就聽從阿哥的話，我到車房去，我們兩個留在這裏看守行李

ombi.

juwe nofi cembe halame genefi ce amasi jifi amhakini, uttu oci cimari emu šaburara de isinarakū

aciha be tuwakiyaki, tere juwe nofi be morin sindabume unggifi dobori dulin oho manggi, muse

uttu oci age i gisun be dahaki, bi sejen i boode genembi, muse juwe nofi ubade tutafi

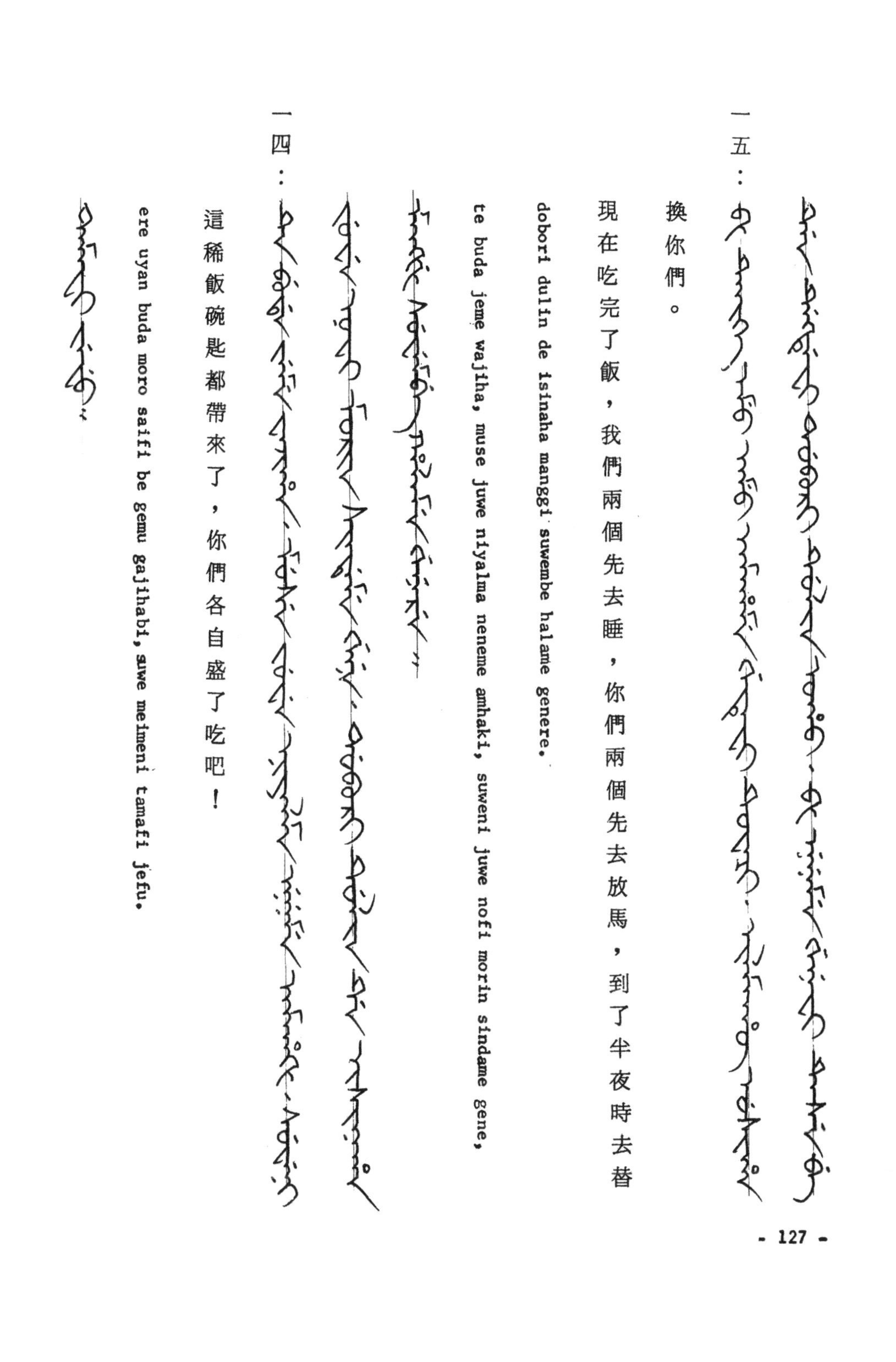

一五：

換你們。

現在吃完了飯，我們兩個先去睡，你們兩個先去放馬，到了半夜時去替

dobori dulin de isinaha manggi suwembe halame genere.

te buda jeme wajiha, muse juwe niyalma neneme amhaki, suweni juwe nofi morin sindame gene,

一四：

這稀飯碗匙都帶來了，你們各自盛了吃吧！

ere uyan buda moro saifi be gemu gajihabi, suwe meimeni tamafi jefu.

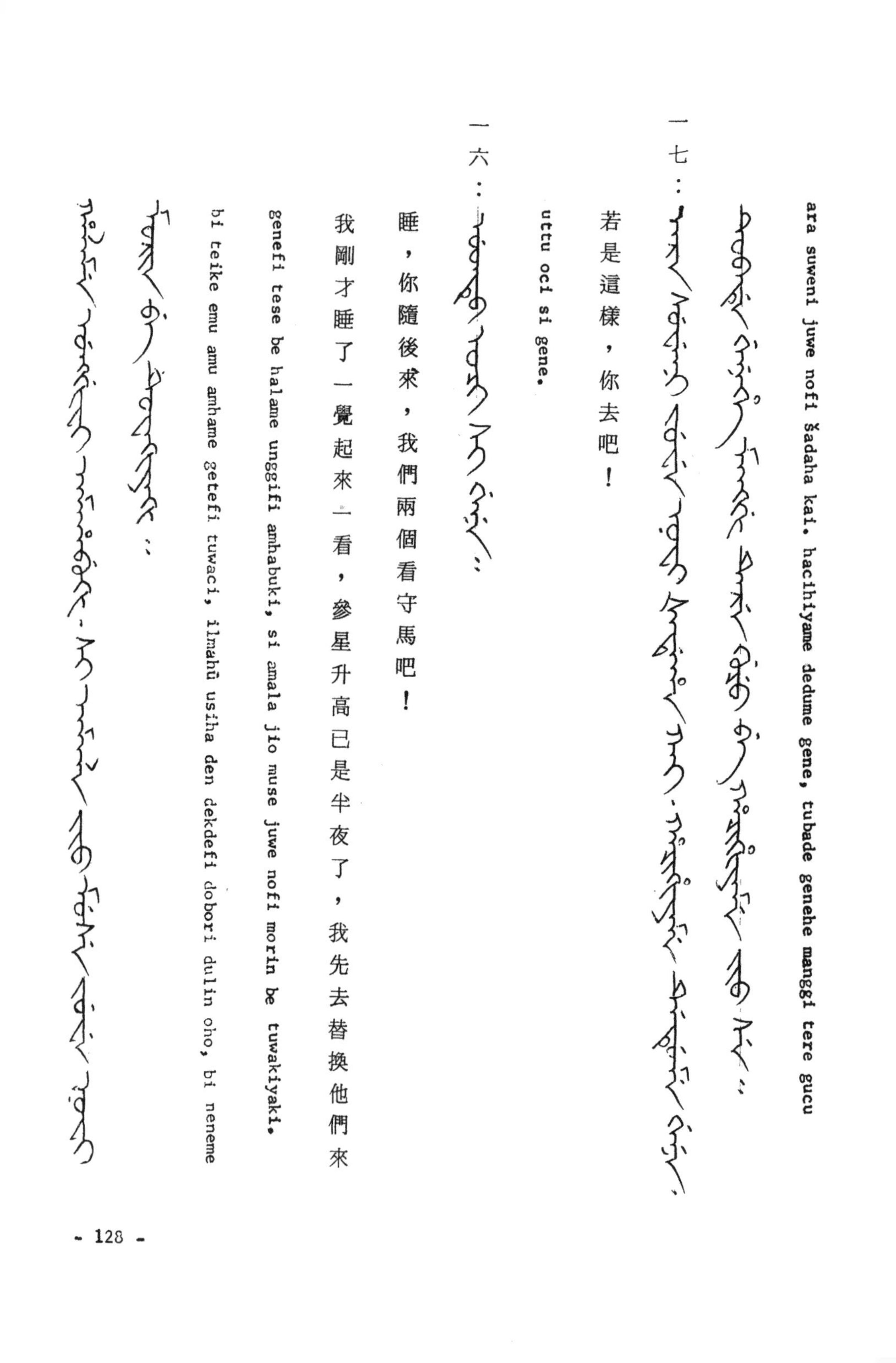

bi teike emu amhame getefi tuwaci, ilmahū usiha den dekdefi dobori dulin oho, bi neneme

genefi tese be halame unggifi amhabuki, si amala jio muse juwe nofi morin be tuwakiyaki.

我剛才睡了一覺起來一看，參星升高已是半夜了，我先去替換他們來

睡，你隨後來，我們兩個看守馬吧！

一六：

uttu oci si gene.

若是這樣，你去吧！

一七：

ara suweni juwe nofi šadaha kai. hacihiyame dedume gene, tubade genehe manggi tere gucu

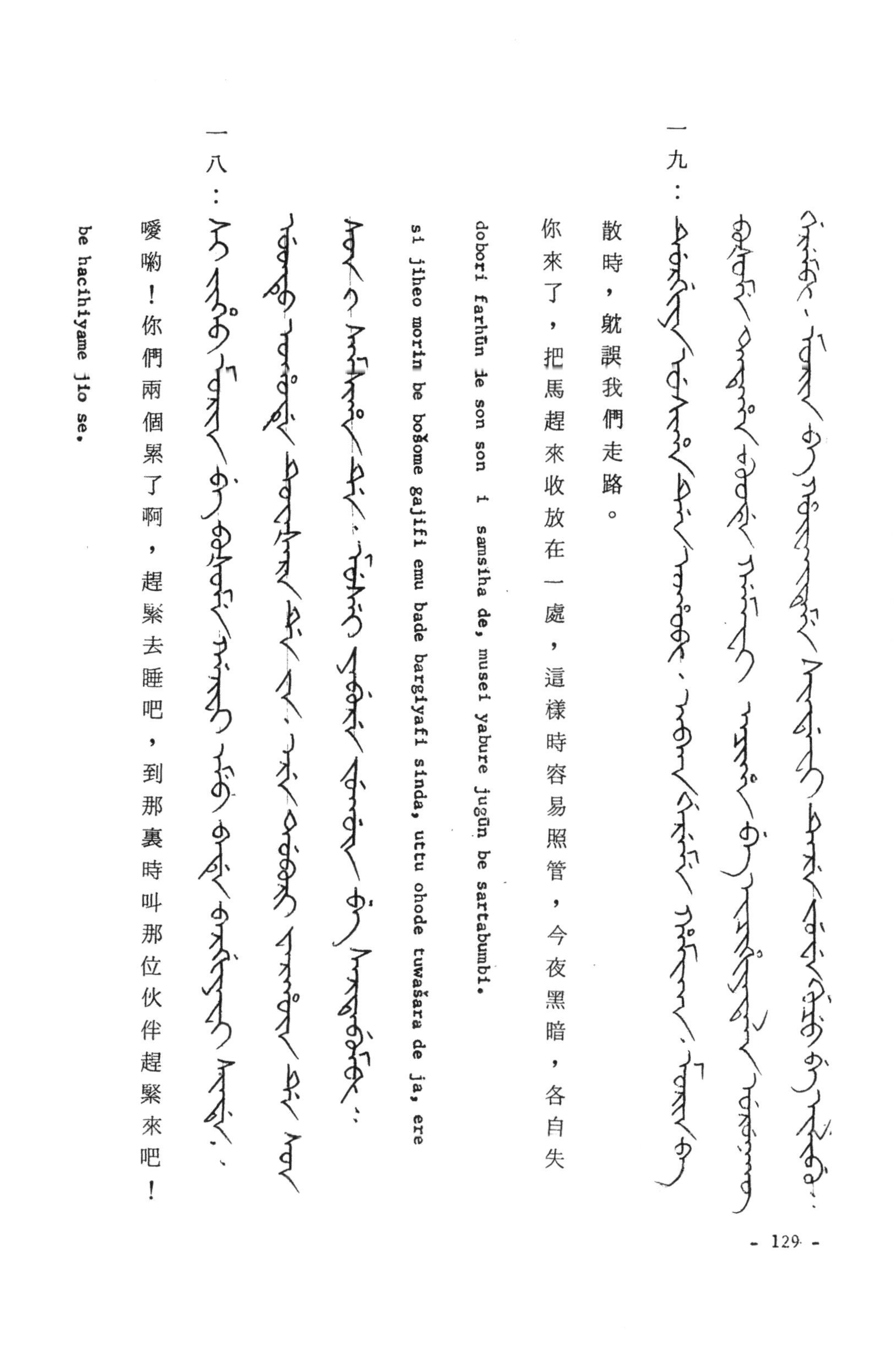

be hacihiyame jio se.

噯喲！你們兩個累了啊，趕緊去睡吧，到那裏時叫那位伙伴趕緊來吧！

一八：

si jiheo morin be boğome gajifi emu bade bargiyafi sinda, uttu ohode tuwašara de ja, ere dobori farhūn ie son son i samsiha de, musei yabure jugūn be sartabumbi.

你來了，把馬趕來收放在一處，這樣時容易照管，今夜黑暗，各自失散時，就誤我們走路。

一九：

二一：ᠰᡠᠸᡝᠨᡳ ᠵᡠᠸᡝ ᠨᠣᡶᡳ ᡥᡡᡩᡠᠨ ᡳᠯᡳᡶᡳ ᠠᠴᡳᡥᠠ ᠪᡝ ᡩᠠᠰᠠᡨᠠ᠈ ᠰᠠᡳᡴᠠᠨ ᡴᡳᠮᠴᡳᠮᡝ ᡨᡠᠸᠠ᠈ ᠪᠣᡳᡥᠣᠵᡳ ᠨᡳᠩᡤᡝ ᠪᡝ ᡠᠮᡝ ᡨᠠᡧᠠᡵᠠᠮᡝ ᡤᠠᠮᠠᡵᠠ᠉

你們兩個趕快起來收拾行李，好好地檢查，不要錯拿了主人的東西。

suweni juwe nofi hūdun ilifi aciha be dasata, saikan kimcime tuwa, boihoji ningge be ume tašarame gamara.

二〇：ᡩᡠᡵᡤᡳᠶᠠ ᡠᠰᡳᡥᠠ ᡩᡝᠨ ᠣᡥᠣᠪᡳ᠈ ᠠᠪᡴᠠ ᡤᡝᡵᡝᠮᡝ ᡥᠠᠮᡳᡴᠠ᠈ ᠮᠣᡵᡳᠨ ᠪᡝ ᠪᠣᡧᠣᠮᡝ ᡨᠠᡨᠠᡥᠠ ᠪᠣᠣᡩᡝ ᡤᠠᠮᠠᡶᡳ ᠠᠴᡳᡥᠠ ᠪᡝ ᡳᠴᡳᡥᡳᠶᠠᡨᠠᠯᠠ ᡠᡵᡠᠨᠠᡴᡡ ᡤᡝᡵᡝᠮᠪᡳ᠈ ᠮᠣᡵᡳᠨ ᠪᡝ ᡥᡡᠸᠠᡳᡨᠠᠮᡝ ᠰᡳᠨᡩᠠᡶᡳ ᡨᡝᡵᡝ ᠵᡠᠸᡝ ᡤᡠᠴᡠ ᠪᡝ ᡳᠯᡳᠪᡠ᠉

明星已高了，天快亮了，把馬趕回住宿的房子，收拾了行李時天必亮了，把馬拴起來，叫那二位伙伴起來吧！

durgiya usiha den ohobi, abka gereme hamika, morin be bošome tataha boode gamafi aciha be icihiyatala urunakū gerembi, morin be hūwaitame sindafi tere juwe gucu be ilibu.

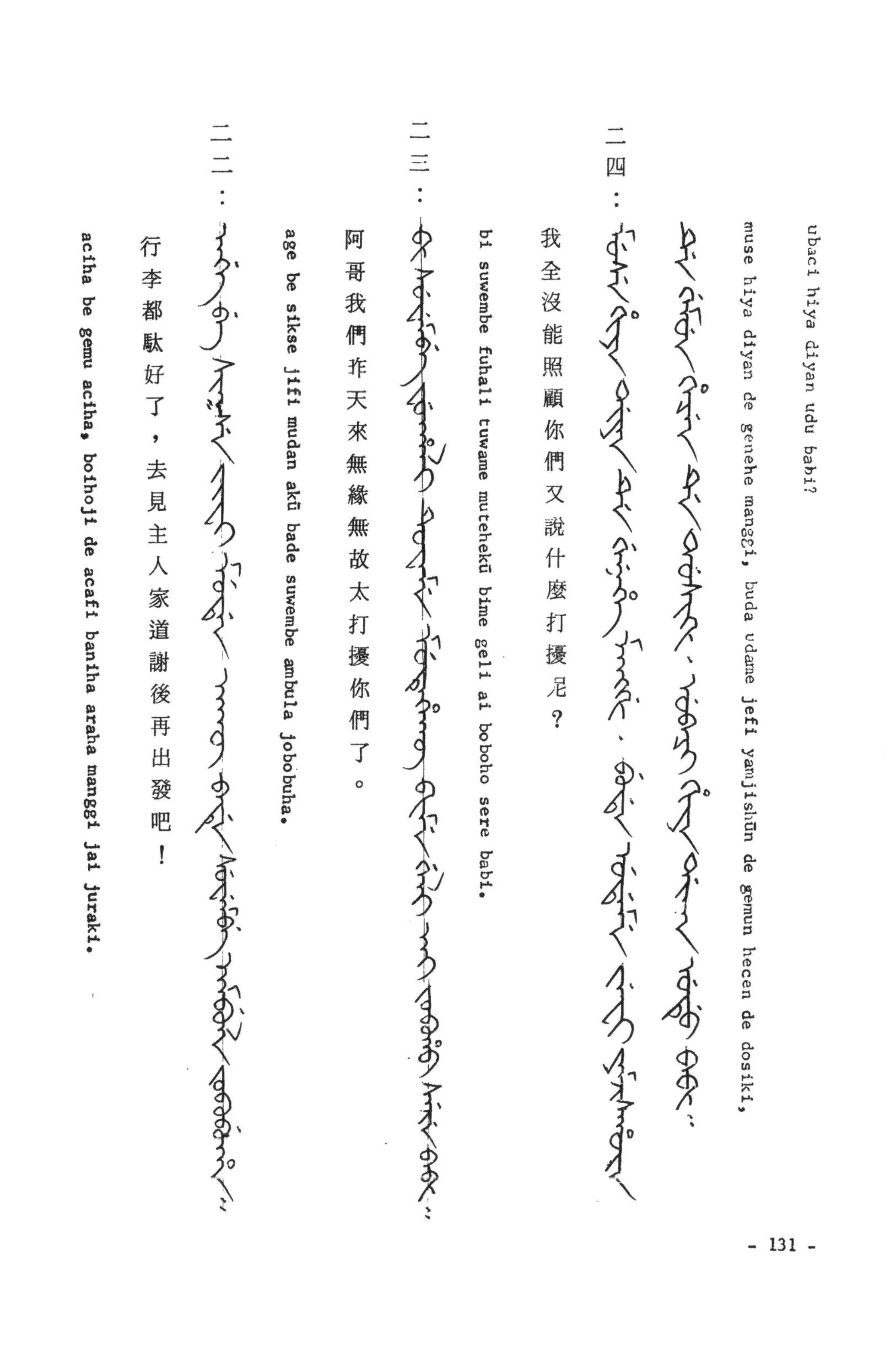

ubaci hiya diyan udu babi?

muse hiya diyan de genehe manggi, buda udame jefi yamjishūn de gemun hecen de dosiki,

二四：

我全沒能照顧你們又說什麼打擾呢？

bi suwembe fuhali tuwame mutehekū bime geli ai boboho sere babi.

二三：

阿哥我們昨天來無緣無故太打擾你們了。

age be sikse jifi mudan akū bade suwembe ambula jobobuha.

二二：

行李都馱好了，去見主人家道謝後再出發吧！

aciha be gemu aciha, boihoji de acafi baniha araha manggi jai juraki.

二八：ᠪᡳ ᠰᡳᡴᠰᡝ ᡨᠠᡧᠠᡵᠠᠮᡝ ᡝᠵᡝᡶᡳ ᡝᠨᡝᠩᡤᡳ ᡨᡝᠨᡳ ᡩᠠᠰᠠᠮᡝ ᠮᡝᡵᡴᡳᠮᡝ ᠪᠠᡥᠠ᠉

我昨天記錯了，今天才再想起來了。

bi sikse tašarame ejefi enenggi teni dasame merkime baha.

二七：ᠰᡳ ᠰᡳᡴᠰᡝ ᠵᡠᠸᠠᠨ ᠪᠠ ᠰᡝᠮᡝ ᡥᡝᠨᡩᡠᡥᡝ ᠪᡳᡥᡝ᠈ ᡝᠨᡝᠩᡤᡳ ᠠᡳᠨᡠ ᡤᡡᠰᡳᠨ ᠪᠠ ᠰᡝᠮᠪᡳ᠉

你昨天說過十里路，今天爲什麼說三十里路呢？

si sikse juwan ba seme henduhe bihe, enenggi ainu gūsin ba sembi?

二六：ᡤᡡᠰᡳᠨ ᠪᠠ ᡶᡠᠨᠴᡝᠮᡝ ᠪᡳ᠉

有三十多里路。

gūsin ba funceme bi.

二五：

我們去到夏店時，買飯吃了在傍晚時進京城，從這裏到夏店有幾里路？

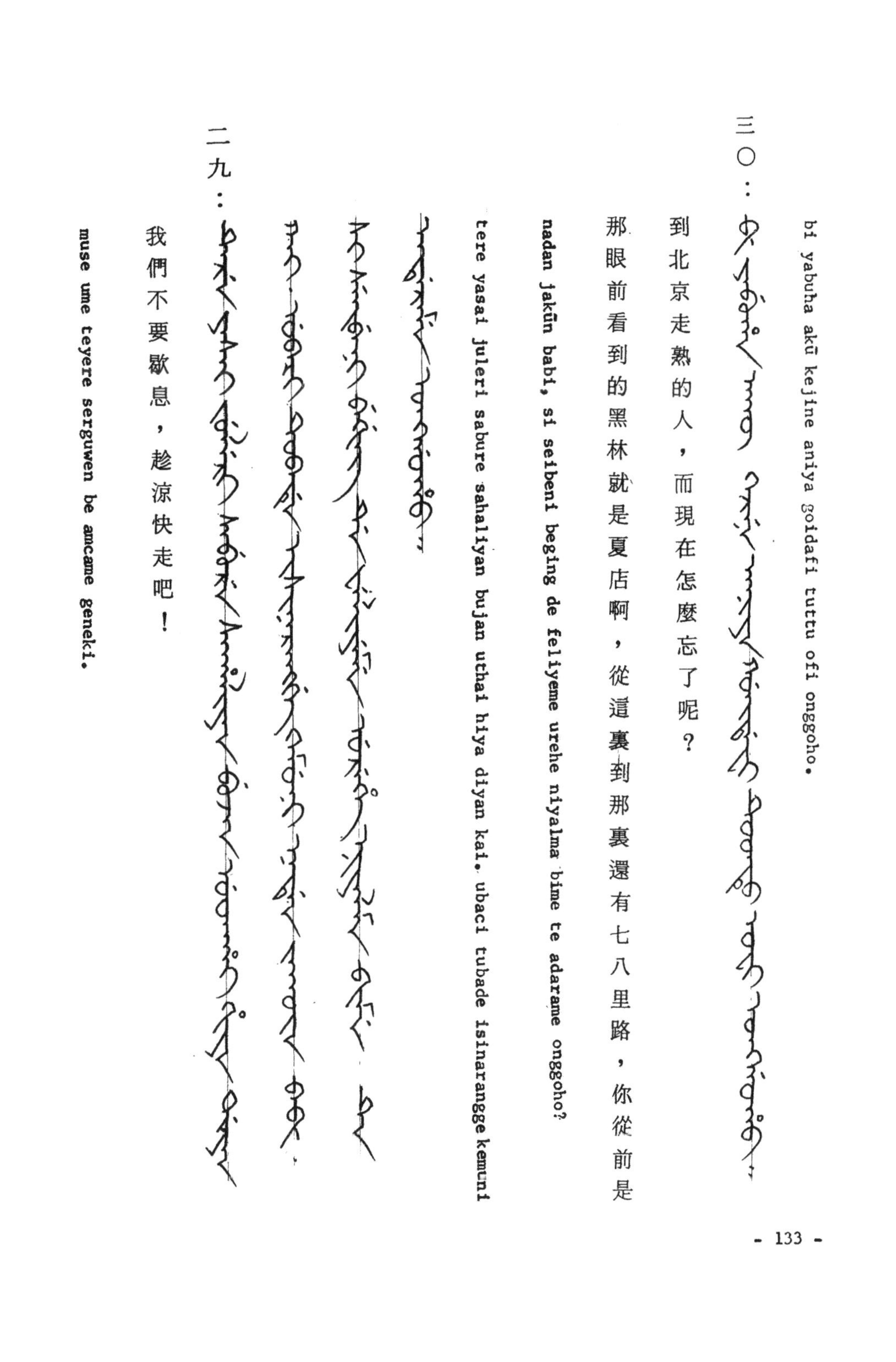

二九：

我們不要歇息，趁涼快走吧！

muse ume teyere serguwen be amcame geneki.

三〇：

那眼前看到的黑林就是夏店啊，從這裏到那裏還有七八里路，你從前是到北京走熟的人，而現在怎麼忘了呢？

tere yasai juleri sabure sahaliyan bujan uthai hiya diyan kai. ubaci tubade isinarangge kemuni nadan jakūn babi, si seibeni beging de feliyeme urehe niyalma bime te adarame onggoho?

bi yabuha akū kejine aniya goidafi tuttu ofi onggoho.

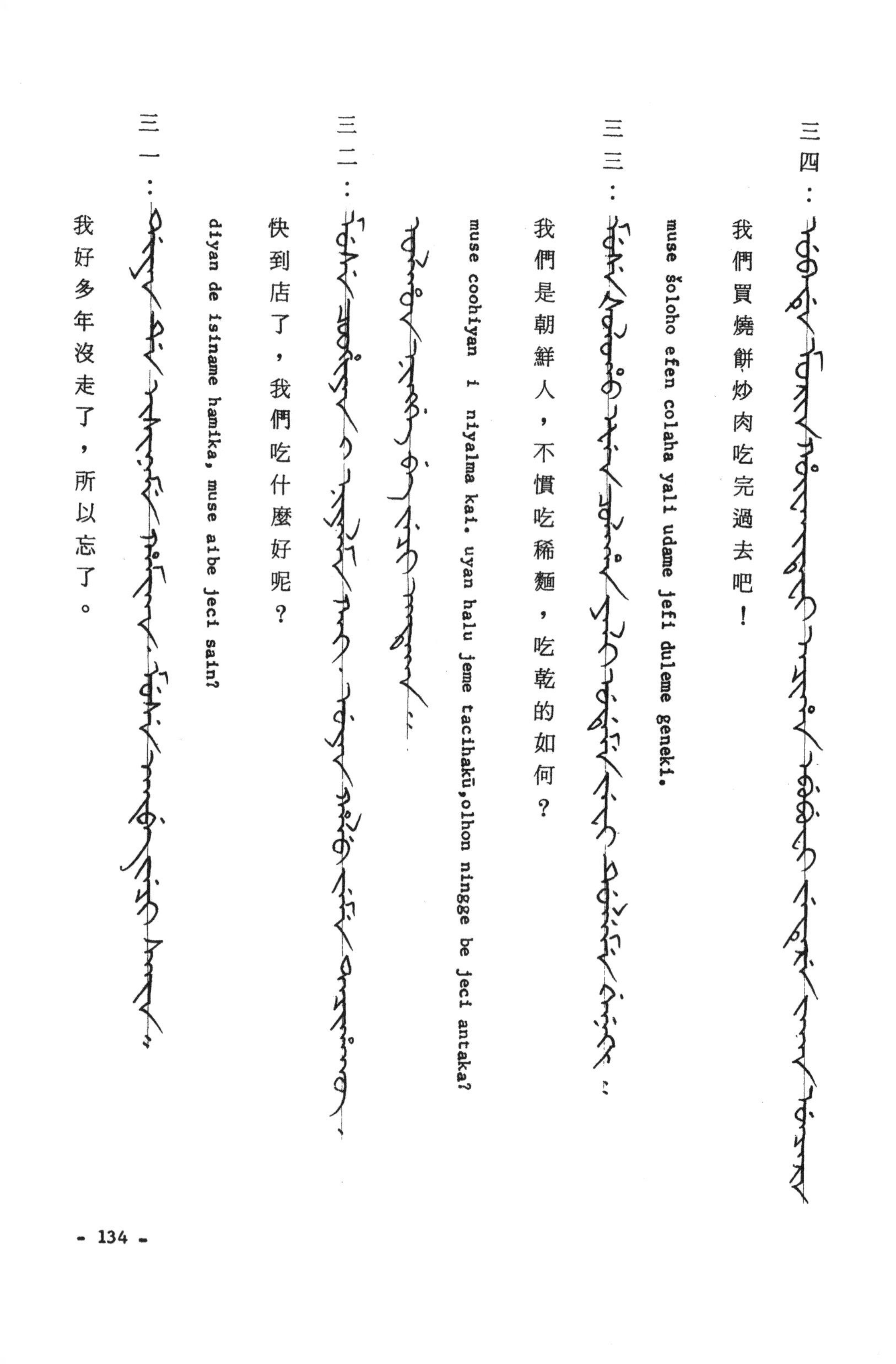

三四：

我們買燒餅炒肉吃完過去吧！

muse šoloho efen colaha yali udame jefi duleme geneki.

三三：

我們是朝鮮人，不慣吃稀麵，吃乾的如何？

muse coohiyan i niyalma kai. uyan halu jeme tacihakū,olhon ningge be jeci antaka?

三二：

快到店了，我們吃什麼好呢？

diyan de isiname hamika, muse aibe jeci sain?

三一：

我好多年沒走了，所以忘了。

三七：ᠠᠨᡩᠠ ᠰᡳ ᡩᡝᡵᡝ ᠣᠪᠣᡥᠣ ᠮᠠᠩᡤᡳ᠈ ᠠᡳ ᠵᡝᡨᡝᡵᡝ ᠪᠠᠪᡝ ᠮᡳᠨᡩᡝ ᠠᠯᠠ᠈ ᠪᡳ ᡩᠣᡳᡤᠣᠨᡩᡝ ᠪᡝᠯᡥᡝᠪᡠᡴᡳ᠉

客人你洗了臉後，告訴我吃些什麼，我先預備吧！

anda si dere oboho manggi, ai jetere babe minde ala, bi doigonde belhebuki.

三六：ᠨᡝᠨᡝᠮᡝ ᡝᠮᡠ ᠮᠣᡵᠣ ᡥᠠᠯᡥᡡᠨ ᠮᡠᡴᡝ ᠪᡝᠨᠵᡠ᠈ ᠪᡳ ᡩᡝᡵᡝ ᠣᠪᠣᡴᡳ᠉

先送一碗熱水來，我洗臉吧！

neneme emu moro halhūn muke benju, bi dere oboki.

三五：ᡠᠪᠠᡩᡝ ᠮᠣᡵᡳᠨ ᡥᡡᠸᠠᡳᡨᠠᡶᡳ ᠠᠴᡳᡥᠠ ᡝᠪᡠᠪᡠᡶᡳ ᠵᡝᡨᡝᡵᡝ ᠵᠠᡴᠠ ᡠᠨᠴᠠᡵᠠ ᡩᡳᠶᠠᠨ ᡩᡝ ᡤᡝᠨᡝᡴᡳ᠉

在這裏拴了馬，卸下行李，到賣食物的店去吧！

ubade morin hūwaitafi aciha ebubufi jetere jaka uncara diyan de geneki.

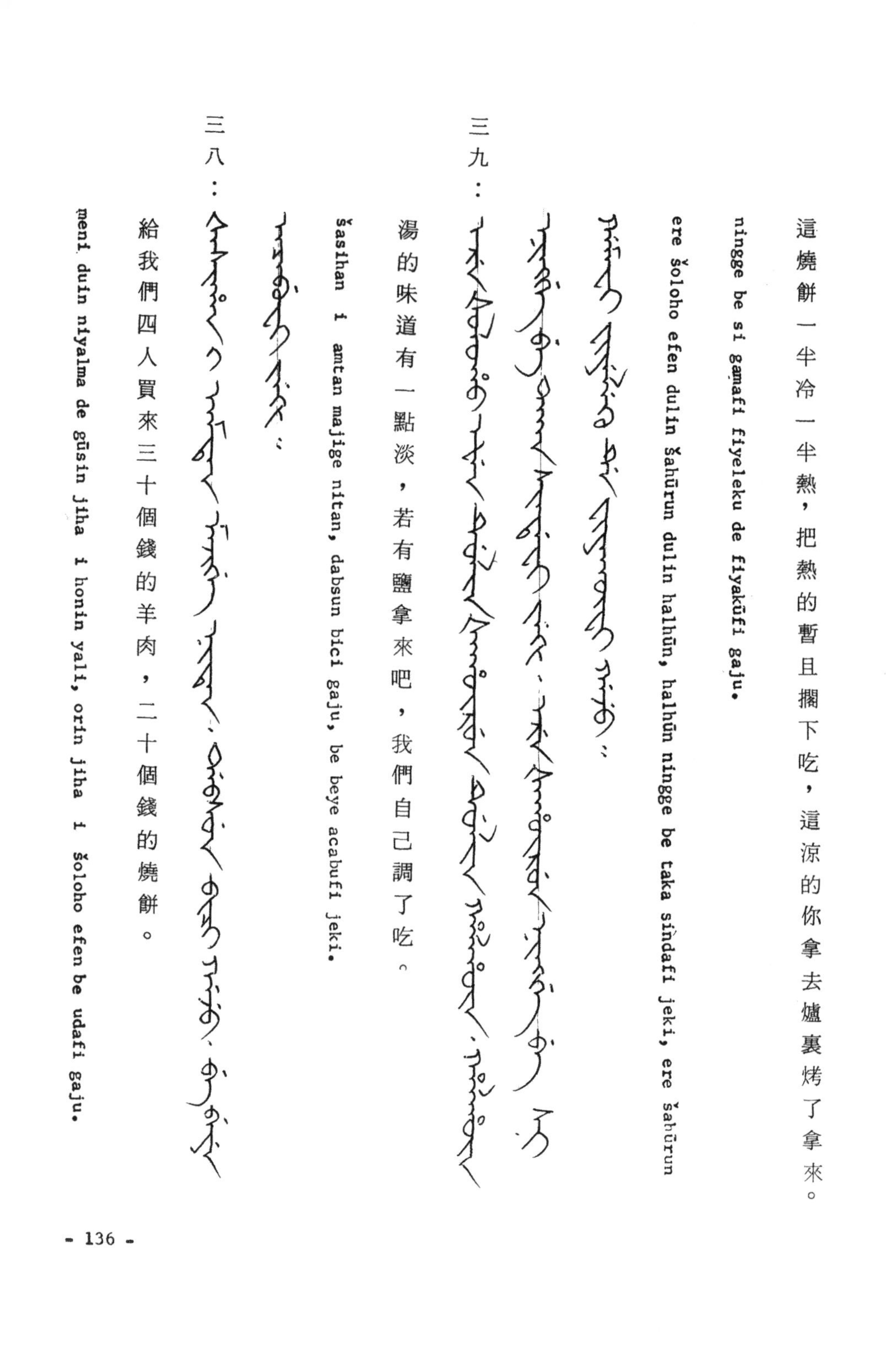

這燒餅一半冷一半熱，把熱的暫且擱下吃，這涼的你拿去爐裏烤了拿來。

ere šoloho efen dulin šahūrun dulin halhūn, halhūn ningge be taka sindafi jeki, ere šahūrun ningge be si gamafi fiyeleku de fiyakūfi gaju.

三九：

湯的味道有一點淡，若有鹽拿來吧，我們自己調了吃。

šasihan i amtan majige nitan, dabsun bici gaju, be beye acabufi jeki.

三八：

給我們四人買來三十個錢的羊肉，二十個錢的燒餅。

meni duin niyalma de gūsin jiha i honin yali, orin jiha i šoloho efen be udafi gaju.

四〇：ᠮᡠᠰᡝ ᠪᡠᡩᠠ ᡳᠨᡠ ᠵᡝᡴᡝ᠈ ᡥᡡᡩᠠ ᠪᡝ ᠪᠣᡩᠣᠮᡝ ᠪᡠᡶᡳ ᡤᡝᠨᡝᡴᡳ᠉

muse buda inu jeke, hūda be bodome bufi geneki.

我們飯也吃了，算給了錢走吧。

四一：ᠪᠣᡳᡥᠣᠵᡳ ᠰᡳ ᠵᡳᠣ᠈ ᠮᡝᠨᡳ ᡨᡝᡳᡴᡝ ᠵᡝᡴᡝ ᡧᠣᠯᠣᡥᠣ ᡝᡶᡝᠨ ᡩᡝ ᠣᡵᡳᠨ ᠵᡳᡥᠠ᠈ ᡥᠣᠨᡳᠨ ᠶᠠᠯᡳ ᡩᡝ ᡤᡡᠰᡳᠨ ᠵᡳᡥᠠ᠈ ᡝᡵᡝ ᡠᡥᡝᡵᡳ ᠰᡠᠰᠠᡳ ᠵᡳᡥᠠ ᠪᡝ ᠰᡳ ᡨᠣᠯᠣᡶᡳ ᠪᠠᡵᡤᡳᠶᠠᠮᡝ ᡤᠠᡳᠰᡠ᠉

boihoji si jio, meni teike jeke šoloho efen de orin jiha, honin yali de gūsin jiha, ere uheri susai jiha be si tolofi bargiyame gaisu.

主人家你來，我們剛才吃了燒餅二十個錢，羊肉三十個錢，這裏一共五十個錢你點了收下吧！

四二：[illegible]

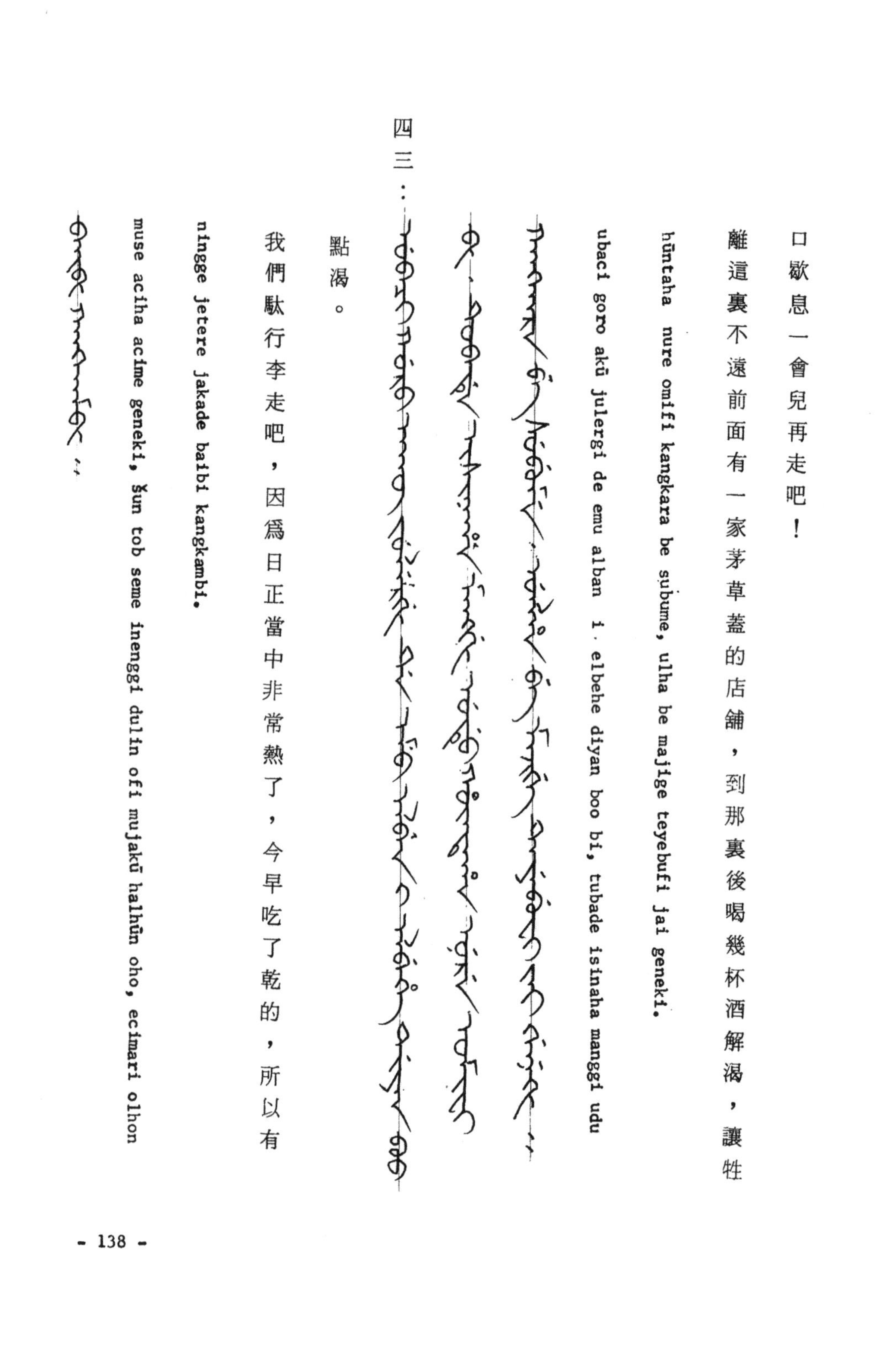

口歇息一會兒再走吧！

離這裏不遠前面有一家茅草蓋的店舖，到那裏後喝幾杯酒解渴，讓牲

hūntaha nure omifi kangkara be subume, ulha be majige teyebufi jai geneki.

ubaci goro akū julergi de emu alban i elbehe diyan boo bi, tubade isinaha manggi udu

點渴。

我們馱行李走吧，因爲日正當中非常熱了，今早吃了乾的，所以有

四三：

ninggе jetere jakade baibi kangkambi.

muse aciha acime geneki, šun tob seme inenggi dulin ofi mujakū halhūn oho, ecimari olhon

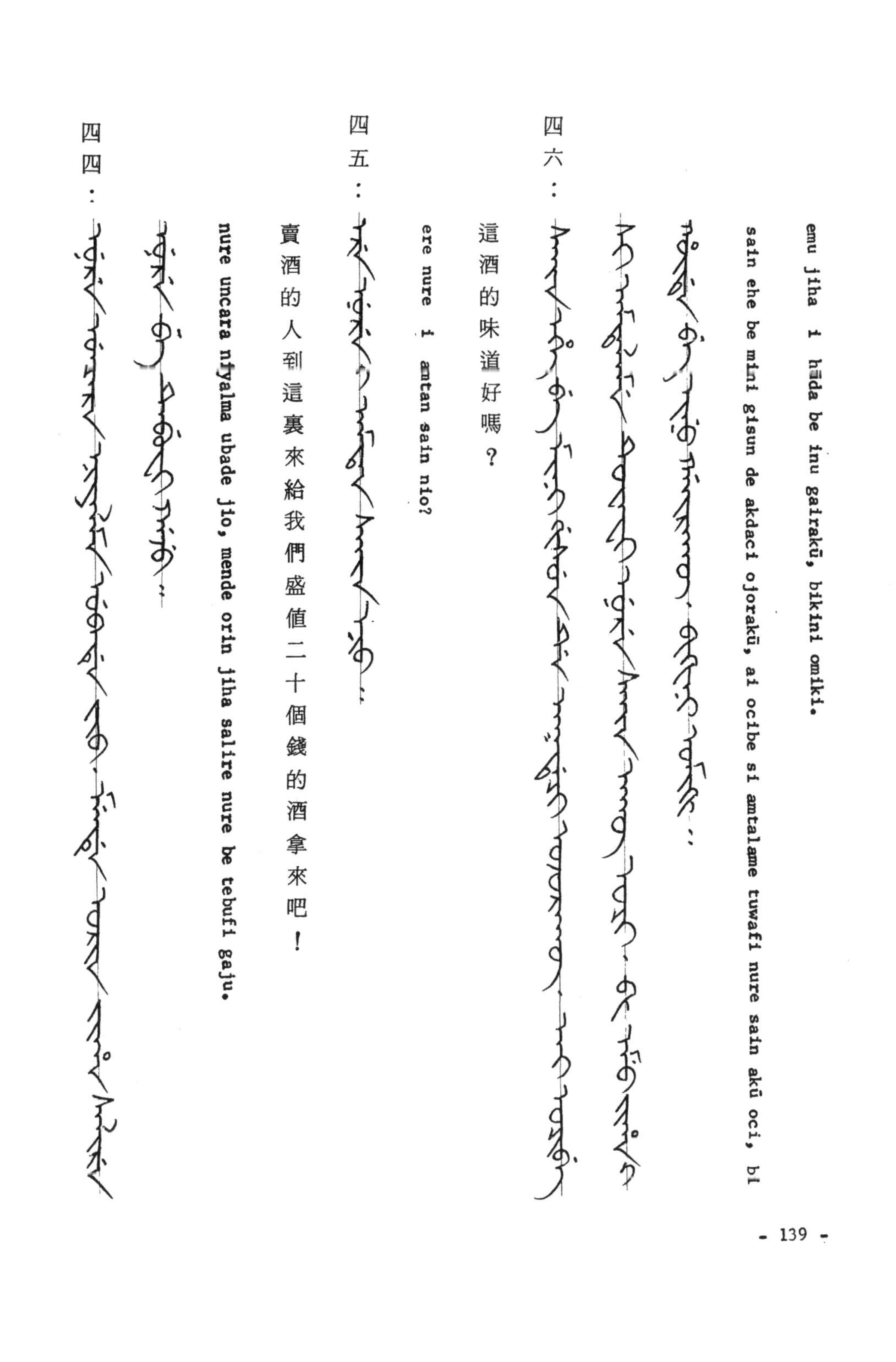

四四：

四五：

賣酒的人到這裏來給我們盛値二十個錢的酒拿來吧！

nure uncara niyalma ubade jio, mende orin jiha salire nure be tebufi gaju.

四六：

這酒的味道好嗎？

ere nure i amtan sain nio?

sain ehe be mini gisun de akdaci ojorakū, ai ocibe si amtalame tuwafi nure sain akū oci, bi emu jiha i hūda be inu gairakū, bikini omiki.

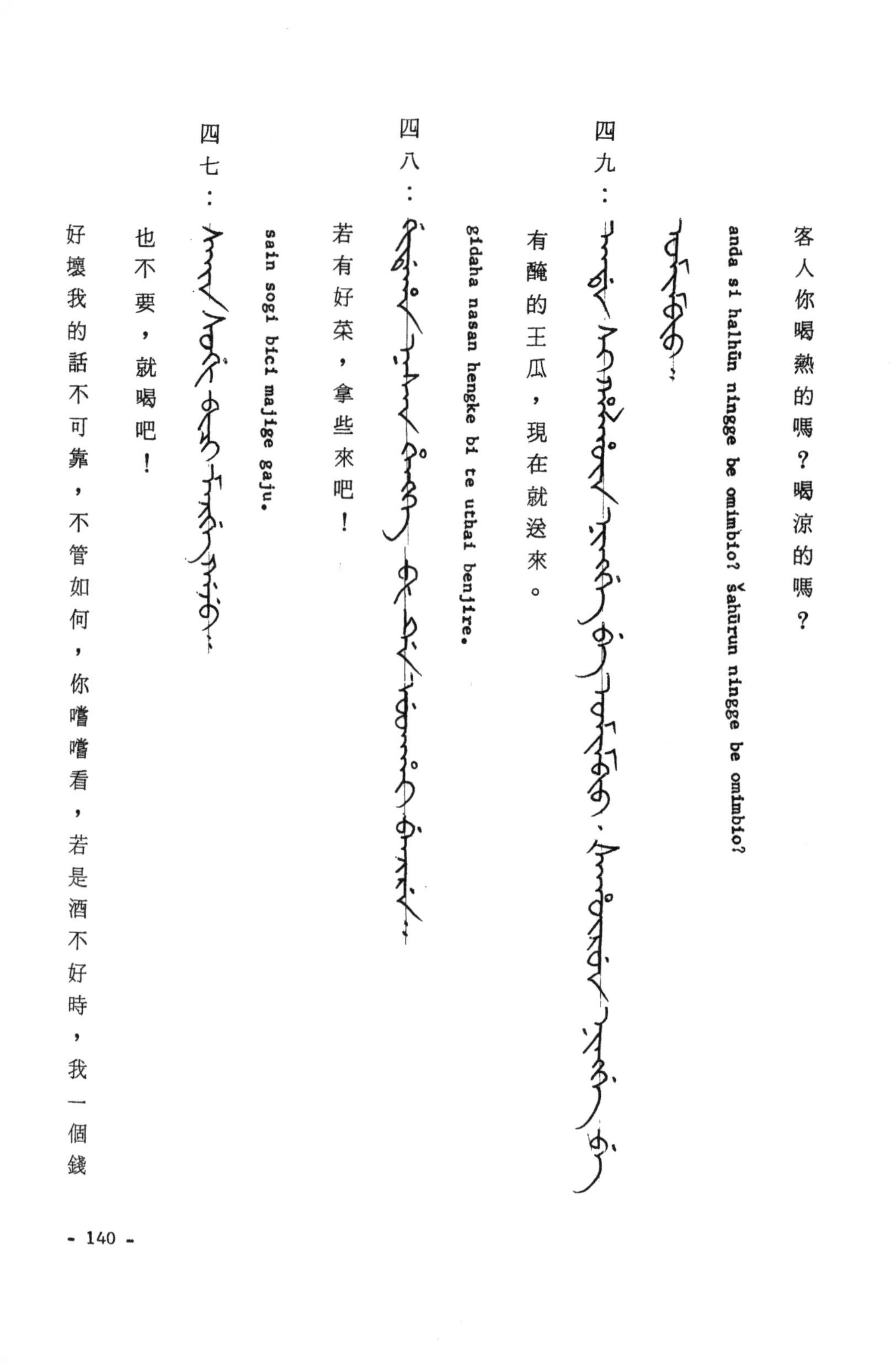

客人你喝熱的嗎？喝涼的嗎？

anda si halhūn ningge be omimbio? šahūrun ningge be omimbio?

四九：

有醃的王瓜，現在就送來。

gidaha nasan hengke bi te uthai benjire.

四八：

若有好菜，拿些來吧！

sain sogi bici majige gaju.

四七：

也不要，就喝吧！

好壞我的話不可靠，不管如何，你嚐嚐看，若是酒不好時，我一個錢

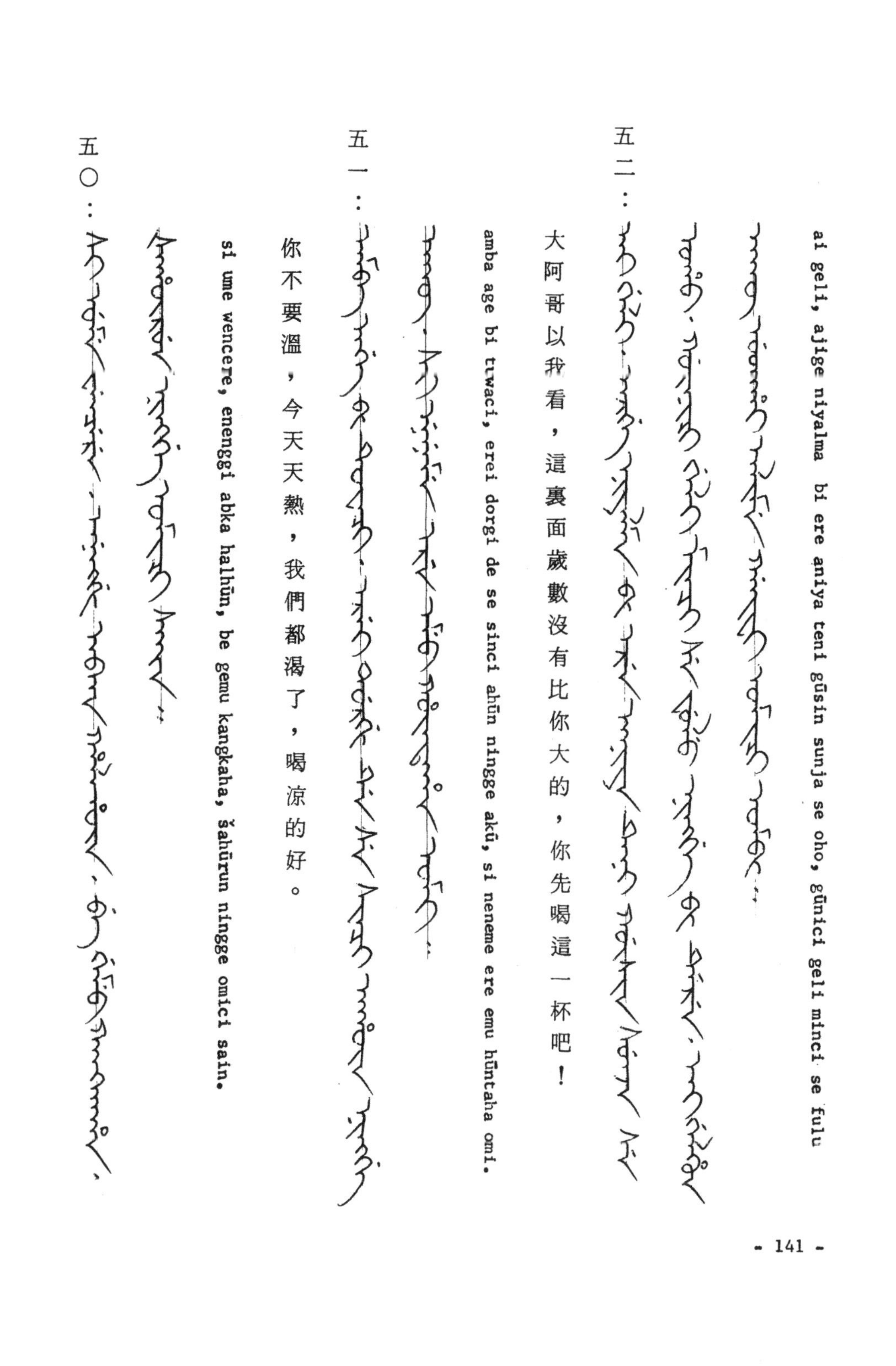

五〇：

si ume wencere, enenggi abka halhūn, be gemu kangkaha, šahūrun ningge omici sain.

你不要溫，今天天熱，我們都渴了，喝涼的好。

五一：

amba age bi tuwaci, erei dorgi de se sinci ahūn ningge akū, si neneme ere emu hūntaha omi.

大阿哥以我看，這裏面歲數沒有比你大的，你先喝這一杯吧！

五二：

ai geli, ajige niyalma bi ere aniya teni gūsin sunja se oho, gūnici geli minci se fulu

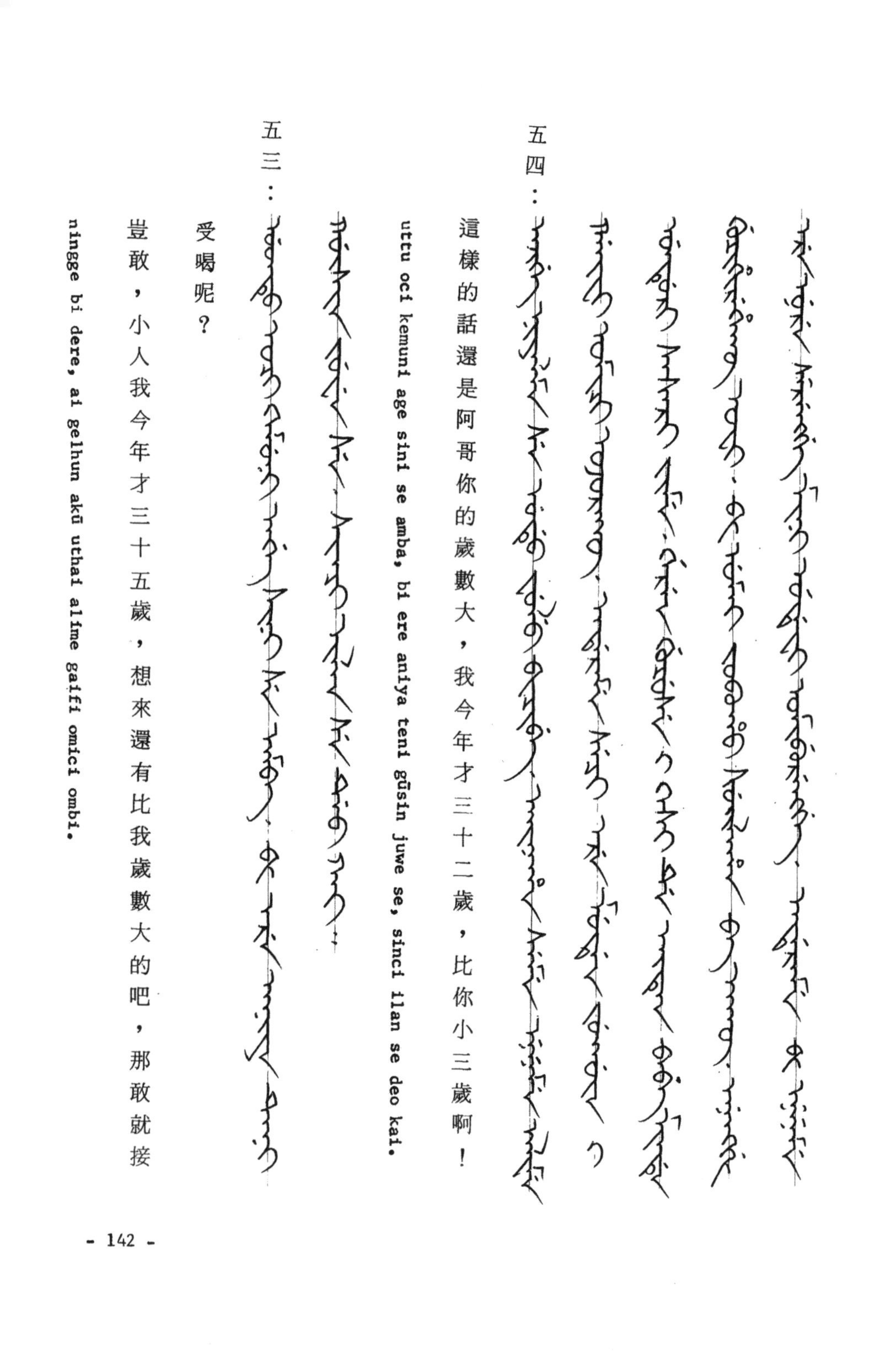

五四：

uttu oci kemuni age sini se amba, bi ere aniya teni gūsin juwe se, sinci ilan se deo kai.

這樣的話還是阿哥你的歲數大，我今年才三十二歲，比你小三歲啊！

五三：

ninge bi dere, ai gelhun akū uthai alime gaifi omici ombi.

豈敢，小人我今年才三十五歲，想來還有比我歲數大的吧，那敢就接受喝呢？

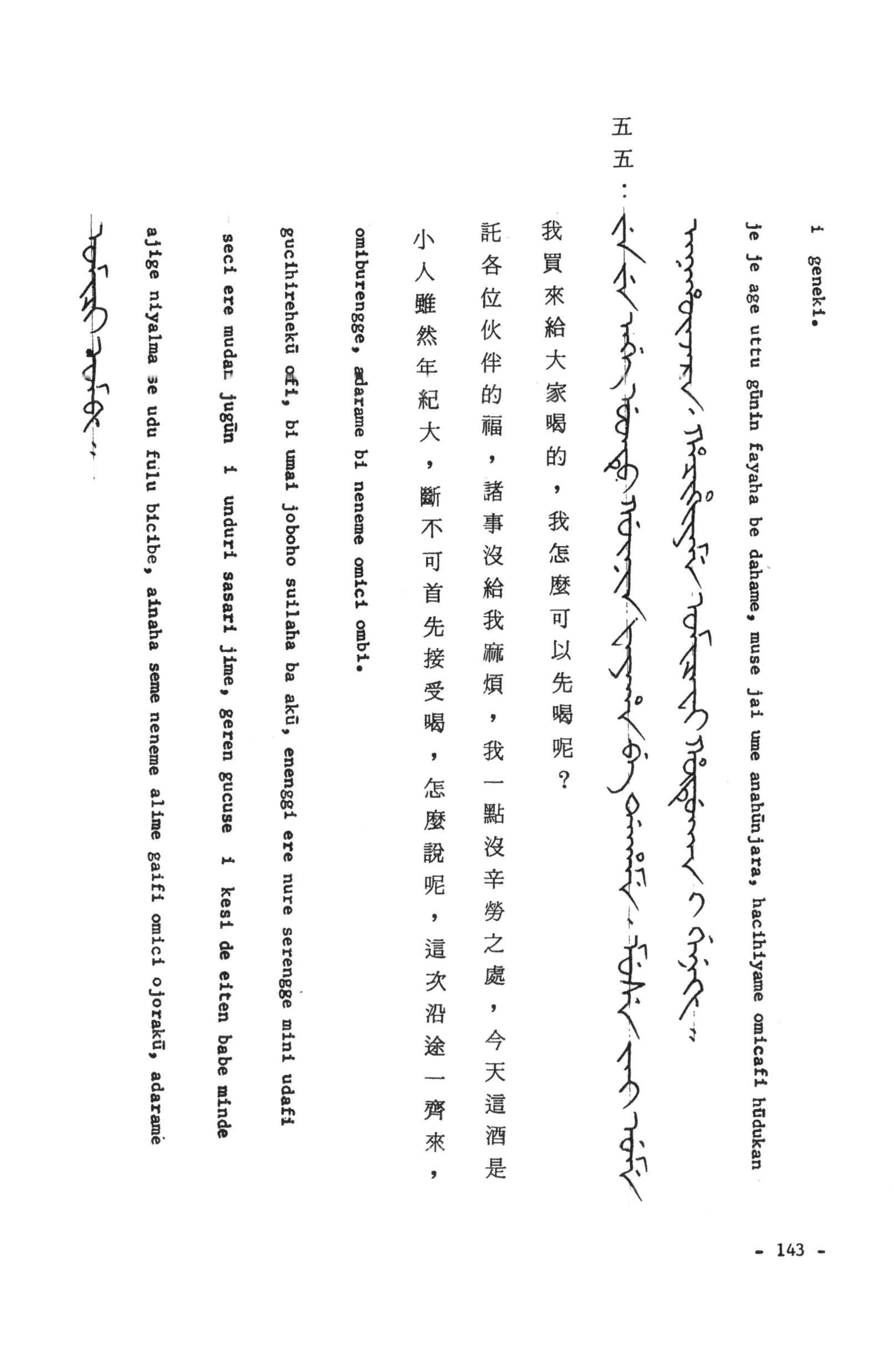

i geneki.

je je age uttu gūnin fayaha be dahame, muse jai ume anahūnjara, hacihiyame omicafi hūdukan

五五：

我買來給大家喝的，我怎麼可以先喝呢？

託各位伙伴的福，諸事沒給我麻煩，我一點沒辛勞之處，今天這酒是

小人雖然年紀大，斷不可首先接受喝，怎麼說呢，這次沿途一齊來，

omiburengge, adarame bi neneme omici ombi.

gucihirehekū ofi, bi umai joboho suilaha ba akū, enenggi ere nure serengge mini udafi

seci ere mudan jugūn i unduri sasari jime, geren gucuse i kesi de eiten babe minde

ajige niyalma se udu fulu bicibe, ainaha seme neneme alime gaifi omici ojorakū, adarame

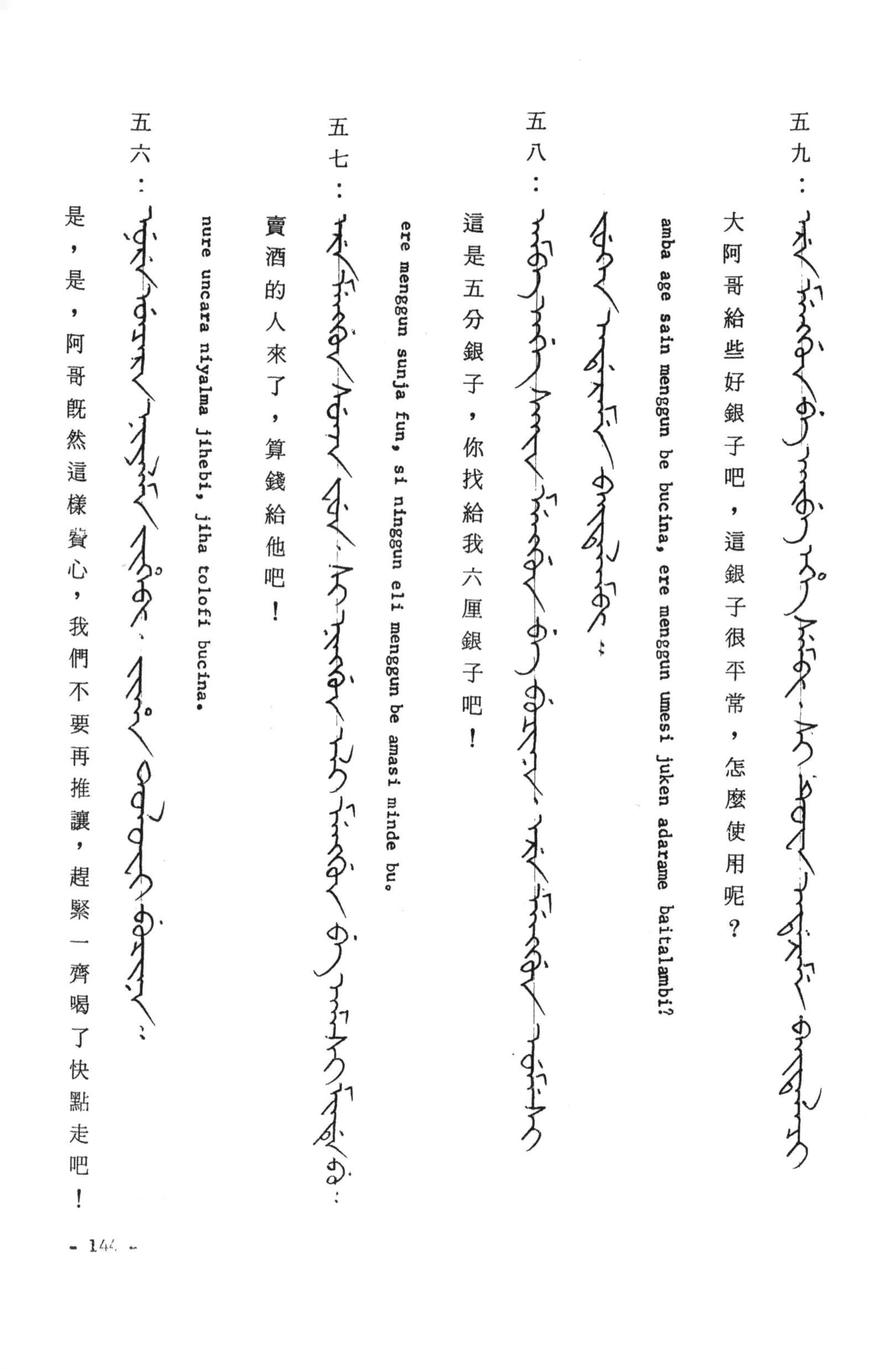

五九：

大阿哥給些好銀子吧，這銀子很平常，怎麼使用呢？

amba age sain menggun be bucina, ere menggun umesi juken adarame baitalambi?

五八：

這是五分銀子，你找給我六厘銀子吧！

ere menggun sunja fun, si ninggun eli menggun be amasi minde bu.

五七：

賣酒的人來了，算錢給他吧！

nure uncara niyalma jihebi, jiha tolofi bucina.

五六：

是，是，阿哥既然這樣費心，我們不要再推讓，趕緊一齊喝了快點走吧！

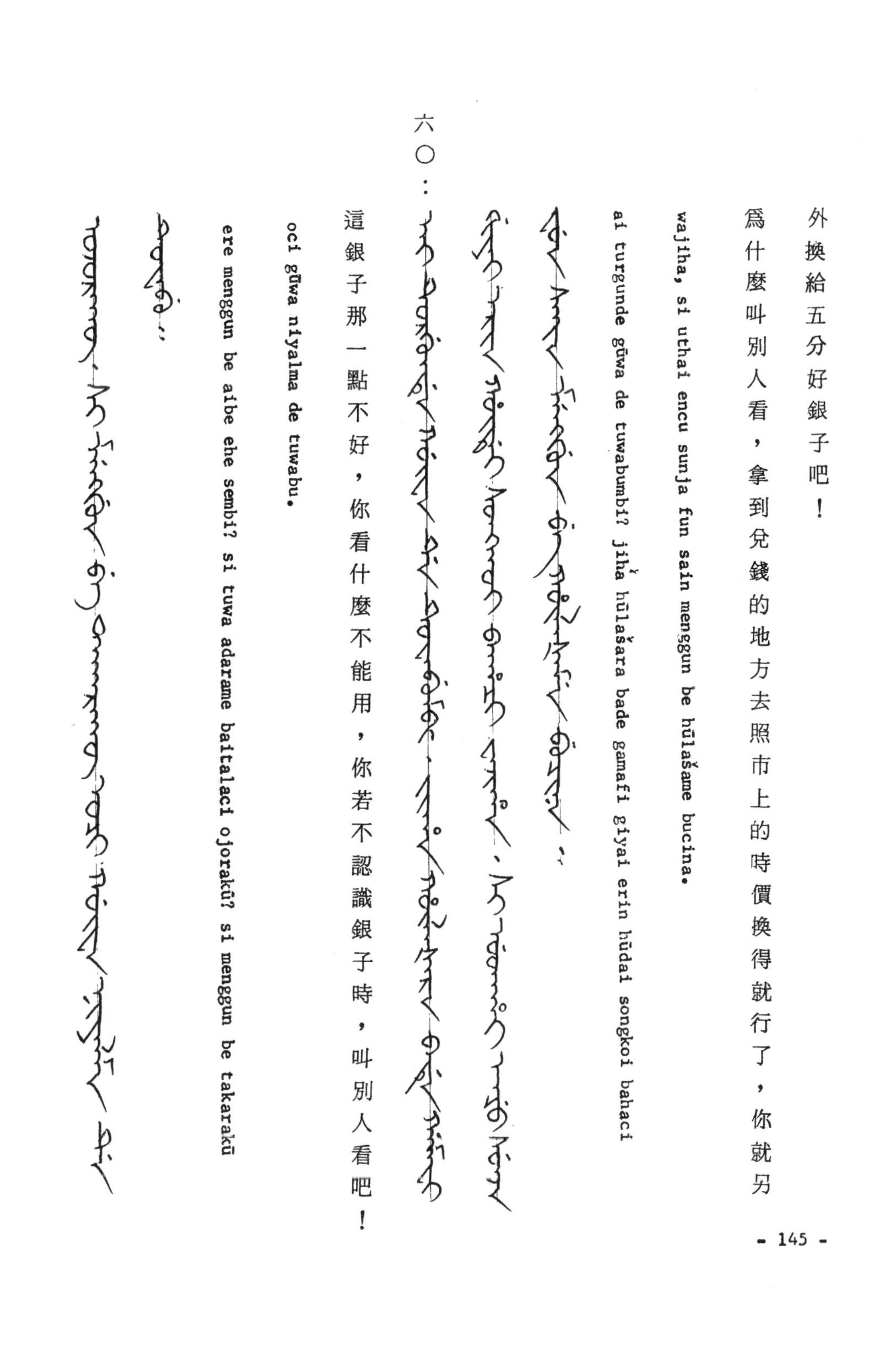

外換給五分好銀子吧！

為什麼叫別人看，拿到兌錢的地方去照市上的時價換得就行了，你就另

ai turgunde gūwa de tuwabumbi? jiha hūlašara bade gamafi giyai erin hūdai songkoi bahaci wajiha, si uthai encu sunja fun sain menggun be hūlašame bucina.

六〇：這銀子那一點不好，你看什麼不能用，你若不認識銀子時，叫別人看吧！

ere menggun be aibe ehe sembi? si tuwa adarame baitalaci ojorakū? si menggun be takarakū oci gūwa niyalma de tuwabu.

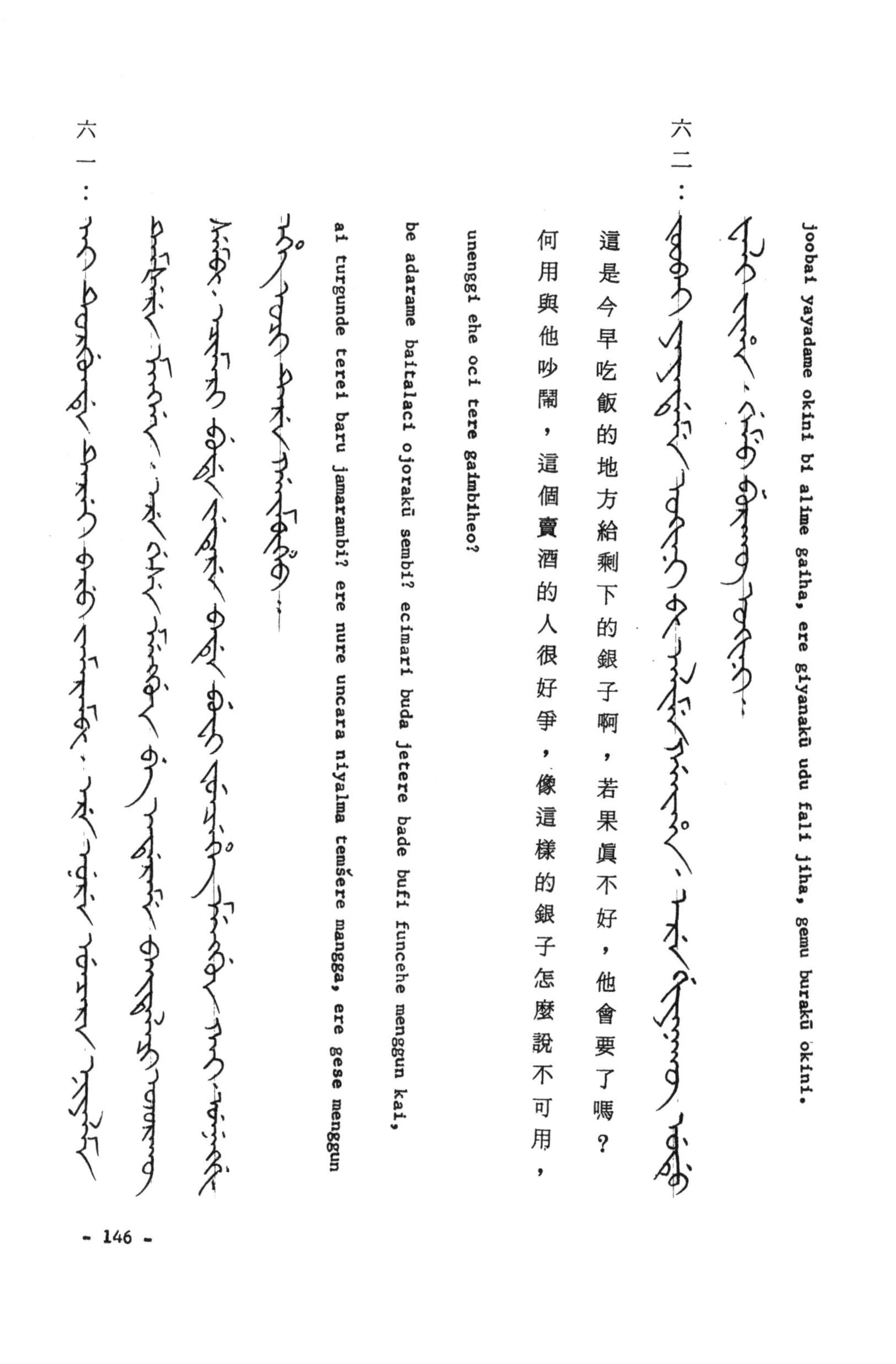

六一：

ai turgunde terei baru jamarambi? ere nure uncara niyalma temšere mangga, ere gese menggun be adarame baitalaci ojorakū sembi? ecimari buda jetere bade bufi funcehe menggun kai, unenggi ehe oci tere gaimbiheo?

何用與他吵鬧，這個賣酒的人很好爭，像這樣的銀子怎麼說不可用，這是今早吃飯的地方給剩下的銀子啊，若果眞不好，他會要了嗎？

六二：

joobai yayadame okini bi alime gaiha, ere giyanakū udu fali jiha, gemu burakū okini.

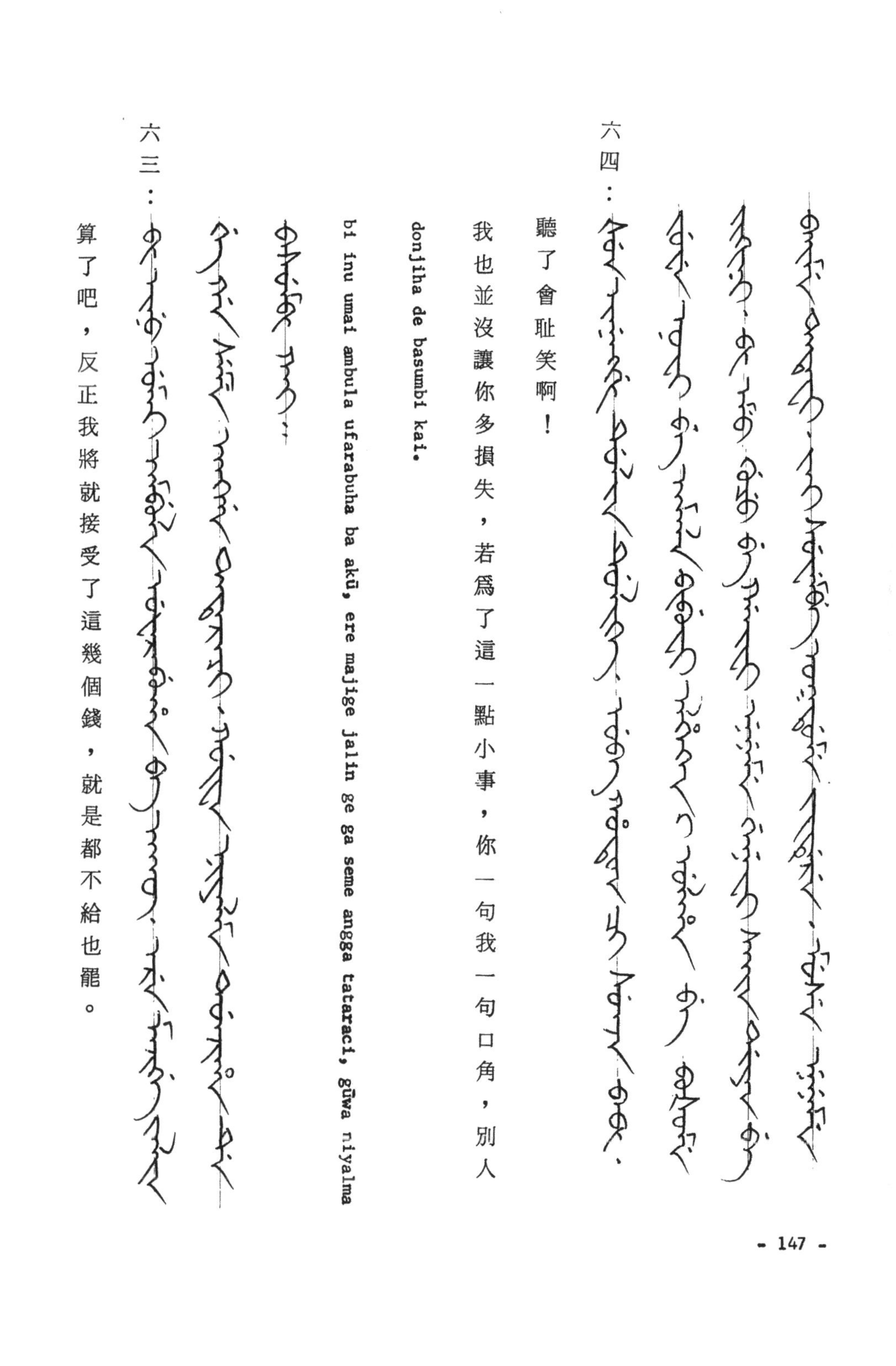

六四：

聽了會恥笑啊！

我也並沒讓你多損失，若為了這一點小事，你一句我一句口角，別人

donjiha de basumbi kai.

bi inu umai ambula ufarabuha ba akū, ere majige jalin ge ga seme angga tataraci, gūwa niyalma

六三：

算了吧，反正我將就接受了這幾個錢，就是都不給也罷。

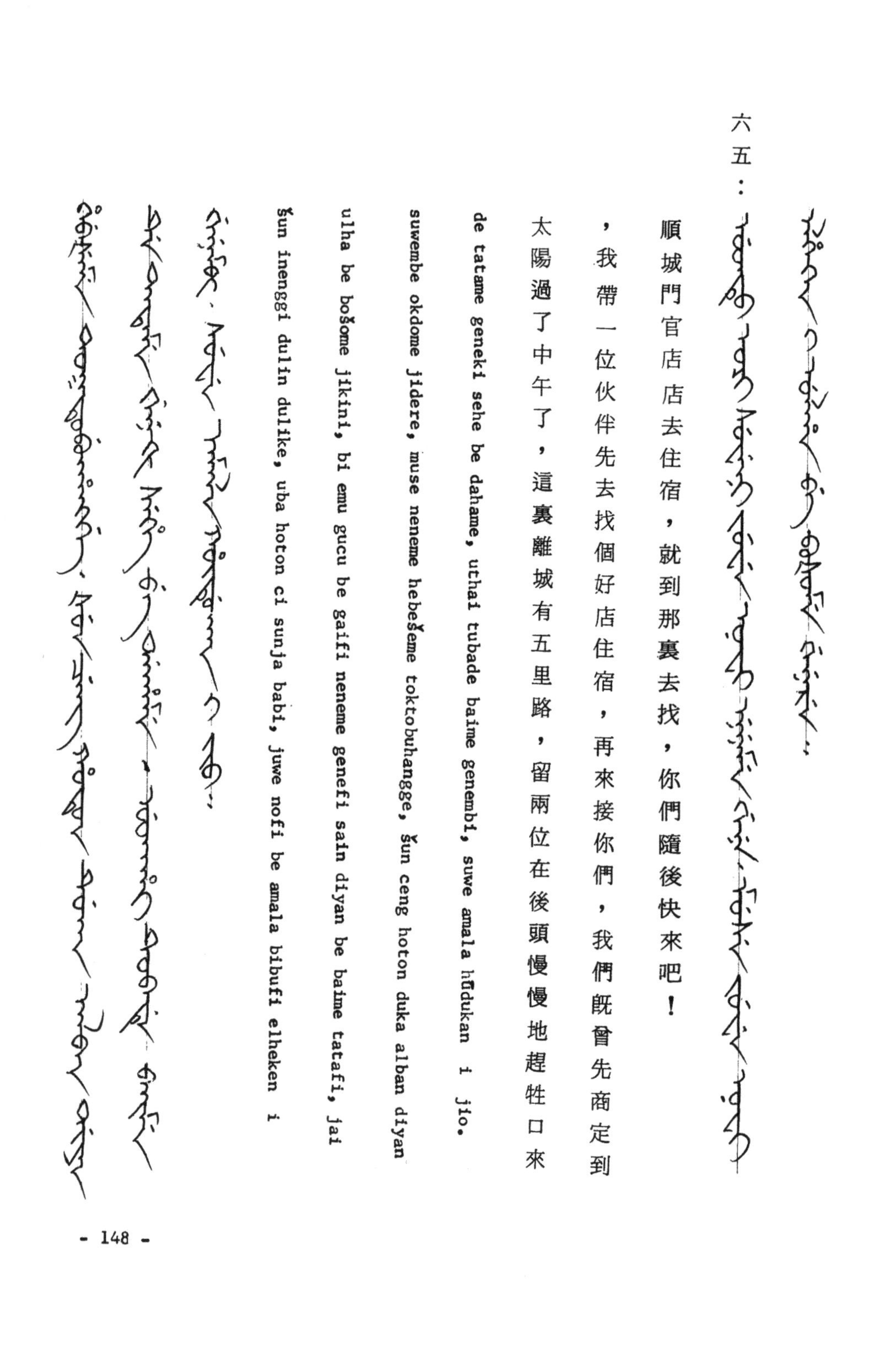

六五：

太陽過了中午了，這裏離城有五里路，留兩位在後頭慢慢地趕牲口來，我帶一位伙伴先去找個好店住宿，再來接你們，我們既曾先商定到順城門官店店去住宿，就到那裏去找，你們隨後快來吧！

šun inenggi dulin dulike, uba hoton ci sunja babi, juwe nofi be amala bibufi elheken i ulha be bošome jikini, bi emu gucu be gaifi neneme genefi sain diyan be baime tatafi, jai suwembe okdome jidere, muse neneme hebešeme toktobuhangge, šun ceng hoton duka alban diyan de tatame geneki sehe be dahame, uthai tubade baime genembi, suwe amala hūdukan i jio.

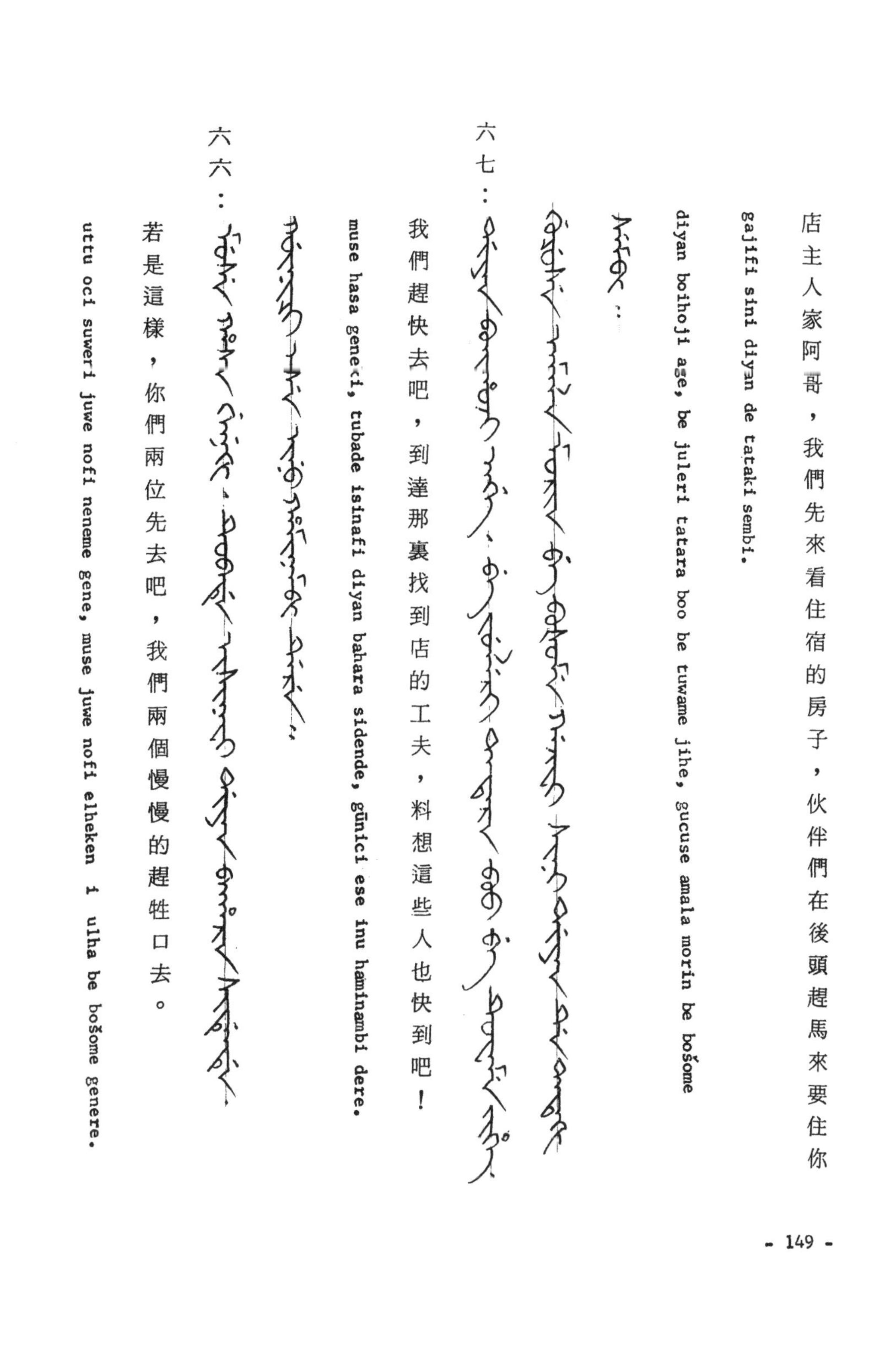

店主人家阿哥，我們先來看住宿的房子，伙伴們在後頭趕馬來要住你

gajifi sini diyan de tataki sembi.

diyan boihoji age, be juleri tatara boo be tuwame jihe, gucuse amala morin be bošome

六七：

我們趕快去吧，到達那裏找到店的工夫，料想這些人也快到吧！

muse hasa geneci, tubade isinafi diyan bahara sidende, gūnici ese inu haminambi dere.

六六：

若是這樣，你們兩位先去吧，我們兩個慢慢的趕牲口去。

uttu oci suweni juwe nofi neneme gene, muse juwe nofi elheken i ulha be bošome genere.

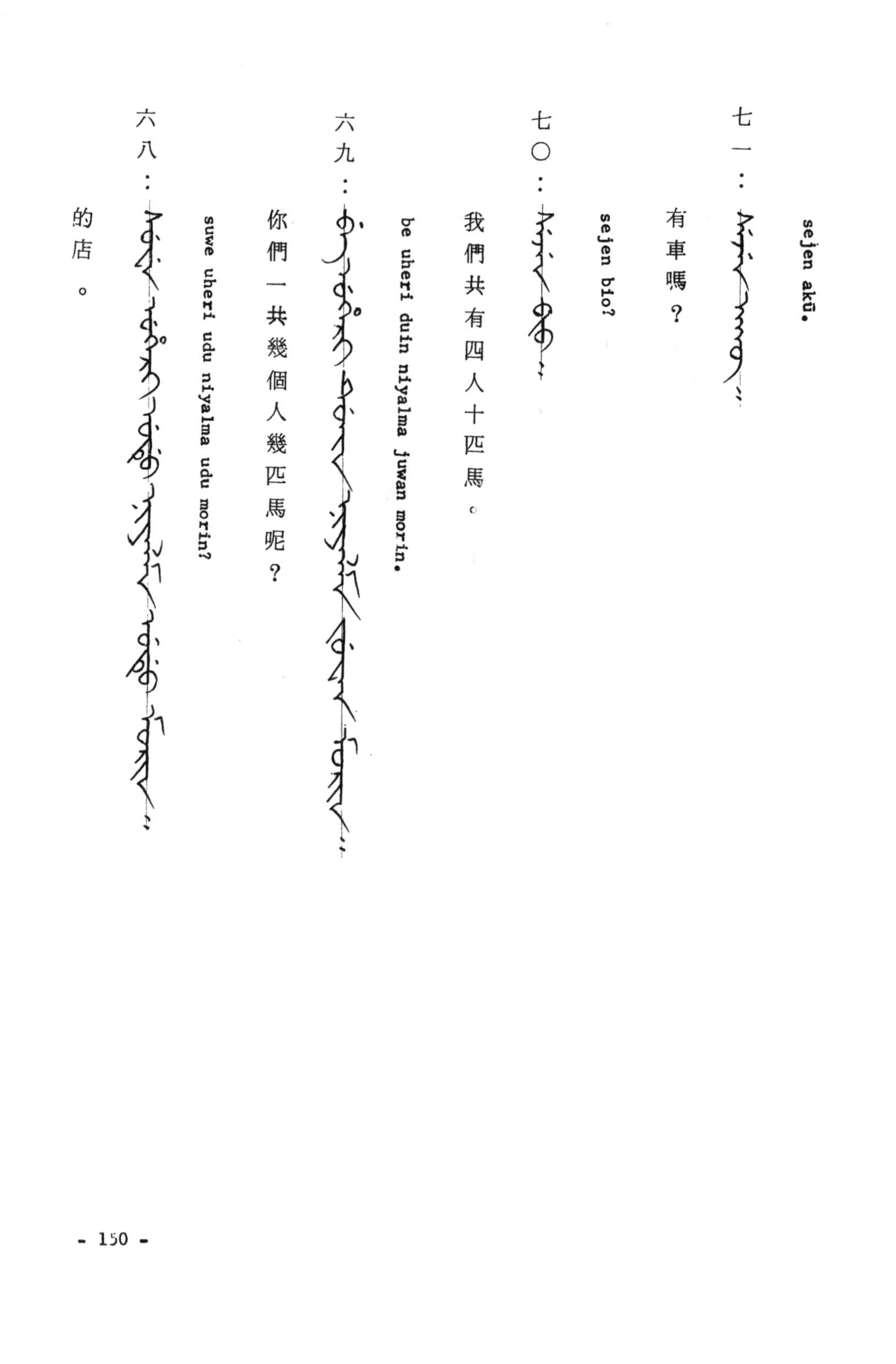

sejen akū.

七一：

有車嗎？

sejen bio?

七〇：

我們共有四人十四馬。

be uheri duin niyalma juwan morin.

六九：

你們一共幾個人幾匹馬呢？

suwe uheri udu niyalma udu morin?

六八：

的店。

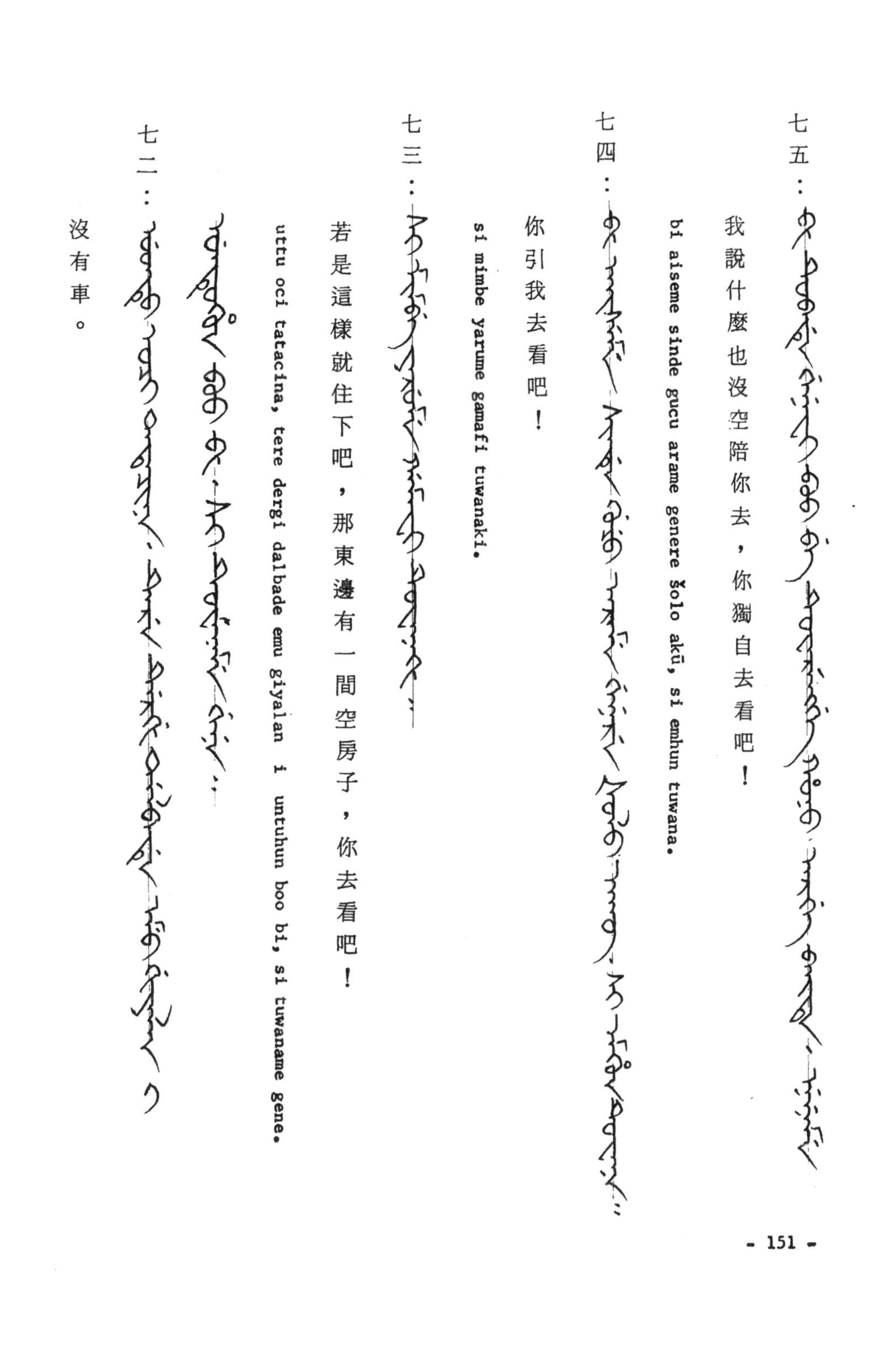

七五：

我說什麼也沒空陪你去，你獨自去看吧！

bi aiseme sinde gucu arame genere šolo akū, si emhun tuwana.

七四：

你引我去看吧！

si mimbe yarume gamafi tuwanaki.

七三：

若是這樣就住下吧，那東邊有一間空房子，你去看吧！

uttu oci tatacina, tere dergi dalbade emu giyalan i untuhun boo bi, si tuwaname gene.

七二：

沒有車。

我們店裏的人近來都出去了，實在沒人預備吃的，客人們你們自己做

meni diyan i niyalma ere ucuri gemu tucifi genehebi, jeterengge be dagilara niyalma yargiyan i akū, andase suwe beye buda arame jefu.

七六：

我到那裏去看房子還是小事，先向你商議一句話，你這房子讓我們住宿，吃的如何呢？

bi tubade genefi boo be tuwarengge hono ajige baita, neneme sini baru emu gisun be hebešeme gisureki, sini ere boode membe tatabuci jeterengge be adarame gisurembi.

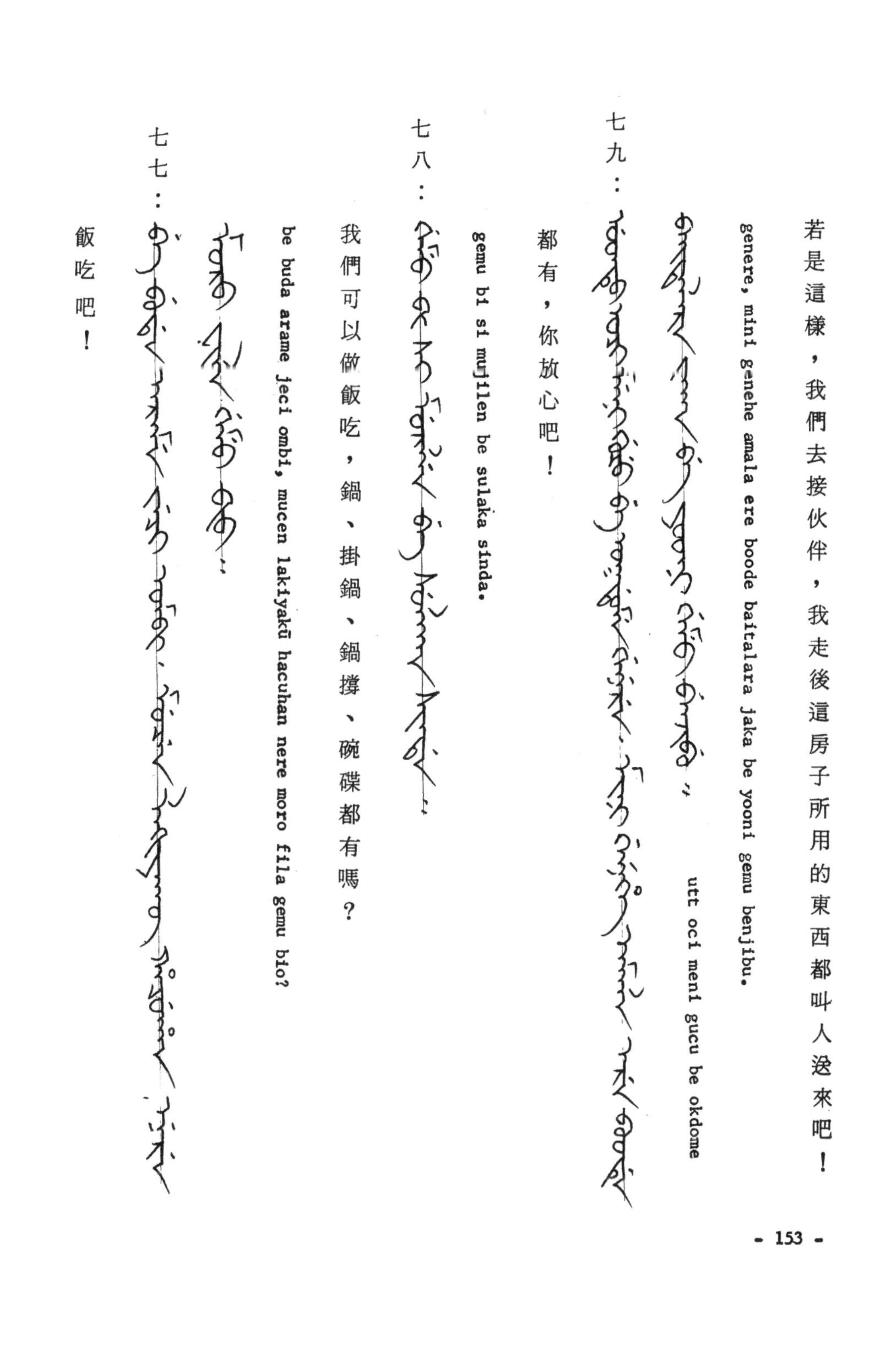

若是這樣，我們去接伙伴，我走後這房子所用的東西都叫人送來吧！

genere, mini genehe amala ere boode baitalara jaka be yooni gemu benjibu.

utt oci meni gucu be okdome

七九：

都有，你放心吧！

gemu bi si mujilen be sulaka sinda.

七八：

我們可以做飯吃，鍋、掛鍋、鍋撐、碗碟都有嗎？

be buda arame jeci ombi, mucen lakiyakū hacuhan nere moro fila gemu bio?

七七：

飯吃吧！

一：ᠰᡠᠸᡝᠨᡳ ᠵᡠᠸᡝ ᠨᠣᡶᡳ ᡠᠪᠠᡩᡝ ᠵᡳᡶᡳ ᡠᡩᡠ ᡤᠣᡳᡩᠠᡥᠠ᠉

suweni juwe nofi ubade jifi udu goidaha?

你們兩位來到這裏有多久？

二：ᠮᡠᠰᡝ ᡨᡝᠨᡳ ᡳᠰᡳᠨᠵᡳᡥᠠ᠉

muse teni isinjiha.

我們纔到。

三：ᡨᡝᡳᡴᡝ ᡨᡠᠴᡳᡶᡳ ᠰᡠᠸᡝᠮᠪᡝ ᠣᡴᡩᠣᠮᡝ ᡤᡝᠨᡝᡴᡳ ᠰᡝᠮᠪᡳᡥᡝ᠈ ᠰᡠᠸᡝᠮᠪᡝ ᠯᠠᡴ ᠰᡝᠮᡝ ᡠᠪᠠᡩᡝ ᠠᠴᠠᡥᠠ᠉

teike tucifi suwembe okdome geneki sembihe, suwembe lak seme ubade acaha.

纔要出來接你們，恰好在這裏遇見你們。

四：[illegible]

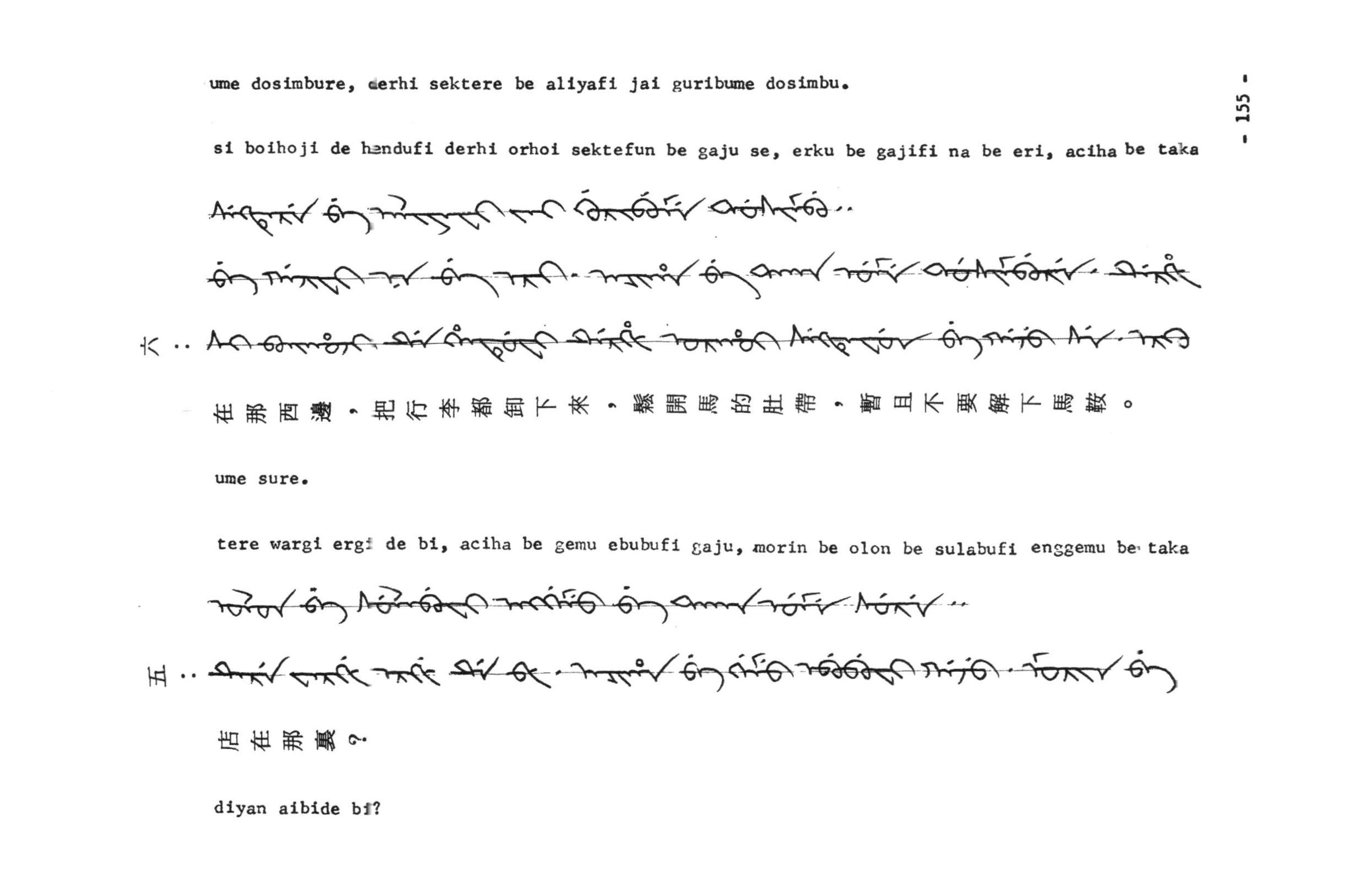

ume dosimbure, derhi sektere be aliyafi jai guribume dosimbu.

si boihoji de hendufi derhi orhoi sektefun be gaju se, erku be gajifi na be eri, aciha be taka

六：

在那西邊，把行李都卸下來，鬆開馬的肚帶，暫且不要解下馬鞍。

ume sure.

tere wargi ergi de bi, aciha be gemu ebubufi gaju, morin be olon be sulabufi enggemu be taka

五：

店在那裏？

diyan aibide bi?

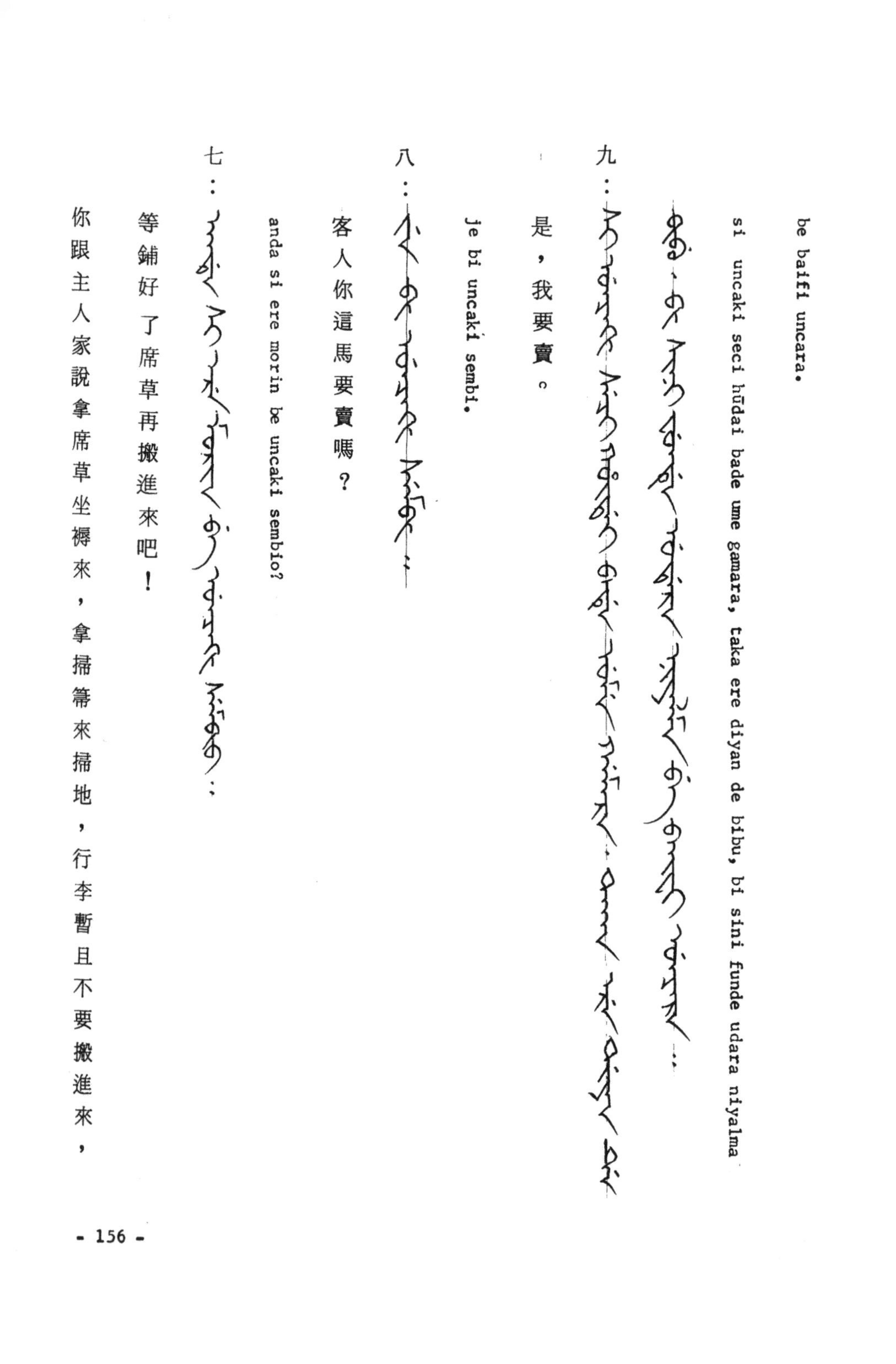

be baifi uncara.

si uncaki seci hūdai bade ume gamara, taka ere diyan de bibu, bi sini funde udara niyalma

九：

是，我要賣。

je bi uncakí sembi.

八：

客人你這馬要賣嗎？

anda si ere morin be uncaki sembio?

七：

等鋪好了席草再搬進來吧！

你跟主人家說拿席草坐褥來，拿掃箒來掃地，行李暫且不要搬進來，

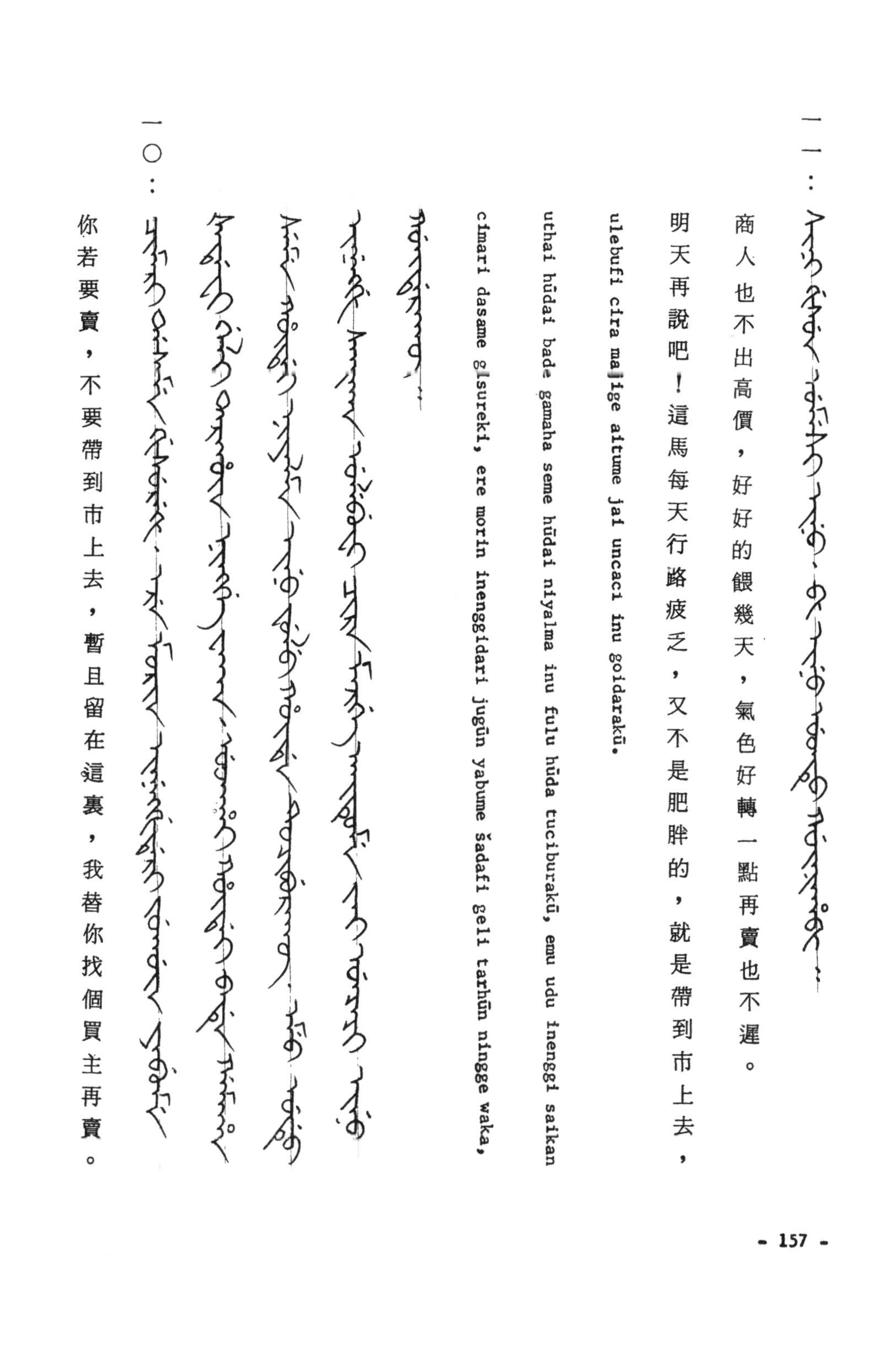

一一：

商人也不出高價，好好的餵幾天，氣色好轉一點再賣也不遲。

明天再說吧！這馬每天行路疲乏，又不是肥胖的，就是帶到市上去，

cimari dasame gisureki, ere morin inenggidari jugūn yabume šadafi geli tarhūn ningge waka, uthai hūdai bade gamaha seme hūdai niyalma inu fulu hūda tuciburakū, emu udu inenggi saikan ulebufi cira majige aitume jai uncaci inu goidarakū.

一〇：

你若要賣，不要帶到市上去，暫且留在這裏，我替你找個買主再賣。

sini gisun umesi inu, bi inu uttu gūnihabi.

你的話甚是，我也這麼想了。

一二：ᡤᡝᠯᡳ ᡤᠠᠵᡳᡥᠠ ᠣᡵᡥᠣᡩᠠ ᠮᡠᡧᡠᡵᡳ ᠵᠣᡩᠣᠨ ᠪᡳ᠈ ᠴᡳᠮᠠᡵᡳ ᡥᡡᡩᠠ ᠪᡝ ᡨᡠᠸᠠᠮᡝ ᡤᡝᠨᡝᡶᡳ᠈ ᡥᡡᡩᠠ ᠰᠠᡳᠨ ᠣᠴᡳ ᡠᠨᠴᠠᡴᡳ᠈ ᠰᠠᡳᠨ ᠠᡴᡡ ᠣᠴᡳ ᡨᠠᡴᠠ ᡠᡩᡠ ᡳᠨᡝᠩᡤᡳ ᠠᠯᡳᠶᠠᡴᡳ᠉

geli gajiha orhoda mušuri jodon bi, cimari hūda be tuwame genefi, hūda sain oci uncaki, sain akū oci taka udu inenggi aliyaki.

還帶有人蔘、夏布、葛布，明天去看價錢，若價錢好時想賣，若不好時暫等幾天。

一三：ᠰᡳ ᠠᡳᠪᡳᡩᡝ ᡨᡠᠸᠠᠮᡝ ᡤᡝᠨᡝᠮᠪᡳ᠉

si aibide tuwame genembi?

你要到那裏去看呢？

一七：

你們兩位看着牲口，我們兩個到城內去，不久就來。

suweni juwe nofi ulha be tuwaša, muse juwe nofi hoton dorgi de genefi goidarakū uthai jimbi.

一六：

若是這樣，明天我們一齊去吧！

uttu oci muse cimari sasari geneki.

一五：

在吉慶店裏有我認識的人，去問他。

giking diyan ce mini takara niyalma bi, tede fonjime geneki.

一四：

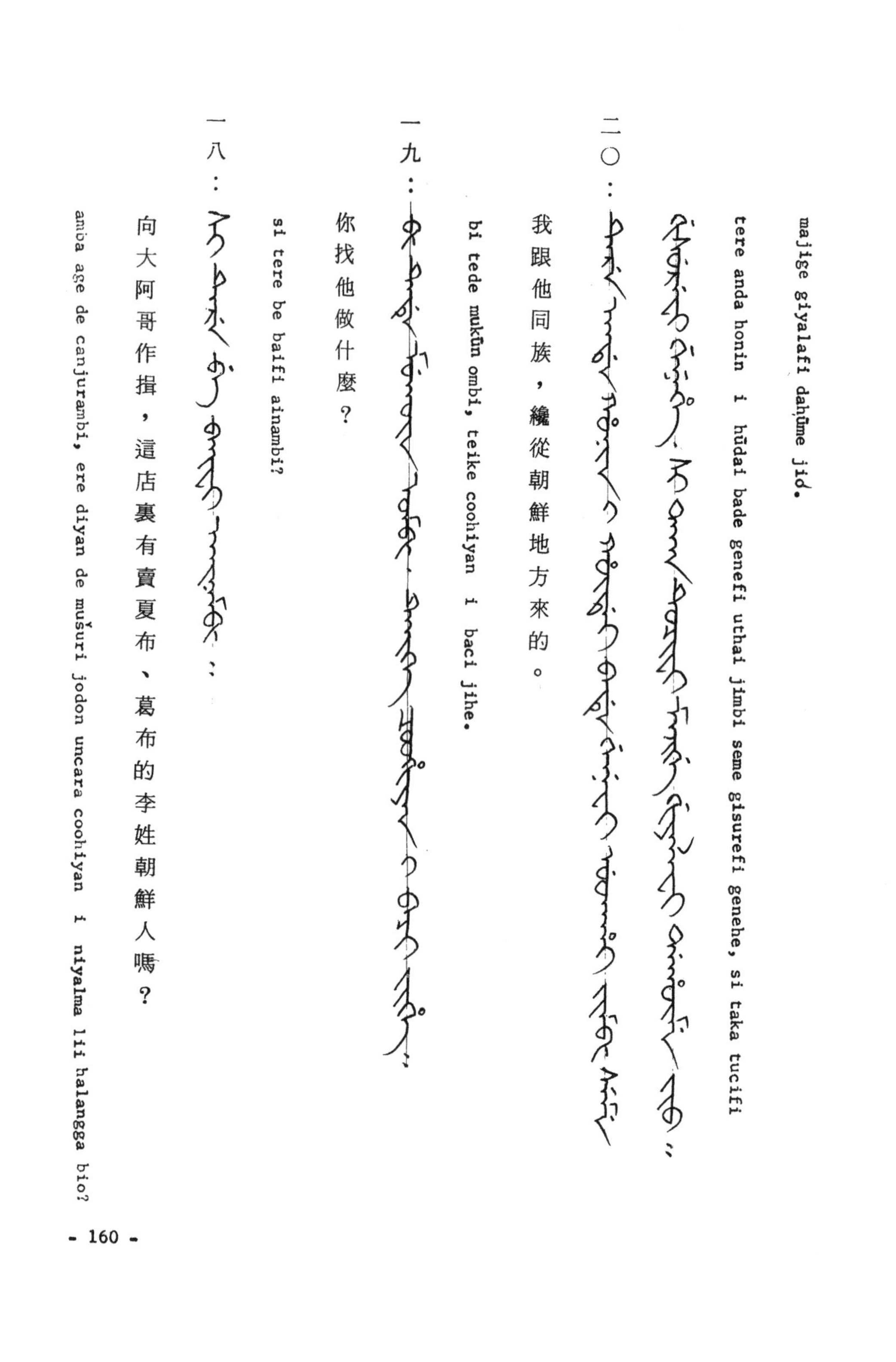

majige giyalafi dahūme jid.

tere anda honin i hūdai bade genefi uthai jimbi seme gisurefi genehe, si taka tucifi

二〇：

我跟他同族，纔從朝鮮地方來的。

bi tede mukūn ombi, teike coohiyan i baci jihe.

一九：

你找他做什麼？

si tere be baifi ainambi?

一八：

向大阿哥作揖，這店裏有賣夏布、葛布的李姓朝鮮人嗎？

amba age de canjurambi, ere diyan de mušuri jodon uncara coohiyan i niyalma lii halangga bio?

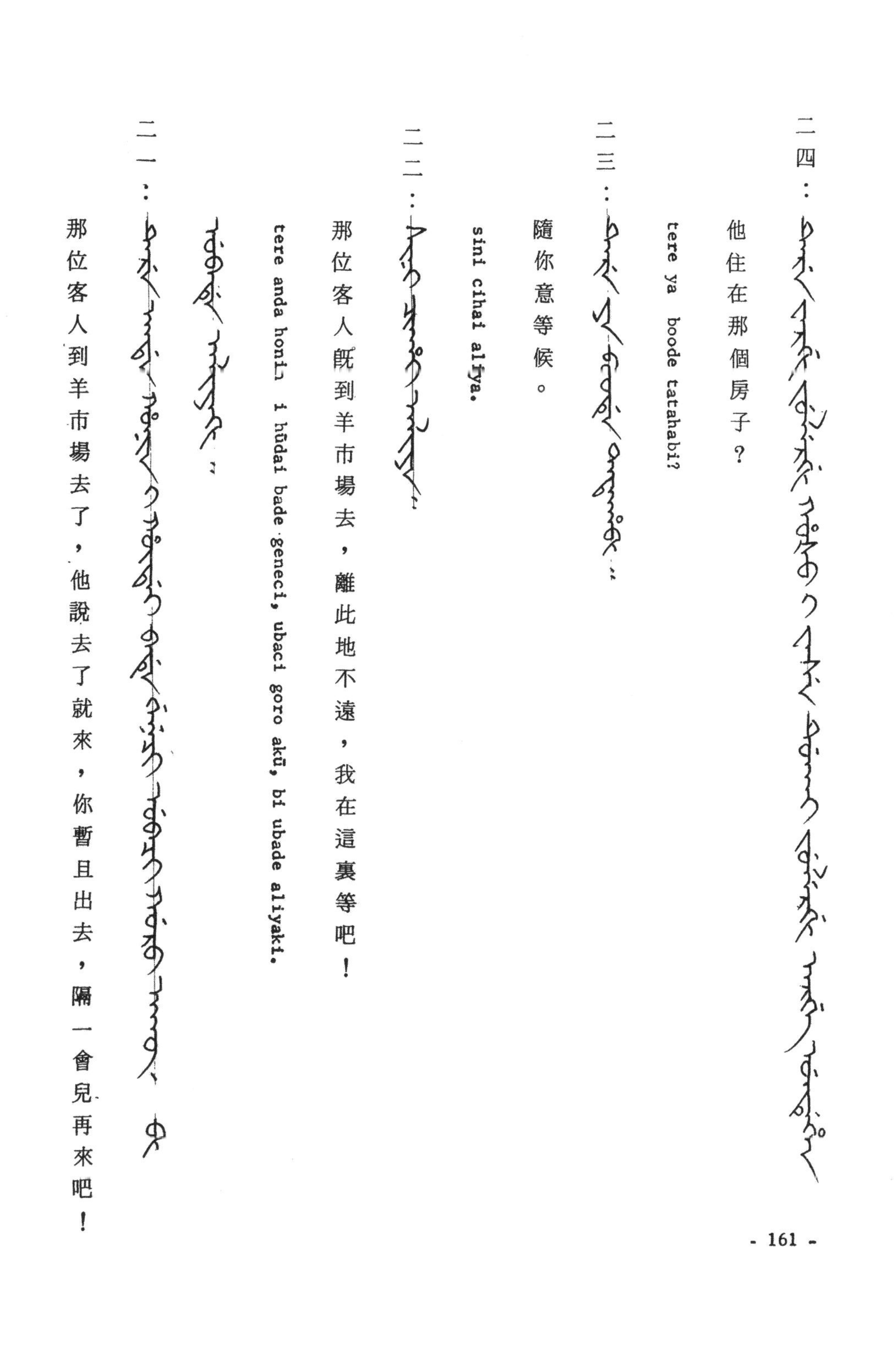

二四：

他住在那個房子？

tere ya boode tatahabi?

二三：

隨你意等候。

sini cihai aliya.

二二：

那位客人既到羊市場去，離此地不遠，我在這裏等吧！

tere anda honin i hūdai bade genecí, ubaci goro akū, bí ubade aliyaki.

二一：

那位客人到羊市場去了，他說去了就來，你暫且出去，隔一會兒再來吧！

你從朝鮮地方帶什麼貨物來了？

si coohiyan i baci ai ulin be gajiha?

二七：ᠰᡳ ᠴᠣᠣᡥᡳᠶᠠᠨ ᡳ ᠪᠠᠴᡳ ᠠᡳ ᡠᠯᡳᠨ ᠪᡝ ᡤᠠᠵᡳᡥᠠ᠉

原來有個後生，現在不在這裏，敢是出去了。

emu asihata bihe te ubade akū tucike aise.

二六：ᡝᠮᡠ ᠠᠰᡳᡥᠠᡨᠠ ᠪᡳᡥᡝ ᡨᡝ ᡠᠪᠠᡩᡝ ᠠᡴᡡ ᡨᡠᠴᡳᡴᡝ ᠠᡳᠰᡝ᠉

有看那房子的人嗎？

tere boo be tuwakiyara niyalma bio?

二五：ᡨᡝᡵᡝ ᠪᠣᠣ ᠪᡝ ᡨᡠᠸᠠᡴᡳᠶᠠᡵᠠ ᠨᡳᠶᠠᠯᠮᠠ ᠪᡳᠣ᠉

那西南角瓦門南邊小板門就是。

tere wargi julergi hošo i wase dukai julergi ajige undehen duka uthai inu.

ᡨᡝᡵᡝ ᠸᠠᡵᡤᡳ ᠵᡠᠯᡝᡵᡤᡳ ᡥᠣᡧᠣ ᡳ ᠸᠠᠰᡝ ᡩᡠᡴᠠᡳ ᠵᡠᠯᡝᡵᡤᡳ ᠠᠵᡳᡤᡝ ᡠᠨᡩᡝᡥᡝᠨ ᡩᡠᡴᠠ ᡠᡨᡥᠠᡳ ᡳᠨᡠ᠉

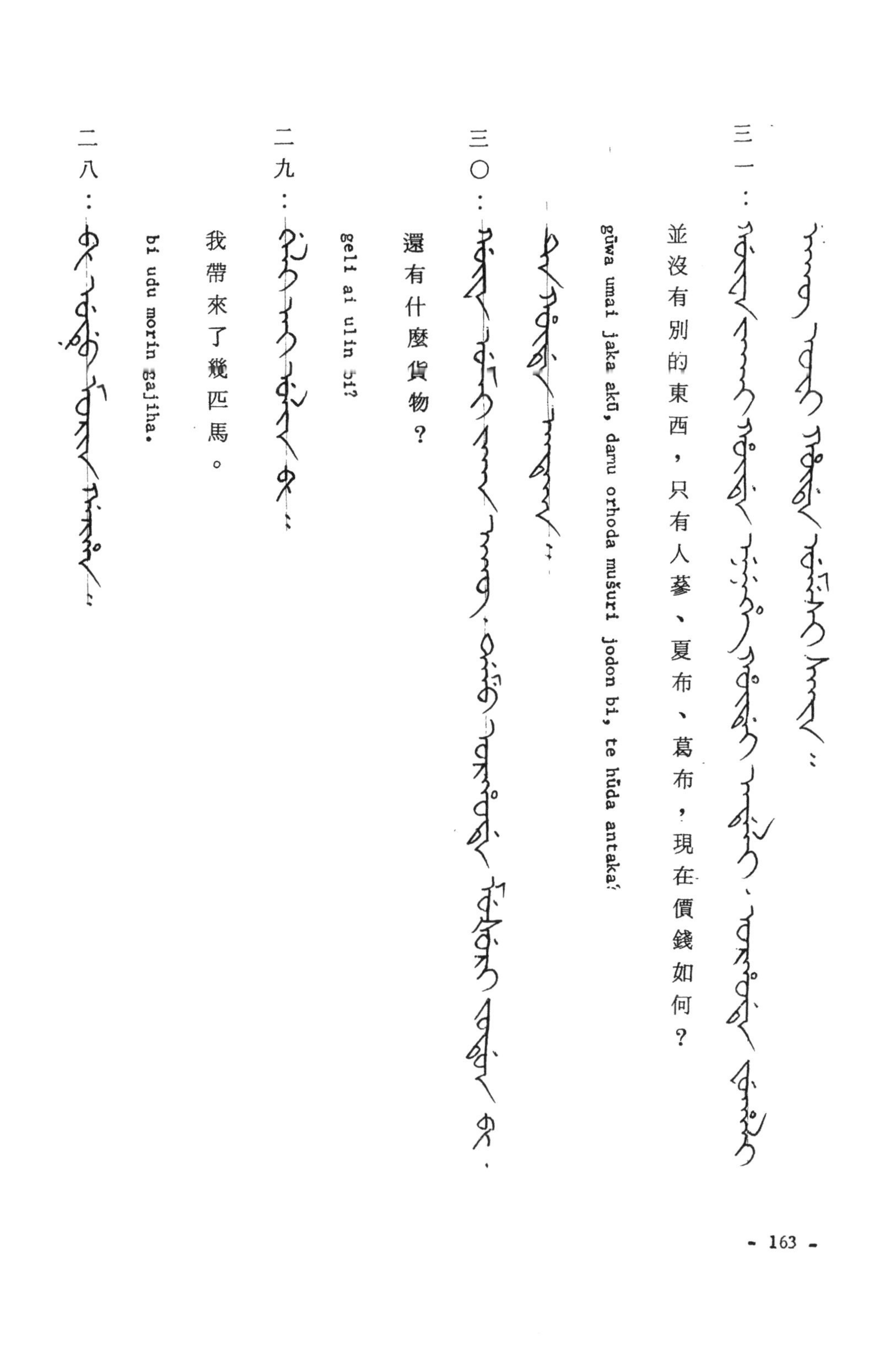

二八：

bi udu morin gajiha.

我帶來了幾匹馬。

二九：

geli ai ulin bi?

還有什麼貨物？

三〇：

güwa umai jaka akū, damu orhoda mušuri jodon bi, te hūda antaka?

並沒有別的東西，只有人蔘、夏布、葛布，現在價錢如何？

三一：

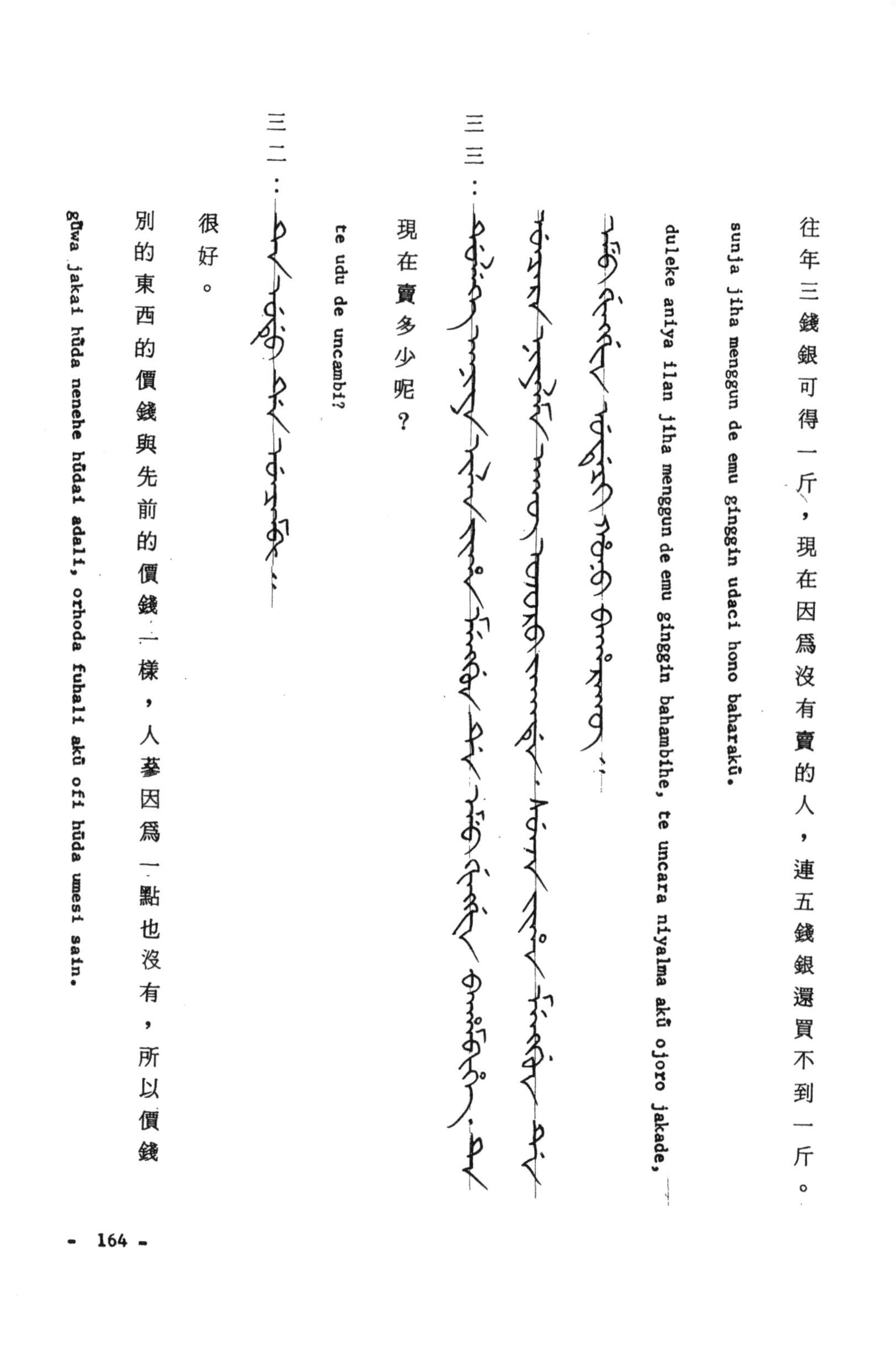

往年三錢銀可得一斤，現在因爲沒有賣的人，連五錢銀還買不到一斤。

sunja jiha menggun de emu ginggin udaci hono baharakū.

duleke aniya ilan jiha menggun de emu ginggin bahambihe, te uncara niyalma akū ojoro jakade,

三三：

現在賣多少呢？

te udu de uncambi?

很好。

三二：

別的東西的價錢與先前的價錢一樣，人蔘因爲一點也沒有，所以價錢

gūwa jakai hūda nenehe hūdai adali, orhoda fuhali akū ofi hūda umesi sain.

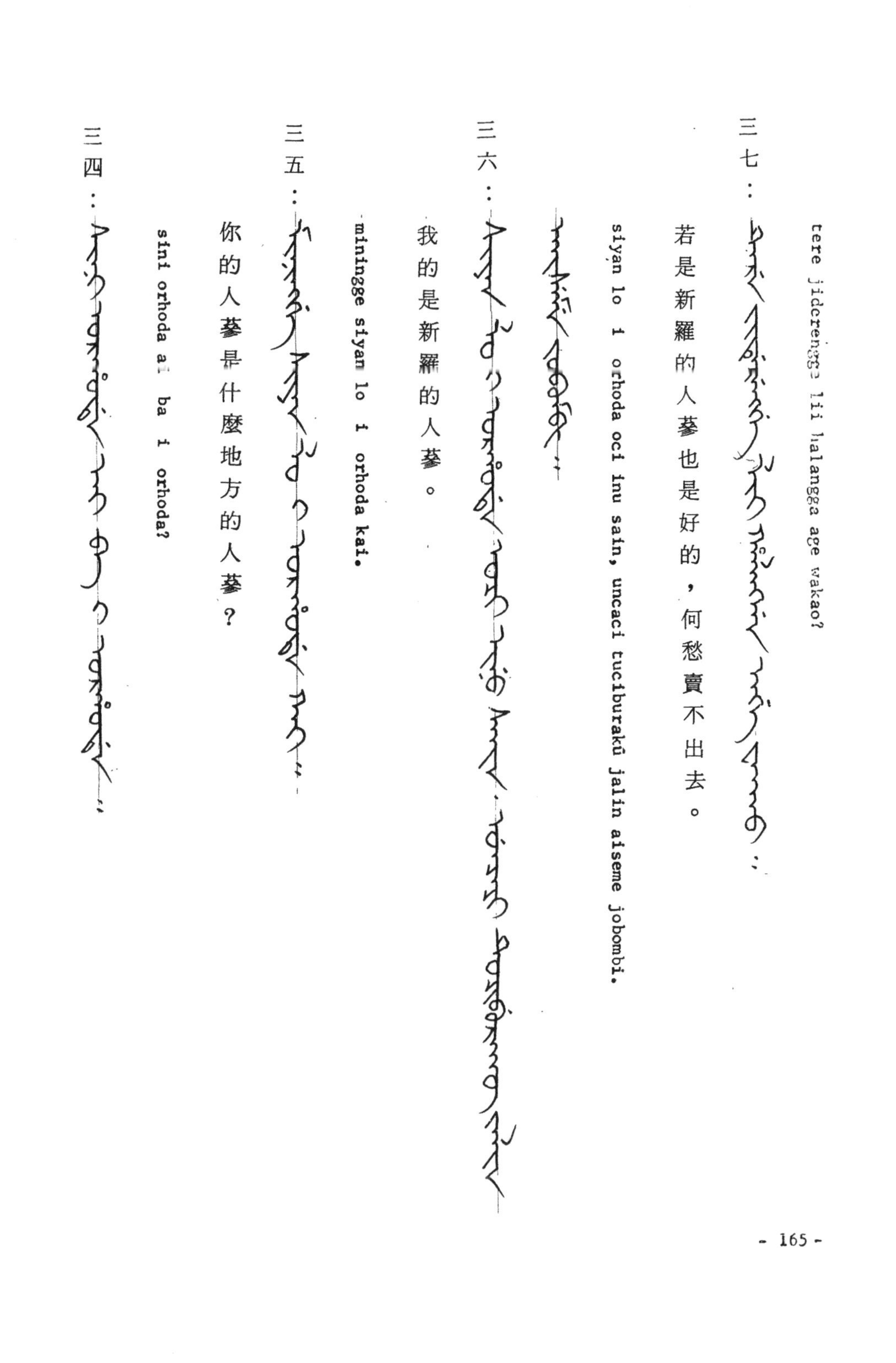

tere jiderengge lii halangga age wakao?

三七：

若是新羅的人蔘也是好的，何愁賣不出去。

siyan lo i orhoda oci inu sain, uncaci tuciburakū jalin aiseme jobombi.

三六：

我的是新羅的人蔘。

miningge siyan lo i orhoda kai.

三五：

你的人蔘是什麼地方的人蔘？

sini orhoda ai ba i orhoda?

三四：

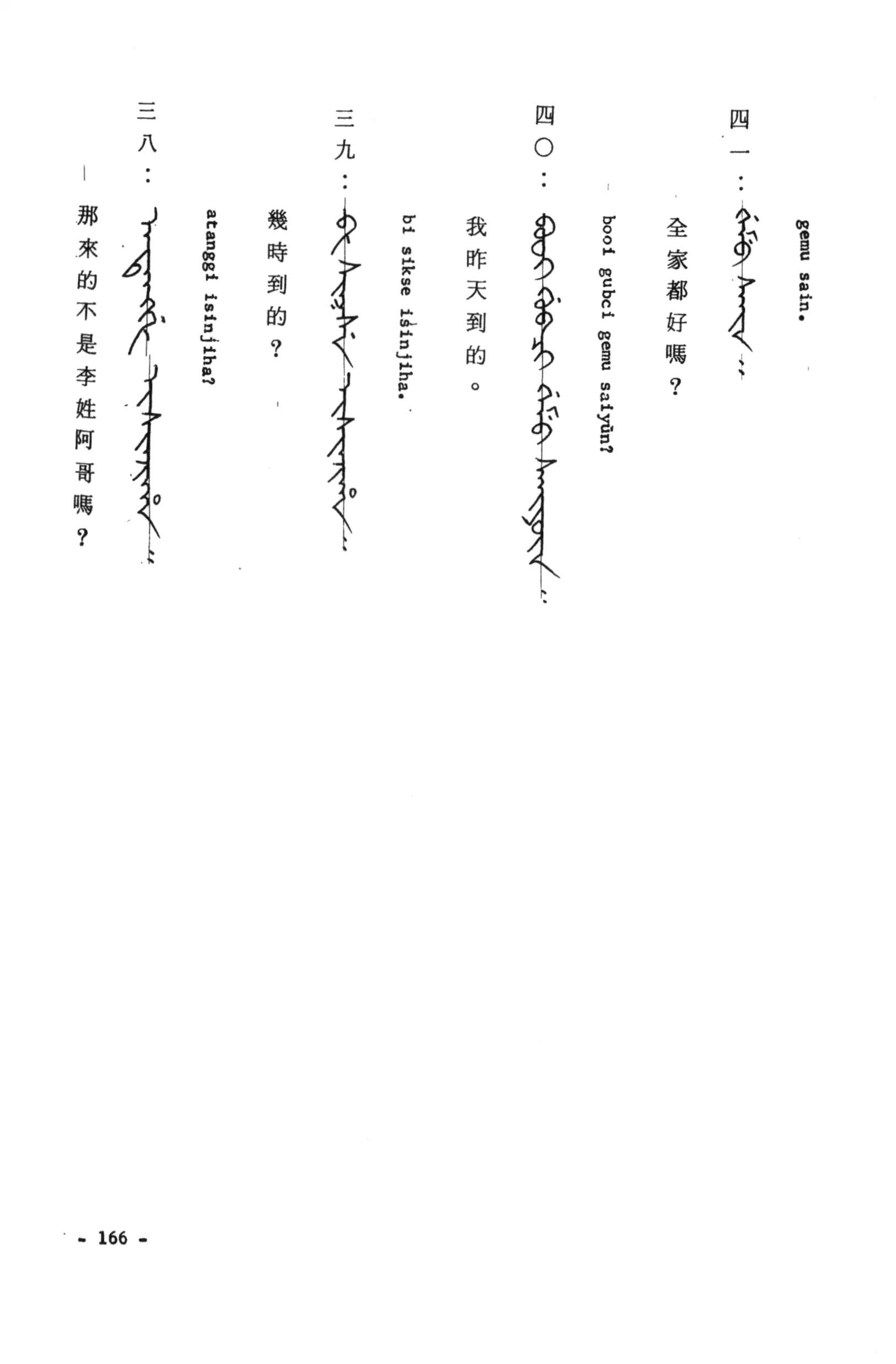

gemu sain.

四一：

全家都好嗎？

booi gubci gemu saiyūn?

四〇：

我昨天到的。

bi sikse isinjiha.

三九：

幾時到的？

atanggi isinjiha?

三八：

那來的不是李姓阿哥嗎？

[Manchu script]

四五：[Manchu script]

有信。

jasigan bi.

四四：[Manchu script]

有我的家書嗎？

mini booi jasigan bio?

四三：[Manchu script]

請到我住的房子進去坐吧！

mini tataha bocde dosifi teki.

四二：[Manchu script]

都好。

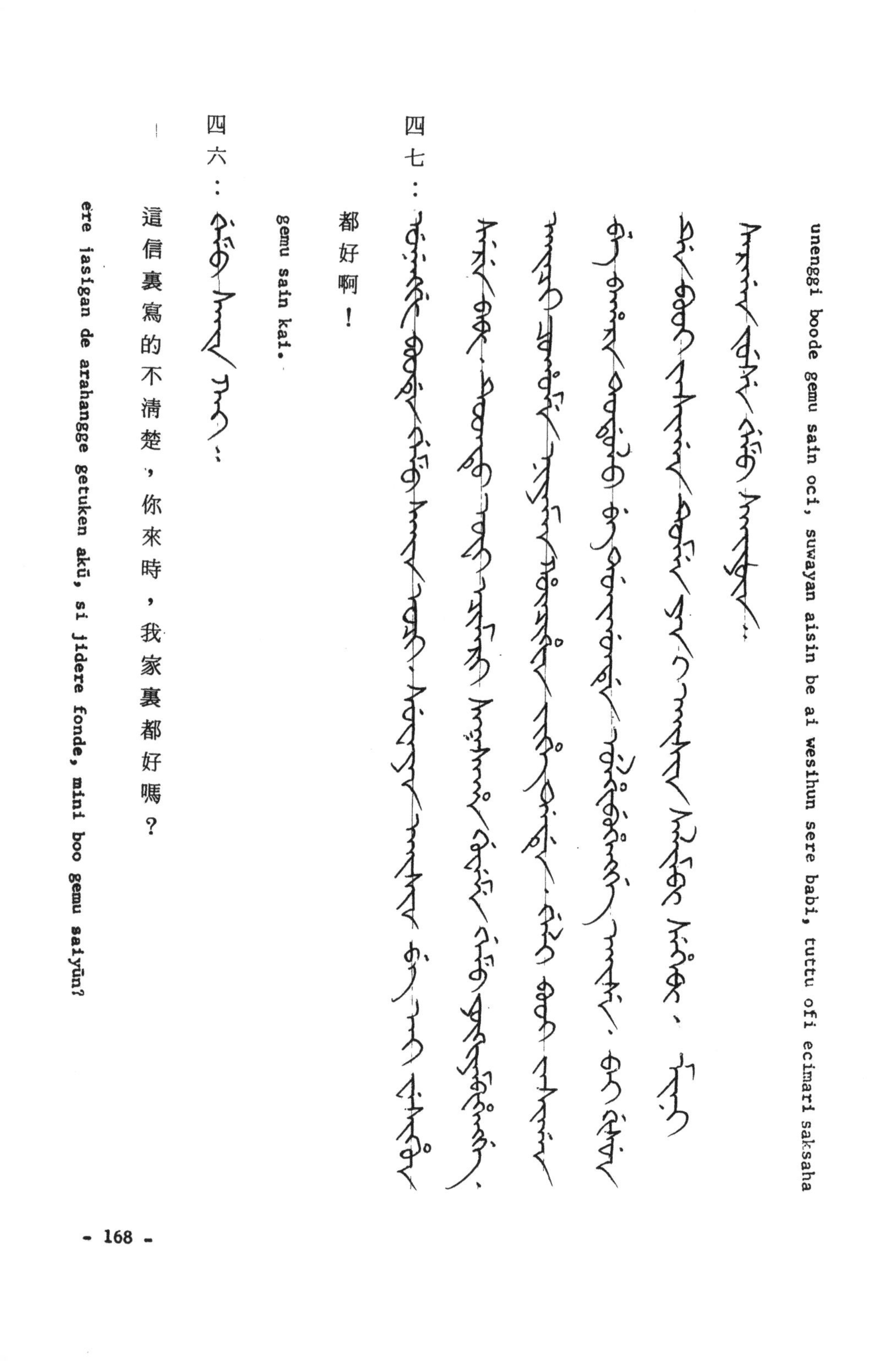

ere iasigan de arahangge getuken akū, si jidere fonde, mini boo gemu saiyūn?

這信裏寫的不清楚，你來時，我家裏都好嗎？

四六：

gemu sain kai.

都好啊！

四七：

unenggi boode gemu sain oci, suwayan aisin be ai wesihun sere babi, tuttu ofi ecimari saksaha

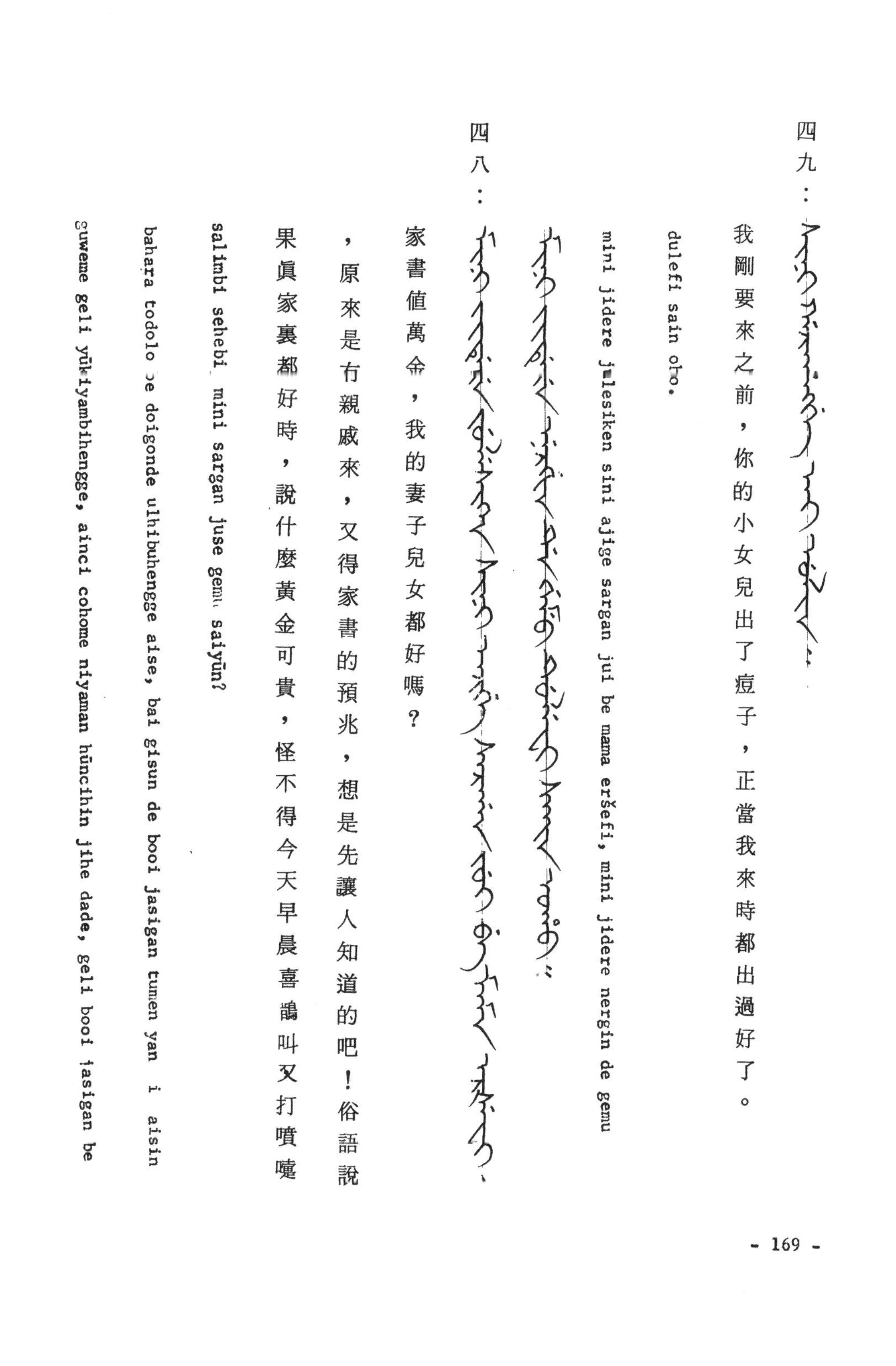

guweme geli yūkiyambihengge, ainci cohome niyaman hūncihin jihe dade, geli booi jasigan be

bahara todolo be doigonde ulhibuhengge aise, bai gisun de booi jasigan tumen yan i aisin

salimbi sehebi, mini sargan juse gemu saiyūn?

果真家裏都好時，說什麼黃金可貴，怪不得今天早晨喜鵲叫又打噴嚏，原來是有親戚來，又得家書的預兆，想是先讓人知道的吧！俗語說家書值萬金，我的妻子兒女都好嗎？

四八：

mini jidere julesiken sini ajige sargan jui be mama eršefi, mini jidere nergin de gemu

dulefi sain oho.

四九：

我剛要來之前，你的小女兒出了痘子，正當我來時都出過好了。

sini gisun inu, tere diyan i niyalma inu uttu gisurembi.

五二：ᠮᠣᡵᡳᠨ ᡳ ᡥᡡᡩᠠ ᠵᠣᡩᠣᠨ ᡳ ᡥᡡᡩᠠ ᡴᡝᠮᡠᠨᡳ ᠨᡝᠨᡝᡥᡝ ᠠᡩᠠᠯᡳ᠈ ᠣᡵᡥᠣᡩᠠ ᡳ ᡥᡡᡩᠠ ᡠᠮᡝᠰᡳ ᠮᠠᠩᡤᠠ᠉

馬的價錢，葛布的價錢仍像以前一樣，人蔘的價錢很貴。

morin i hūda jodon i hūda kemuni nenehe adali, orhoda i hūda umesi mangga.

五一：ᠪᡳ ᡠᡩᡠ ᠮᠣᡵᡳᠨ ᠣᡵᡥᠣᡩᠠ ᠮᡠᡧᡠᡵᡳ ᠵᠣᡩᠣᠨ ᠪᡳ᠈ ᡝᡵᡝ ᡠᠴᡠᡵᡳ ᡥᡡᡩᠠ ᠠᠨᡨᠠᡴᠠ᠉

我有幾匹馬、人蔘、夏布、葛布，這一向價錢如何？

bi udu morin orhoda mušuri jodon bi, ere ucuri hūda antaka?

五〇：ᠰᡳᠨᡳ ᡤᠠᠵᡳᡥᠠᠩᡤᡝ ᠠᡳ ᡠᠯᡳᠨ᠉

你帶來的是什麼貨物？

sini gajihangge ai ulin?

[illegible]

五六：[illegible]

這位伙伴是誰？

ere gucu we?

五五：ᡝᡵᡝ ᡤᡠᠴᡠ ᠸᡝ᠉

還有兩個伙伴，都是我的親戚。

geli juwe gucu bi, gemu mini niyaman hūncihin.

五四：ᡤᡝᠯᡳ ᠵᡠᠸᡝ ᡤᡠᠴᡠ ᠪᡳ᠈ ᡤᡝᠮᡠ ᠮᡳᠨᡳ ᠨᡳᠶᠠᠮᠠᠨ ᡥᡡᠨᠴᡳᡥᡳᠨ᠉

你的伙伴有幾個？

sini gucu udu bi?

五三：ᠰᡳᠨᡳ ᡤᡠᠴᡠ ᡠᡩᡠ ᠪᡳ᠉

你說的是，那店裏的人也是這樣說。

liyoodung ni bade jugūn i unduri ucarafi gucu arame sasa jihengge, tere nikan i niyalma,

be nikan i gisun be bahanarakū ofi, jugūn i unduri morin orho turi hūda be giyangnara,

tatara boo be baire de, ere age de ambula hūsun baha.

是遼東地方在途中遇到做伴一齊來的，他是漢人，我們因為不會說漢語，沿途馬吃的草豆講論價錢，尋找住宿的房子，得力於這位阿哥很多。

五七：

bi tataha boode genembi, jai acaki.

我到住宿的房子去，再見。

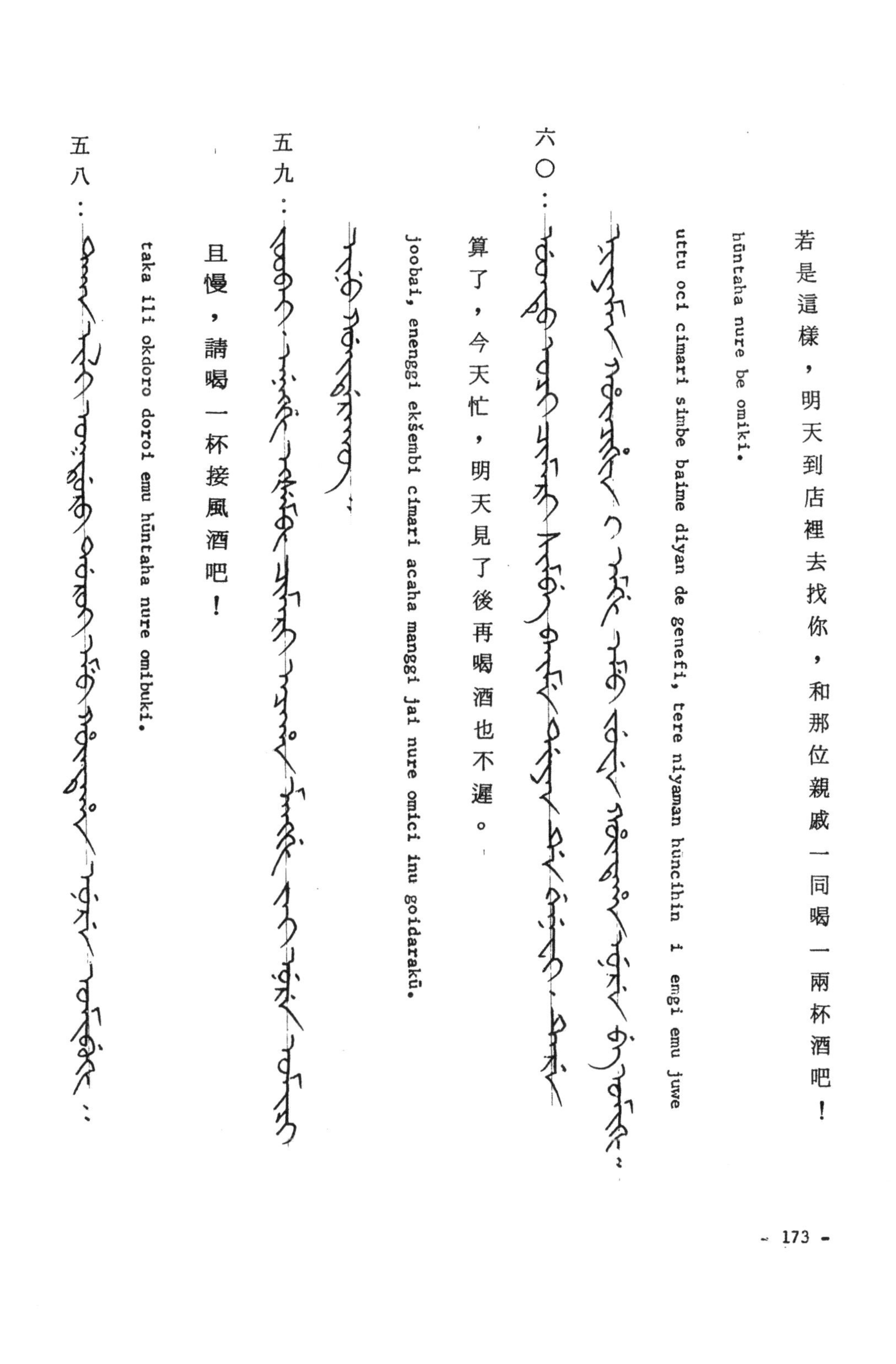

五八：

taka ili okdoro doroi emu hūntaha nure omibuki.

且慢，請喝一杯接風酒吧！

五九：

joobai, enenggi ekšembi cimari acaha manggi jai nure omici inu goidarakū.

算了，今天忙，明天見了後再喝酒也不遲。

六〇：

uttu oci cimari simbe baime diyan de genefi, tere niyaman hūncihin i emgi emu juwe hūntaha nure be omiki.

若是這樣，明天到店裡去找你，和那位親戚一同喝一兩杯酒吧！

六一：ᠪᡳ ᠰᡳᠮᠪᡝ ᡶᡠᡩᡝᠮᡝ ᡩᡠᡴᠠᡳ ᡨᡠᠯᡝ ᡤᡝᠨᡝᡵᡝ᠉

bi simbe fudeme dukai tule genere.

我送你到門外頭去。

六二：ᡝᡵᡝ ᠨᠠᡥᠠᠨ ᡩᡝ ᠨᡳᠶᠠᠯᠮᠠ ᠠᡴᡡ ᠰᡳ ᡠᠮᡝ ᡶᡠᡩᡝᡵᡝ᠉

ere nahan de niyalma akū si ume fudere.

這炕裡沒有人，你不要送。

六三：ᠰᡳᠨᡳ ᡤᡳᠰᡠᠨ ᠪᡝ ᡩᠠᡥᠠᡶᡳ ᠪᡳ ᡶᡠᡩᡝᡵᠠᡴᡡ ᠣᡥᠣ ᠰᡳ ᡠᠮᡝ ᡠᠰᡥᠠᡵᠠ᠉

sini gisun be dahafi bi fuderakū oho, si ume ushara.

聽你的話，我不送了，你不要埋怨。

六四：ᠮᡠᠰᡝ ᡝᠮᡠ ᠪᠣᠣᡳ ᠨᡳᠶᠠᠯᠮᠠᡳ ᠠᡩᠠᠯᡳ ᠠᡳ ᡠᠰᡥᠠᠮᠪᡳ᠉

muse emu booi niyalmai adali ai ushambi?

我們如同一家人為什麼埋怨呢？

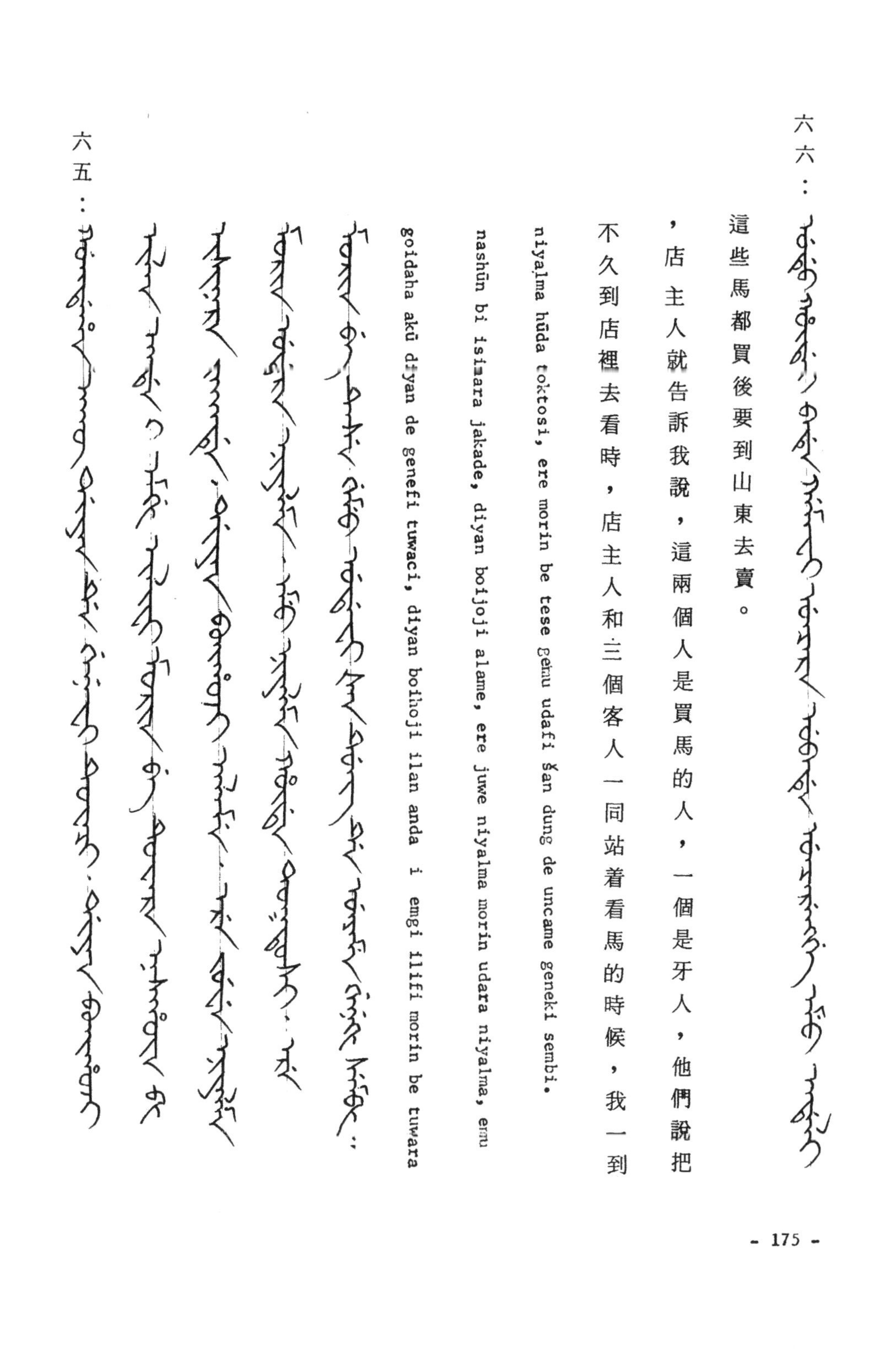

六五：

goidaha akū diyan de genefi tuwaci, diyan boihoji ilan anda i emgi ilifi morin be tuwara

nashūn bi isinara jakade, diyan boiJoji alame, ere juwe niyalma morin udara niyalma, emu

niyalma hūda toktosi, ere morin be tese gemu udafi šan dung de uncame geneki sembi.

不久到店裡去看時，店主人和三個客人一同站着看馬的時候，我一到

，店主人就告訴我說，這兩個人是買馬的人，一個是牙人，他們說把

這些馬都買後要到山東去賣。

六六：

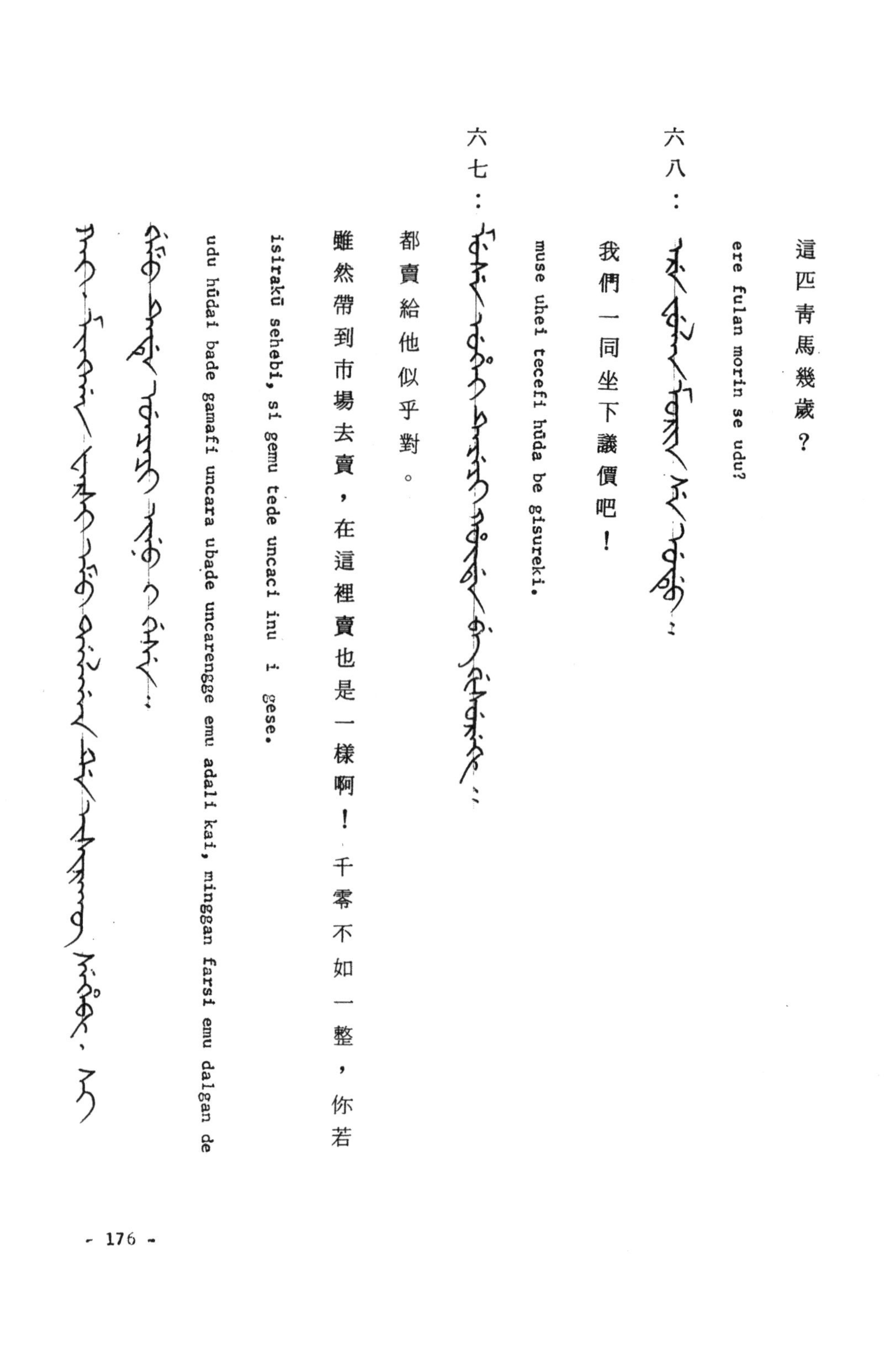

這四青馬幾歲？

ere fulan morin se udu?

六八：

我們一同坐下議價吧！

muse uhei tecefi hūda be gisureki.

六七：

都賣給他似乎對。

雖然帶到市場去賣，在這裡賣也是一樣啊！千零不如一整，你若

isirakū sehebi, si gemu tede uncaci inu i gese.

udu hūdai bade gamafi uncara ubade uncarengge emu adali kai, minggan farsi emu dalgan de

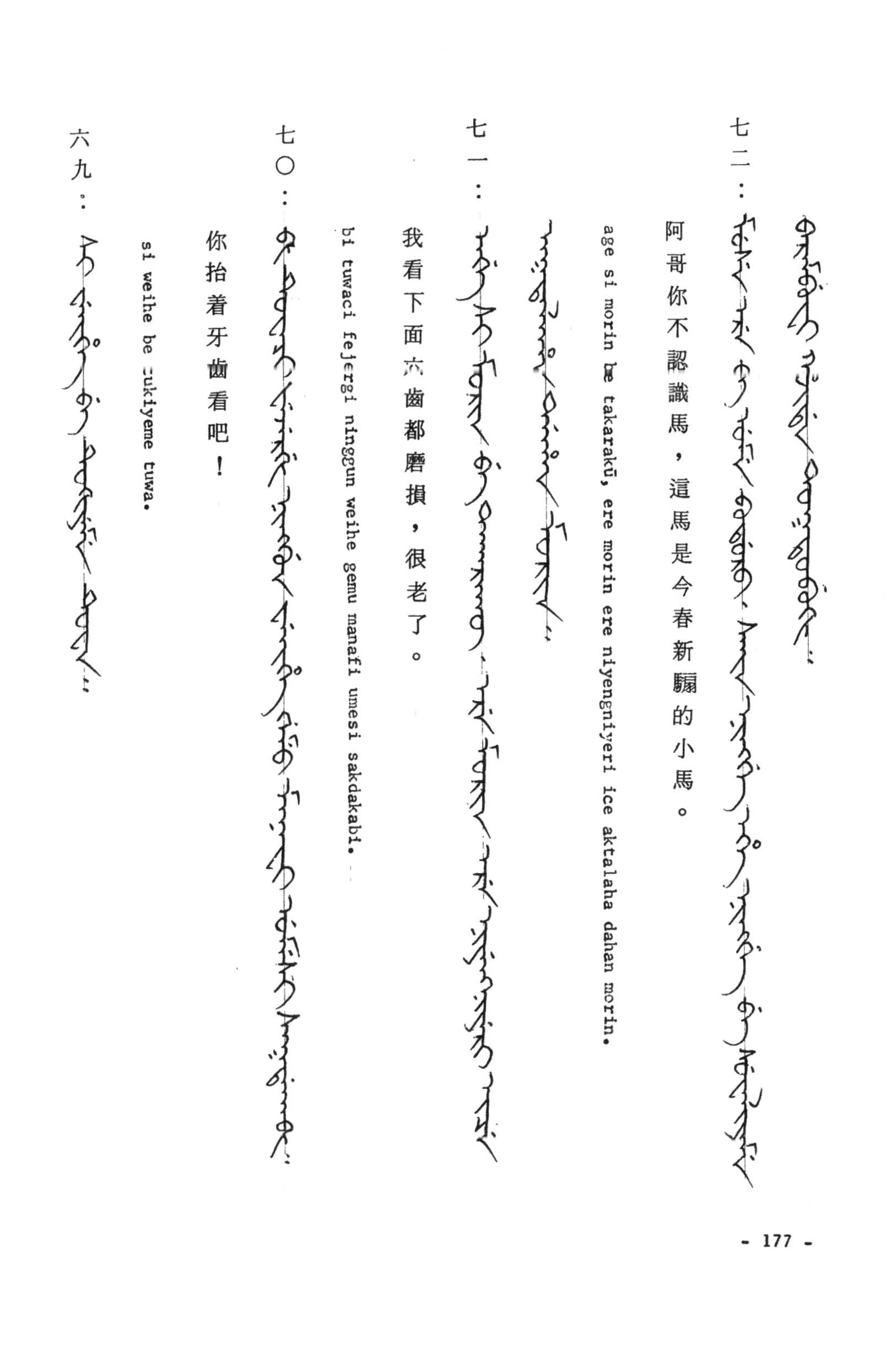

六九：

si weihe be tukiyeme tuwa.

你抬着牙齒看吧！

七〇：

bi tuwaci fejergi ninggun weihe gemu manafi umesi sakdakabi.

我看下面六齒都磨損，很老了。

七一：

age si morin be takarakū, ere morin ere niyengniyeri ice aktalaha dahan morin.

阿哥你不認識馬，這馬是今春新騸的小馬。

七二：

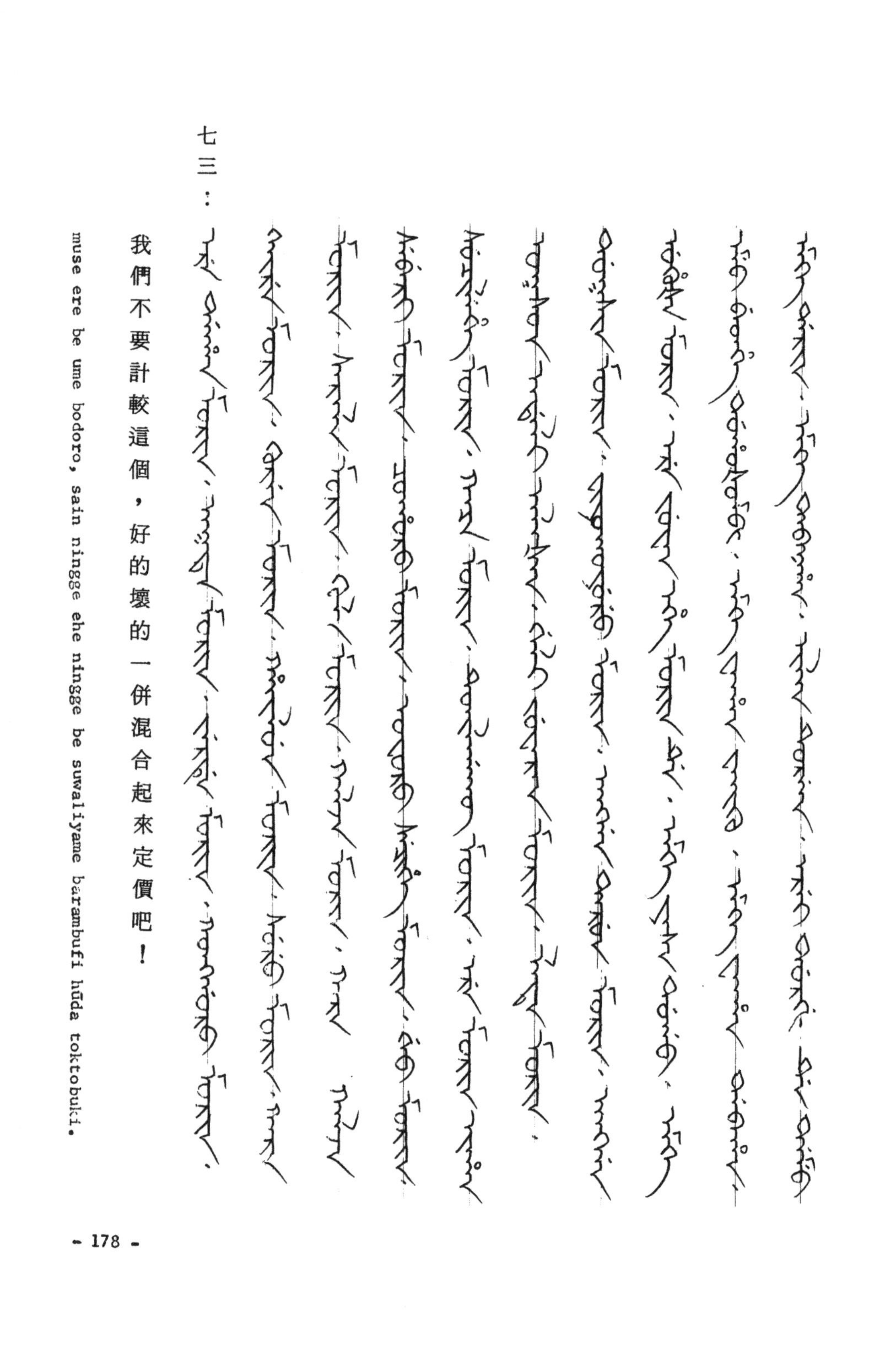

七三：

我們不要計較這個，好的壞的一併混合起來定價吧！

muse ere be ume bodoro, sain ningge ehe ningge be suwaliyame barambufi hūda toktobuki.

劣蹶馬、撂蹶子馬、冒口馬、捲口馬。這十四壞馬裡，一匹眼睛，一

騍馬、懷駒馬、環眼馬、劣馬，這馬駑劣如牛步，又有走馬、鈍馬、

、駱皮色馬、土黃馬、線臉馬、黑線馬、銀蹄馬、豹花馬、開鼻馬、

這小馬、騸馬、赤馬、黃馬、棗騮、栗色馬、水獺皮馬、白馬、黑馬

dabanaha , ilan turga, erei dorgi de damu sunja morin nikedeme tuwaci ombi.

dogo, emke emu bethe dohošombi, emke wahan waiku, emke wahan dabaha, emke darin, emke

fiyokoyuru morin, angga tarun morin, angga uhuša morin, ere juwan ehe morin de, emke yasa

morin, ere morin ihan okson adali alašan, geli juwaran morin, lata morin, doksin morin,

morin, cohoro morin, oforo secihe morin, geo morin, sucilehe morin, kaca morin, tuilgakū

morin, suru morin, kara morin, sarala morin, kula morin, kalja morin, kara kalja seberi

ere dahan morin, akta morin, jerde morin, konggoro morin, keire morin, kuren morin, hailun

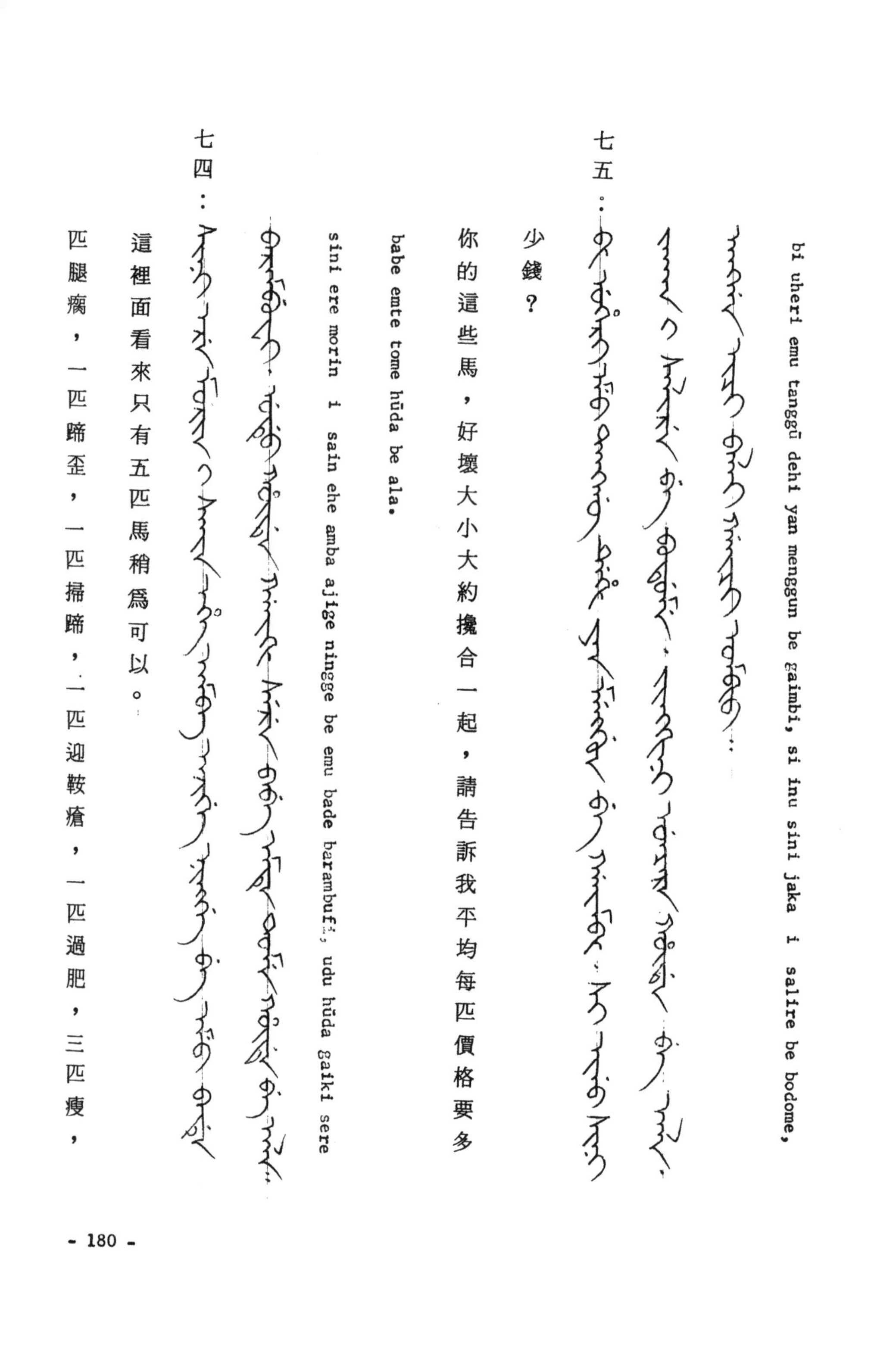

匹腿瘸，一匹蹄歪，一匹掃蹄，一匹迎鞍瘡，一匹過肥，三匹瘦，

這裡面看來只有五匹馬稍為可以。

七四：

sini ere morin i sain ehe amba ajige ningge be emu bade barambufi, udu hūda gaiki sere babe emte tome hūda be ala.

你的這些馬，好壞大小大約攙合一起，請告訴我平均每匹價格要多少錢？

七五：

bi uheri emu tanggū dehi yan menggun be gaimbi, si inu sini jaka i salire be bodome,

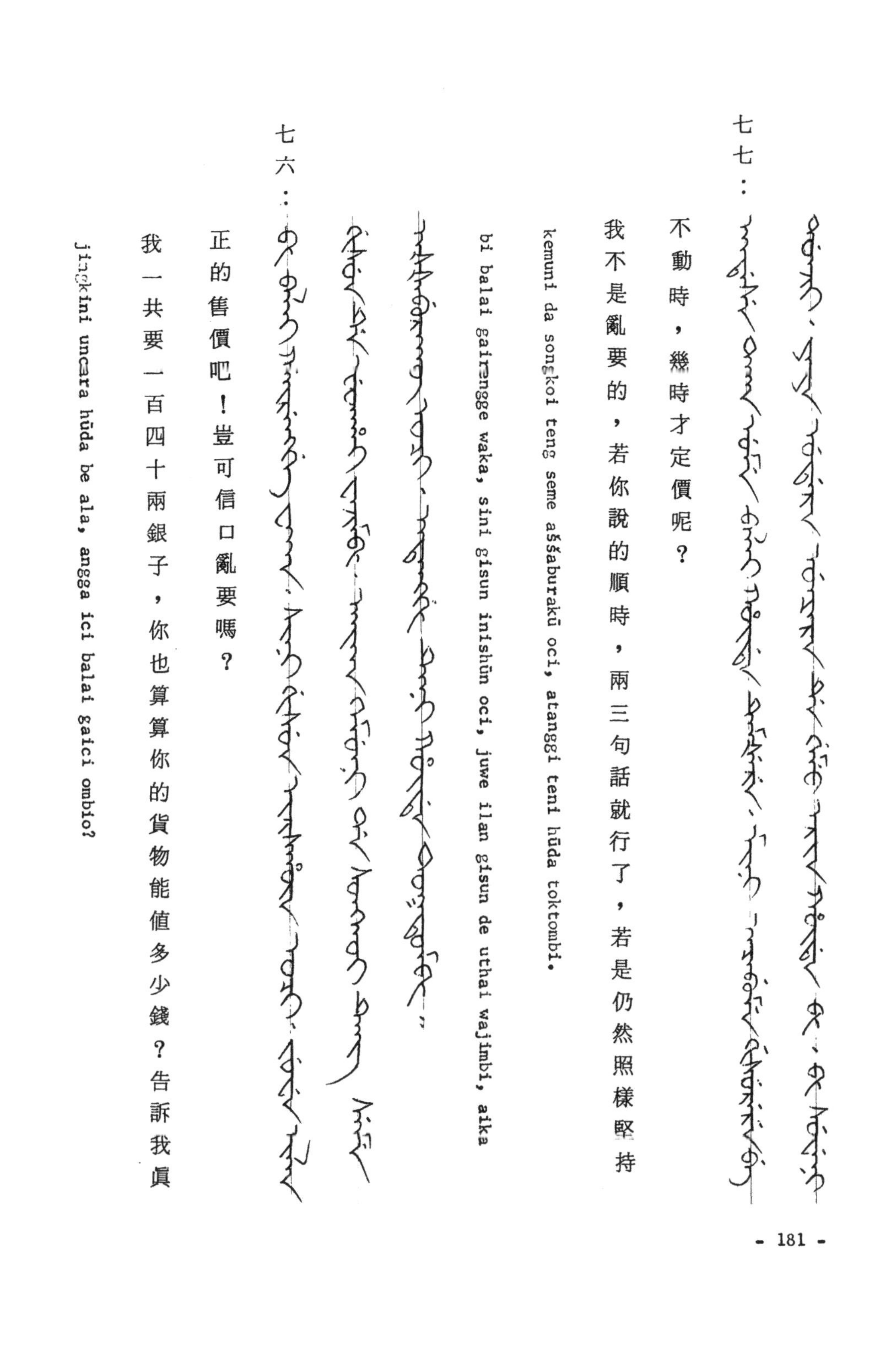

七七：

我不是亂要的，若你說的順時，兩三句話就行了，若是仍然照樣堅持不動時，幾時才定價呢？

bi balai gairengge waka, sini gisun inishūn oci, juwe ilan gisun de uthai wajimbi, aika kemuni da songkoi teng seme aššaburakū oci, atanggi teni hūda toktombi.

七六：

我一共要一百四十兩銀子，你也算算你的貨物能值多少錢？告訴我眞正的售價吧！豈可信口亂要嗎？

jingkini uncara hūda be ala, angga ici balai gaici ombio?

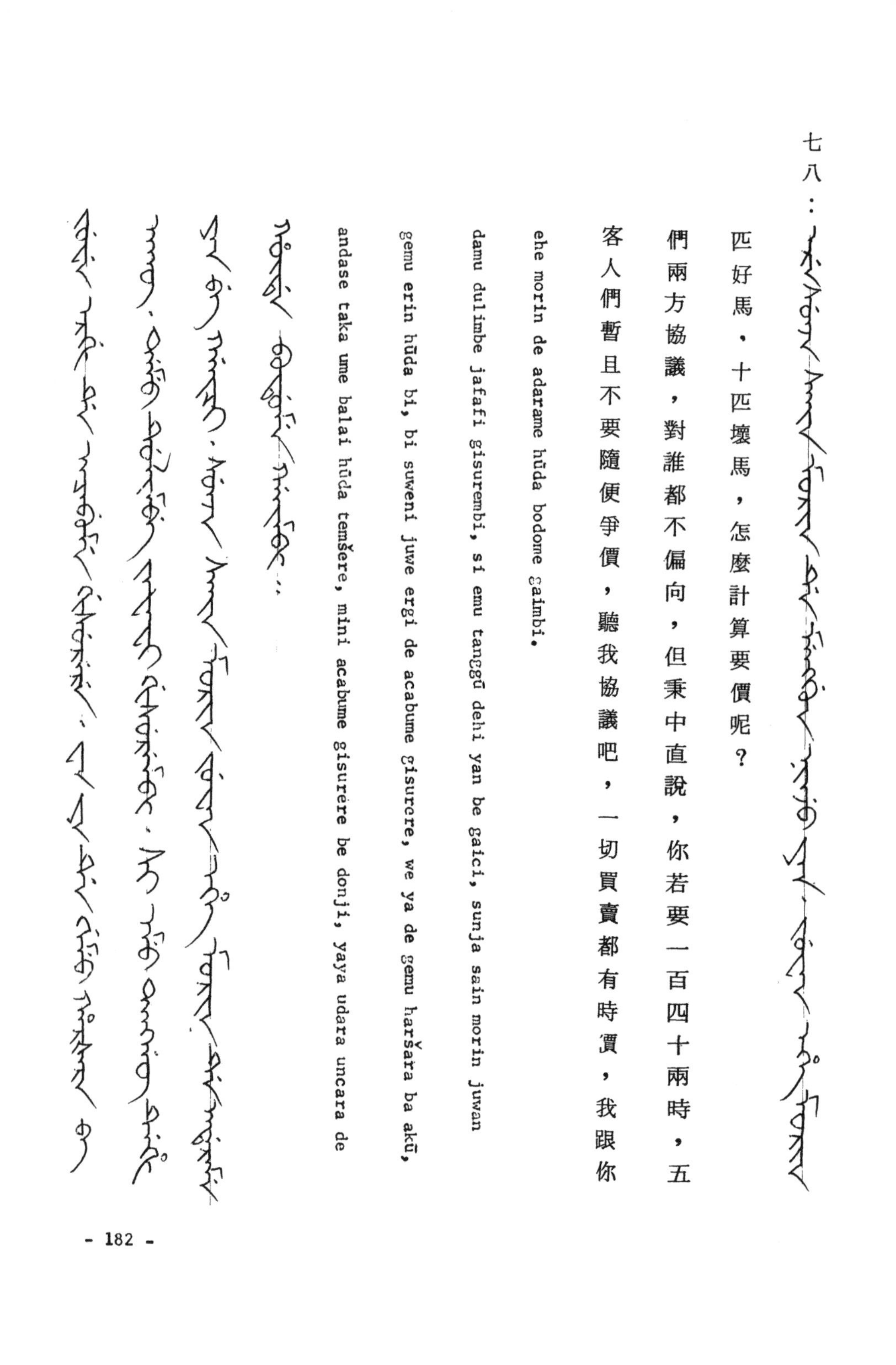

andase taka ume balai hūda temšere, mini acabume gisurere be donji, yaya udara uncara de
gemu erin hūda bi, bi suweni juwe ergi de acabume gisurere, we ya de gemu haršara ba akū,
damu dulimbe jafafi gisurembi, si emu tanggū dehi yan be gaici, sunja sain morin juwan
ehe morin de adarame hūda bodome gaimbi.

客人們暫且不要隨便爭價，聽我協議吧，一切買賣都有時價，我跟你們兩方協議，對誰都不偏向，但秉中直說，你若要一百四十兩時，五四好馬，十四壞馬，怎麼計算要價呢？

七八：

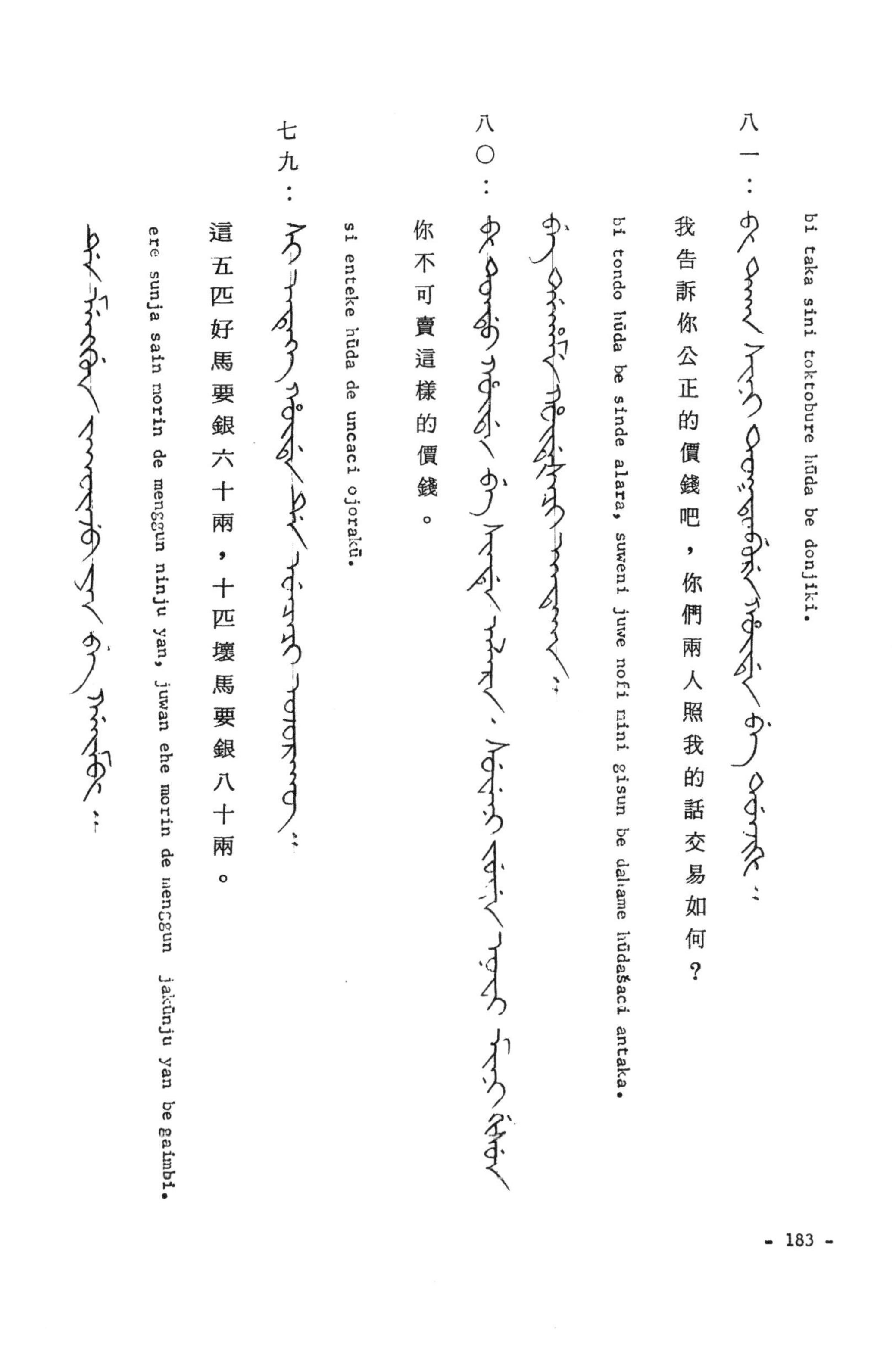

八一：bi taka sini toktobure hūda be donjiki.

我告訴你公正的價錢吧，你們兩人照我的話交易如何？

bi tondo hūda be sinde alara, suweni juwe nofi mini gisun be dahame hūdašaci antaka.

八〇：si enteke hūda de uncaci ojorakū.

你不可賣這樣的價錢。

七九：ere sunja sain morin de menggun ninju yan, juwan ehe morin de menggun jakūnju yan be gaimbi.

這五匹好馬要銀六十兩，十四壞馬要銀八十兩。

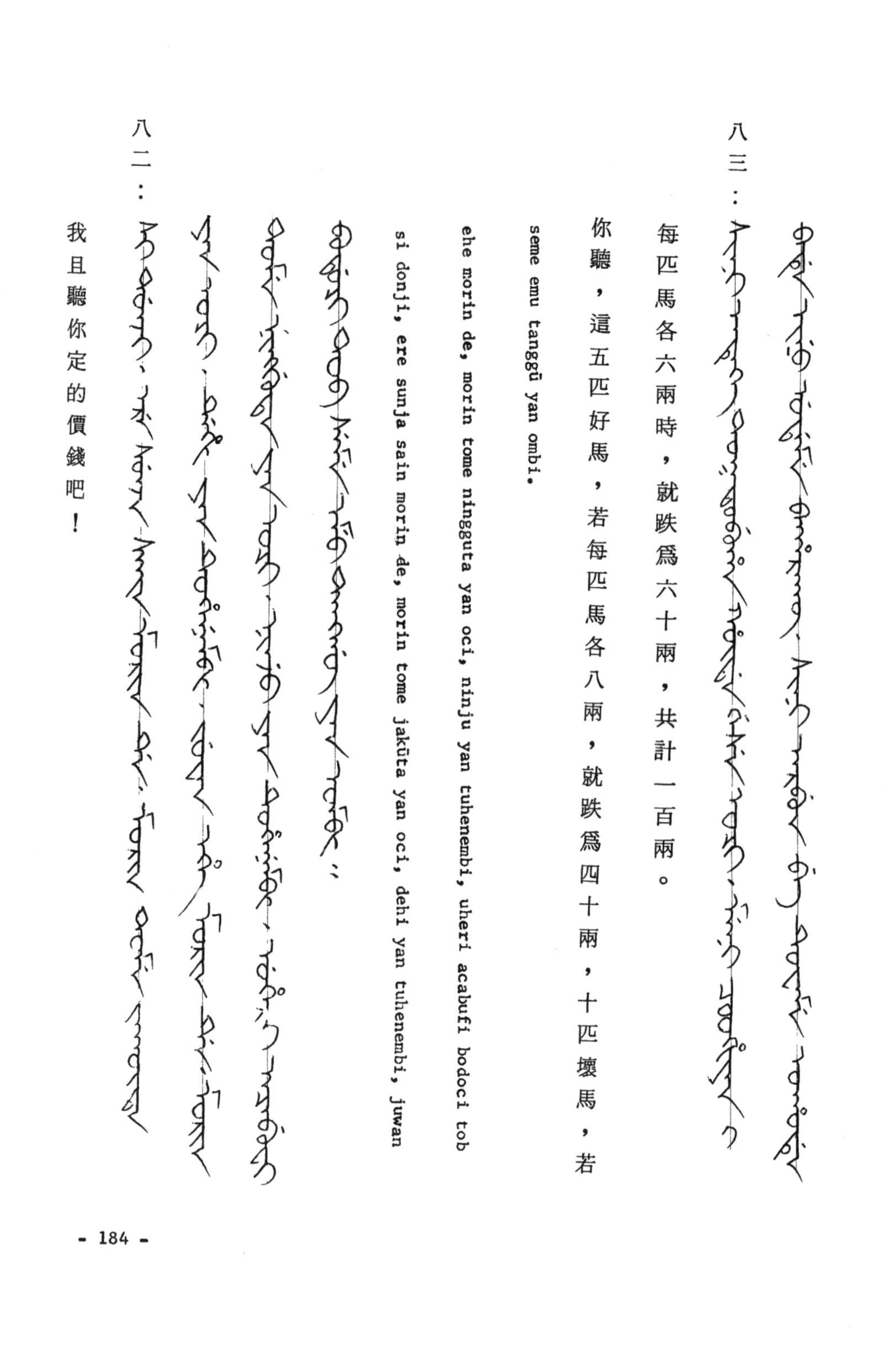

八二：

我且聽你定的價錢吧！

八三：

si donji, ere sunja sain morin de, morin tome jakūta yan oci, dehi yan tuhenembi, juwan ehe morin de, morin tome ninggute yan oci, ninju yan tuhenembi, uheri acabufi bodoci tob seme emu tanggū yan ombi.

你聽，這五匹好馬，若每匹馬各八兩，就跌為四十兩，十匹壞馬，若每匹馬各六兩時，就跌為六十兩，共計一百兩。

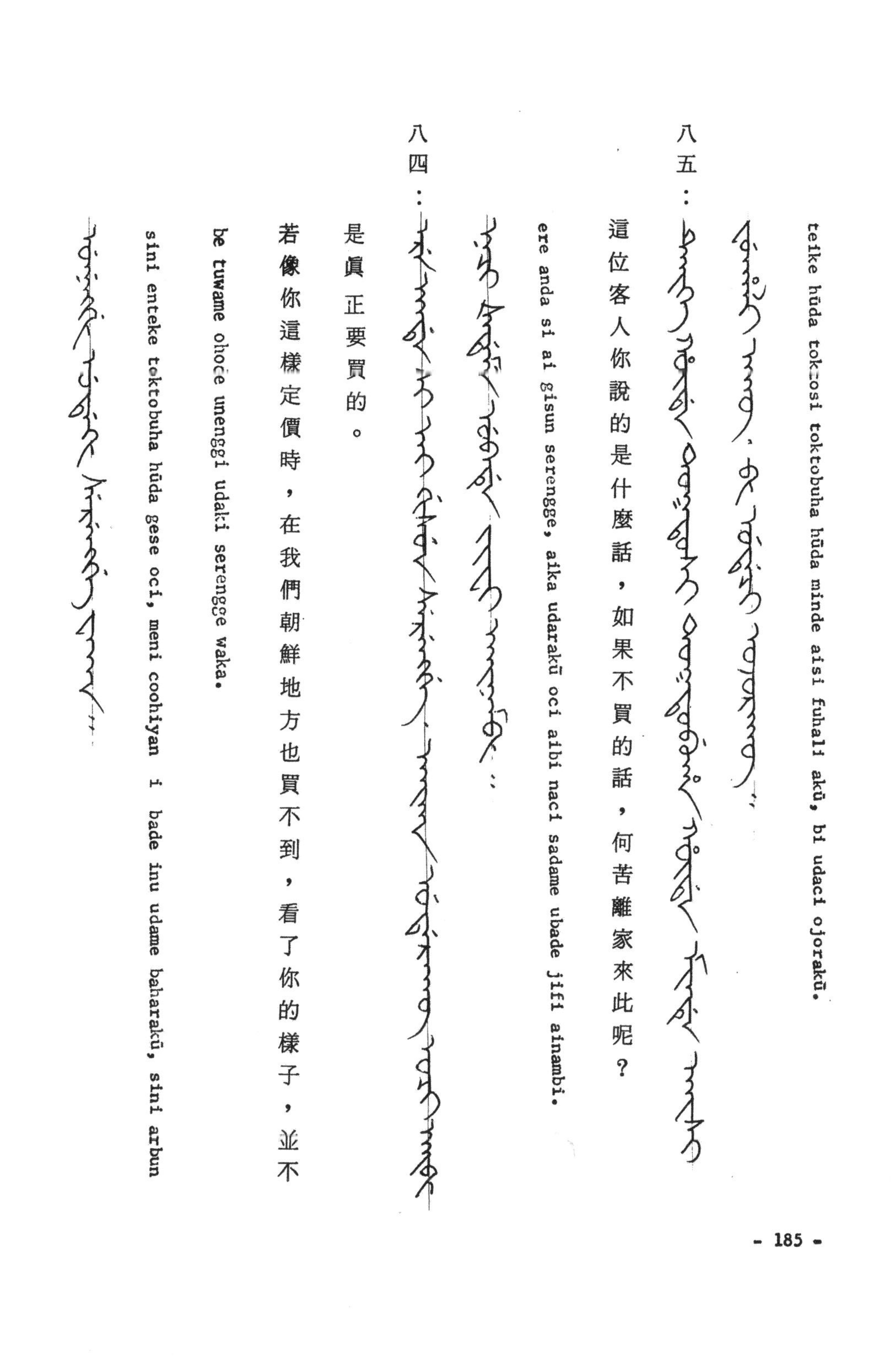

teike hūda toktosi toktobuha hūda minde aisi fuhali akū, bi udaci ojorakū.

八五：

這位客人你說的是什麼話，如果不買的話，何苦離家來此呢？

ere anda si ai gisun serengge, aika udarakū oci aibi naci sadame ubade jifi ainambi.

八四：

若像你這樣定價時，在我們朝鮮地方也買不到，看了你的樣子，並不是真正要買的。

sini enteke toktobuha hūda gese oci, meni coohiyan i bade inu udame baharakū, sini arbun
be tuwame ohoce unenggi udaki serengge waka.

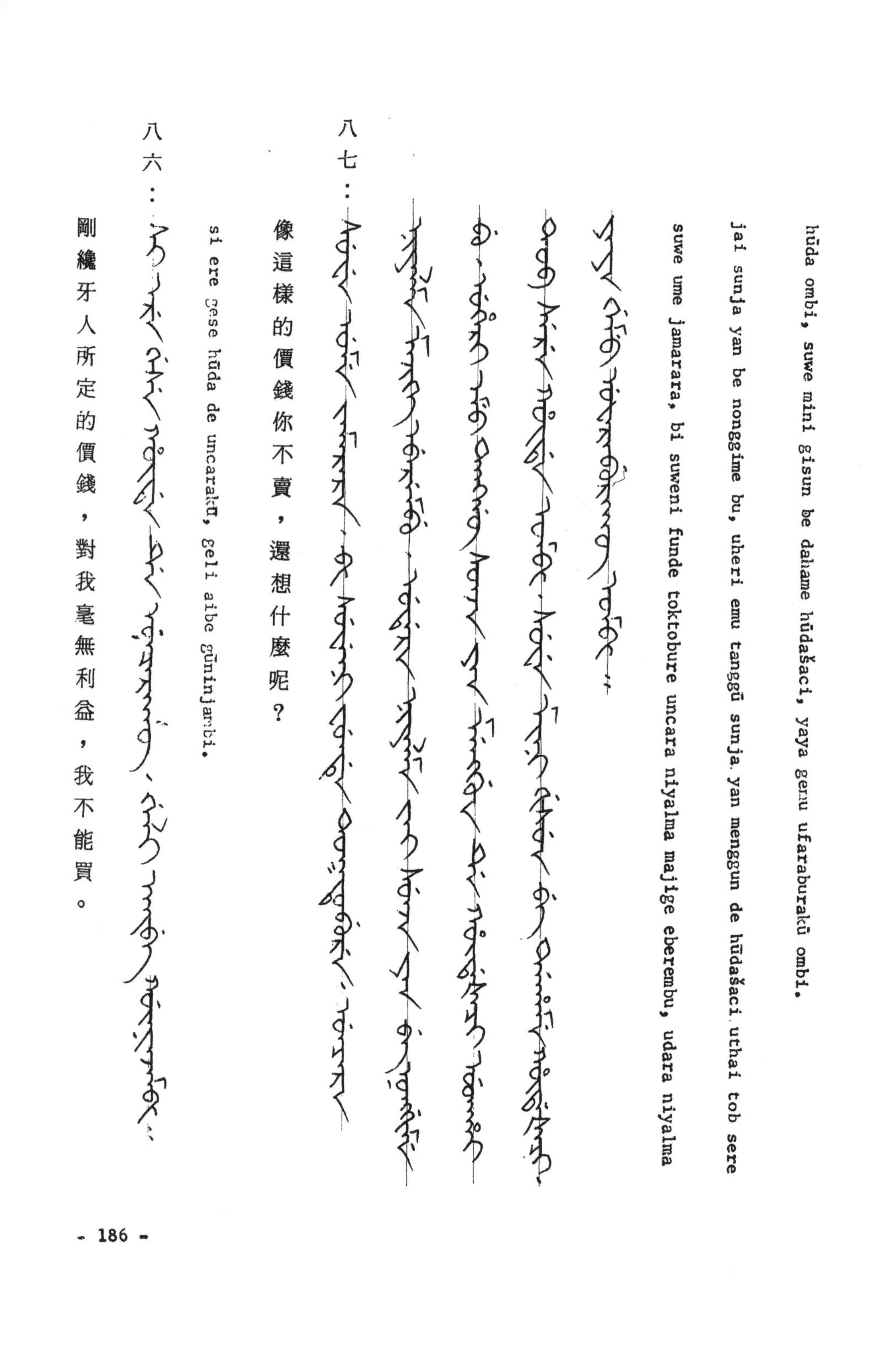

hūda ombi, suwe mini gisun be dahame hūdašaci, yaya gemu ufaraburakū ombi.

jai sunja yan be nonggime bu, uheri emu tanggū sunja yan menggun de hūdašaci uthai tob sere

suwe ume jamarara, bi suweni funde toktobure uncara niyalma majige eberembu, udara niyalma

八七：

像這樣的價錢你不賣，還想什麼呢？

si ere gese hūda de uncarakū, geli aibe gūninjambi.

八六：

剛纔牙人所定的價錢，對我毫無利益，我不能買。

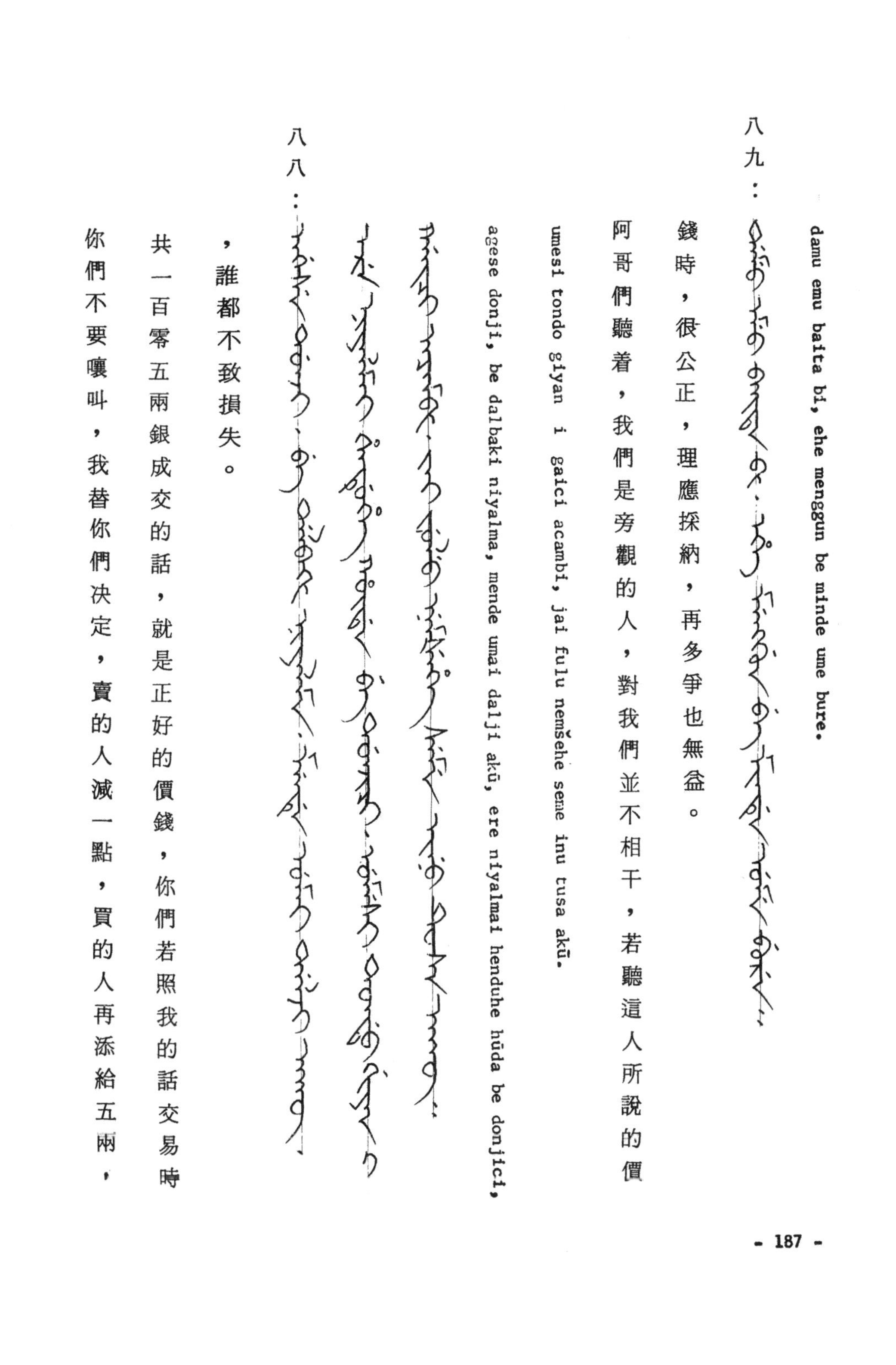

damu emu baita bi, ehe menggun be minde ume bure.

八九：

agese donji, be dalbaki niyalma, mende umai dalji akū, ere niyalmai henduhe hūda be donjici, umesi tondo giyan i gaici acambi, jai fulu nemšehe seme inu tusa akū.

阿哥們聽着，我們是旁觀的人，對我們並不相干，若聽這人所說的價錢時，很公正，理應採納，再多爭也無益。

八八：

你們不要嚷叫，我替你們決定，賣的人減一點，買的人再添給五兩，共一百零五兩銀成交的話，就是正好的價錢，你們若照我的話交易時，誰都不致損失。

uttu oci jodon i fulhūi menggun be gajifi hūda toktosi de tuwabu.

ᡨᡠᠸᠠᠪᡠ᠉

九二：ᠰᡳᠨᡳ ᠮᡝᠩᡤᡠᠨ ᠰᠠᡳᠨ ᠰᡝᠴᡳ᠈ ᠮᡝᠩᡤᡠᠨ ᠪᡝ ᠨᡝᠨᡝᠮᡝ ᡨᡠᠸᠠᡥᠠ ᠮᠠᠩᡤᡳ ᠵᠠᡳ ᠪᡳᡨᡥᡝ

若是你的銀子好時，先看了銀子後再寫書契吧！

sini menggun sain seci, menggun be neneme tuwaha manggi jai bithe araki.

ᠠᡵᠠᡴᡳ᠉

九一：ᡝᡥᡝ ᠮᡝᠩᡤᡠᠨ ᠮᡳᠨᡩᡝ ᡳᠨᡠ ᠠᡴᡡ᠈ ᠪᡳᠰᡳᡵᡝᠩᡤᡝ ᡤᡝᠮᡠ ᠠᠯᠪᠠᠨ ᡳ ᠴᠠᠯᡳᠶᠠᠨ ᡳ ᠮᡝᠩᡤᡠᠨ

我也沒有劣銀，現有的都是官家錢糧銀。

ehe menggun minde inu akū, bisirengge gemu alban i caliyan i menggun.

ᠮᡝᠩᡤᡠᠨ᠉

九〇：

但有一事，劣銀不要給我吧！

牙人。

我雖然看了銀子，不認得好壞，你做記號吧！以後用不得時都找這位

ohode, gemu ere hūda toktosi be baimbi.

bi udu menggun be tuwacibe, sain ehe be takarakū, si temgetu sinda, amala baitalaci ojorakū

九四：

你是賣主，自己仔細看吧，裡頭沒有一塊不好的。

si uncara niyalma beye kimcime tuwa, dorgi de emu farsi ehe ningge akū.

九三：

若是這樣，葛布袋的銀子拿來給牙人看吧！

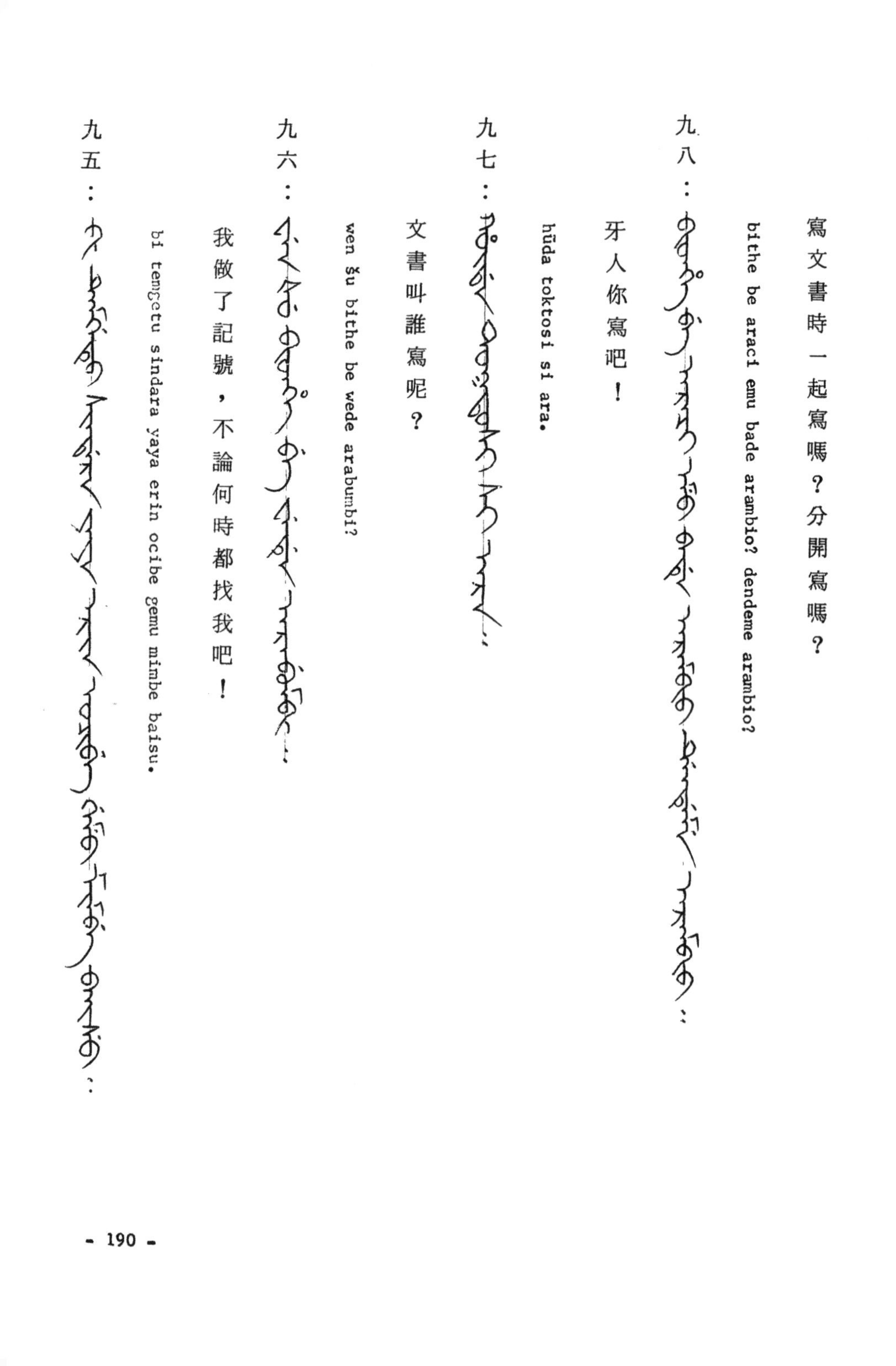

寫文書時一起寫嗎？分開寫嗎？

bithe be araci emu bade arambio? dendeme arambio?

九八：

牙人你寫吧！

hūda toktosi si ara.

九七：

文書叫誰寫呢？

wen šu bithe be wede arabumbi?

九六：

我做了記號，不論何時都找我吧！

bi temgetu sindara yaya erin ocibe gemu mimbe baisu.

九五：

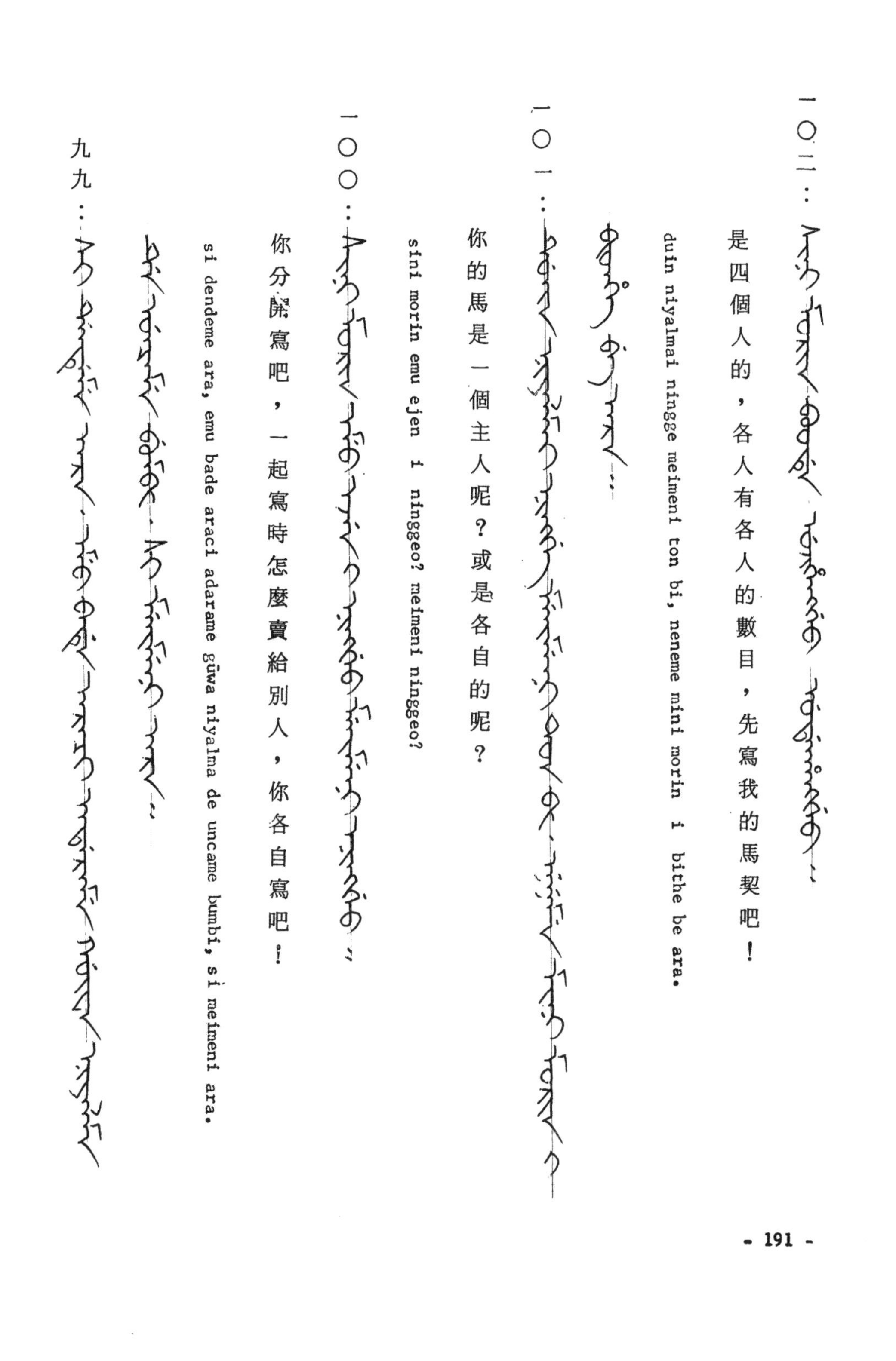

一〇二：

是四個人的，各人有各人的數目，先寫我的馬契吧！

duin niyalmai ningge meimeni ton bi, neneme mini morin i bithe be ara.

一〇一：

你的馬是一個主人呢？或是各自的呢？

sini morin emu ejen i ninggeo? meimeni ninggeo?

一〇〇：

你分開寫吧，一起寫時怎麼賣給別人，你各自寫吧！

si dendeme ara, emu bade araci adarame gūwa niyalma de uncame bumbi, si meimeni ara.

九九：

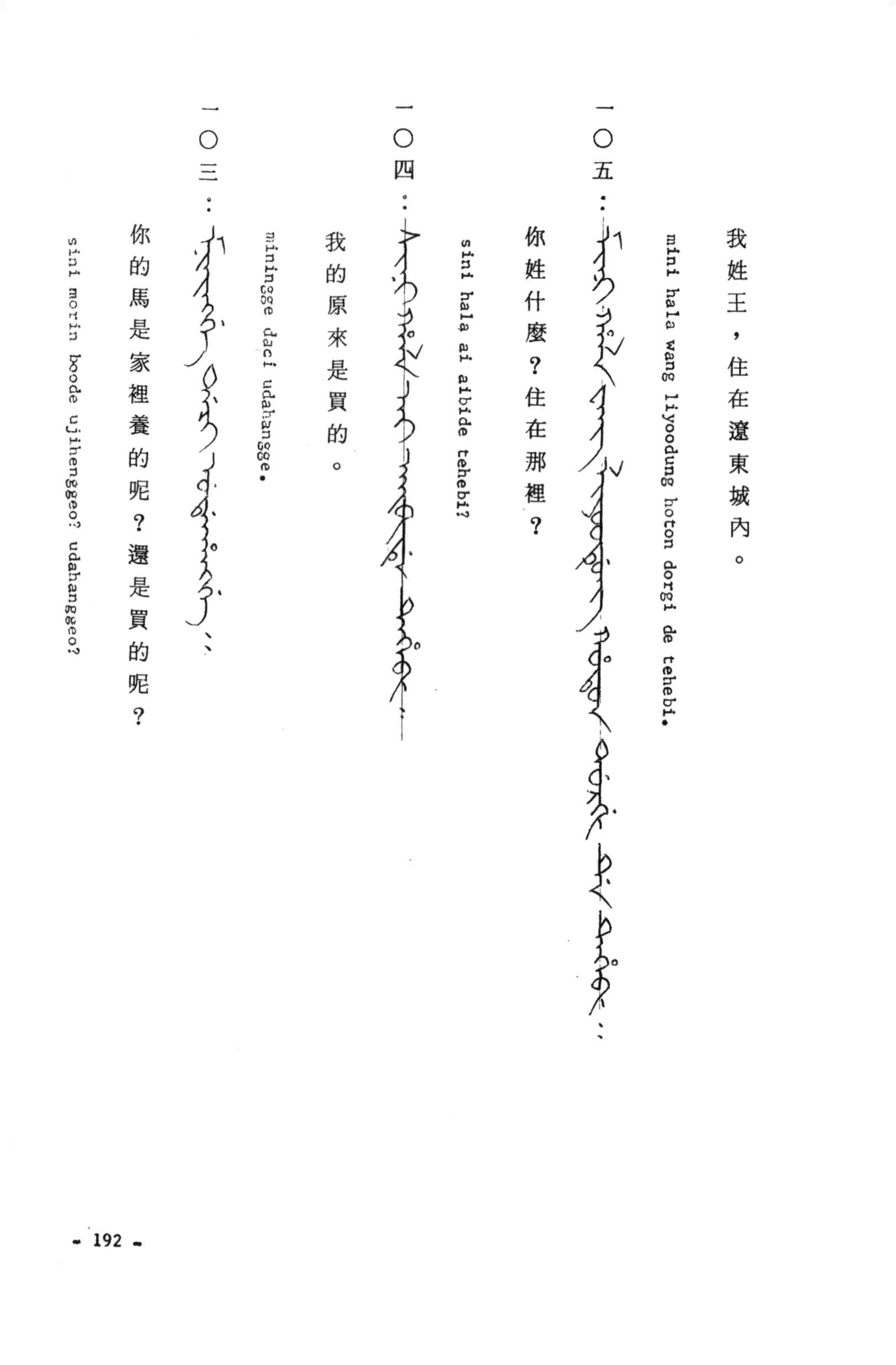

我姓王，住在遼東城內。

mini hala wang liyoodung hoton dorgi de tehebi.

一〇五：[illegible]

你姓什麼？住在那裡？

sini hala ai aibide tehebi?

一〇四：[illegible]

我的原來是買的。

mininġge daci udahangge.

一〇三：[illegible]

你的馬是家裡養的呢？還是買的呢？

sini morin boode ujihenggeo? udahanggeo?

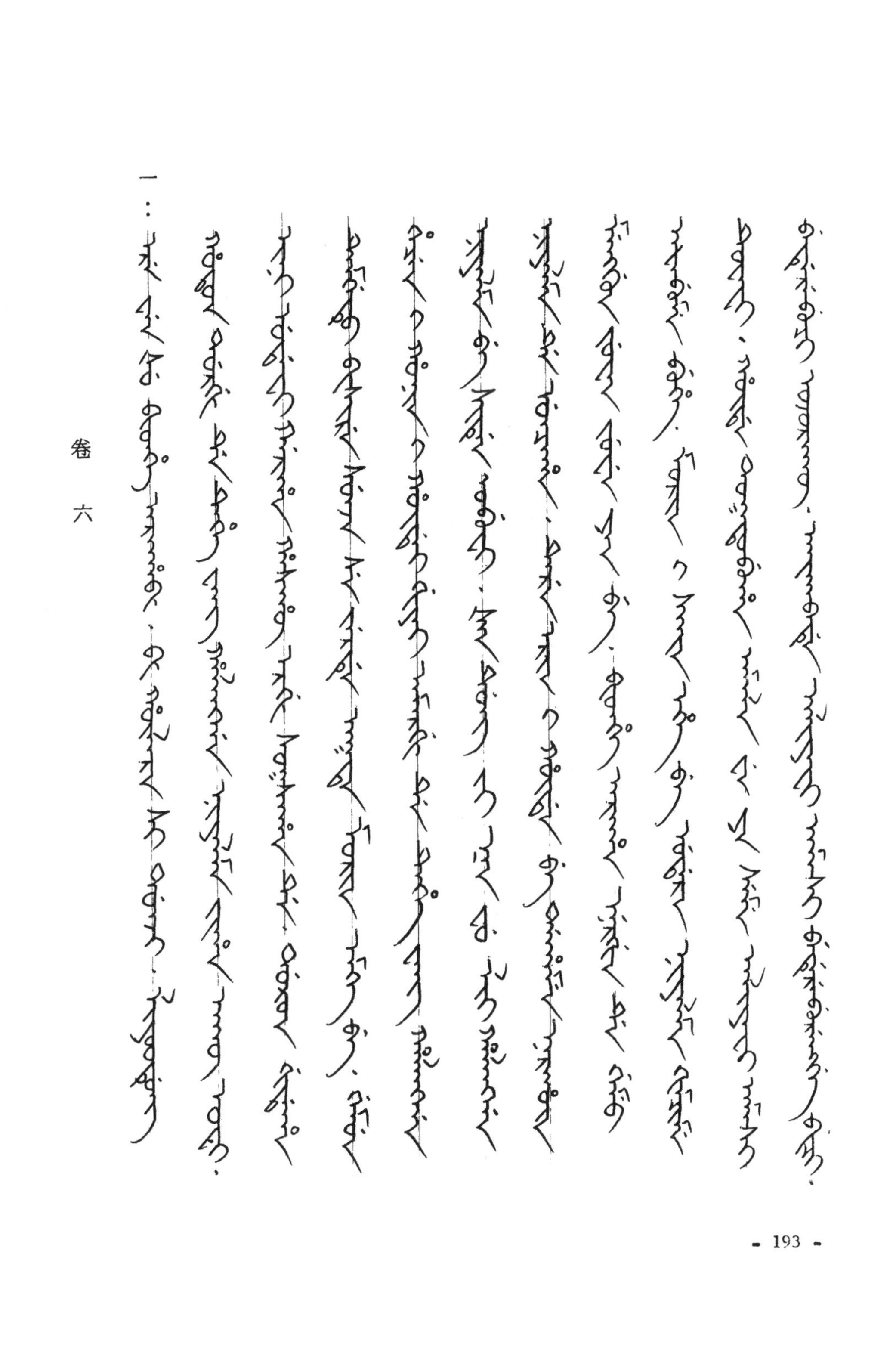

[illegible]

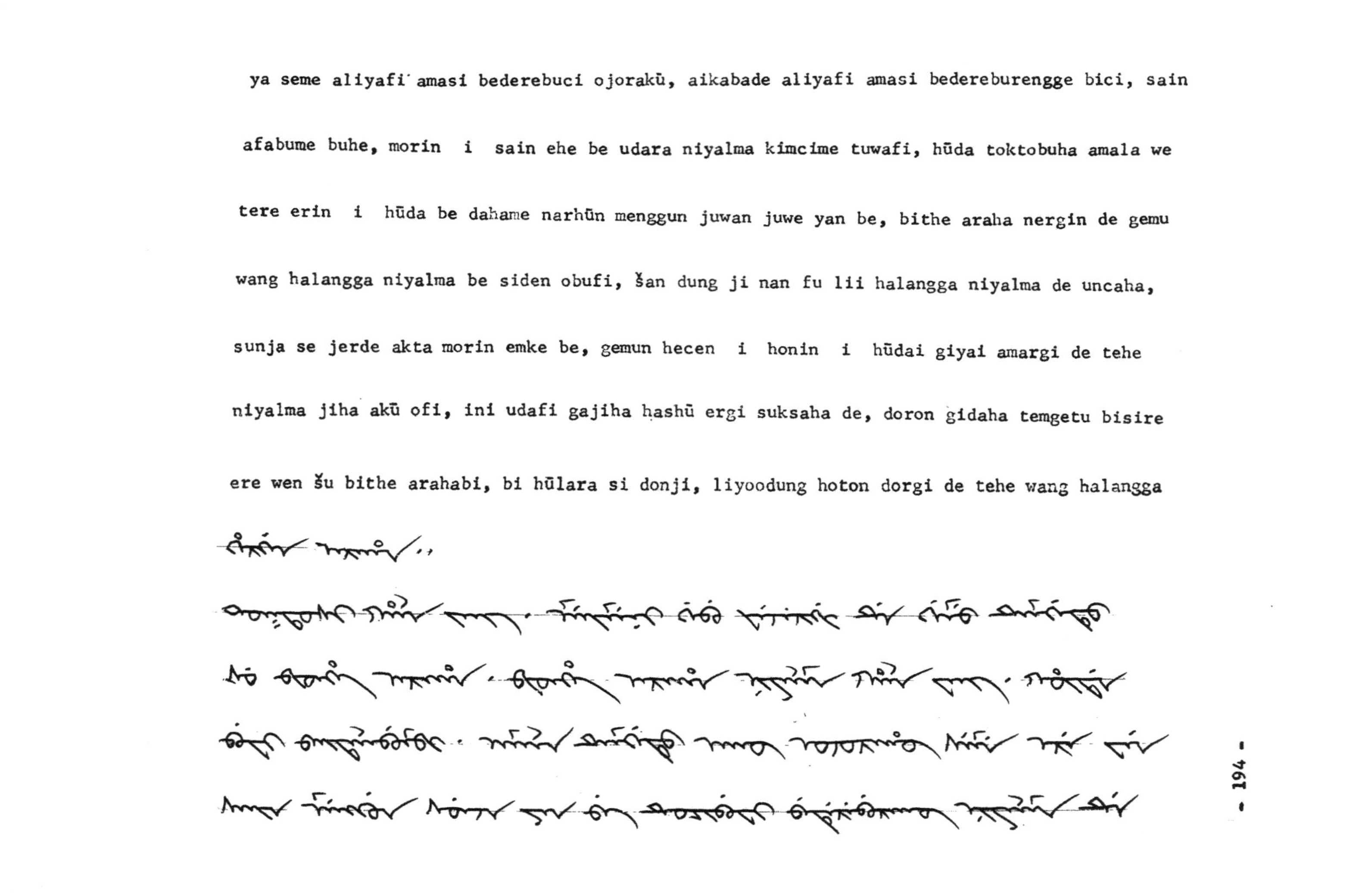

ya seme aliyafi amasi bederebuci ojorakū, aikabade aliyafi amasi bedereburengge bici, sain afabume buhe, morin i sain ehe be udara niyalma kimcime tuwafi, hūda toktobuha amala we tere erin i hūda be dahame narhūn menggun juwan juwe yan be, bithe araha nergin de gemu wang halangga niyalma be siden obufi, šan dung ji nan fu lii halangga niyalma de uncaha, sunja se jerde akta morin emke be, gemun hecen i honin i hūdai giyai amargi de tehe niyalma jiha akū ofi, ini udafi gajiha hashū ergi suksaha de, doron gidaha temgetu bisire ere wen šu bithe arahabi, bi hūlara si donji, liyoodung hoton dorgi de tehe wang halangga

[illegible]

[illegible]

[illegible]

[illegible]

[illegible]

menggun sunja yan be tucibufi bedeburakū niyalma de bufi baitalabumbi, amala temgetu akū

ojorakū seme ere wen šu bithe araha, bithe araha niyalma hala wang, hūda toktosi hala jang,

meimeni gebu fejergi de gemu temgetu hergen araha.

這文書寫好了，我念你聽，住遼東城內王姓之人因無錢，將他買來左大腿上烙有印記之五歲赤色騸馬一匹，以居住京城羊市街北王姓之人為中人，賣給山東濟南府李姓之人，按照當時價錢，將細銀十二兩，於立契當時俱已交給，馬之好壞，買主仔細看過，定價之後誰都不可反悔退還，倘若反悔退還者則出五兩好銀給與不退還之人使用，恐後無憑，故立此文書，立契者王姓，牙人張姓，在各自名下皆畫押。

二：ᡥᡡᡩᠠ ᡨᠣᡴᡨᠣᠰᡳ ᡩᡝ ᠪᡠᡵᡝ ᡥᡡᡩᠠ᠉

hūda toktosi de bure hūda.

給牙人價錢。

三：ᠪᡳᡨᡥᡝ ᠠᡵᠠᡥᠠ ᠪᠠᠰᠠ ᠪᡝ ᠪᡠᡵᡝ ᡩᡝ᠈ ᠨᡝᠨᡝᡥᡝ ᡴᠣᠣᠯᡳ ᡩᡝ ᡠᡩᠠᡵᠠ ᠨᡳᠶᠠᠯᠮᠠ ᠪᡳᡨᡥᡝ ᠠᡵᠠᡵᠠ ᠪᠠᠰᠠ ᠪᡝ ᠪᡠᠮᠪᡳ᠈ ᡠᠨᠴᠠᡵᠠ ᠨᡳᠶᠠᠯᠮᠠ ᡥᡡᡩᠠ ᡨᠣᡴᡨᠣᠰᡳ ᠪᠠᠰᠠ ᠪᡝ ᠪᡠᠮᠪᡳ᠉

bithe araha basa be bure de, nenehe kooli de udara niyalma bithe arara basa be bumbi, uncara niyalma hūda toktosi basa be bumbi.

付給立契的工錢時，以前規矩是買主付給立契的工錢，賣主付給牙人工錢。

四：ᠰᡳ ᠮᡝᡳᠮᡝᠨᡳ ᠪᠣᡩᠣ᠉

si meimeni bodo.

你各自算算吧！

五：ᡝᠮᡠ ᡨᠠᠩᡤᡡ ᠰᡠᠨᠵᠠ ᠶᠠᠨ ᡩᡝ ᠵᡠᠸᡝ ᠨᡳᠶᠠᠯᠮᠠᡳ ᠪᠠᠰᠠ ᡠᡩᡠ᠉

emu tanggū sunja yan de juwe niyalmai basa udu?

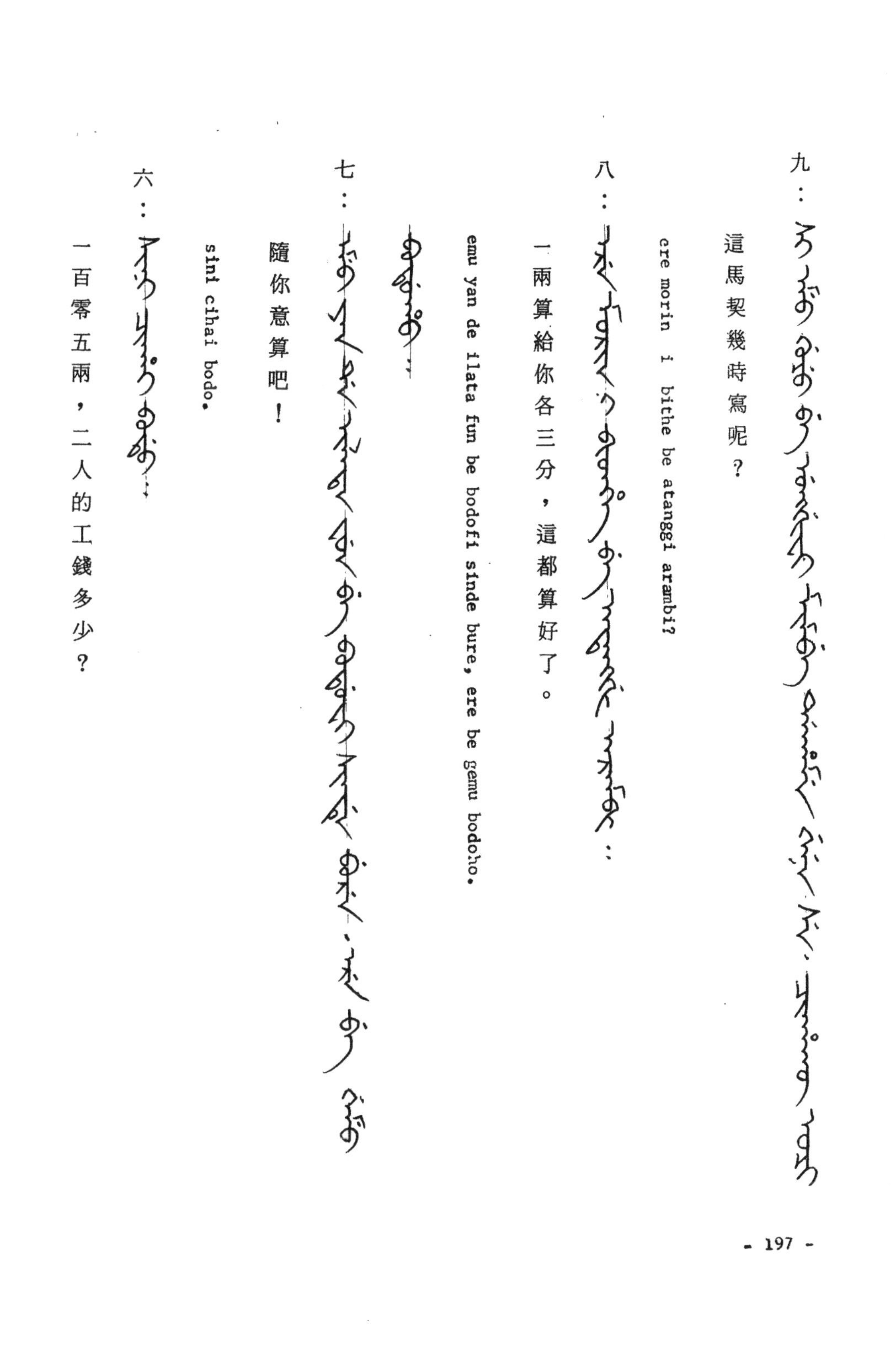

九：

這馬契幾時寫呢？

ere morin i bithe be atanggi arambi?

八：

一兩算給你各三分，這都算好了。

emu yan de ilata fun be bodofi sinde bure, ere be gemu bodoho.

七：

隨你意算吧！

sini cihai bodo.

六：

一百零五兩，二人的工錢多少？

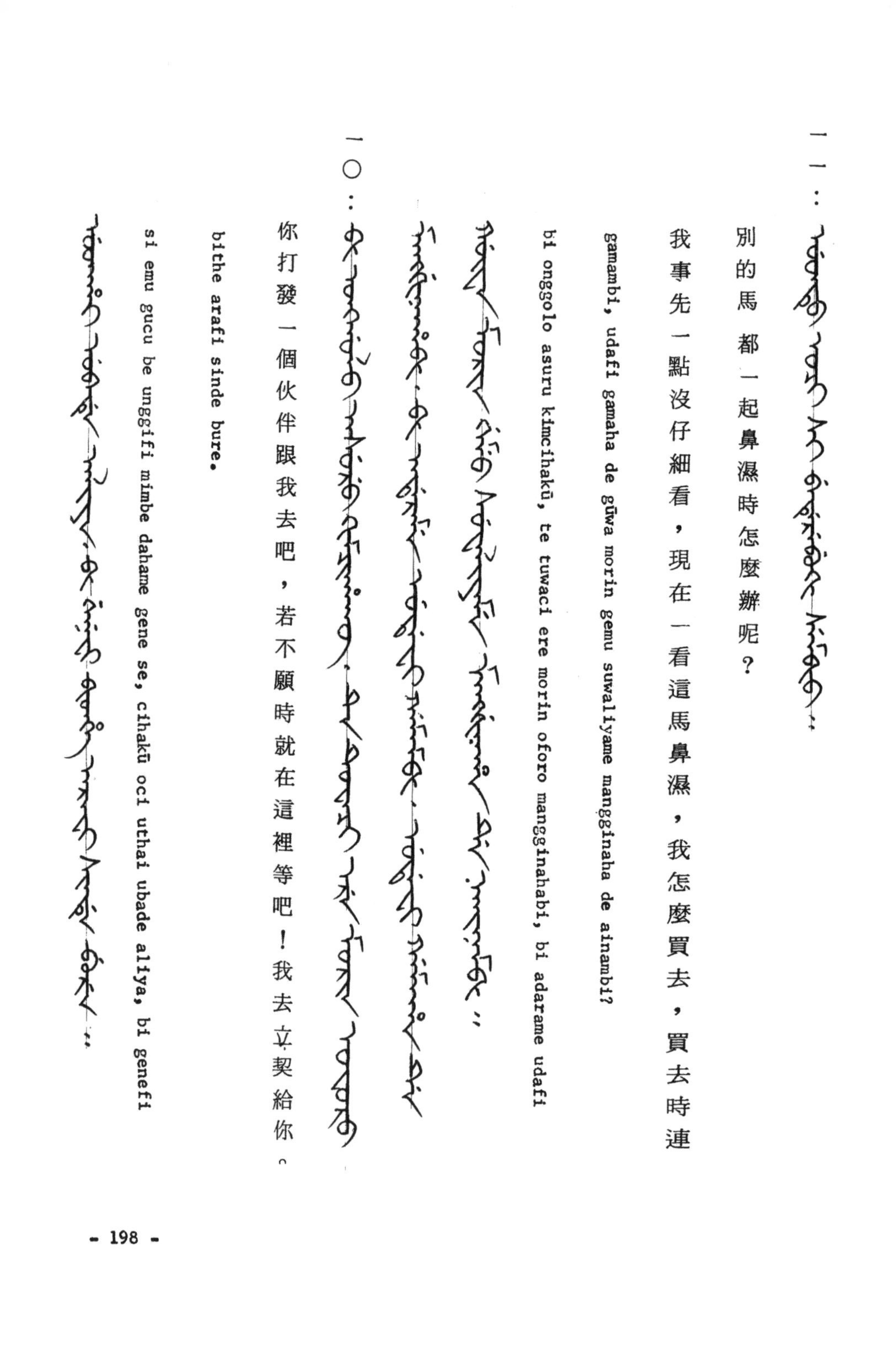

一一：

別的馬都一起鼻濕時怎麼辦呢？

我事先一點沒仔細看，現在一看這馬鼻濕，我怎麼買去，買去時連

bi onggolo asuru kimcihakū, te tuwaci ere morin oforo mangginahabi, bi adarame udafi gamambi, udafi gamaha de gūwa morin gemu suwaliyame mangginaha de ainambi?

一〇：

你打發一個伙伴跟我去吧，若不願時就在這裡等吧！我去立契給你。

si emu gucu be unggifi mimbe dahame gene se, cihakū oci uthai ubade aliya, bi genefi bithe arafi sinde bure.

[illegible]

一三：

我實在不想要了。

bi yargiyan i esike.

一二：ᡠᡨᡨᡠ ᠣᠴᡳ ᠰᡳ ᠪᡝᡩᡝᡵᡝᠪᡠᡴᡳ ᠰᡝᠮᠪᡳᠣ᠈

若是這樣，你是想要退還嗎？

uttu oci si bederebuki sembio?

給牙人二錢四分銀也拿來還給我吧！

兩，連同文契一併給我以外，還有我的八兩銀子裡，每兩各算三分，則要出銀五兩給不退還的人。官憑印信，私憑契約，你將退還的銀五

若是那樣，文書上寫的很清楚，誰都不可反悔退還，若是反悔退還，

toktosi de buhe juwe jiha duin fun menggun be inu minde asa- amasi gaju.

minde bureci tulgiyen, jai mini jakūn yan menggun de yan tome ilata fun bodome, hūda

šu bithe de akdambi, si menggun sunja yan bederebure akdun bithe be suwaliyame tucibufi

bedereburakū niyalma de bukini sehebi, siden oci doron be temgetu obumbi, cisu oci wen

ojorakū, aika aliyafi amasi bederebürengge bici, menggun sunja yan be tucibufi

tuttu oci wen šu bithe de arahangge umesi getuken, we ya seme aliyafi amasi bederebuci

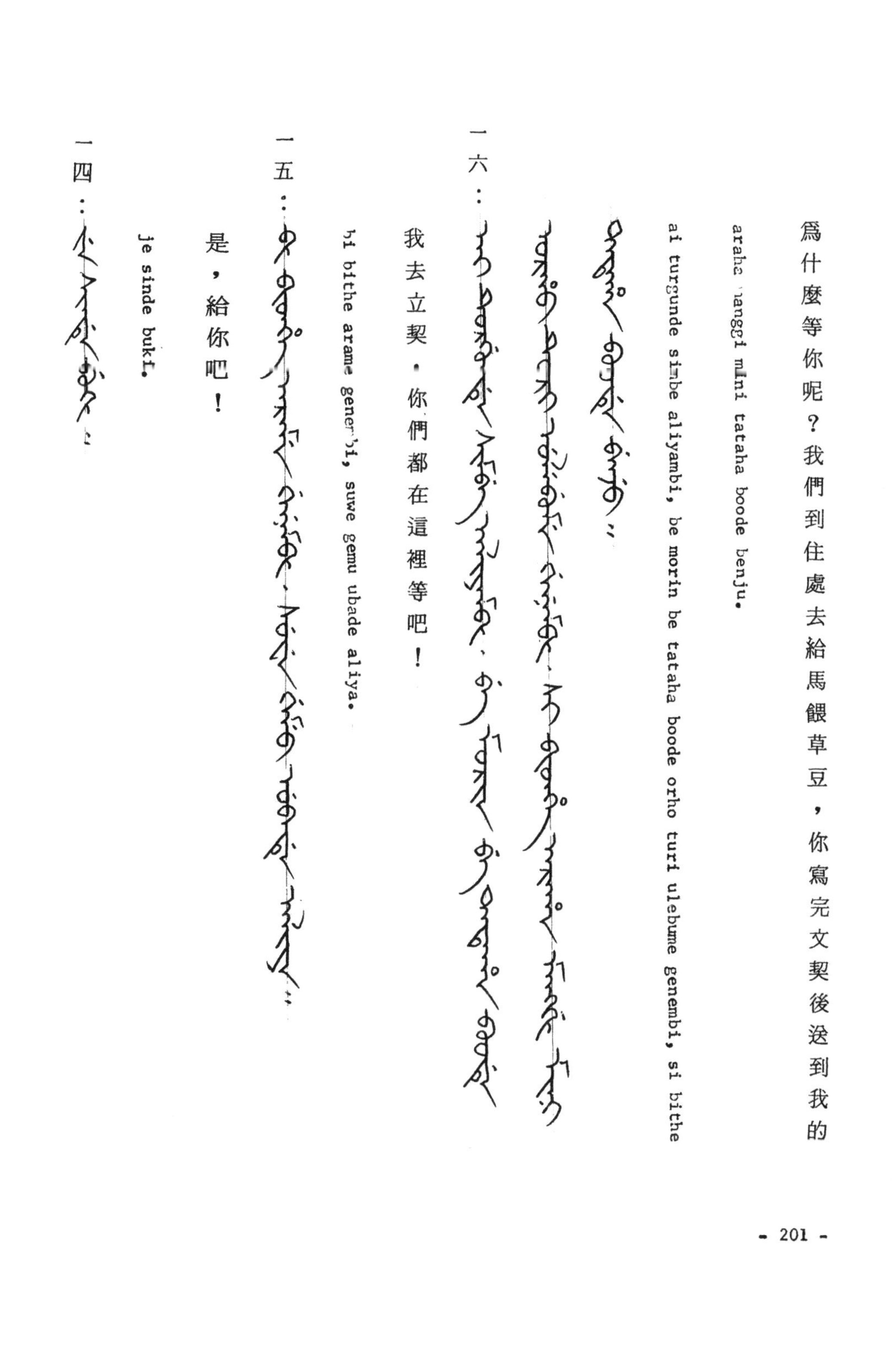

為什麼等你呢？我們到住處去給馬餵草豆，你寫完文契後送到我的

araha nanggi mini tataha boode benju.

ai turgunde simbe aliyambi, be morin be tataha boode orho turi ulebume genembi, si bithe

一六：

我去立契．你們都在這裡等吧！

bi bithe arame genembi, suwe gemu ubade aliya.

一五：

是，給你吧！

je sinde buki.

一四：

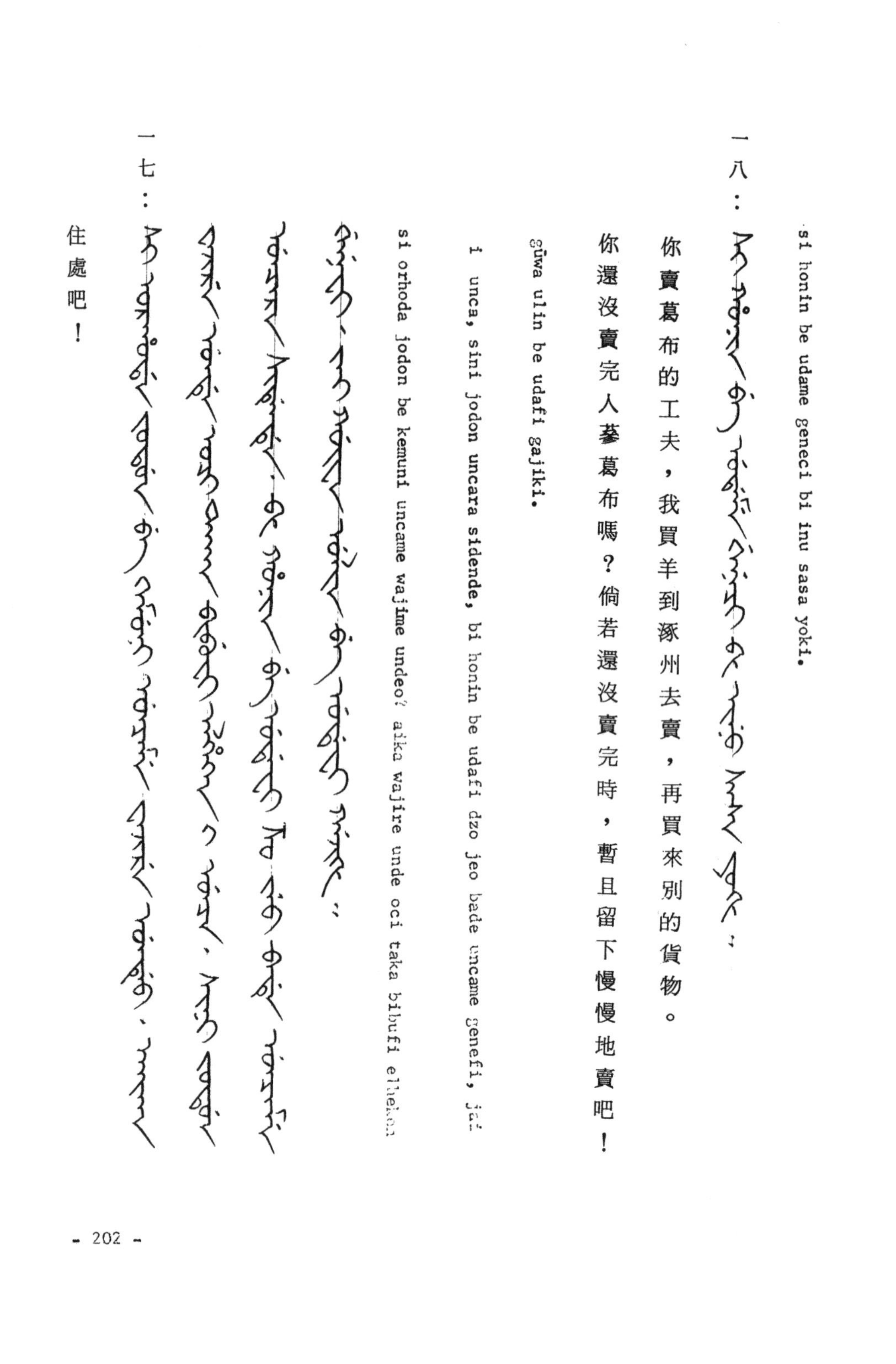

si honin be udame geneci bi inu sasa yoki.

一八：

你賣葛布的工夫，我買羊到涿州去賣，再買來別的貨物。

你還沒賣完人蔘葛布嗎？倘若還沒賣完時，暫且留下慢慢地賣吧！

gūwa ulin be udafi gajiki.

i unca, sini jodon uncara sidende, bi honin be udafi dzo jeo bade uncame genefi, jai

si orhoda jodon be kemuni uncame wajime undeo? aika wajire unde oci taka bibufi elhekan

一七：

住處吧！

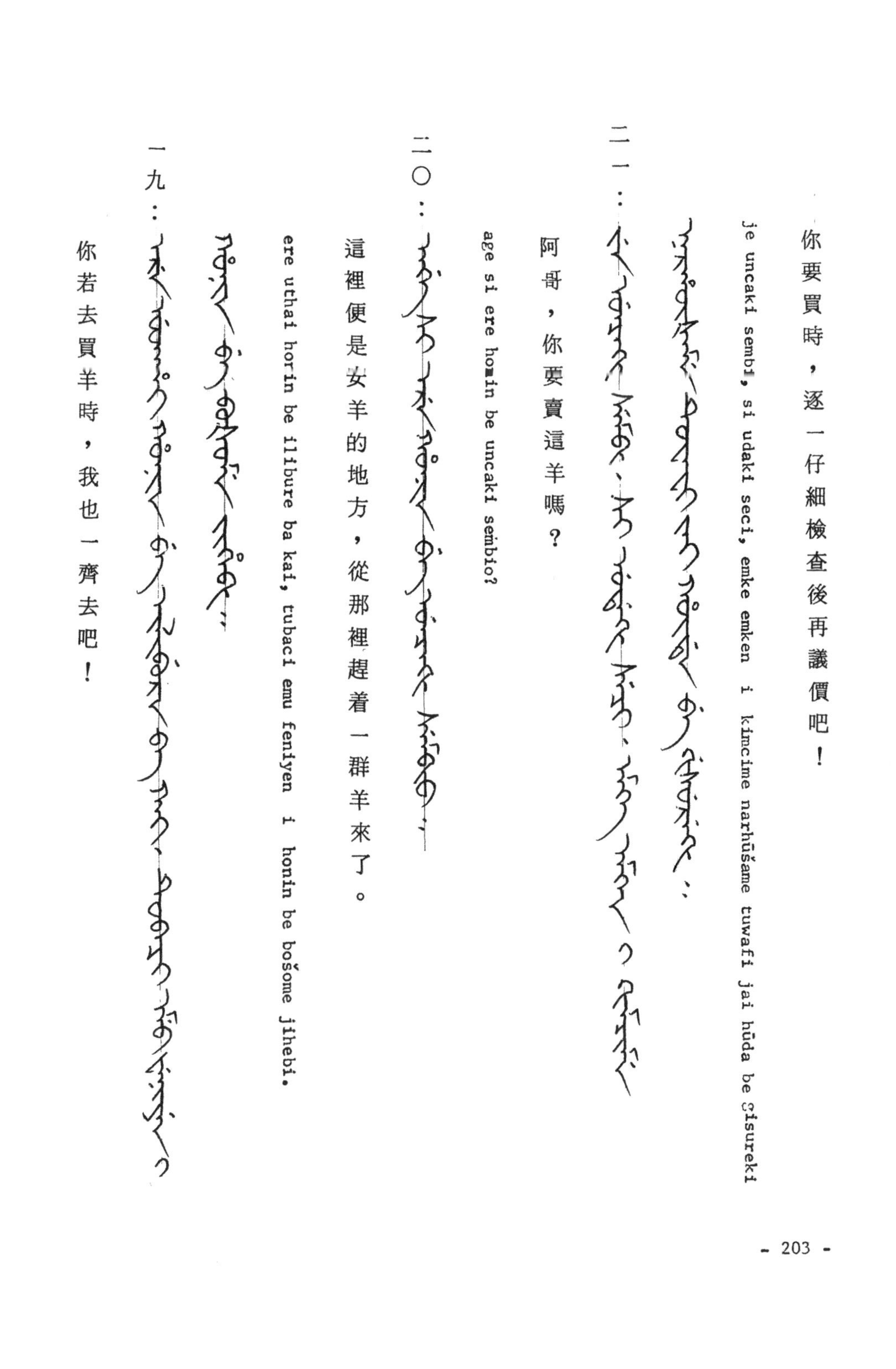

你要買時，逐一仔細檢查後再議價吧！

je uncaki sembi, si udaki seci, emke emken i kimcime narhūšame tuwafi jai hūda be gisureki

二一：

阿哥，你要賣這羊嗎？

age si ere honin be uncaki sembio?

二〇：

這裡便是牧羊的地方，從那裡趕着一群羊來了。

ere uthai honin be ilibure ba kai, tubaci emu feniyen i honin be bošome jihebi.

一九：

你若去買羊時，我也一齊去吧！

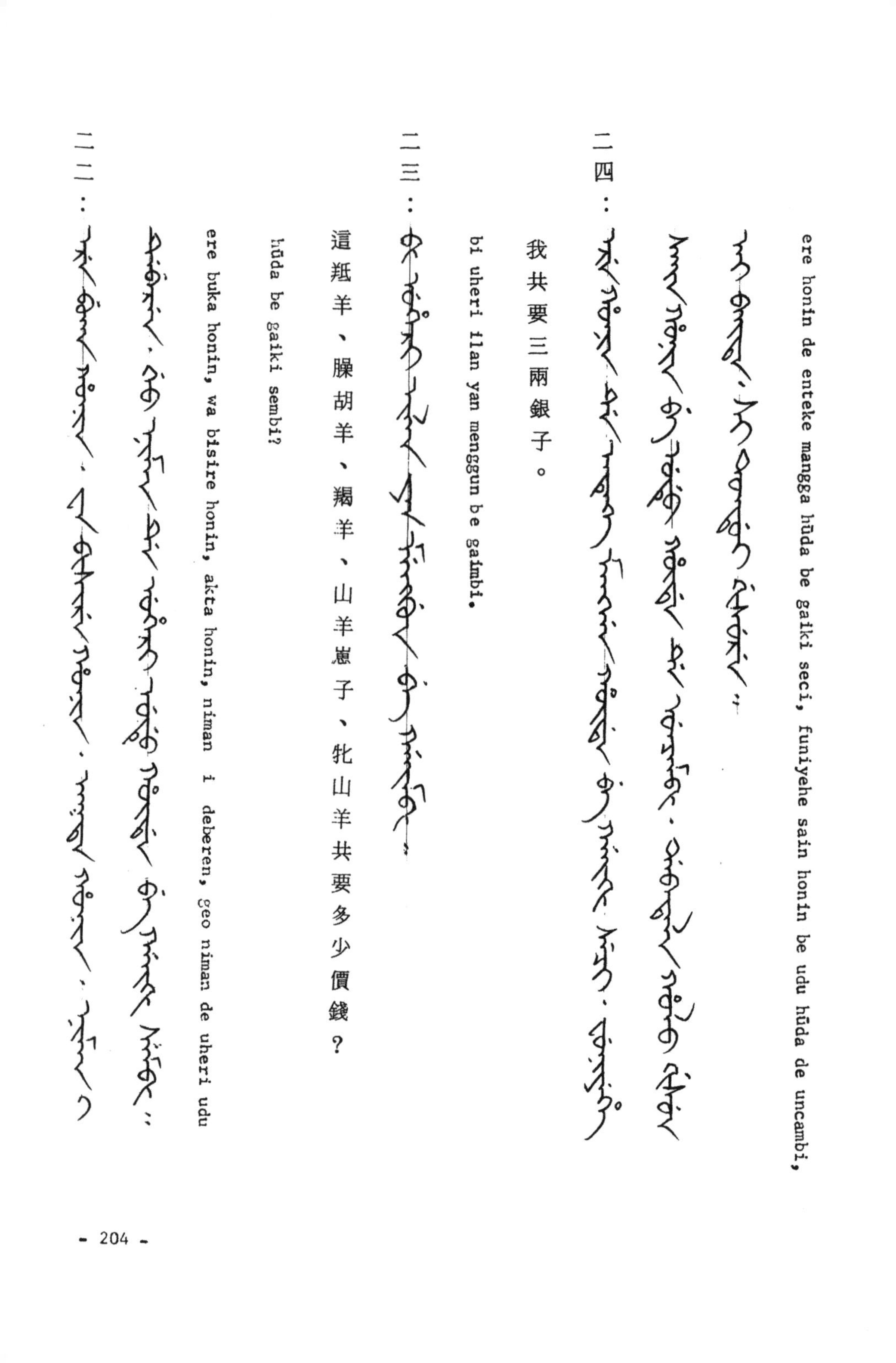

ere honin de enteke mangga hūda be gaiki seci, funiyehe sain honin be udu hūda de uncambi,

二四：

我共要三兩銀子。

bi uheri ilan yan menggun be gaimbi.

二三：

這羝羊、騬胡羊、羯羊、山羊羔子、牝山羊共要多少價錢？

hūda be gaiki sembi?

ere buka honin, wa bisire honin, akta honin, niman i deberen, geo niman de uheri udu

二二：

你不用減去五錢，給你二兩銀子吧，你若願意時，我就買，若不願

cihakū oci si bošome gama.

si sunja jiha be eberembure naka, sinde juwe yan menggun be buki, si cihalaci bi udaki,

ᠰᡳ ᠰᡠᠨᠵᠠ ᠵᡳᡥᠠ ᠪᡝ ᡝᠪᡝᡵᡝᠮᠪᡠᡵᡝ ᠨᠠᡴᠠ᠈ ᠰᡳᠨᡩᡝ ᠵᡠᠸᡝ ᠶᠠᠨ ᠮᡝᠩᡤᡠᠨ ᠪᡝ ᠪᡠᡴᡳ᠈ ᠰᡳ ᠴᡳᡥᠠᠯᠠᠴᡳ ᠪᡳ ᡠᡩᠠᡴᡳ᠈

ᠴᡳᡥᠠᡴᡡ ᠣᠴᡳ ᠰᡳ ᠪᠣᡧᠣᠮᡝ ᡤᠠᠮᠠ᠉

二六。ᡠᡨᡨᡠ ᠣᠴᡳ ᠪᡳ ᠰᡠᠨᠵᠠ ᠵᡳᡥᠠ ᠪᡝ ᡝᠪᡝᡵᡝᠮᠪᡠᡵᡝ᠉

若是這樣，我減去五錢。

uttu oci bi sunja jiha be eberembure.

二五：ᡩᠠᠪᠠᡨᠠᠯᠠ ᡥᠣᠯᠣ ᡤᡳᠰᡠᠨ ᠠᡳ ᠪᠠᡳᡨᠠ᠈ ᠰᡳ ᡨᠣᠨᡩᠣᡳ ᡤᡳᠰᡠᡵᡝ᠉

麼用，你直說吧！

這羊要這樣昂貴的價錢時，毛好的羊賣多少價錢呢？過分說謊有什

dabatala holo gisun ai baita, si tondoi gisure.

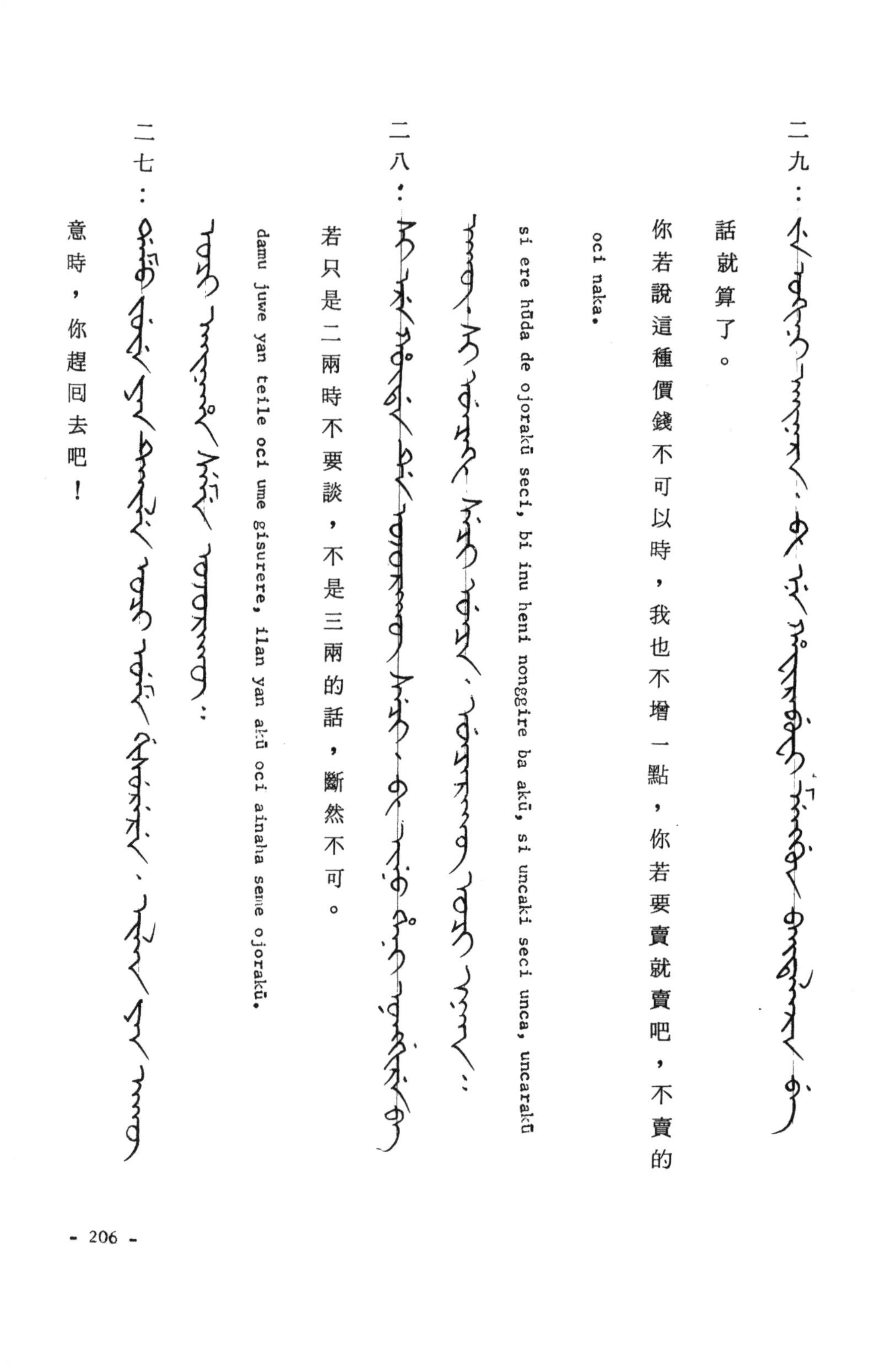

意時，你趕回去吧！

二七：

damu juwe yan teile oci ume gisurere, ilan yan akū oci ainaha seme ojorakū.

若只是二兩時不要談，不是三兩的話，斷然不可。

二八：

si ere hūda de ojorakū seci, bi inu heni nonggire ba akū, si uncaki seci unca, uncarakū oci naka.

你若說這種價錢不可以時，我也不增一點，你若要賣就賣吧，不賣的話就算了。

二九：

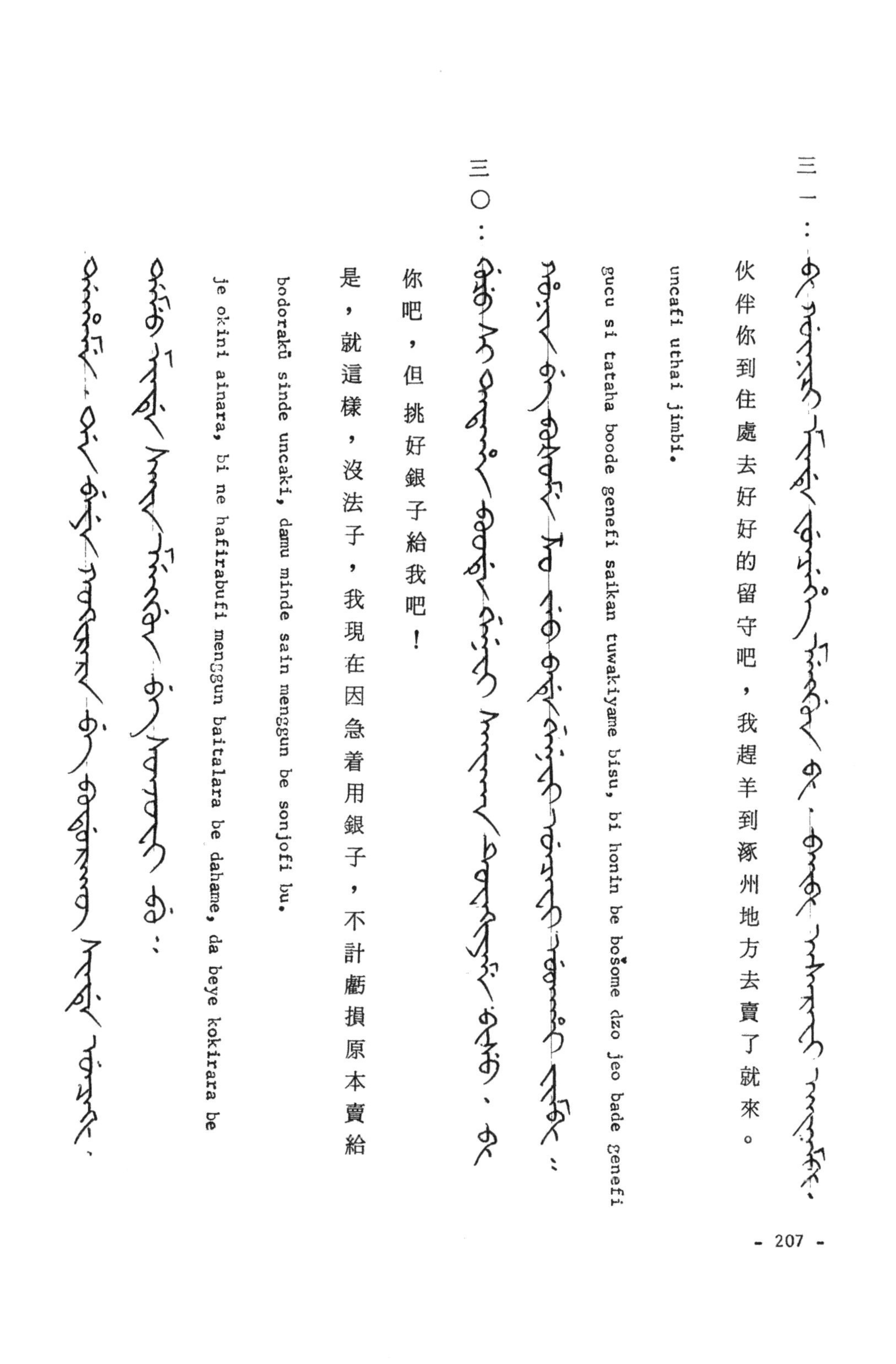

三一：

伙伴你到住處去好好的留守吧，我趕羊到涿州地方去賣了就來。

gucu si tataha boode genefi saikan tuwakiyame bisu, bi honin be bošome dzo jeo bade genefi uncafi uthai jimbi.

三〇：

je okini ainara, bi ne hafirabufi menggun baitalara be dahame, da beye kokirara be bodorakū sinde uncaki, damu minde sain menggun be sonjofi bu.

是，就這樣，沒法子，我現在因急着用銀子，不計虧損原本賣給你吧，但挑好銀子給我吧！

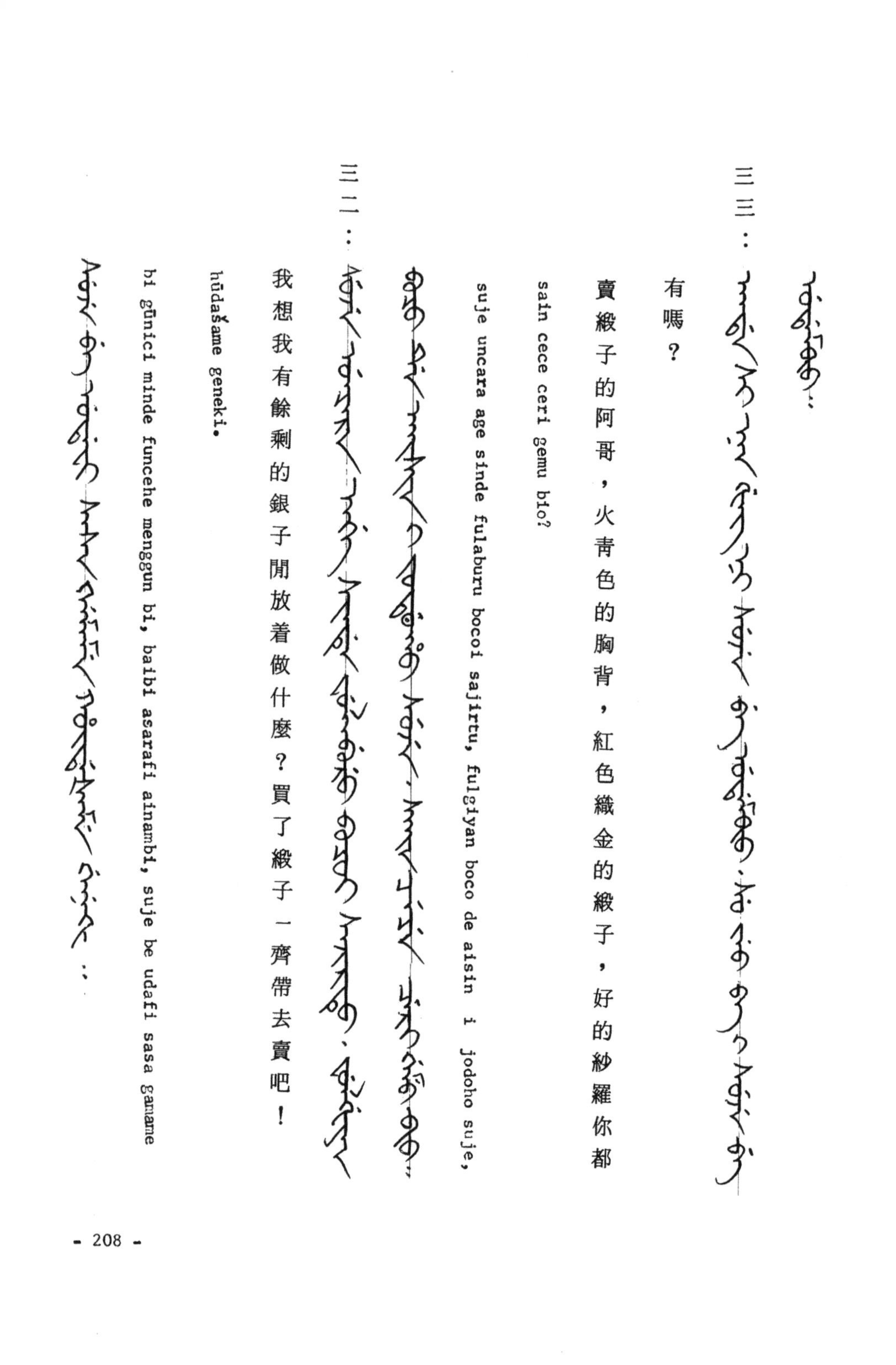

bi gūnici minde funcehe menggun bi, baibi asarafi ainambi, suje be udafi sasa gamame hūdašame geneki.

我想我有餘剩的銀子閒放着做什麼？買了緞子一齊帶去賣吧！

三二：

suje uncara age sinde fulaburu boco i sajirtu, fulgiyan boco de aisin i jodoho suje, sain cece ceri gemu bio?

賣緞子的阿哥，火青色的胸背，紅色織金的緞子，好的紗羅你都有嗎？

三三：

三五：ᠠᠮᠪᠠ ᠠᡤᡝ ᠨᠠᠨᡤᡳᠩ ᠨᡳ ᠰᡠᠵᡝ ᠪᠣᠴᠣᠩᡤᠣ ᠪᡳᠮᡝ ᠨᠠᡵᡥᡡᠨ ᠣᠴᡳᠪᡝ᠈ ᡤᠣᡳᡩᠠᠮᡝ ᡝᡨᡠᠴᡳ ᠣᠵᠣᡵᠠᡴᡡ᠈ ᡥᠠᠩᠵᡝᠣ ᠪᠠ ᡳ ᠰᡠᠵᡝ ᠵᠣᡩᠣᡥᠣ ᠰᡳᡵᡤᡝ ᠨᡝᡳᡤᡝᠨ᠈ ᠰᡠᠵᡝᠣ ᠪᠠ ᡳ ᠰᡠᠵᡝ ᠨᡝᡴᡝᠯᡳᠶᡝᠨ ᠪᡳᠮᡝ ᡠᡶᠠ ᡳᠵᡠᡥᠠᠪᡳ ᠰᡳᠯᡝᠮᡳᠨ ᠠᡴᡡ ᡴᠠᡳ᠉

大阿哥，南京的緞子雖然有彩色而且又精細，但不耐穿，杭州地方的緞子織的纖維很均勻，蘇州地方的緞子薄且有粆飾不堅韌啊！

amba age nan ging ni suje boconggo bime narhūn ocibe, goidame etuci ojorakū, hang jeo ba i suje jodoho sirge neigen, su jeo ba i suje nekeliyen bime ufa ijuhabi silemin akū kai.

三四：ᠠᠨᡩᠠ ᠰᡳ ᠨᠠᠨᡤᡳᠩ ᠨᡳ ᠰᡠᠵᡝ ᠪᡝ ᡠᡩᠠᠮᠪᡳᠣ᠈ ᠰᡠᠵᡝᠣ ᠪᠠ ᡳ ᠰᡠᠵᡝ ᠪᡝ ᡠᡩᠠᠮᠪᡳᠣ᠉

客人，你要買南京的緞子嗎？要買蘇州地方的緞子嗎？

anda si nan ging ni suje be udambio? su jeo ba i suje be udambio?

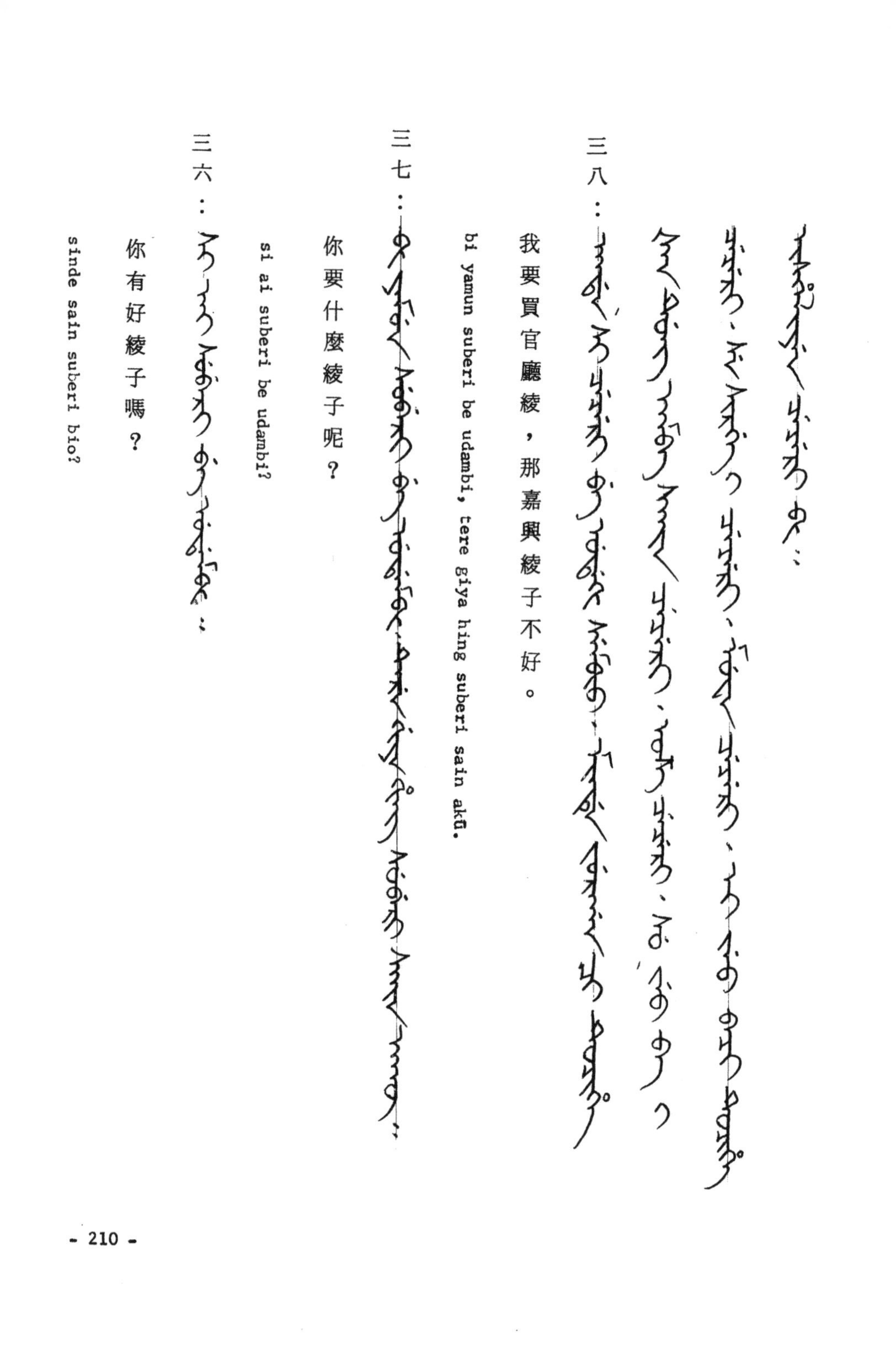

三八：

我要買官廳綾，那嘉興綾子不好。

bi yamun suberi be udambi, tere giya hing suberi sain akū.

三七：

你要什麼綾子呢？

si ai suberi be udambi?

三六：

你有好綾子嗎？

sinde sain suberi bio?

anda si ceceri be udaki sembio? minde jurgan ci tucihe šan dung amba sain ceceri, odz ceceri, su jeo ba i ceceri, se sirge i ceceri, muwa ceceri, i jeo baci tucihe isheliyen ceceri bi.

客人，你要買綢子嗎？我有部院出來的山東大好綢子，倭綢，蘇州地方的綢子，生絲綢、粗綢，易州地方出來的窄幅綢。

三九：ᠪᡳ ᡩᠠᠮᡠ ᠠᠮᠪᠠ ᠵᡠᡵᡤᠠᠨ ᡳ ᠴᡝᠴᡝᡵᡳ᠈ ᠰᡠ ᠵᡝᠣ ᠪᠠ ᡳ ᠴᡝᠴᡝᡵᡳ᠈ ᠰᡝ ᠰᡳᡵᡤᡝ ᡳ ᠴᡝᠴᡝᡵᡳ ᠪᡝ ᡠᡩᠠᠮᠪᡳ᠉

bi damu amba jurgan i ceceri, su jeo ba i ceceri, se sirge i ceceri be udambi.

我只要買部院的大綢，蘇州地方的綢子，生絲的綢子。

四〇：ᠰᡳᠨᡩᡝ ᠰᡝ ᠰᡳᡵᡤᡝ ᠪᡳᠣ᠈ ᠪᡳ ᠯᠠᠪᡩᡠ ᡠᡩᠠᠮᠪᡳ᠉

sinde se sirge bio? bi labdu udambi.

你有生絲嗎？我要多買些。

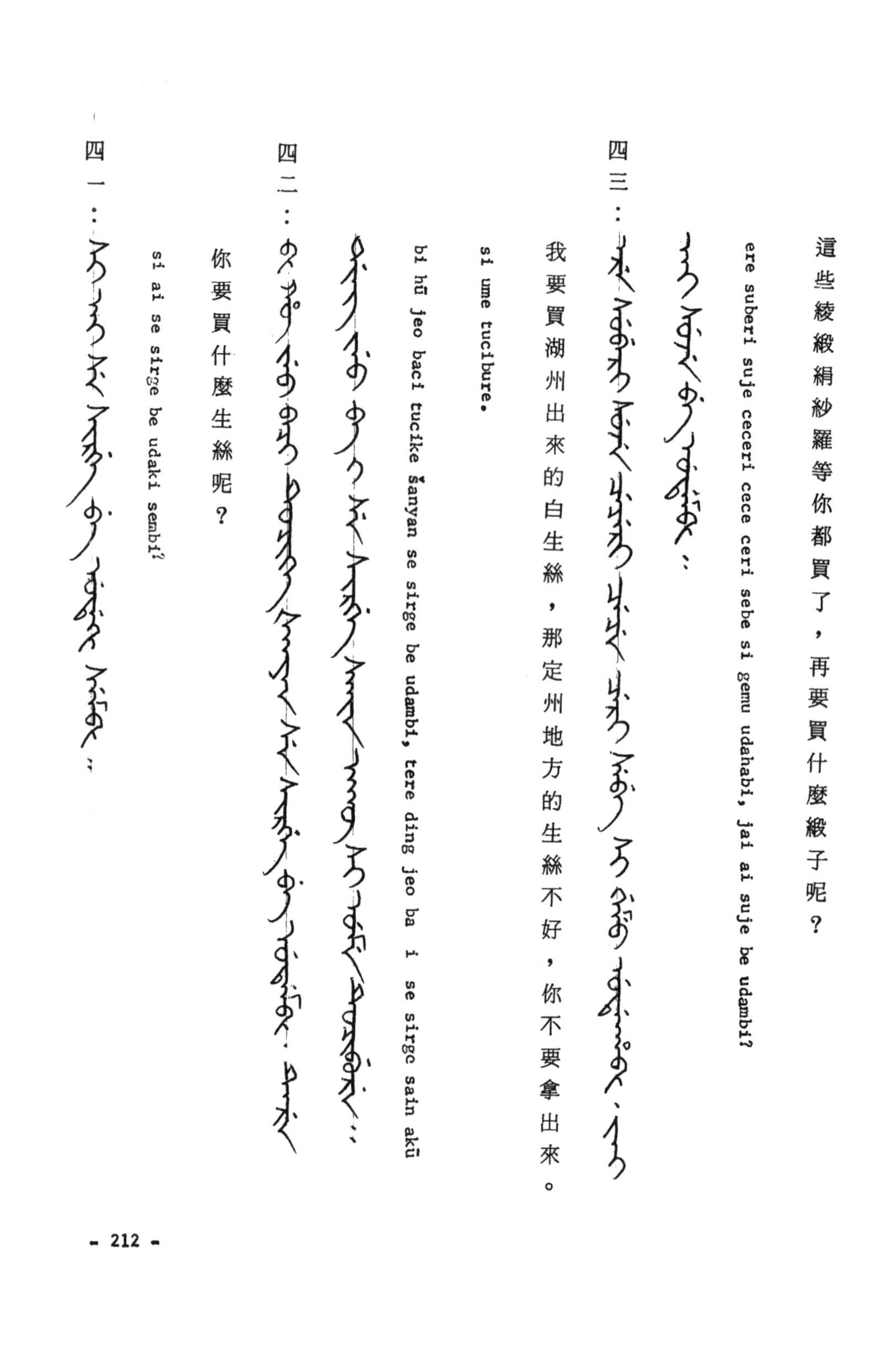

這些綾緞絹紗羅等你都買了，再要買什麼緞子呢？

ere suberi suje ceceri cece ceri sebe si gemu udahabi, jai ai suje be udambi?

四三：

我要買湖州出來的白生絲，那定州地方的生絲不好，你不要拿出來。

si ume tucibure.

bi hū jeo baci tucike šanyan se sirge be udambi, tere ding jeo ba i se sirge sain akū

四二：

你要買什麼生絲呢？

si ai se sirge be udaki sembi?

四一：

四四：ᠪᡳ ᡩᠠᠮᡠ ᡨᡠᠮᡳᠨ ᠶᠠᠴᡳᠨ ᠰᡠᠵᡝ ᡩᡝ ᠠᡳᠰᡳᠨ ᠰᡳᡵᡤᡝᡳ ᠵᠣᡩᠣᡥᠣ ᠰᠠᠵᡳᡵᡨᡠ ᠪᡝ ᡠᡩᠠᠮᠪᡳ᠈ ᠪᡳ ᠰᡳᠨᡩᡝ ᠶᠠᡵᡤᡳᠶᠠᠨ ᡳ ᠠᠯᠠᡵᠠ᠈ ᡝᡵᡝ ᠰᡠᠵᡝ ᠪᡝ ᡠᡩᠠᡶᡳ ᠪᡳ ᡝᡨᡠᡴᡳ ᠰᡝᡵᡝᠩᡤᡝ ᠸᠠᡴᠠ᠈ ᡥᡡᡩᠠᡳ ᠪᠠᡩᡝ ᡤᠠᠮᠠᠮᡝ ᡠᠨᠴᠠᡶᡳ ᠠᡳᠰᡳ ᠪᠠᡥᠠᡴᡳ ᠰᡝᡵᡝ ᠵᠠᠯᡳᠨ ᠰᡳ ᠠᠨ ᡳ ᡥᡡᡩᠠ ᠪᡝ ᡤᠠᡳᠰᡠ᠉

bi damu tumin yacin suje de aisin sirgei jodoho sajirtu be udambi, bi sinde yargiyan i alara, ere suje be udafi bi etuki serengge waka, hūdai bade gamame uncafi aisi bahaki sere jalin si an i hūda be gaisu.

我只要買深青織金絲胸背的緞子，我老實告訴你，買這緞子不是我要穿的，是為了要拿到市場去賣，得些利益的，你要平常的價錢吧！

四五：ᡝᡵᡝ ᠰᡝᠰᡝ ᡨᠣᠩᡤᠣ ᡳ ᠵᠣᡩᠣᡥᠣ ᠰᠠᠵᡳᡵᡨᡠ ᡩᡝ ᠨᠠᡩᠠᠨ ᠶᠠᠨ ᠪᡝ ᡤᠠᡳᠮᠪᡳ᠉

ere sese tonggo i jodoho sajirtu de nadan yan be gaimbi.

這金絲織的胸背要七兩。

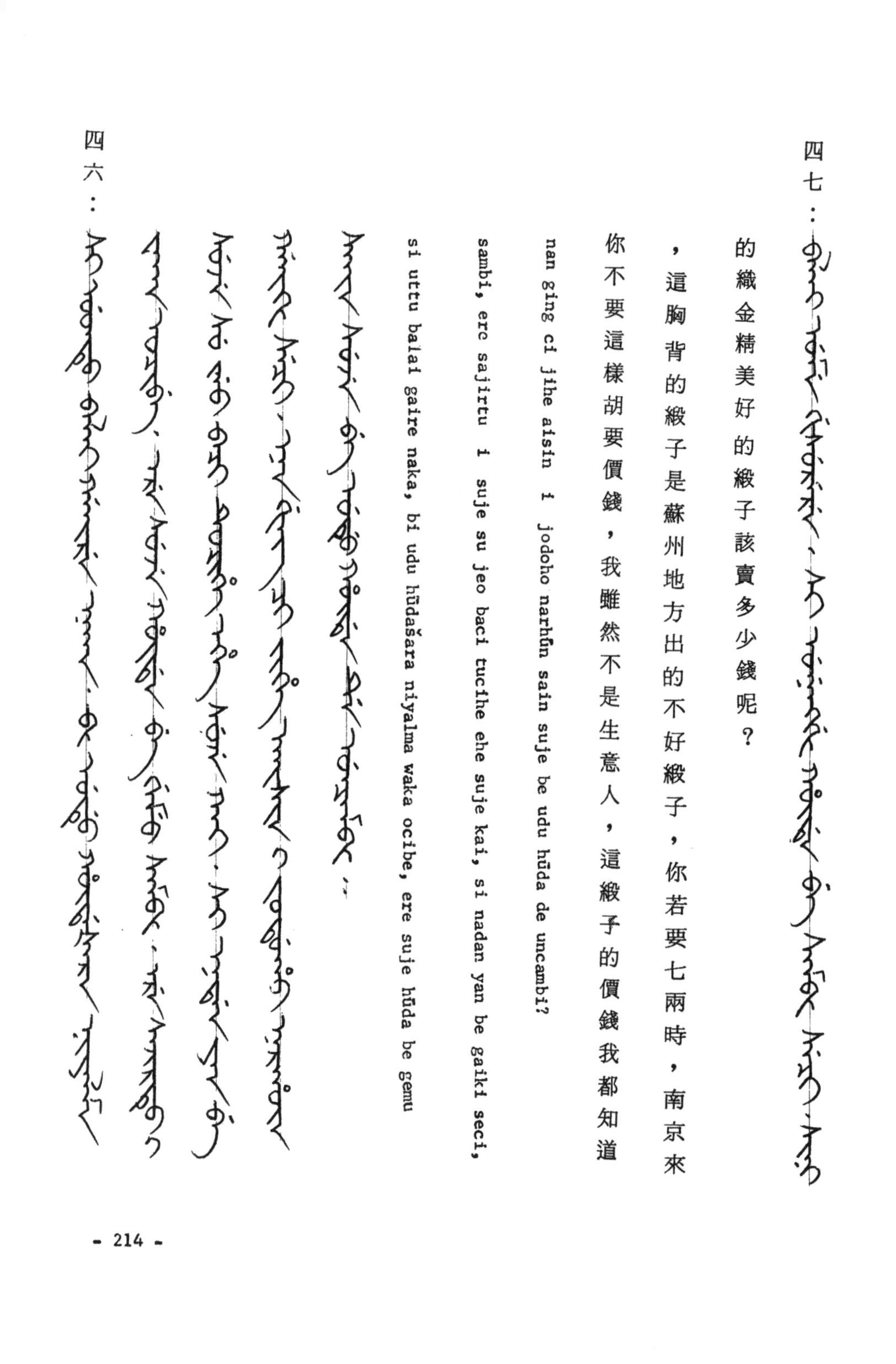

四七：

的織金精美好的緞子該賣多少錢呢？

，這胸背的緞子是蘇州地方出的不好緞子，你若要七兩時，南京來

你不要這樣胡要價錢，我雖然不是生意人，這緞子的價錢我都知道

nan ging ci jihe aisin i jodoho narhūn sain suje be udu hūda de uncambi?

sambi, ere sajirtu i suje su jeo baci tucike ehe suje kai, si nadan yan be gaiki seci,

si uttu balai gaire naka, bi udu hūdašara niyalma waka ocibe, ere suje hūda be gemu

四六：

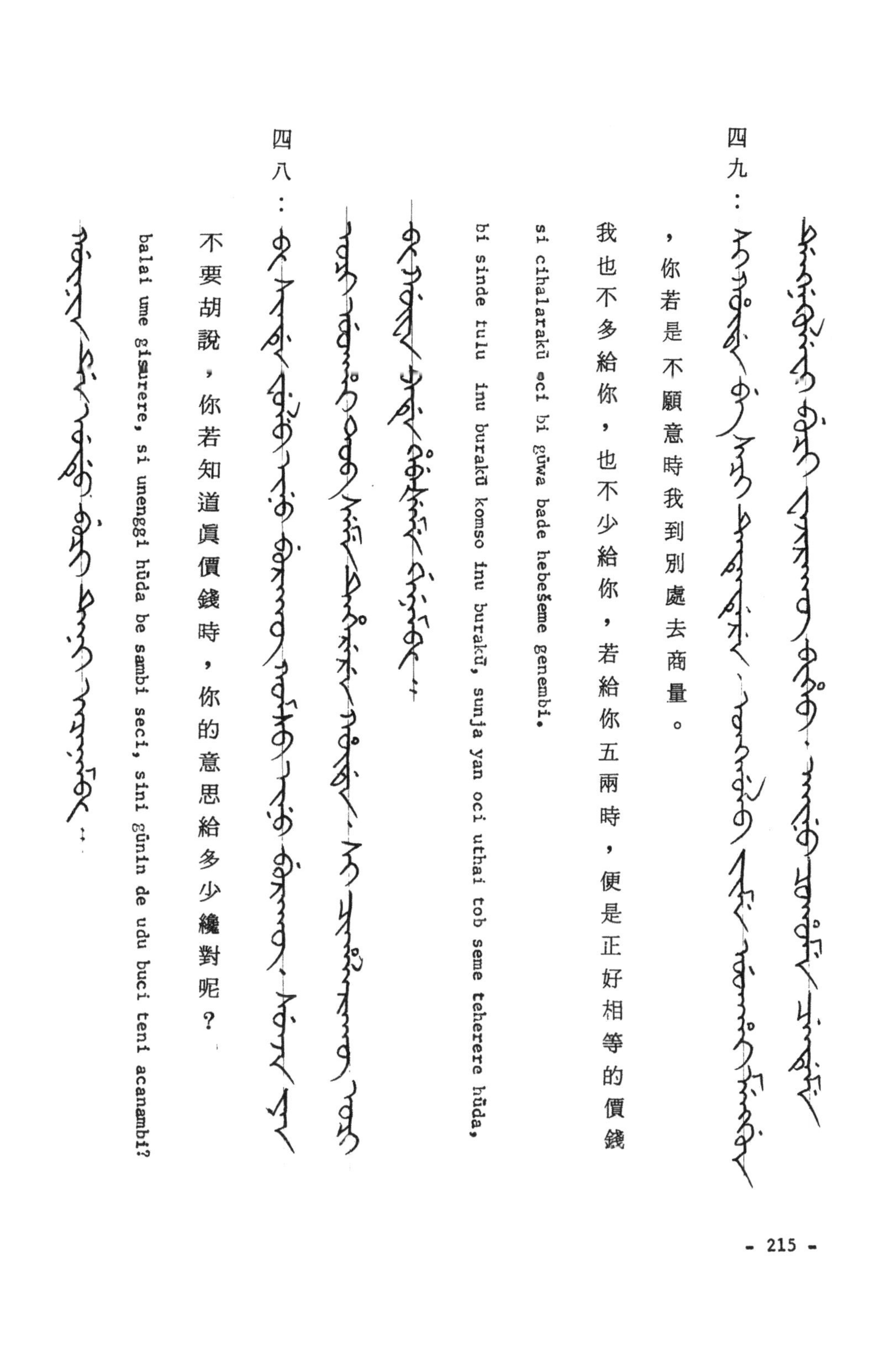

四九：

，你若是不願意時我到別處去商量。

我也不多給你，也不少給你，若給你五兩時，便是正好相等的價錢

si cihalarakū oci bi gūwa bade hebešeme genembi.

bi sinde tulu inu burakū komso inu burakū, sunja yan oci uthai tob seme teherere hūda,

四八：

不要胡說，你若知道眞價錢時，你的意思給多少纔對呢？

balai ume gisurere, si unenggi hūda be sambi seci, sini gūnin de udu buci teni acanambi?

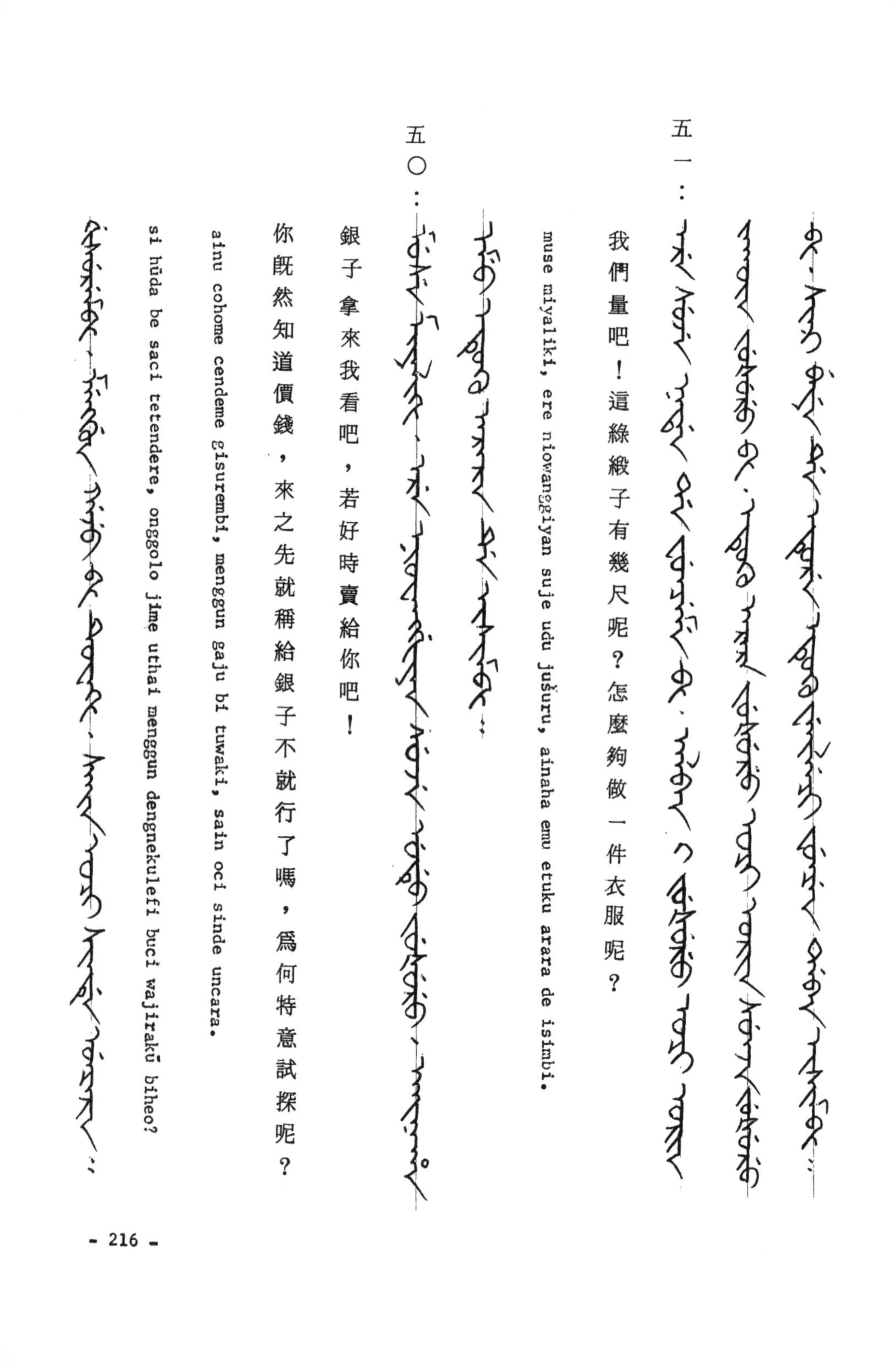

五一：

我們量吧！這緞子有幾尺呢？怎麼夠做一件衣服呢？

muse miyaliki, ere niowanggiyan suje udu jušuru, ainaha emu etuku arara de isimbi.

五〇：

銀子拿來我看吧，若好時賣給你吧！

你既然知道價錢，來之先就稱給銀子不就行了嗎，為何特意試探呢？

ainu cohome cendeme gisurembi, menggun gaju bi tuwaki, sain oci sinde uncara.

si hūda be saci tetendere, onggolo jime uthai menggun dengnekulefi buci wajirakū biheo?

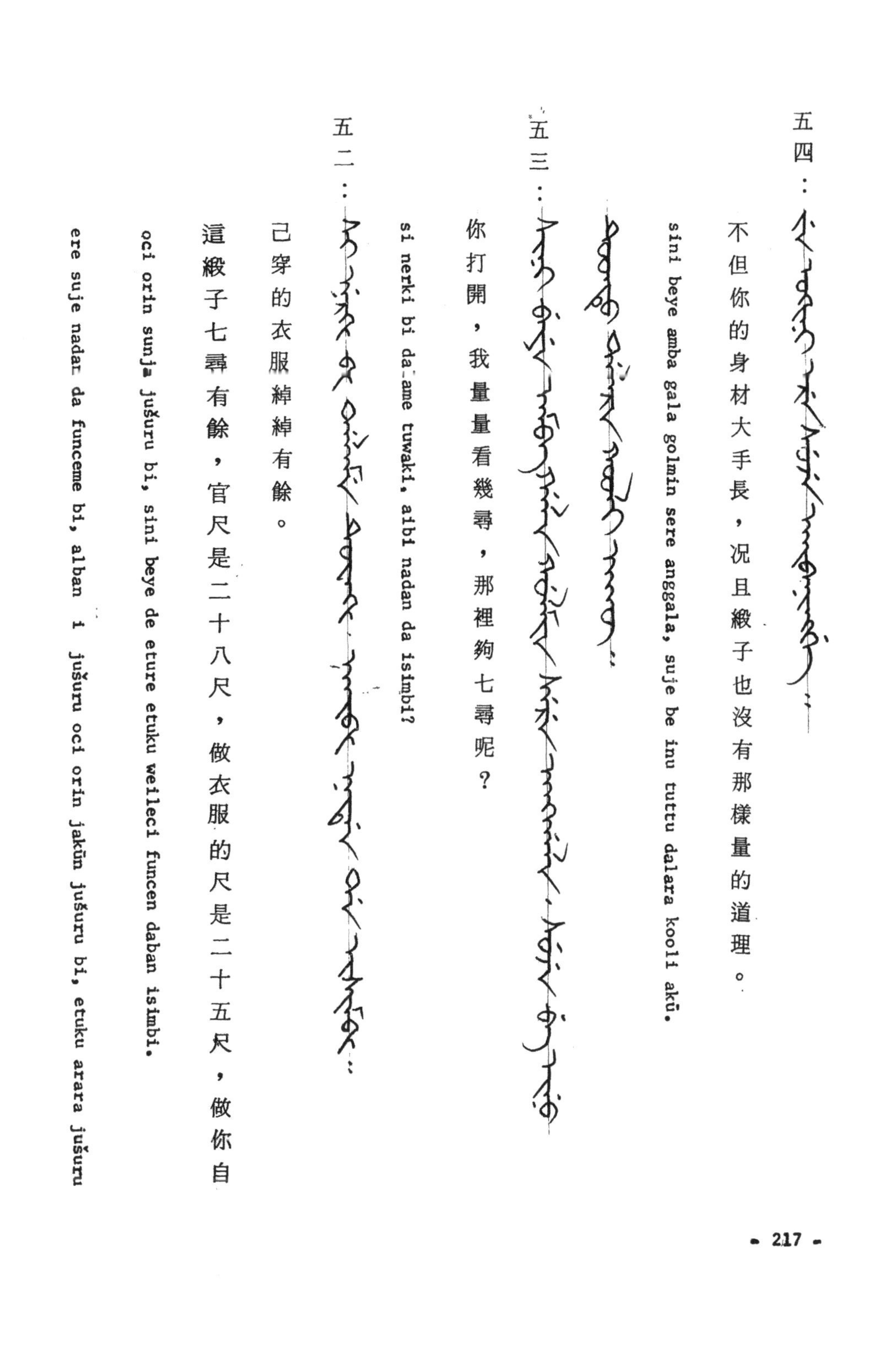

五二：

這緞子七尋有餘，官尺是二十八尺，做衣服的尺是二十五尺，做你自己穿的衣服綽綽有餘。

ere suje nadan da funceme bi, alban i jušuru oci orin jakūn jušuru bi, etuku arara jušuru oci orin sunja jušuru bi, sini beye de eture etuku weileci funcen daban isimbi.

五三：

你打開，我量量看幾尋，那裡夠七尋呢？

si nerki bi da-ame tuwaki, aibi nadan da isimbi?

五四：

不但你的身材大手長，況且緞子也沒有那樣量的道理。

sini beye amba gala golmin sere anggala, suje be inu tuttu dalara kooli akū.

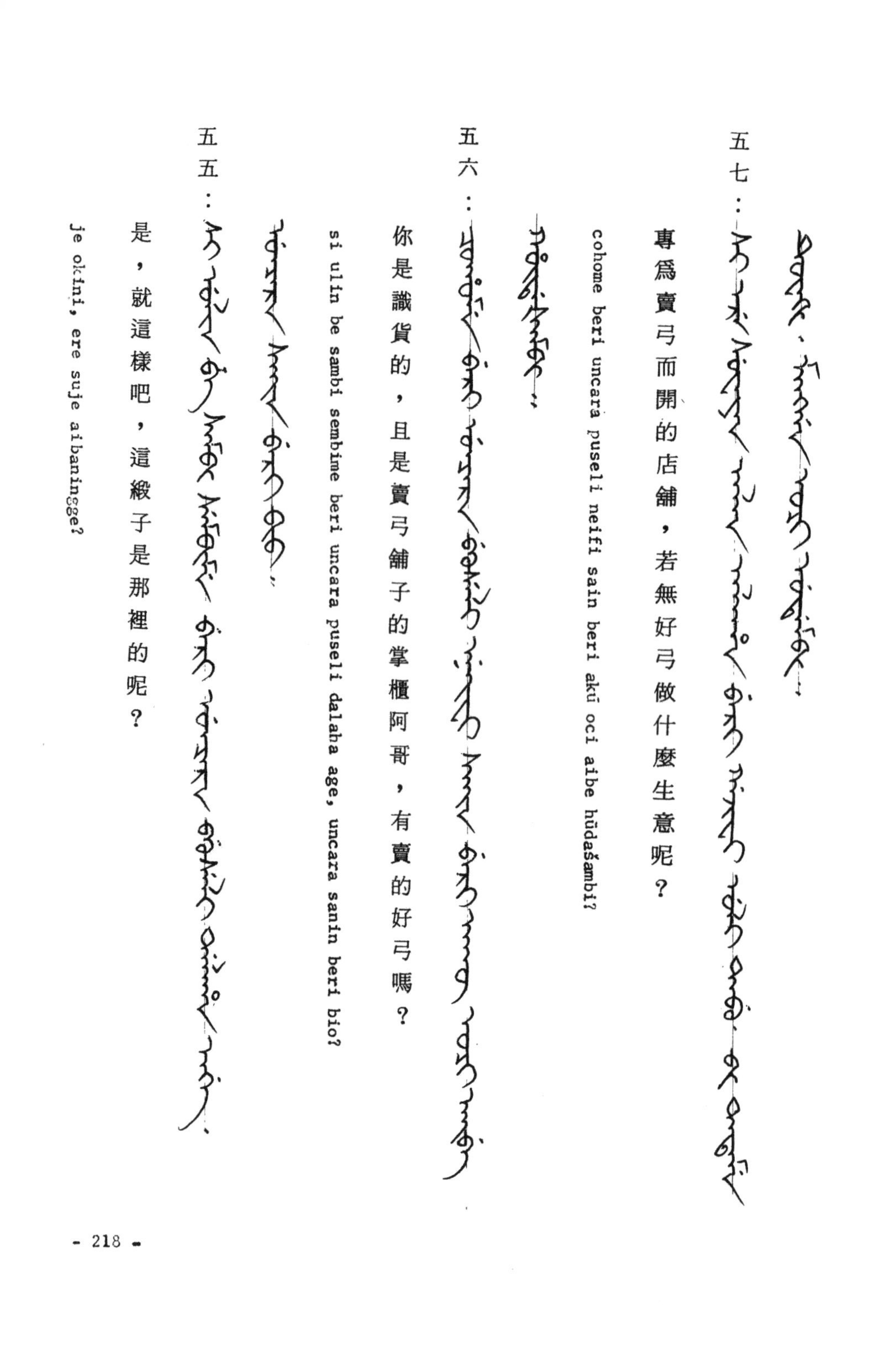

五七：專爲賣弓而開的店舖，若無好弓做什麼生意呢？

cohome beri uncara puseli neifi sain beri akū oci aibe hūdašambi?

五六：你是識貨的，且是賣弓舖子的掌櫃阿哥，有賣的好弓嗎？

si ulin be sambi sembime beri uncara puseli dalaha age, uncara sain beri bio?

五五：是，就這樣吧，這緞子是那裡的呢？

je okini, ere suje aibaningge?

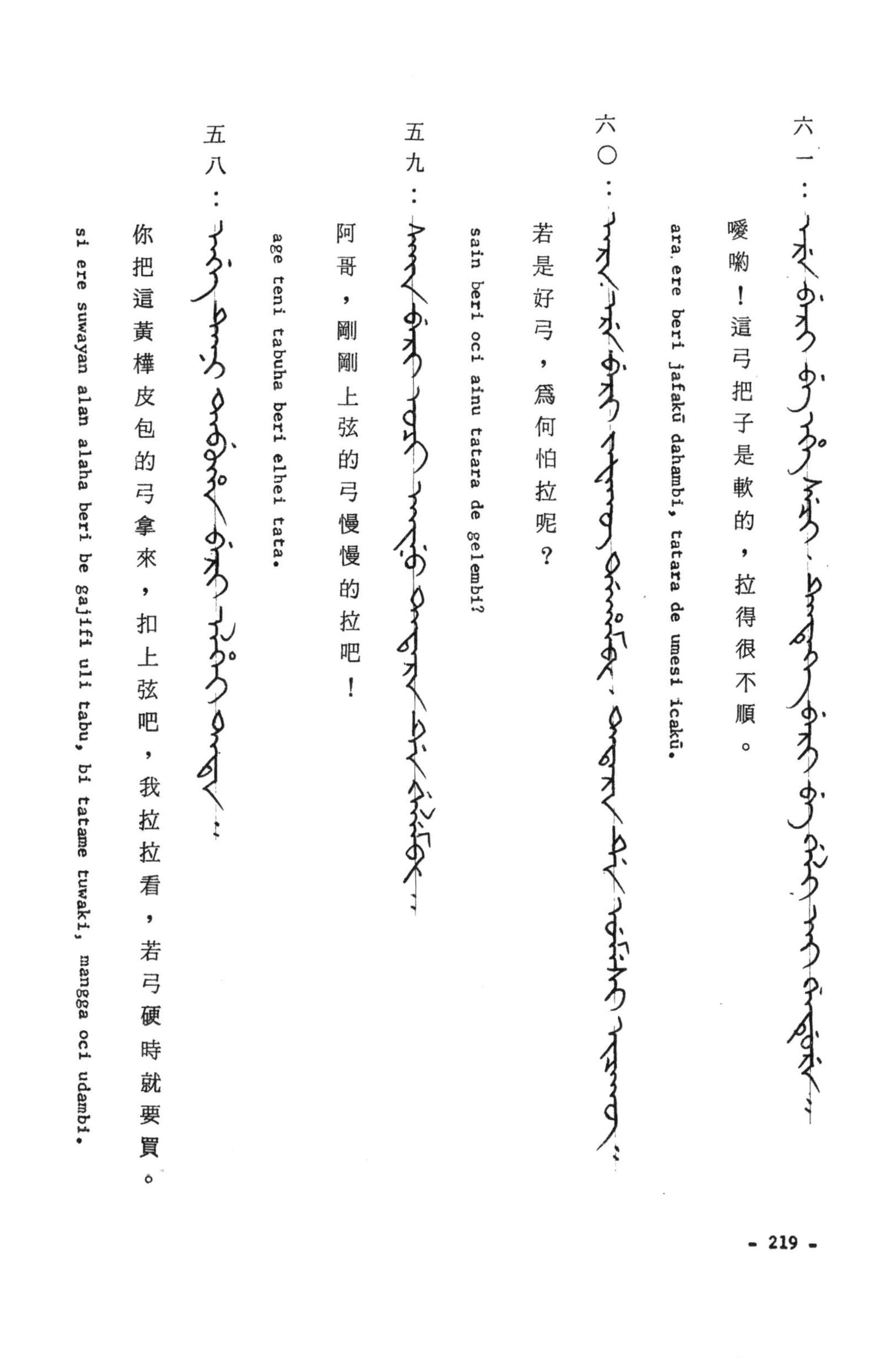

六一：

噯喲！這弓把子是軟的，拉得很不順。

ara, ere beri jafakū dahambi, tatara de umesi icakū.

六〇：

若是好弓，爲何怕拉呢？

sain beri oci ainu tatara de gelembi?

五九：

阿哥，剛剛上弦的弓慢慢的拉吧！

age teni tabuha beri elhei tata.

五八：

你把這黃樺皮包的弓拿來，扣上弦吧，我拉拉看，若弓硬時就要買。

si ere suwayan alan alaha beri be gajifi uli tabu, bi tatame tuwaki, mangga oci udambi.

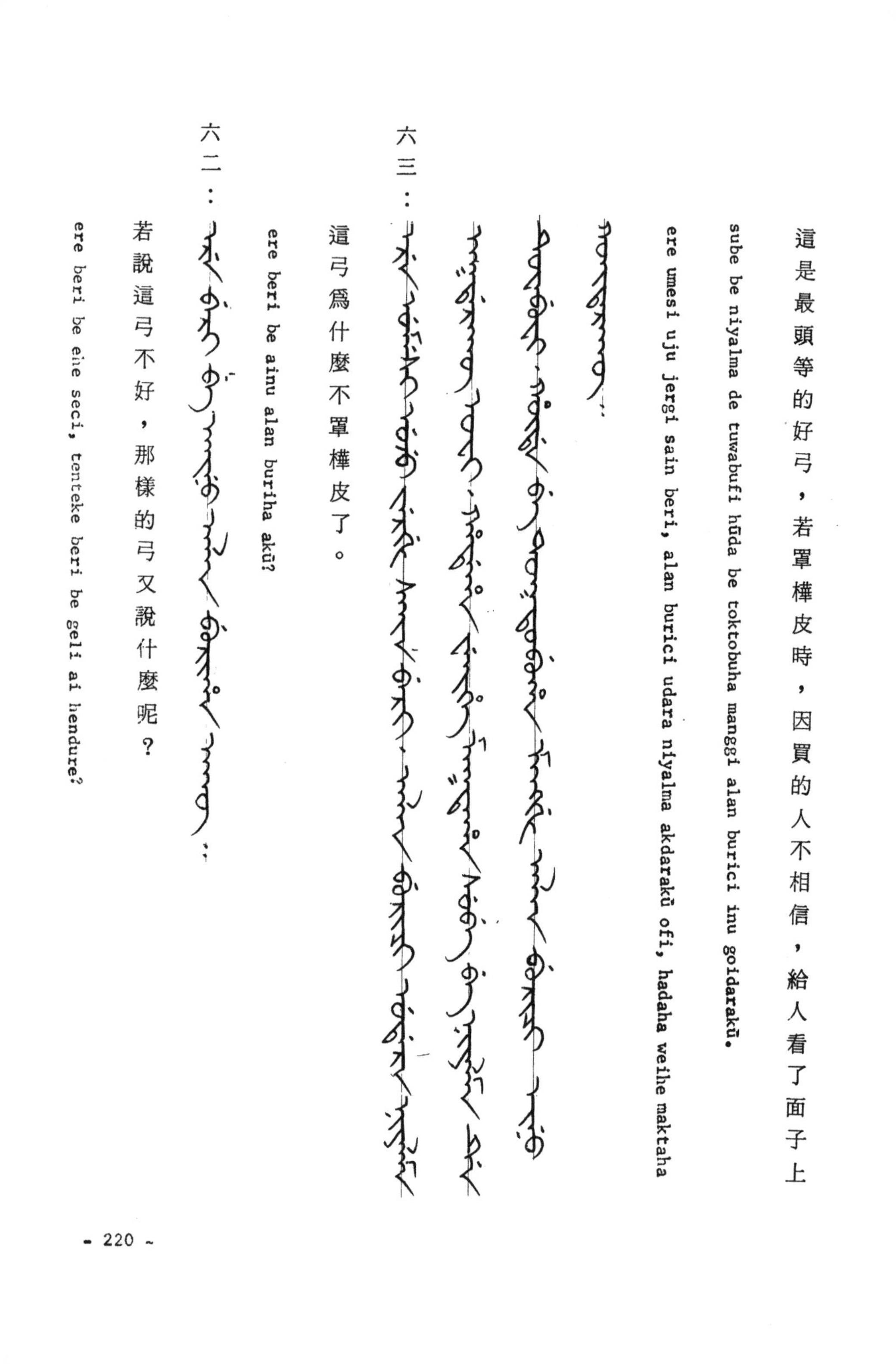

這是最頭等的好弓，若罩樺皮時，因買的人不相信，給人看了面子上

ere umesi uju jergi sain beri, alan burici udara niyalma akdarakū ofi, hadaha weihe maktaha **sube be niyalma de tuwabufi hūda be toktobuha manggi alan burici inu goidarakū.**

六三：

這弓爲什麼不罩樺皮了。

ere beri be ainu alan buriha akū?

六二：

若說這弓不好，那樣的弓又說什麼呢？

ere beri be ehe seci, tenteke beri be geli ai hendure?

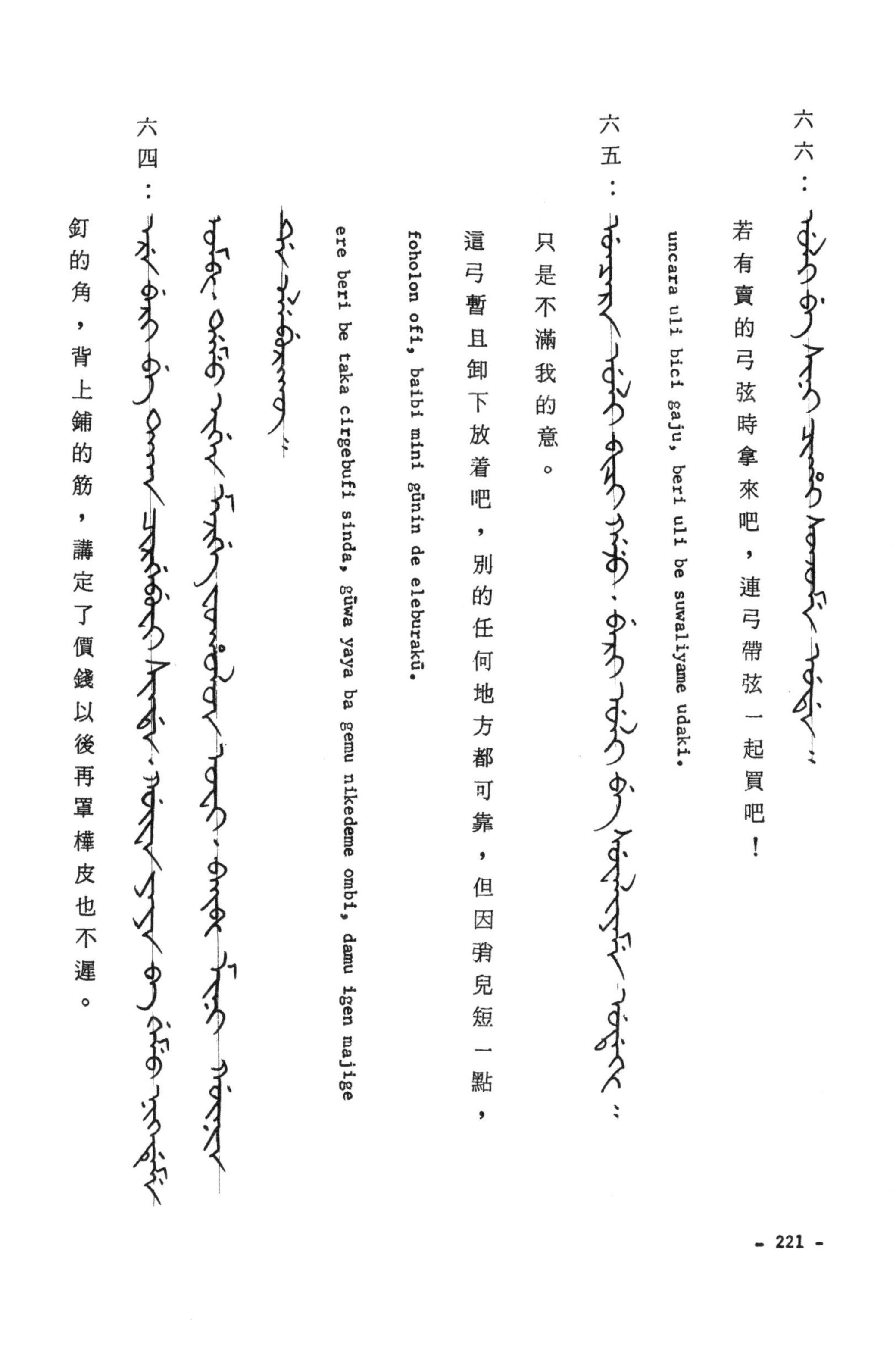

釘的角，背上鋪的筋，講定了價錢以後再罩樺皮也不遲。

六四：

ere beri be taka cirgebufi sinda, gūwa yaya ba gemu nikedeme ombi, damu igen majige foholon ofi, baibi mini gūnin de eleburakū.

這弓暫且卸下放着吧，別的任何地方都可靠，但因弰兒短一點，只是不滿我的意。

六五：

uncara uli bici gaju, beri uli be suwaliyame udaki.

若有賣的弓弦時拿來吧，連弓帶弦一起買吧！

六六：

還要買箭鏃、火箭、骲頭箭，這箭桿子是竹子的，這箭桿子是樺木的

ede acabume emu yohi sain dashūwan jebele be udafi gamaki.

geli sirdan cu niru yoro be udaki, ere cikten cuse moo ningge, ere cikten fiya moo ningge,

ᡤᡝᠯᡳ ᠰᡳᡵᡩᠠᠨ ᠴᡠ ᠨᡳᡵᡠ ᠶᠣᡵᠣ ᠪᡝ ᡠᡩᠠᡴᡳ᠉
ᡝᡵᡝ ᠴᡳᡴᡨᡝᠨ ᠴᡠᠰᡝ ᠮᠣᠣ ᠨᡳᠩᡤᡝ᠈ ᡝᡵᡝ ᠴᡳᡴᡨᡝᠨ ᡶᡳᠶᠠ ᠮᠣᠣ ᠨᡳᠩᡤᡝ᠈ ᡝᡵᡝ ᡥᠣᠨ

六八：ᡝᡵᡝ ᡥᠣᠨ ᠨᠠᡵᡥᡡᠨ᠈ ᡝᡵᡝ ᡤᡝᠯᡳ ᠵᠠᠴᡳ ᠮᡠᠸᠠ᠈ ᡝᡵᡝ ᡝᠮᡴᡝ ᠯᠠᡴ ᠰᡝᠮᡝ
ᠰᠠᡳᠨ ᠪᡳ ᡠᡩᠠᡴᡳ᠉

這很細，這又太粗，這一條剛剛好，我買吧！

ere hon narhūn, ere geli jaci muwa, ere emke lak seme sain bi udaki.

六七：ᡠᠯᡳ ᠪᡝ ᠰᡳᠨᡳ ᠴᡳᡥᠠᡳ ᠰᠣᠨᠵᠣᠮᡝ ᡠᡩᠠ᠉

弓弦你任意挑着買。

uli be sini cihai sonjome uda.

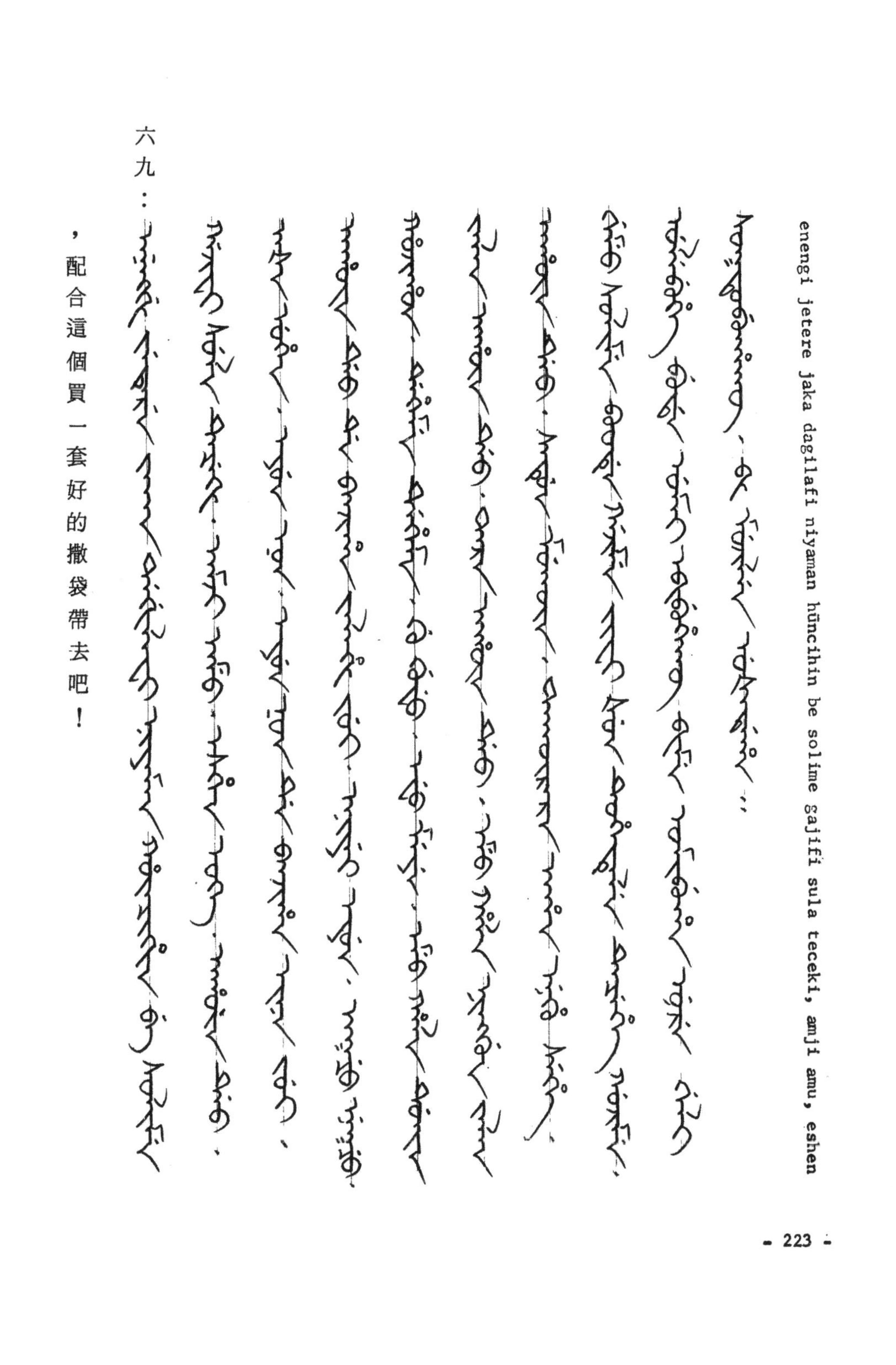

enengi jetere jaka dagilafi niyaman hūncihin be solime gajifi sula teceki, amji amu, eshen

六九：

，配合這個買一套好的撒袋帶去吧！

七〇：

oke, ahūn deo, aša uhen, eyun non, eyun non de banjiha ina jui, ahūn deo de banjiha jalahi jui, eniyei eyun, akcu nekcu, hojihon, deheme dehema, gu gufu, efu meye, emu hala duin jalan akūn deo, tara ahūn deo, emu hala ninggun jalan ahūn deo, sadun mukūn, takūrara aha nehu sebe, gemu solime boode gajime jifi šun tuhetele tecehe gojime, ulebuhe buda umai ebibuhekū bime omibuha nure geli soktobuhakū bi mujilen ušadaha.

今天備辦了吃的東西，請親戚來閒坐。伯父、伯母、叔父、叔母、兄、弟、嫂子、弟媳、姐、妹，姐妹生的外甥、兄弟生的姪兒，母親的姊姊、舅舅、舅母、女婿、姨母、姨父、姑母、姑父、姐夫、妹夫，同姓四世兄弟、表兄弟、同姓六世兄弟、姻親族人、使喚的奴婢們都請到家裡來，雖然一直坐到日落，然而吃的飯並沒吃飽，喝的酒也還沒醉，我眞過意不去。

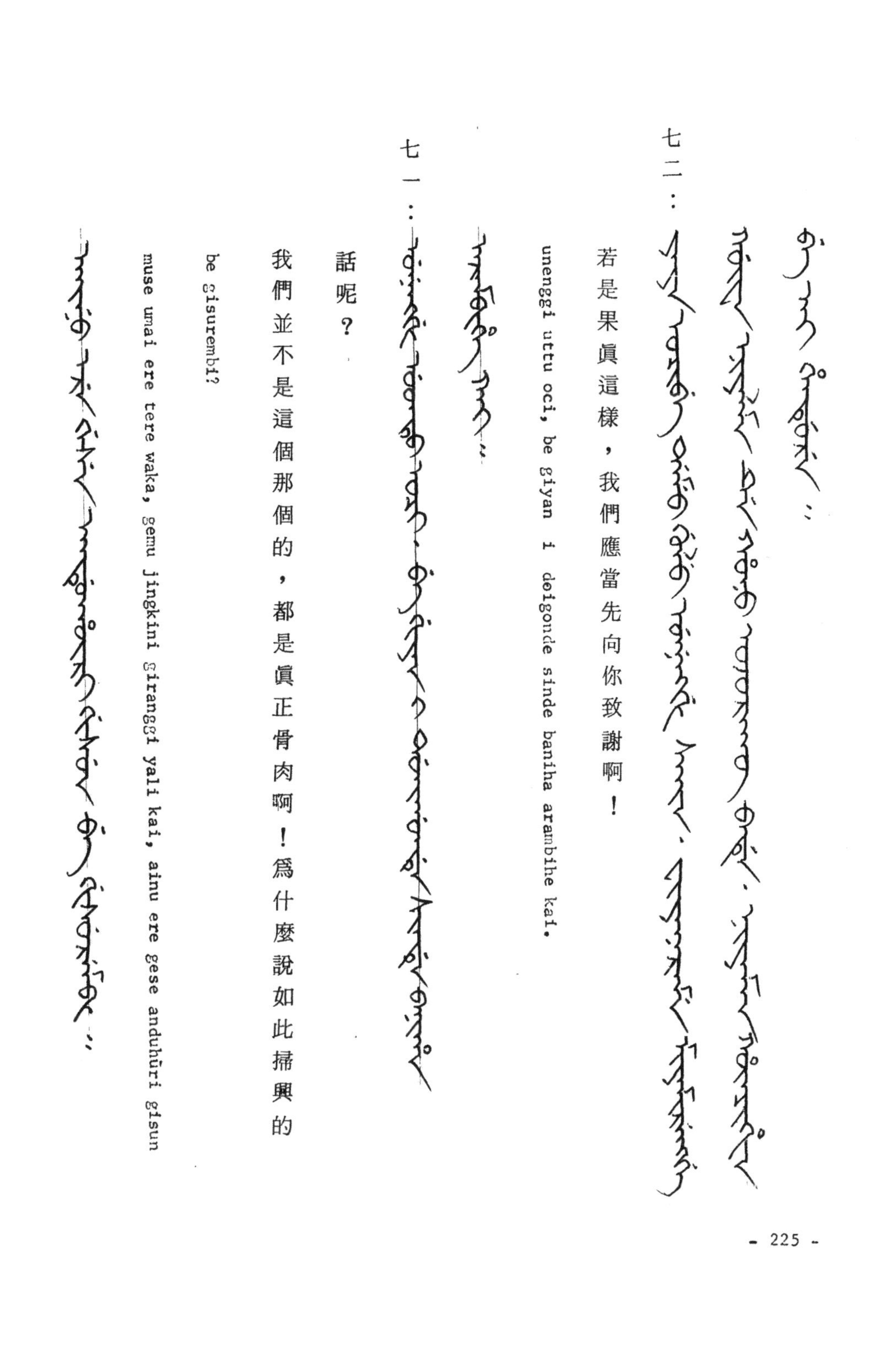

七一：

我們並不是這個那個的，都是眞正骨肉啊！爲什麼說如此掃興的話呢？

muse umai ere tere waka, gemu jingkini giranggi yali kai, ainu ere gese anduhūri gisun be gisurembi?

七二：

若是果眞這樣，我們應當先向你致謝啊！

unenggi uttu oci, be giyan i doigonde sinde baniha arambihe kai.

sinda, gūwa niyalma gamarahū.

umbu, gala bethe fileki, morin i fajan be šoro de tebuhebi, dosimbufi saikan somime

te jorgon biya cak sere beiguwen forgon, tungkiyeme gajiha morin i fajan be gajifi tuwa

卷七

總之樸眞是好的，僞飾者對別人尙且不可以，對親戚還說什麼呢？

bade, niyaman hūncihin be ai hendure.

yaya ocibe damu gulu unenggi sain, fiyanarame miyamirengge gūwa niyalma de hono ojorakū

現在是十二月嚴寒的季節，把拾來的馬糞拿來埋火烤手脚吧！馬糞裝在筐裡了，拿進來好好的藏放着，恐怕別人拿去。

二：ᡝᡵᡝ ᠰᡝᠵᡝᠨ ᡳ ᡨᠣᡥᠣᡵᠣᠨ ᡝᡶᡠᠵᡝᡥᡝ᠈ ᡝᡵᡝ ᡝᡵᡳᠨ ᡩᡝ ᠠᡳᠪᡳᡩᡝ ᠪᡝᠨᡝᡶᡳ ᡩᠠᠰᠠᠪᡠᠮᠪᡳ᠉

ere sejen i tohoron efujehe, ere erin de aibide benefi dasabumbi.

這車的輪子壞了，這時候送到那裡去修呢？

三：ᠰᡝᠵᡝᠨ ᡳ ᡨᠣᡥᠣᡵᠣᠨ᠈ ᡨᠣᡥᠣᡵᠣᠨ ᡳ ᠰᡝᠯᡝ᠈ ᠵᡠᠯᡝᡵᡤᡳ ᠰᡠᠵᠠᡵᠠ ᠮᠣᠣ᠈ ᠠᠮᠠᡵᡤᡳ ᠰᡠᠵᠠᡵᠠ ᠮᠣᠣ᠈ ᠵᡠᠸᡝ ᡝᡵᡤᡳ ᠰᠠ᠈ ᡶᡠᡨᠠ ᡤᡝᠮᡠ ᠰᠠᡳᠨ᠈ ᡨᠠᡴᠠ ᠨᡳᡴᡝᡩᡝᠮᡝ ᡨᠠᡴᡡᡵᠠᡴᡳ᠉

sejen i tohoron, tohoron i sele, julergi sujara moo, amargi sujara moo, juwe ergi sa, futa gemu sain, taka nikedeme takūraki.

車子的輪子，輪子的鐵，前面支木，後面支木，兩邊車轅，繩索都

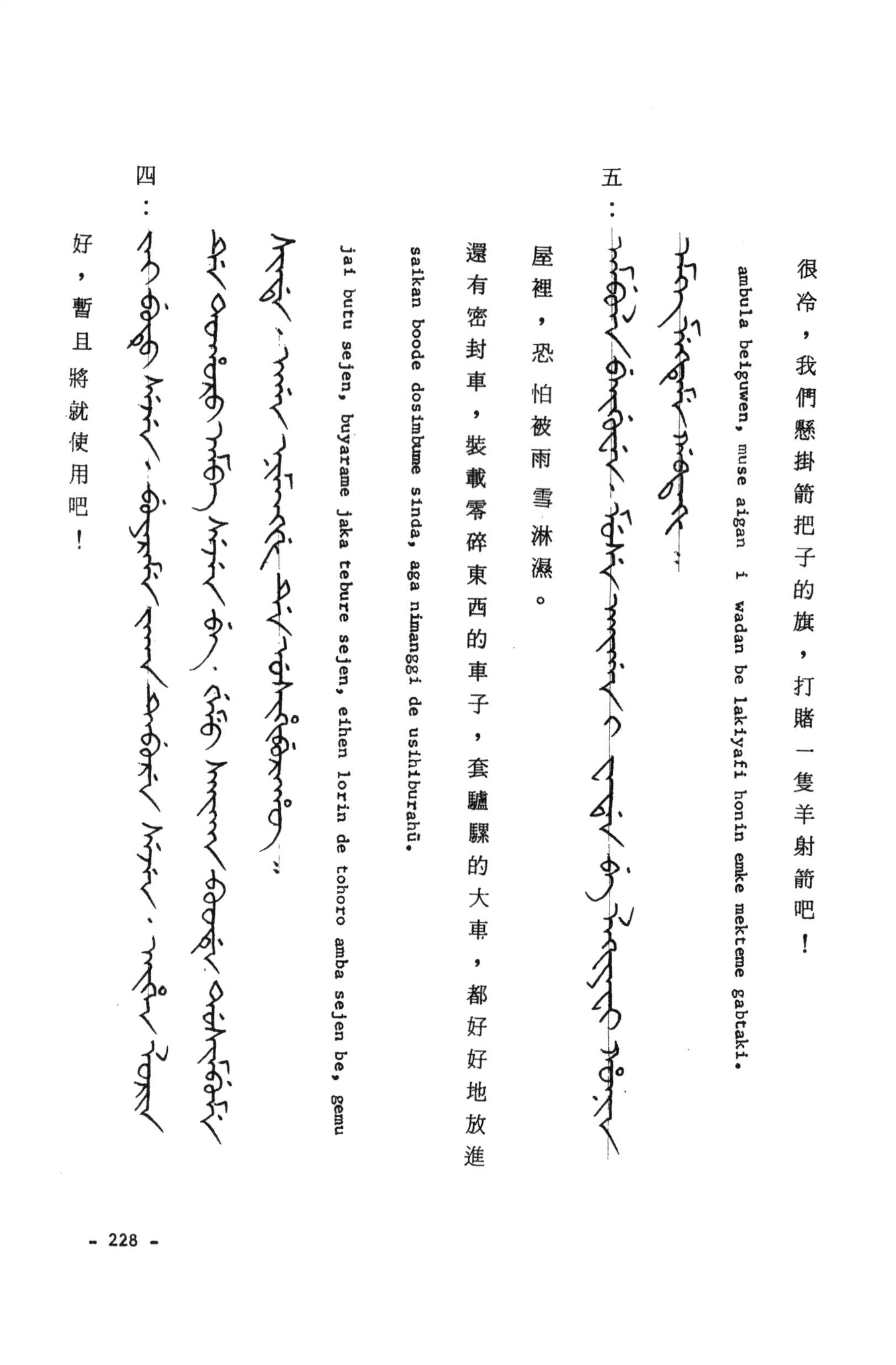

很冷，我們懸掛箭把子的旗，打賭一隻羊射箭吧！

ambula beiguwen, muse aigan i wadan be lakiyafi honin emke mekteme gabtaki.

五：

屋裡，恐怕被雨雪淋濕。

還有密封車，裝載零碎東西的車子，套驢騾的大車，都好好地放進

saikan boode dosimbume sinda, aga nimanggi de usihiburahū.

jai butu sejen, buyarame jaka tebure sejen, eihen lorin de tohoro amba sejen be, gemu

四：

好，暫且將就使用吧！

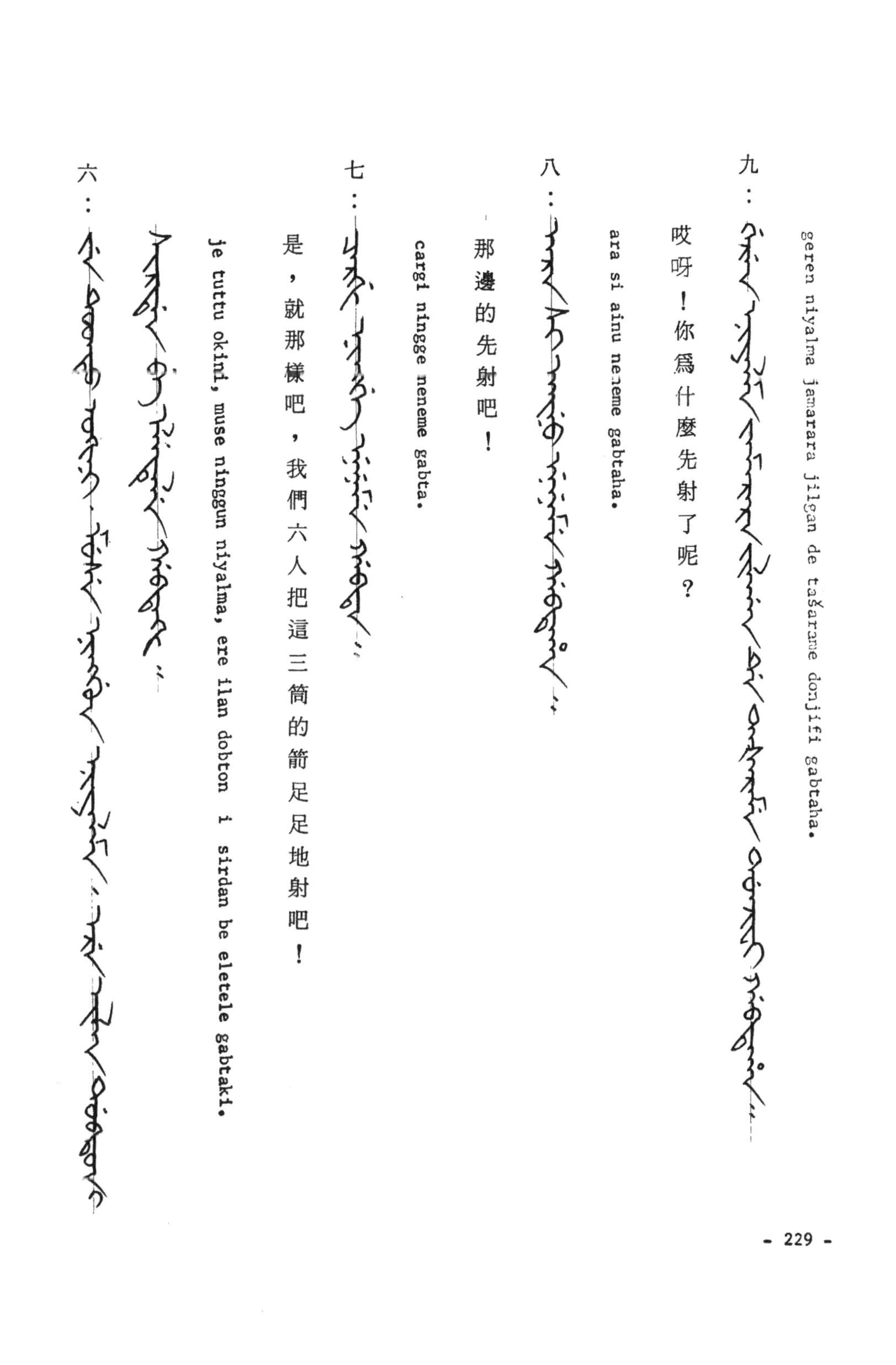

geren niyalma jamarara jilgan de tašarame donjifi gabtaha.

九：

哎呀！你爲什麼先射了呢？

ara si ainu neneme gabtaha.

八：

那邊的先射吧！

cargi ningge neneme gabta.

七：

是，就那樣吧，我們六人把這三筒的箭足足地射吧！

je tuttu okini, muse ninggun niyalma, ere ilan dobton i sirdan be eletele gabtaki.

六：

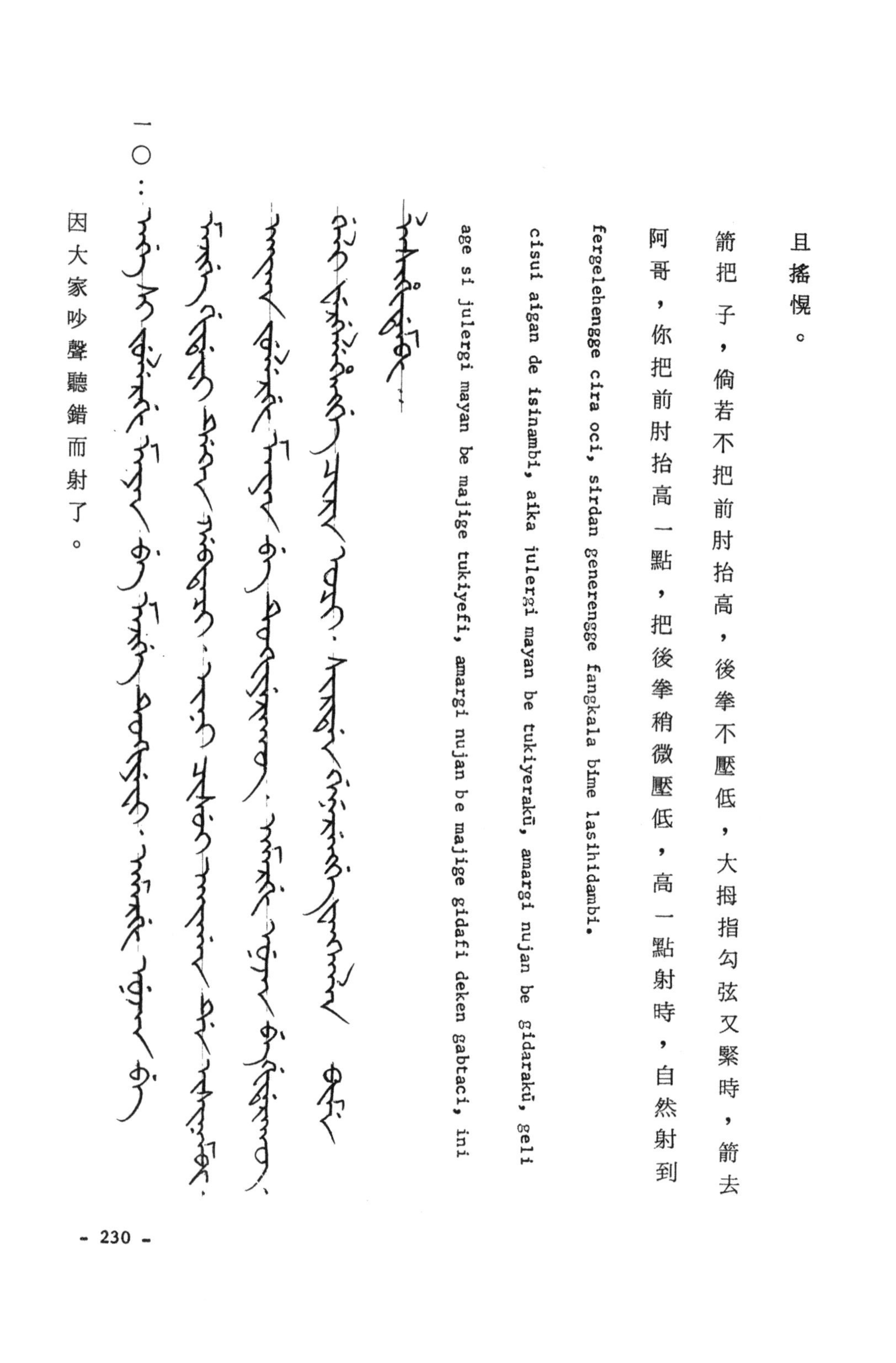

且搖幌。

箭把子，倘若不把前肘抬高，後拳不壓低，大拇指勾弦又緊時，箭去

阿哥，你把前肘抬高一點，把後拳稍微壓低，高一點射時，自然射到

fergelehengge cira oci, sirdan generengge fangkala bime lasihidambi.

cisui aigan de isinambi, aika julergi mayan be tukiyerakū, amargi nujan be gidarakū, geli

age si julergi mayan be majige tukiyefi, amargi nujan be majige gidafi deken gabtaci, ini

一〇：

因大家吵聲聽錯而射了。

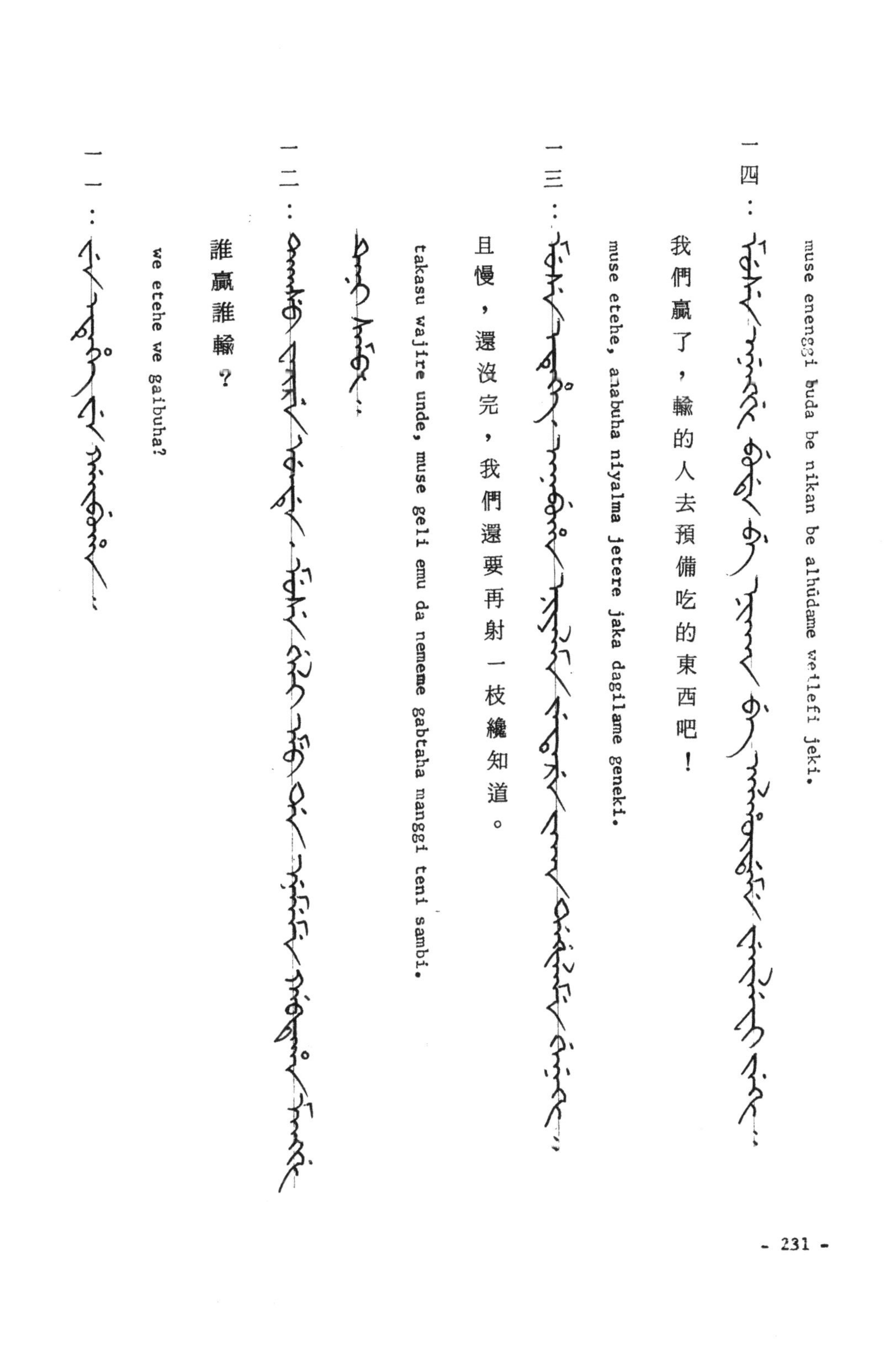

muse enenggi buda be nikan be alhūdame weilefi jeki.

一四：

我們贏了，輸的人去預備吃的東西吧！

muse etehe, anabuha niyalma jetere jaka dagilame geneki.

一三：

且慢，還沒完，我們還要再射一枝纔知道。

takasu wajire unde, muse geli emu da nememe gabtaha manggi teni sambi.

一二：

誰贏誰輸？

we etehe we gaibuha?

一一：

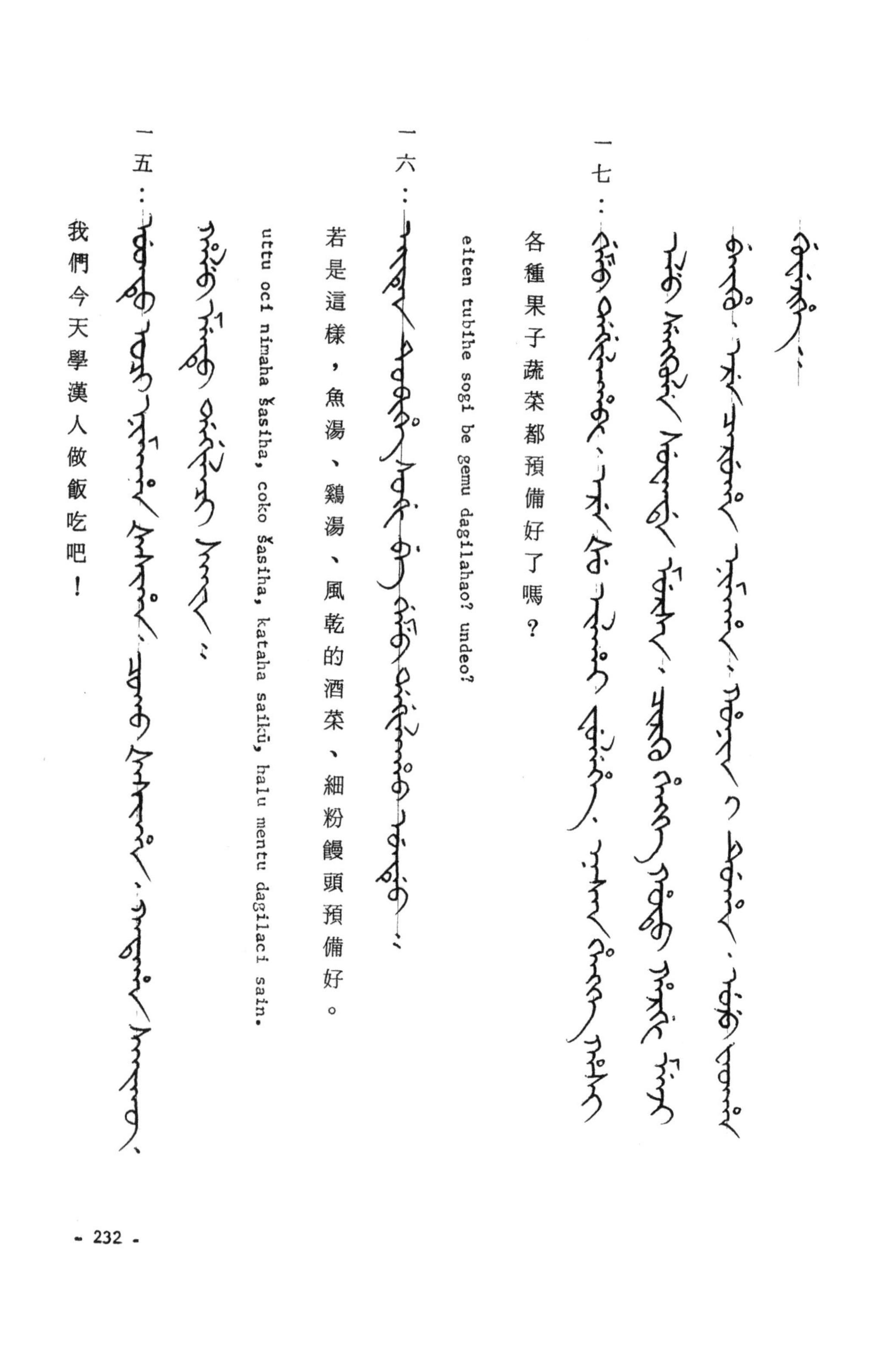

一七：

各種果子蔬菜都預備好了嗎？

eiten tubihe sogi be gemu dagilahao? undeo?

一六：

若是這樣，魚湯、雞湯、風乾的酒菜、細粉饅頭預備好。

uttu oci nimaha šasiha, coko šasiha, kataha saikū, halu mentu dagilaci sain.

一五：

我們今天學漢人做飯吃吧！

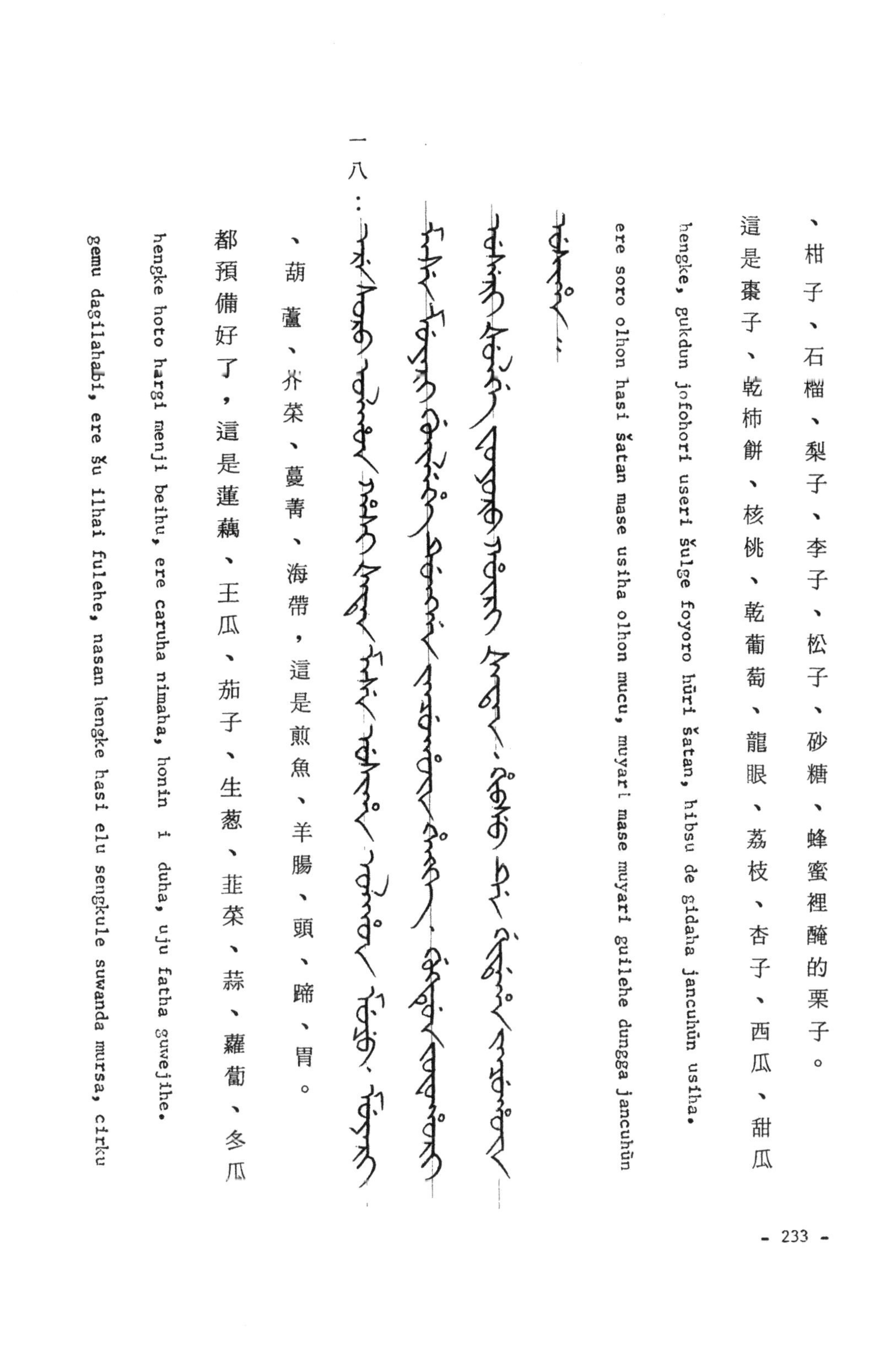

、柑子、石榴、梨子、李子、松子、砂糖、蜂蜜裡醃的栗子。

這是棗子、乾柿餅、核桃、乾葡萄、龍眼、荔枝、杏子、西瓜、甜瓜

hengke, gukdun jofohori useri šulge foyoro hūri šatan, hibsu de gidaha jancuhūn usiha.

ere soro olhon hasi šatan mase usiha olhon mucu, muyari mase muyari guilehe dungga jancuhūn

一八：

、葫蘆、芥菜、蔓菁、海帶，這是煎魚、羊腸、頭、蹄、胃。

都預備好了，這是蓮藕、王瓜、茄子、生葱、韭菜、蒜、蘿蔔、冬瓜

hengke hoto hargi menji beihu, ere caruha nimaha, honin i duha, uju fatha guwejihe.

gemu dagilahabi, ere šu ilhai fulehe, nasan hengke hasi elu sengkule suwanda mursa, cirku

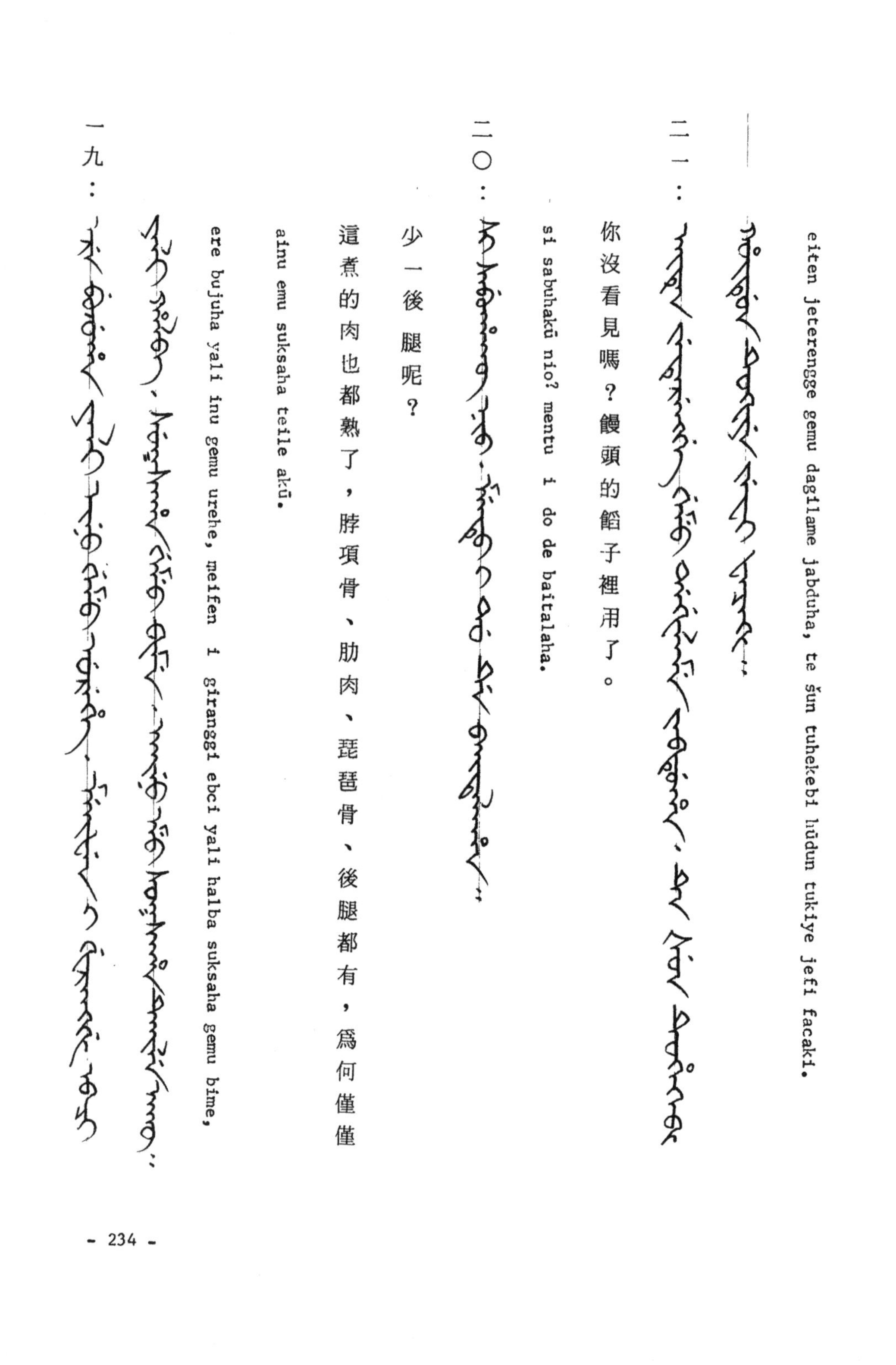

一九：

ere bujuha yali inu gemu urehe, meifen i giranggi ebci yali halba suksaha gemu bime,

ainu emu suksaha teile akū.

這煮的肉也都熟了，脖項骨、肋肉、琵琶骨、後腿都有，爲何僅僅

少一後腿呢？

二〇：

si sabuhakū nio? mentu i do de baitalaha.

你沒看見嗎？饅頭的餡子裡用了。

二一：

eiten jeterengge gemu dagilame jabduha, te šun tuhekebi hūdun tukiye jefi facaki.

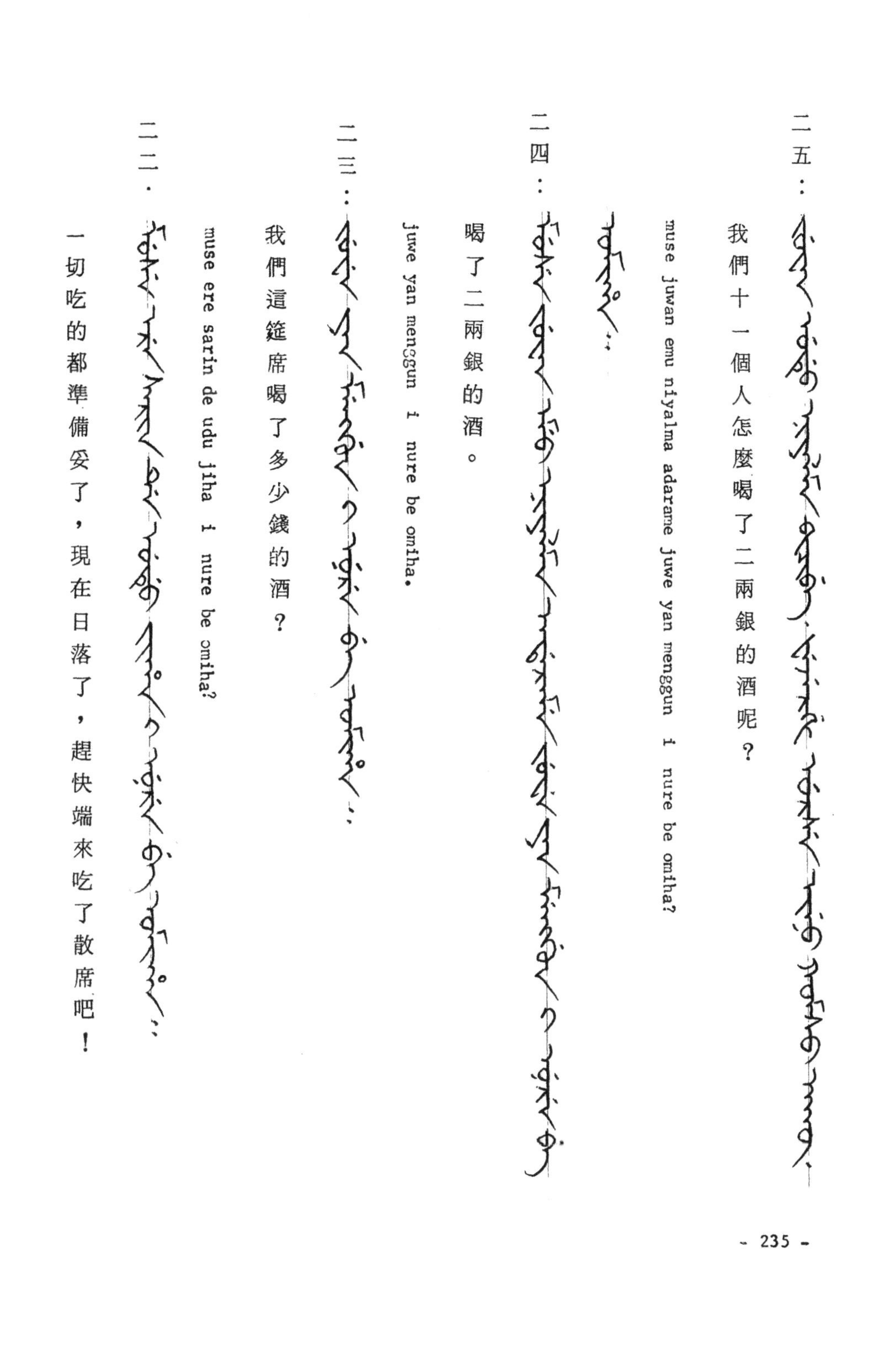

二五：

muse juwan emu niyalma adarame juwe yan menggun i nure be omiha?

我們十一個人怎麼喝了二兩銀的酒呢？

二四：

juwe yan menggun i nure be omiha.

喝了二兩銀的酒。

二三：

muse ere sarin de udu jiha i nure be omiha?

我們這筵席喝了多少錢的酒？

二二：

一切吃的都準備妥了，現在日落了，趕快端來吃了散席吧！

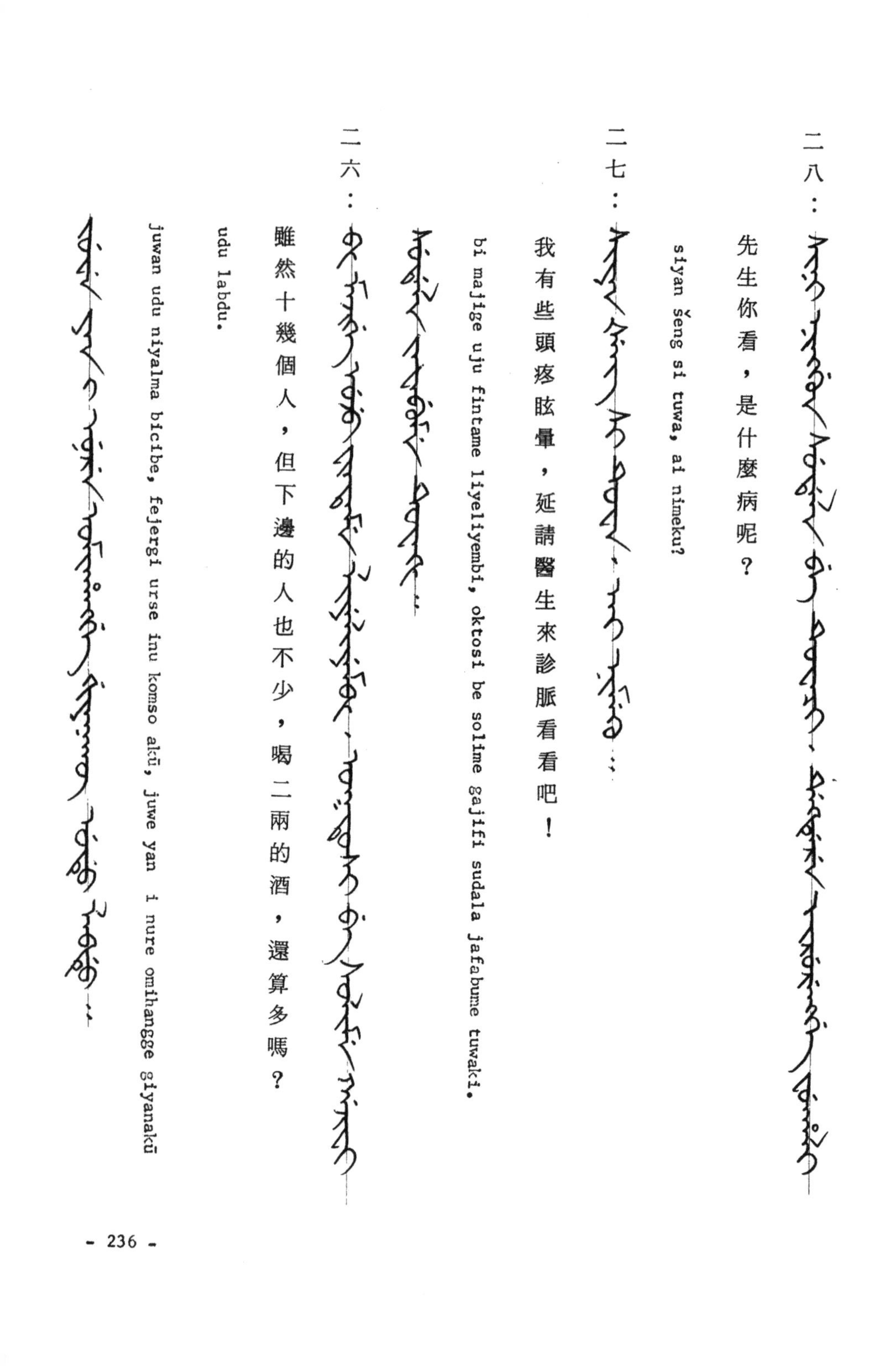

二八：

先生你看，是什麼病呢？

siyan šeng si tuwa, ai nimeku?

二七：

我有些頭疼眩暈，延請醫生來診脈看看吧！

bi majige uju fintame liyeliyembi, oktosi be solime gajifi sudala jafabume tuwaki.

二六：

雖然十幾個人，但下邊的人也不少，喝二兩的酒，還算多嗎？

juwan udu niyalma bicibe, fejergi urse inu komso akū, juwe yan i nure omihangge giyanakū udu labdu.

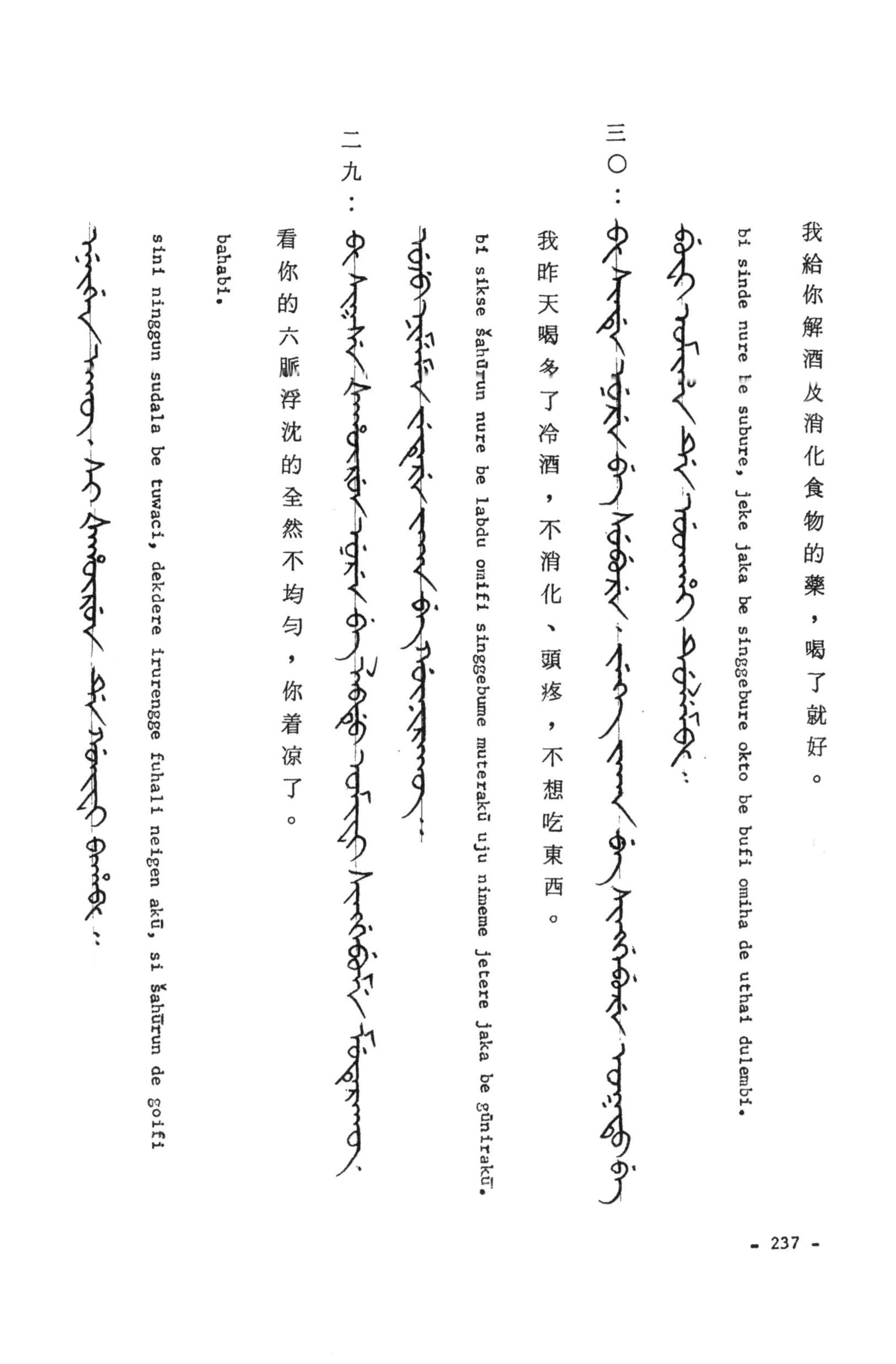

我給你解酒及消化食物的藥，喝了就好。

bi sinde nure be subure, jeke jaka be singgebure okto be bufi omiha de uthai dulembi.

三〇：我昨天喝多了冷酒，不消化、頭疼，不想吃東西。

bi sikse šahūrun nure be labdu omifi singgebume muterakū uju nimeme jetere jaka be gūnirakū.

二九：看你的六脈浮沈的全然不均勻，你着涼了。

sini ninggun sudala be tuwaci, dekdere irurengge fuhali neigen akū, si šahūrun de goifi bahabi.

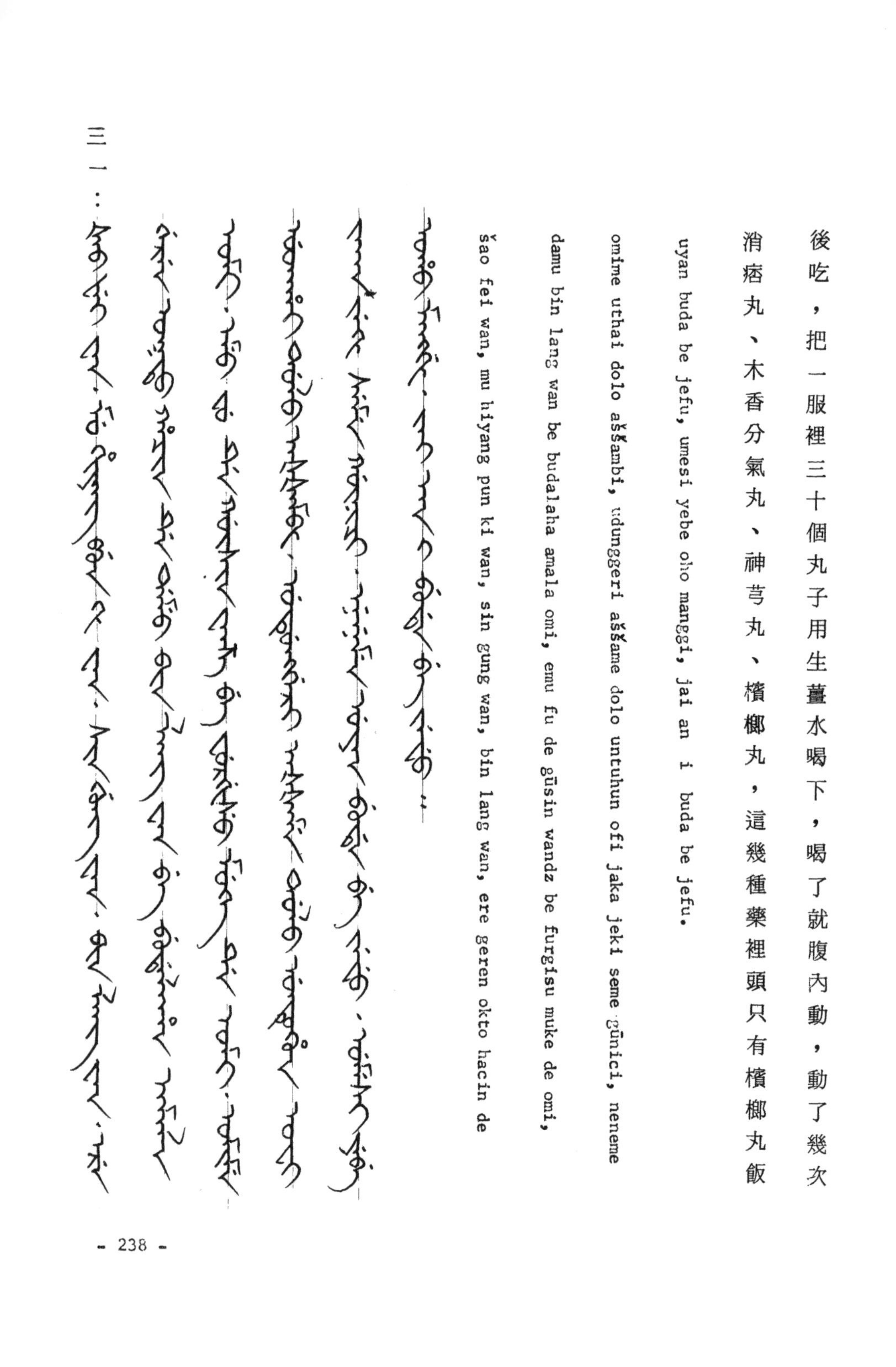

後吃，把一服裡三十個丸子用生薑水喝下，喝了就腹內動，動了幾次

消痞丸、木香分氣丸、神芎丸、檳榔丸，這幾種藥裡頭只有檳榔丸飯

uyan buda be jefu, umesi yebe oho manggi, jai an i buda be jefu.

omime uthai dolo aššambi, udunggeri aššame dolo untuhun ofi jaka jeki seme gūnici, neneme

damu bin lang wan be budalaha amala omi, emu fu de gūsin wandz be furgisu muke de omi,

šao fei wan, mu hiyang pun ki wan, sin gung wan, bin lang wan, ere geren okto hacin de

三一：

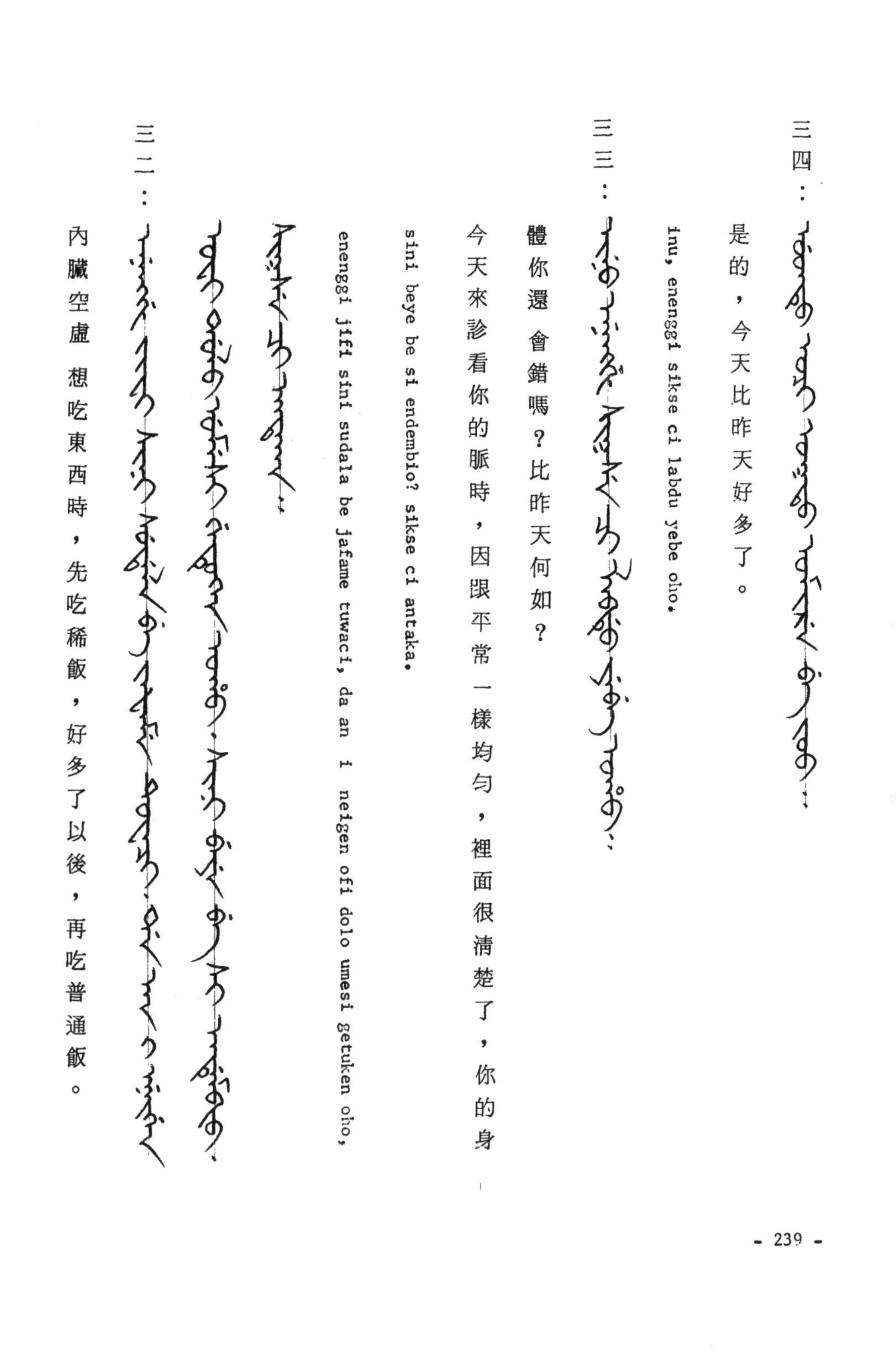

三四：

是的，今天比昨天好多了。

inu, enenggi sikse ci labdu yebe oho.

三三：

今天來診看你的脈時，因跟平常一樣均勻，裡面很清楚了，你的身體你還會錯嗎？比昨天何如？

enenggi jifi sini sudala be jafame tuwaci, da an i neigen ofi dolo umesi getuken oho, sini beye be si endembio? sikse ci antaka.

三二：

內臟空虛想吃東西時，先吃稀飯，好多了以後，再吃普通飯。

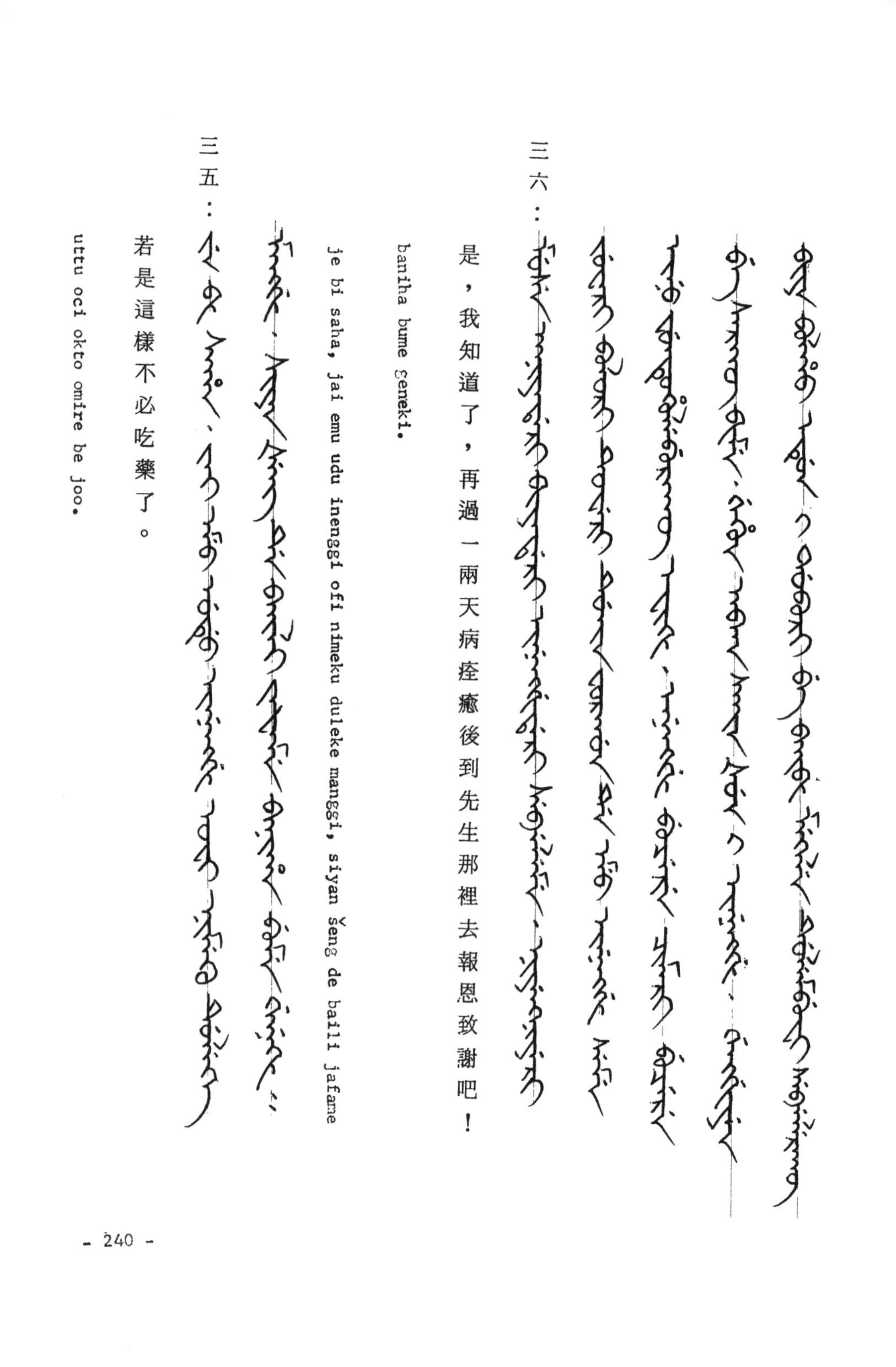

三五：

若是這樣不必吃藥了。

uttu oci okto omire be joo.

三六：

是，我知道了，再過一兩天病痊癒後到先生那裡去報恩致謝吧！

je bi saha, jai emu udu inenggi ofi nimeku duleke manggi, siyan šeng de baili jafame baniha bume geneki.

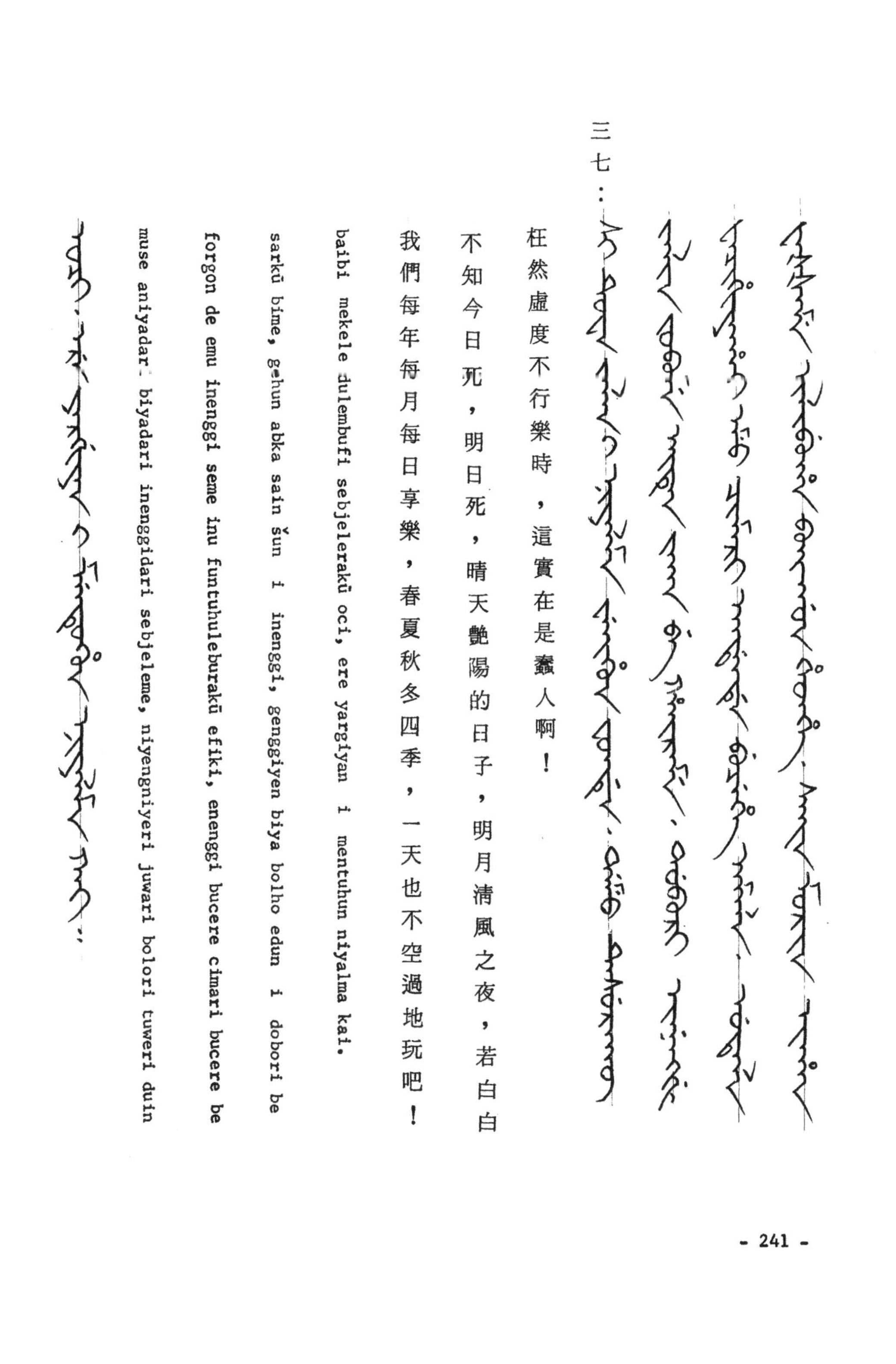

muse aniyadari biyadari inenggidari sebjeleme, niyengniyeri juwari bolori tuweri duin forgon de emu inenggi seme inu funtuhuleburakū efiki, enenggi bucere cimari bucere be sarkū bime, gehun abka sain šun i inenggi, genggiyen biya bolho edun i dobori be baibi mekele dulembufi sebjelerakū oci, ere yargiyan i mentuhun niyalma kai.

我們每年每月每日享樂，春夏秋冬四季，一天也不空過地玩吧！不知今日死，明日死，晴天艷陽的日子，明月清風之夜，若白白枉然虛度不行樂時，這實在是蠢人啊！

三七：

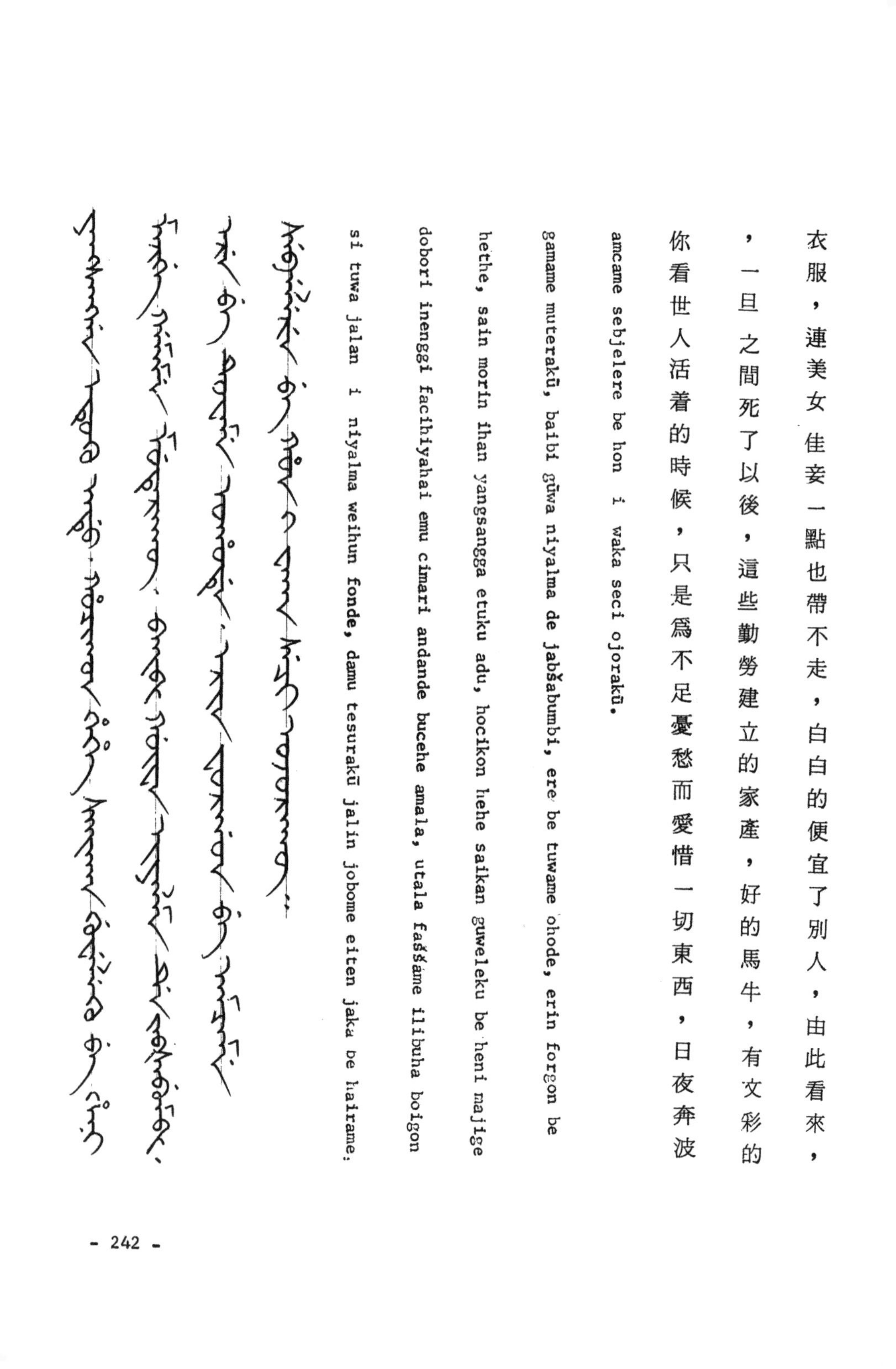

si tuwa jalan i niyalma weihun fonde, damu tesurakū jalin jobome eiten jaka be hairame; dobori inenggi facihiyahai emu cimari andande bucehe amala, utala faššame ilibuha boigon heithe, sain morin ihan yangsangga etuku adu, hocikon hehe saikan guweleku be heni majige gamame muterakū, baibi gūwa niyalma de jabšabumbi, ere be tuwame ohode, erin forgon be amcame sebjelere be hon i waka seci ojorakū.

你看世人活着的時候，只是爲不足憂愁而愛惜一切東西，日夜奔波，一旦之間死了以後，這些勤勞建立的家產，好的馬牛，有文彩的衣服，連美女佳妾一點也帶不走，白白的便宜了別人，由此看來，

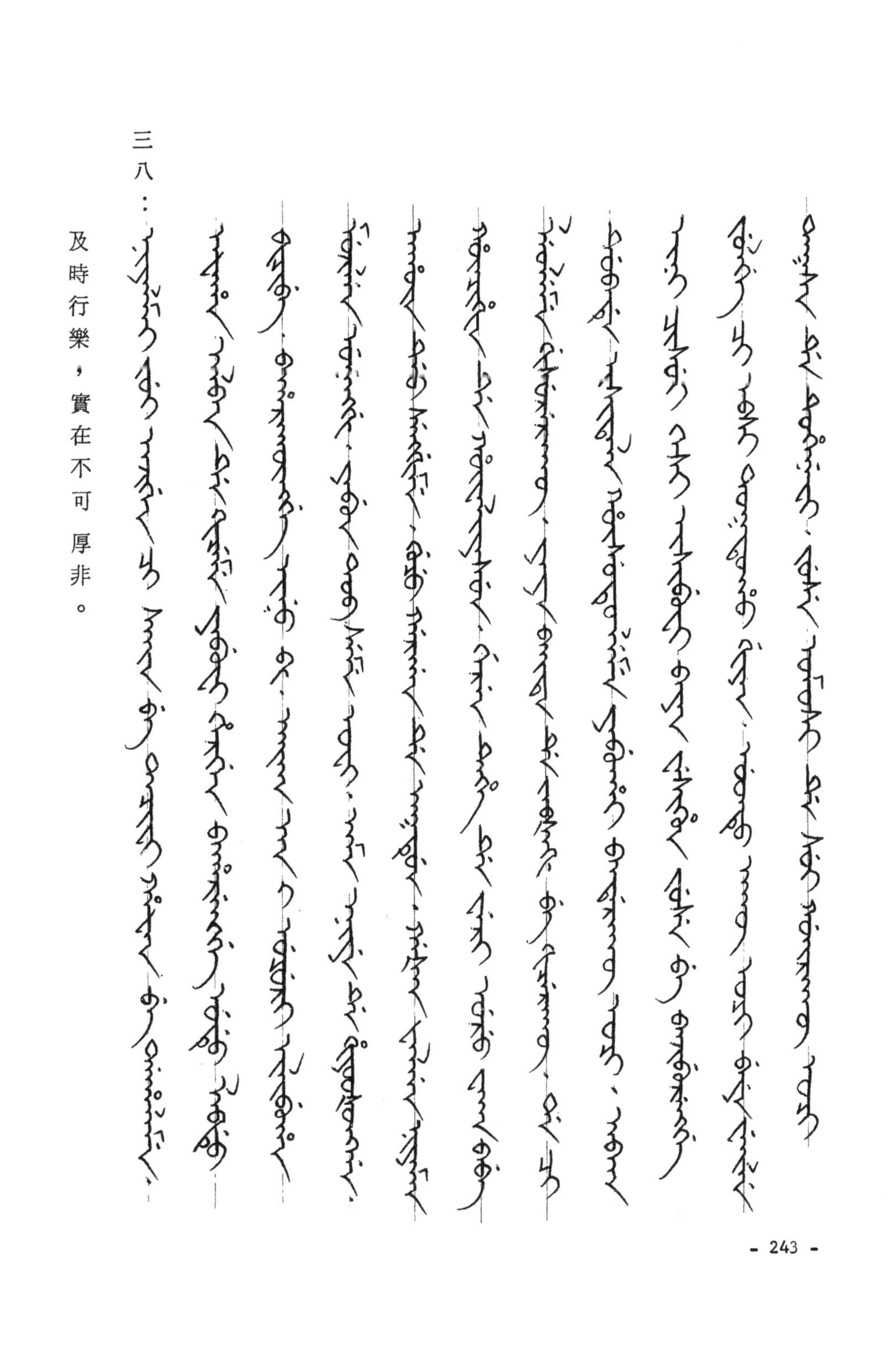

三八：

及時行樂，實在不可厚非。

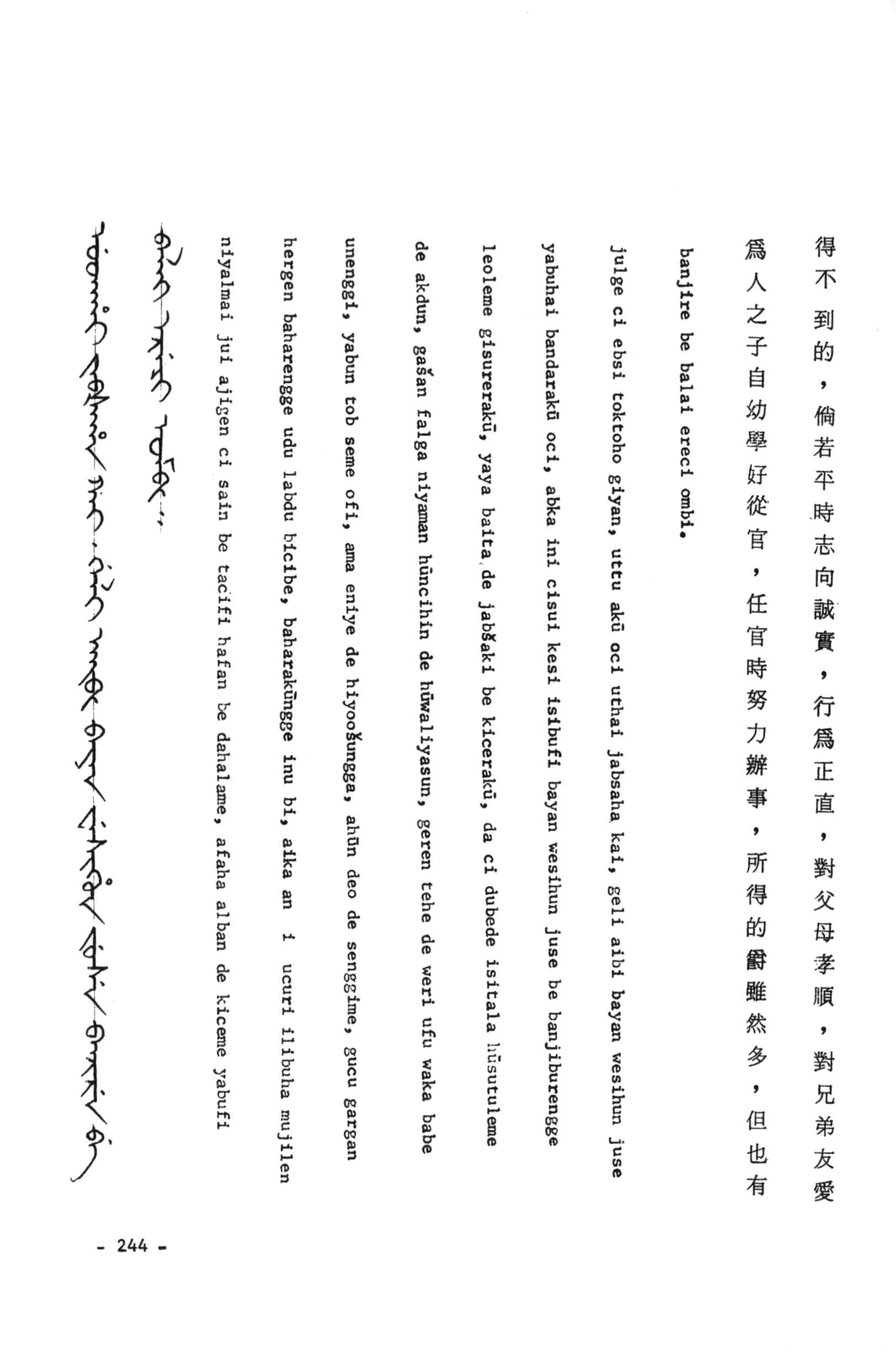

niyalmai jui ajigen ci sain be tacifi hafan be dahalame, afaha alban de kiceme yabufi
hergen baharengge udu labdu bicibe, baharakūngge inu bi, aika an i ucuri ilibuha mujilen
unenggi, yabun tob seme ofi, ama eniye de hiyoošungga, ahūn deo de senggime, gucu gargan
de akdun, gašan falga niyaman hūncihin de hūwaliyasun, geren tehe de weri ufu waka babe
leoleme gisurerakū, yaya baita de jabšaki be kicerakū, da ci dubede isitala hūsutuleme
yabuhai bandarakū oci, abka ini cisui kesi isibufi bayan wesihun juse be banjiburengge
julge ci ebsi toktoho giyan, uttu akū oci uthai jabsaha kai, geli aibi bayan wesihun juse
banjire be balai ereci ombi.

爲人之子自幼學好從官，任官時努力辦事，所得的爵雖然多，但也有得不到的，倘若平時志向誠實，行爲正直，對父母孝順，對兄弟友愛

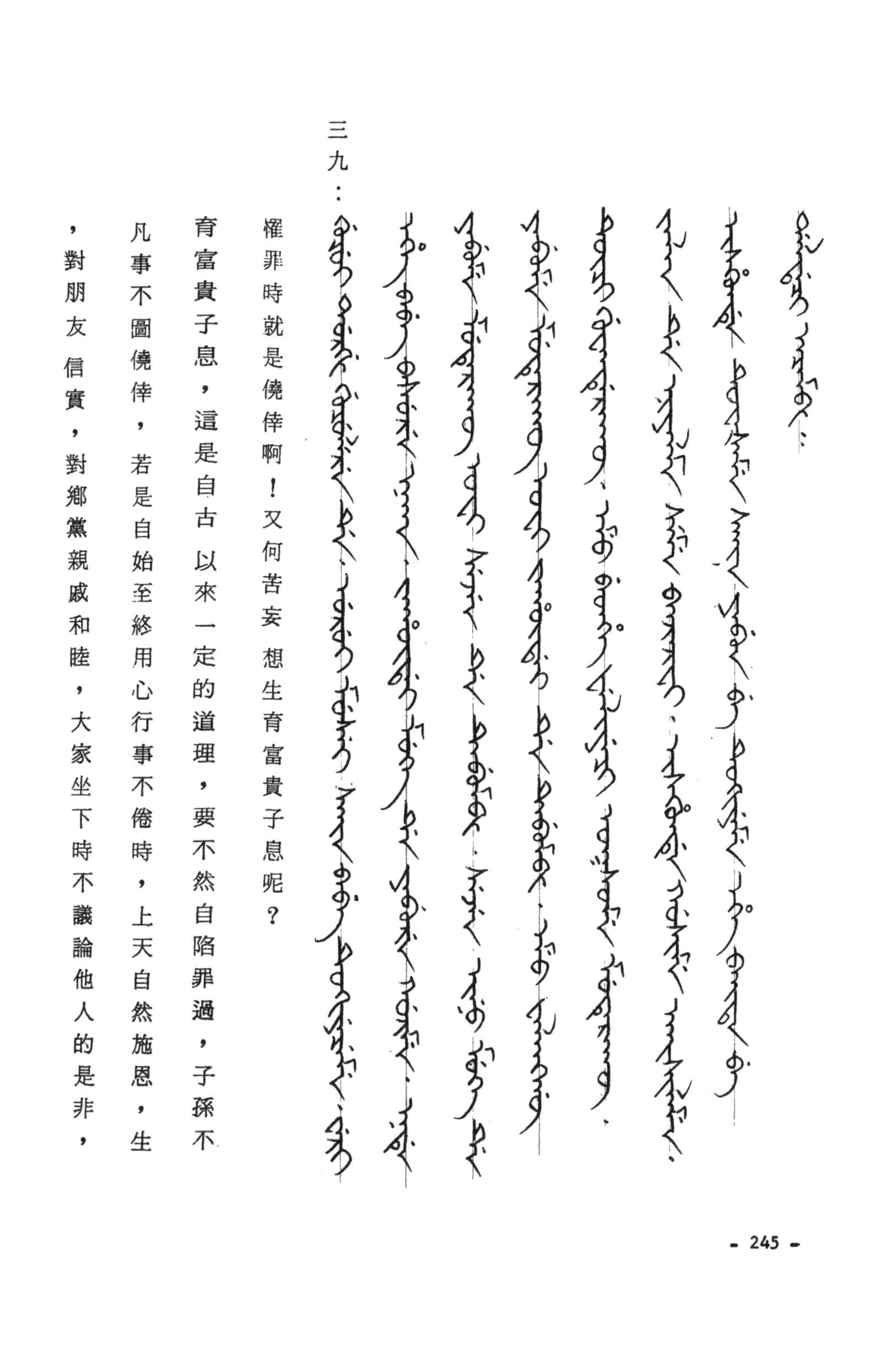

擢罪時就是僥倖啊！又何苦妄想生育富貴子息呢？

育富貴子息，這是自古以來一定的道理，要不然自陷罪過，子孫不

凡事不圖僥倖，若是自始至終用心行事不倦時，上天自然施恩，生

，對朋友信實，對鄉黨親戚和睦，大家坐下時不議論他人的是非，

三九：

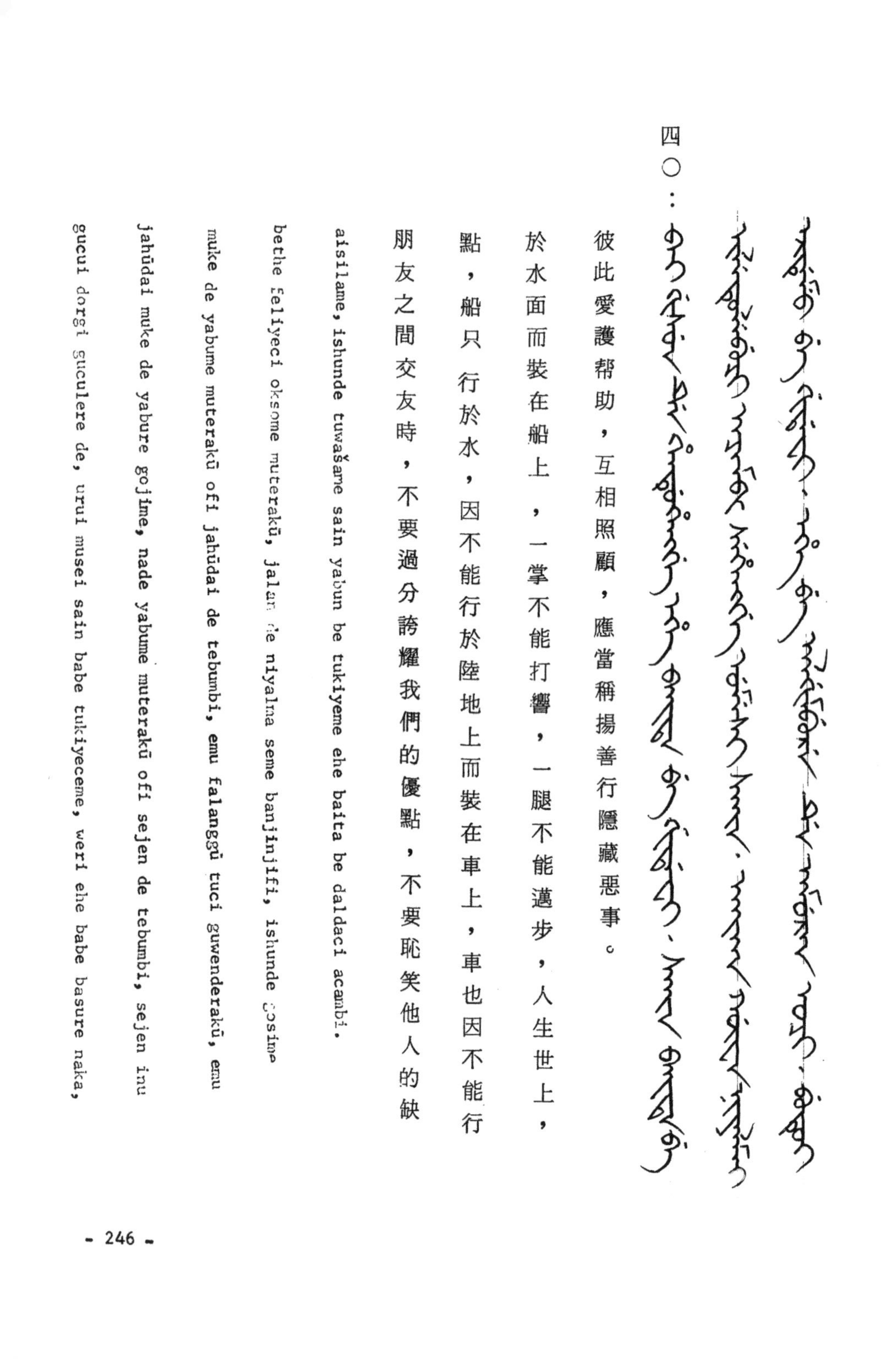

四〇：

彼此愛護幫助，互相照顧，應當稱揚善行隱藏惡事。

於水面而裝在船上，一掌不能打響，一腿不能邁步，人生世上，

點，船只行於水，因不能行於陸地上而裝在車上，車也因不能行

朋友之間交友時，不要過分誇耀我們的優點，不要恥笑他人的缺

aisilame, ishunde tuwašame sain yabun be tukiyeme ehe baita be daldaci acambi.

bethe feliyeci oksome muterakū, jalan de niyalma seme banjinjifi, ishunde gosime

muke de yabume muterakū ofi jahūdai de tebumbi, emu falanggū tuci guwenderakū, emu

jahūdai muke de yabure gojime, nade yabume muterakū ofi sejen de tebumbi, sejen inu

gucui dorgi guculere de, urui musei sain babe tukiyeceme, weri ehe babe basure naka,

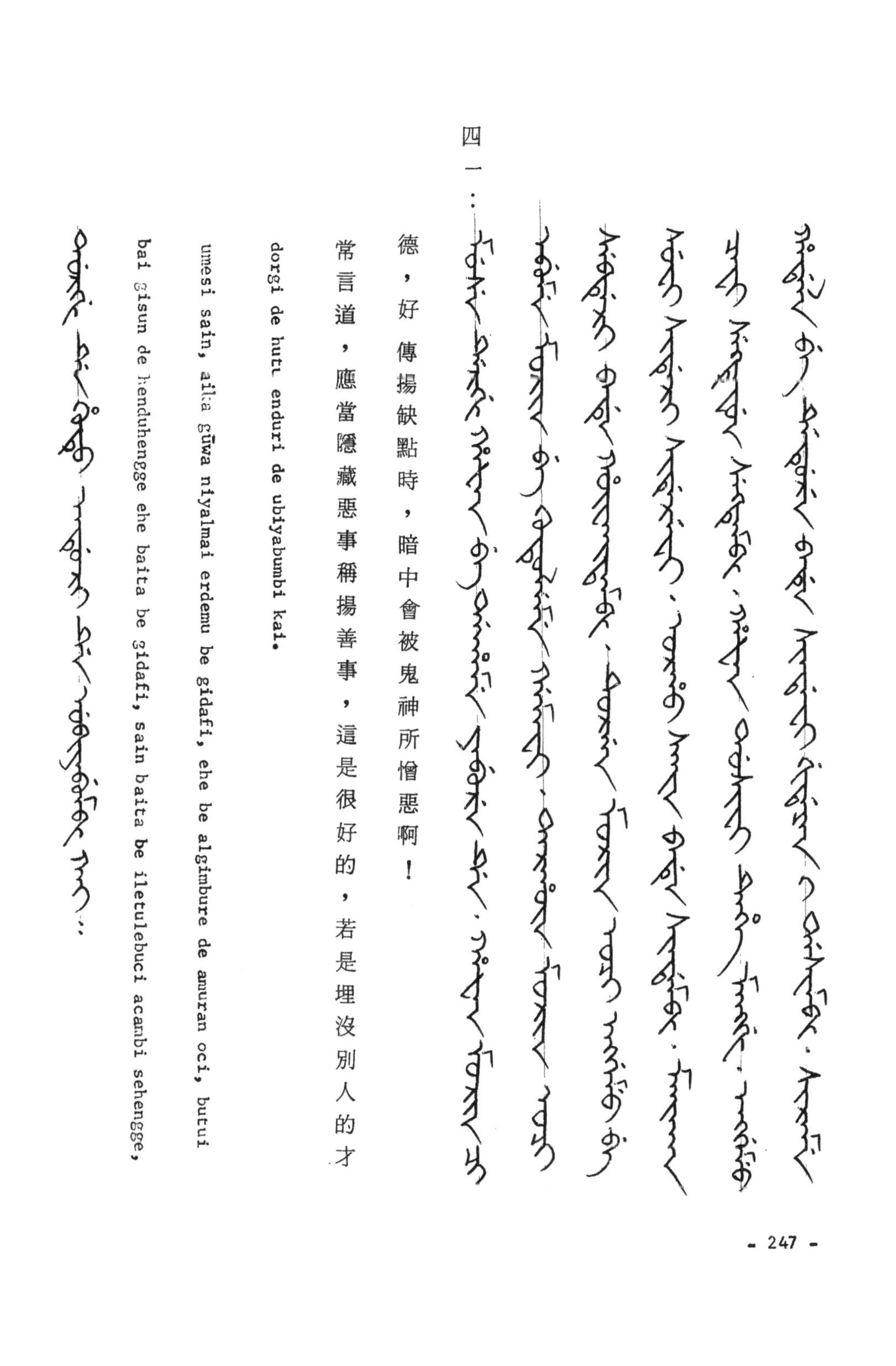

德，好傳揚缺點時，暗中會被鬼神所憎惡啊！

dorgi de hutu enduri de ubiyabumbi kai.

四一：

常言道，應當隱藏惡事稱揚善事，這是很好的，若是埋沒別人的才

bai gisun de henduhengge ehe baita be gidafi, sain baita be iletulebuci acambi sehengge,

umesi sain, aika gūwa niyalmai erdemu be gidafi, ehe be algimbure de amuran oci, butui

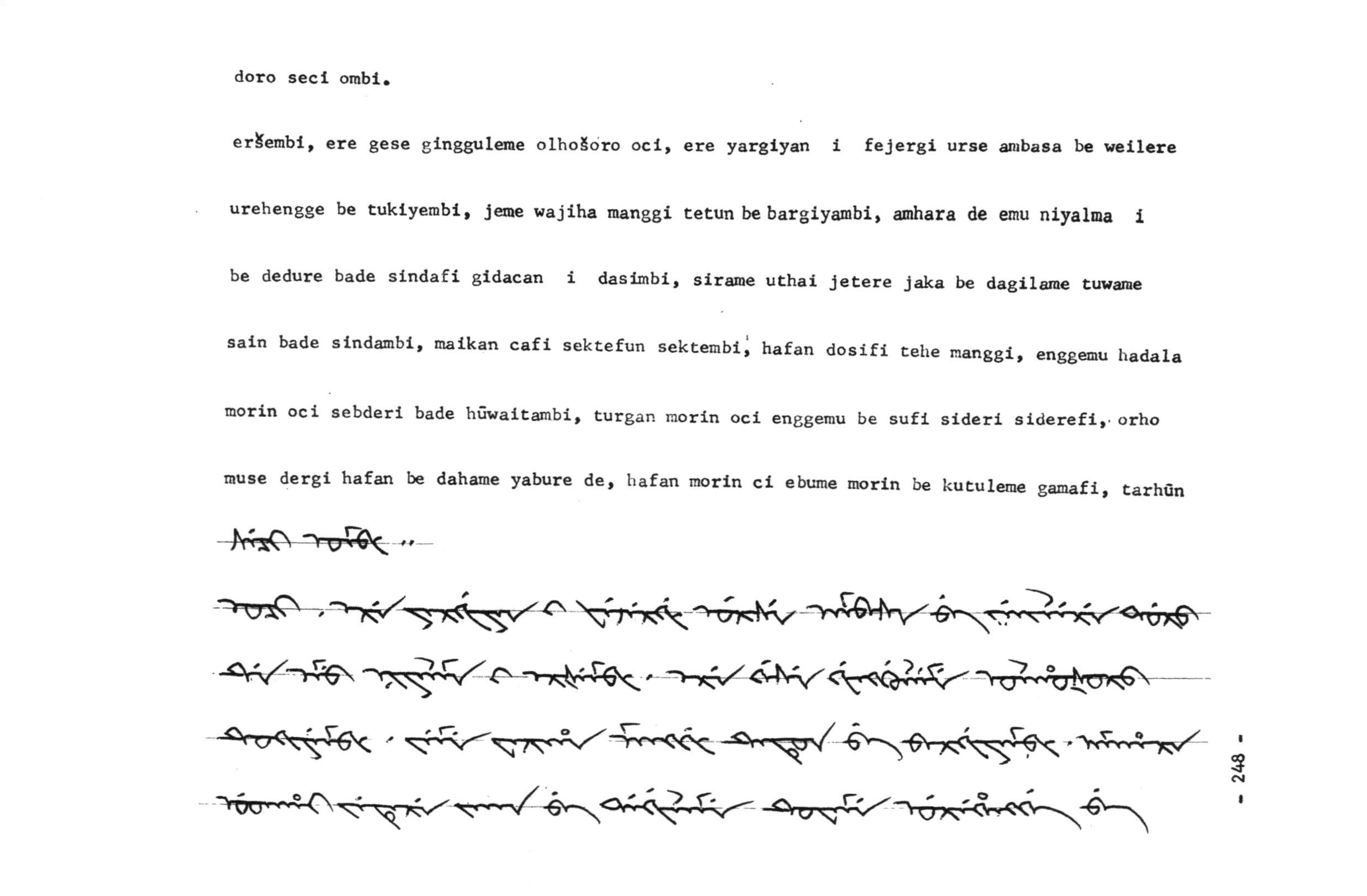

doro seci ombi.

eršembi, ere gese gingguleme olhošoro oci, ere yargiyan i fejergi urse ambasa be weilere urehengge be tukiyembi, jeme wajiha manggi tetun be bargiyambi, amhara de emu niyalma i be dedure bade sindafi gidacan i dasimbi, sirame uthai jetere jaka be dagilame tuwame sain bade sindambi, maikan cafi sektefun sektembi, hafan dosifi tehe manggi, enggemu hadala morin oci sebderi bade hūwaitambi, turgan morin oci enggemu be sufi sideri siderefi, orho muse dergi hafan be dahame yabure de, hafan morin ci ebume morin be kutuleme gamafi, tarhūn

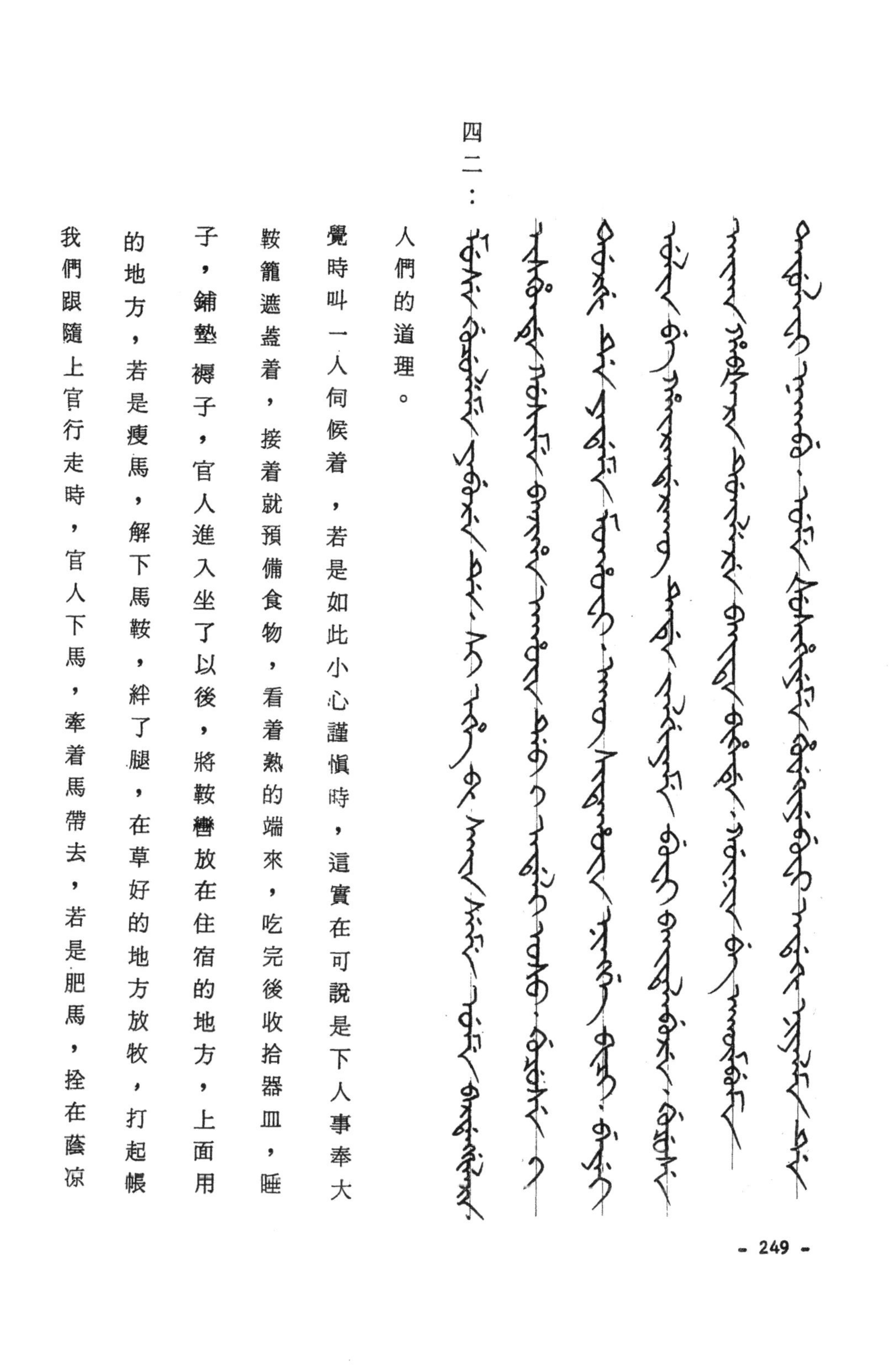

四二：

我們跟隨上官行走時，官人下馬，牽着馬帶去，若是肥馬，拴在蔭凉的地方，若是瘦馬，解下馬鞍，絆了腿，在草好的地方放牧，打起帳子，鋪墊褥子，官人進入坐了以後，將鞍轡放在住宿的地方，上面用鞍籠遮蓋着，接着就預備食物，看着熟的端來，吃完後收拾器皿，睡覺時叫一人伺候着，若是如此小心謹愼時，這實在可說是下人事奉大人們的道理。

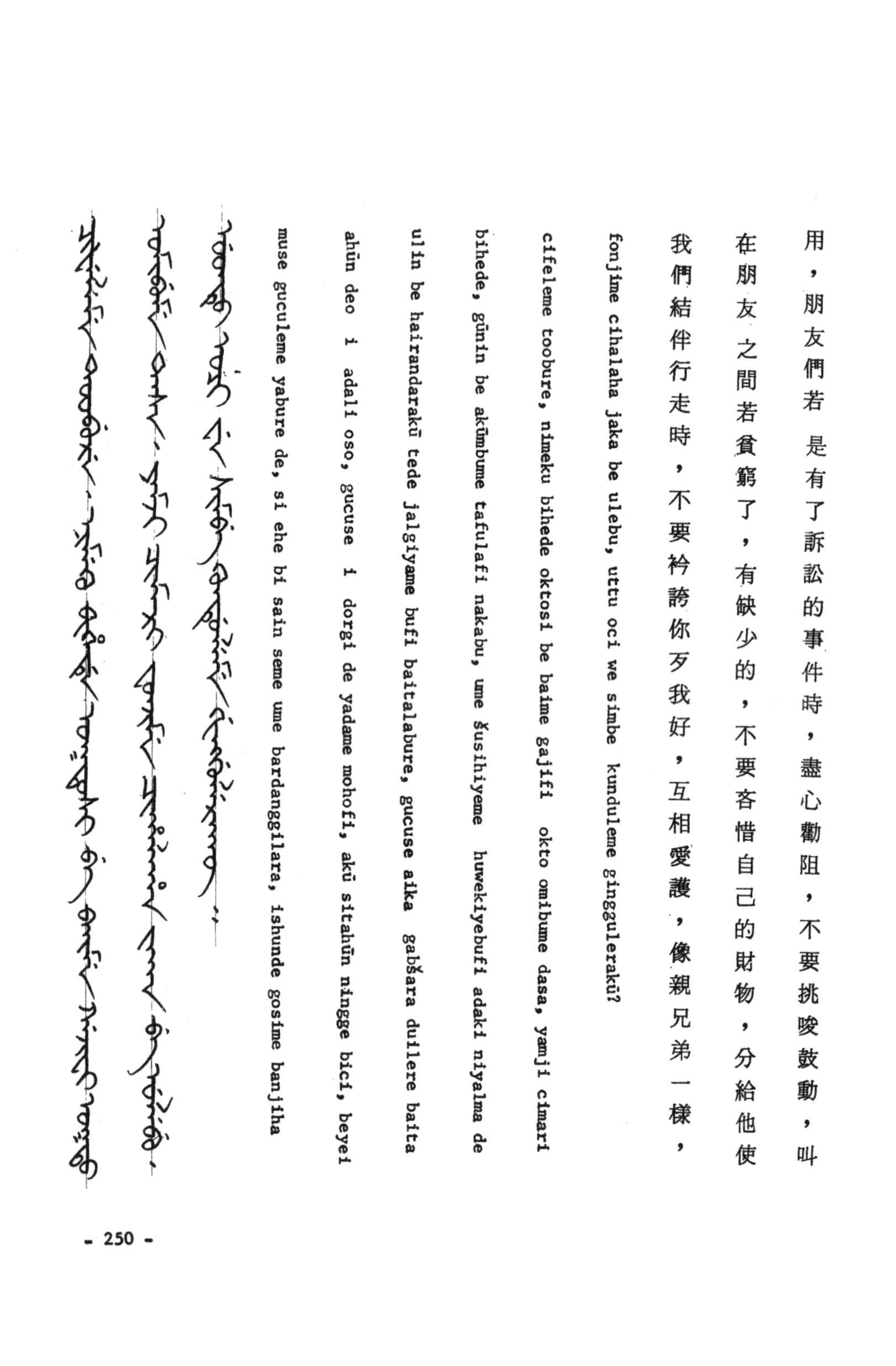

用，朋友們若是有了訴訟的事件時，盡心勸阻，不要挑唆鼓動，叫

在朋友之間若貧窮了，有缺少的，不要吝惜自己的財物，分給他使

我們結伴行走時，不要衿誇你歹我好，互相愛護，像親兄弟一樣，

fonjime cihalaha jaka be ulebu, uttu oci we simbe kundulerakū?

cifeleme toobure, nimeku bihede oktosi be baime gajifi okto omibume dasa, yamji cimari

bihede, gūnin be akūmbume tafulafi nakabu, ume šusihiyeme huwekiyebufi adaki niyalma de

ulin be hairandarakū tede jalgiyame bufi baitalabure, gucuse aika gabšara duillere baita

ahūn deo i adali oso, gucuse i dorgi de yadame mohofi, akū sitahūn ningge bici, beyei

muse gucuse yabure de, si ehe bi sain seme ume bardanggilara, ishunde gosime banjiha

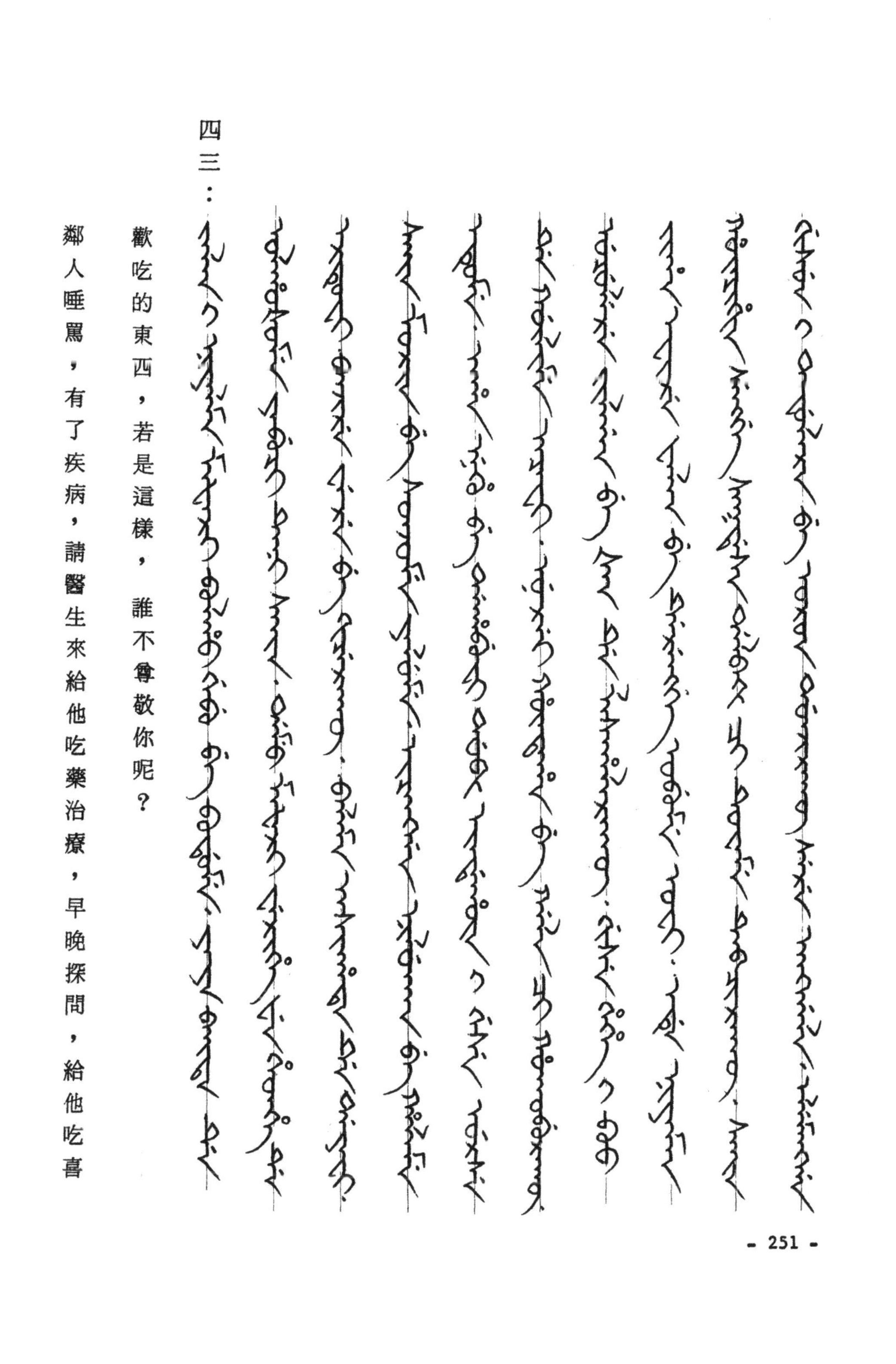

四三：

歡吃的東西，若是這樣，誰不尊敬你呢？

鄰人唾罵，有了疾病，請醫生來給他吃藥治療，早晚探問，給他吃喜

jalan i niyalma mafari bolho gebu be bodome, yaya baita de olhošome yabuci teni sain,
damu mafari werihe fe hethe de ertufi banjire were be kicerakū, balama asihata de dayafi,
sain morin be sonjome yalume, icangga nilukan be halame etume, aha nehu be dahabufi dobi
indahūn i gese urse de gūlime acafi, nurei hūntaha be gala ci hokoburakū, uculere jilgan
be šan de lashalarakū, gise hehe i boo jiha efire falan be derengge obume ofi, ede niyaman
hūncihin sengge sakdasa dalbaki ci tuwame tebcirakū, sain gisun i tafulara be oron
donjirakū sere anggala elemangga ceni sebjelere be yebelerakū seme ushambi kai.

世人顧及祖上的清譽，凡事謹慎行事才好，只是仗着祖上留下的舊業，不務營生，依附狂妄的少年，挑選好馬騎，穿換舒適光滑的衣服，帶了奴婢與如同狐犬的人同流合污，酒杯不離手，歌聲不絕於耳，以妓院玩錢爲榮，對此事親戚長老在旁邊看着不忍，以好言相勸，不但

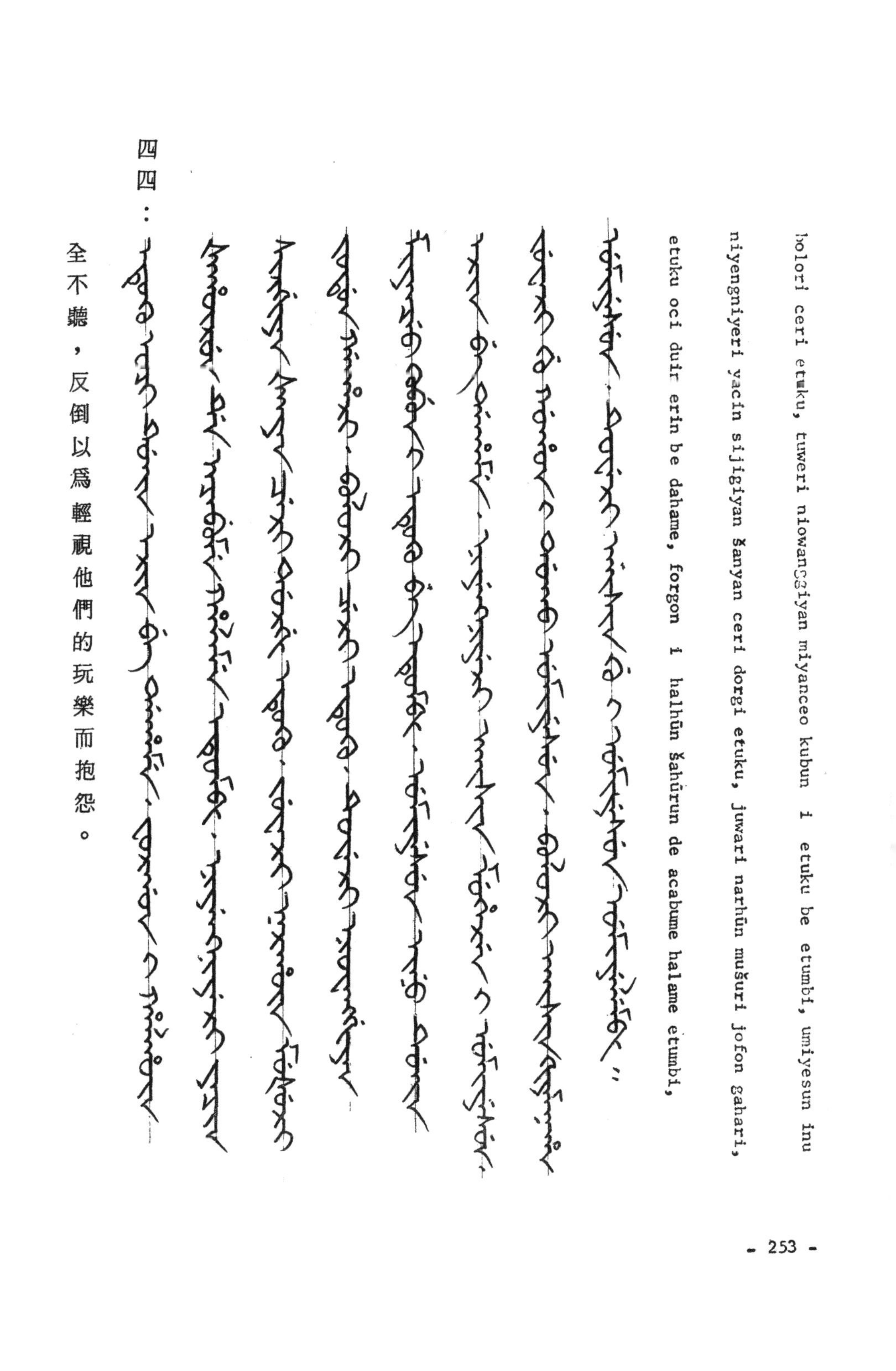

bolori ceri etuku, tuweri niowanggiyan miyanceo kubun i etuku be etumbi, umiyesun inu
niyengniyeri yacin sijigiyan šanyan ceri dorgi etuku, juwari narhūn mušuri jofon gahari,
etuku oci duir erin be dahame, forgon i halhūn šahūrun de acabume halame etumbi,

四四：全不聽，反倒以為輕視他們的玩樂而抱怨。

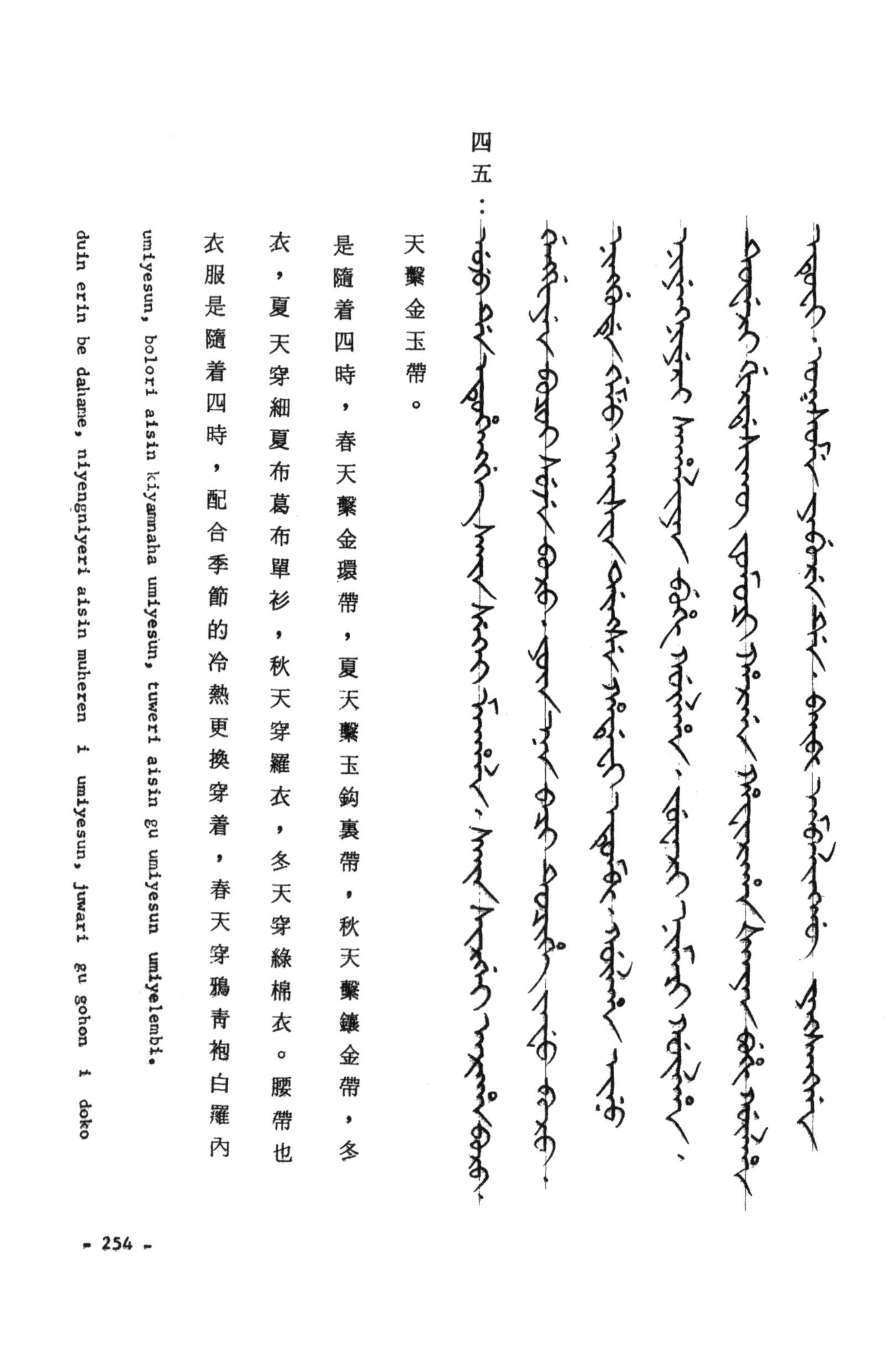

四五：

天繫金玉帶。

是隨着四時，春天繫金環帶，夏天繫玉鉤裏帶，秋天繫鑲金帶，多衣，夏天穿細夏布葛布單衫，秋天穿羅衣，多天穿綠棉衣。腰帶也衣服是隨着四時，配合季節的冷熱更換穿着，春天穿鴉青袍白羅內

umiyesun, bolori aisin kiyamnaha umiyesun, tuweri aisin gu umiyesun umiyelembi.
duin erin be dahame, niyengniyeri aisin muheren i umiyesun, juwari gu gohon i doko

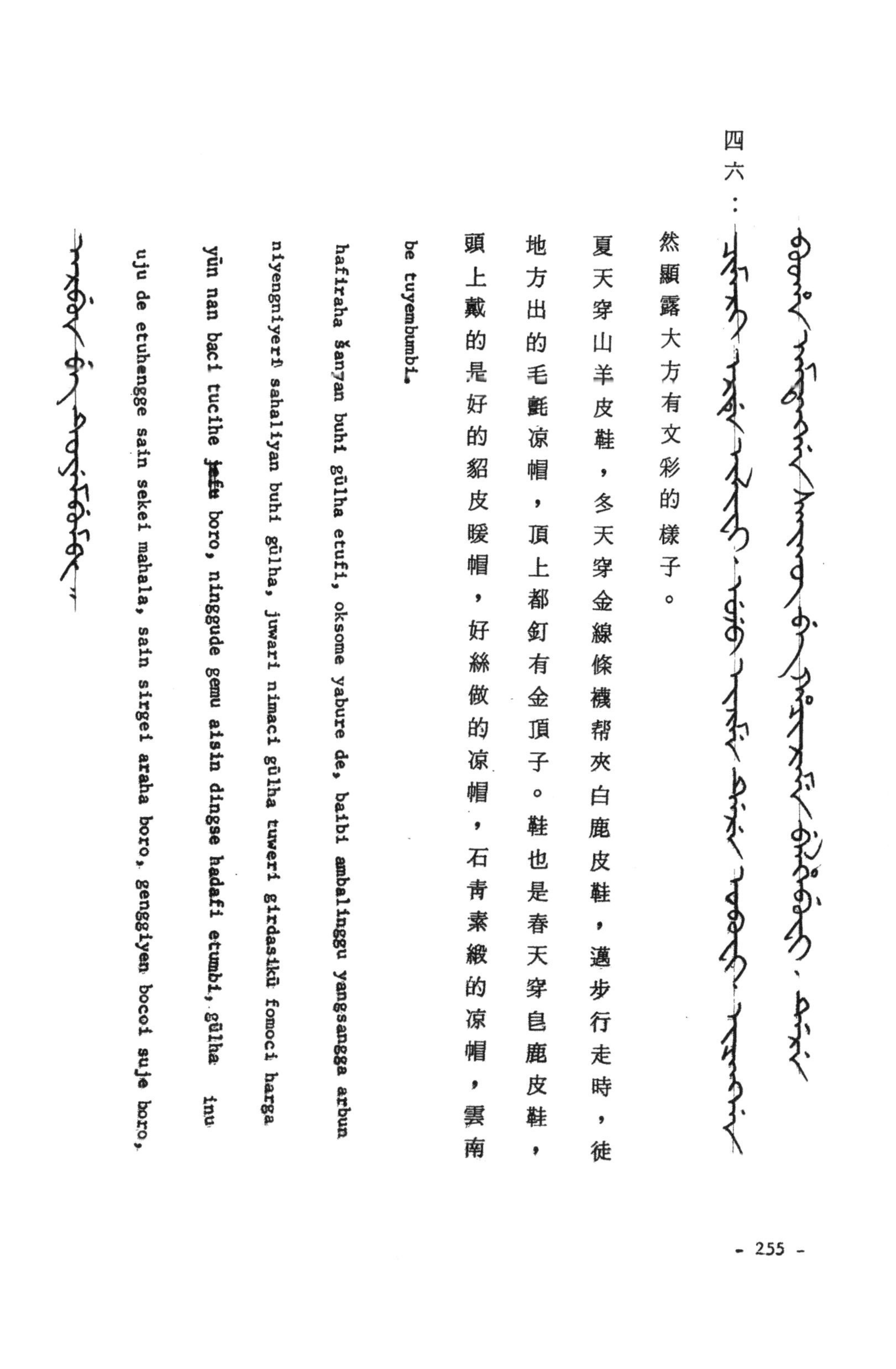

四六：

be tuyembumbi.

然顯露大方有文彩的樣子。

hafiraha šanyan buhi gūlha etufi, oksome yabure de, baibi ambalinggu yangsangga arbun

夏天穿山羊皮鞋，多天穿金線條襪帮夾白鹿皮鞋，邁步行走時，徒

niyengniyeri sahaliyan buhi gūlha, juwari nimaci gūlha tuweri girdasikū fomoci harga

地方出的毛氈涼帽，頂上都釘有金頂子。鞋也是春天穿皀鹿皮鞋，

yūn nan baci tucike jafu boro, ninggude gemu aisin dingse hadafi etumbi, gūlha inu

頭上戴的是好的貂皮暖帽，好絲做的涼帽，石青素緞的涼帽，雲南

uju de etuhengge sain sekei mahala, sain sirgei araha boro, genggiyen bocoi suje boro,

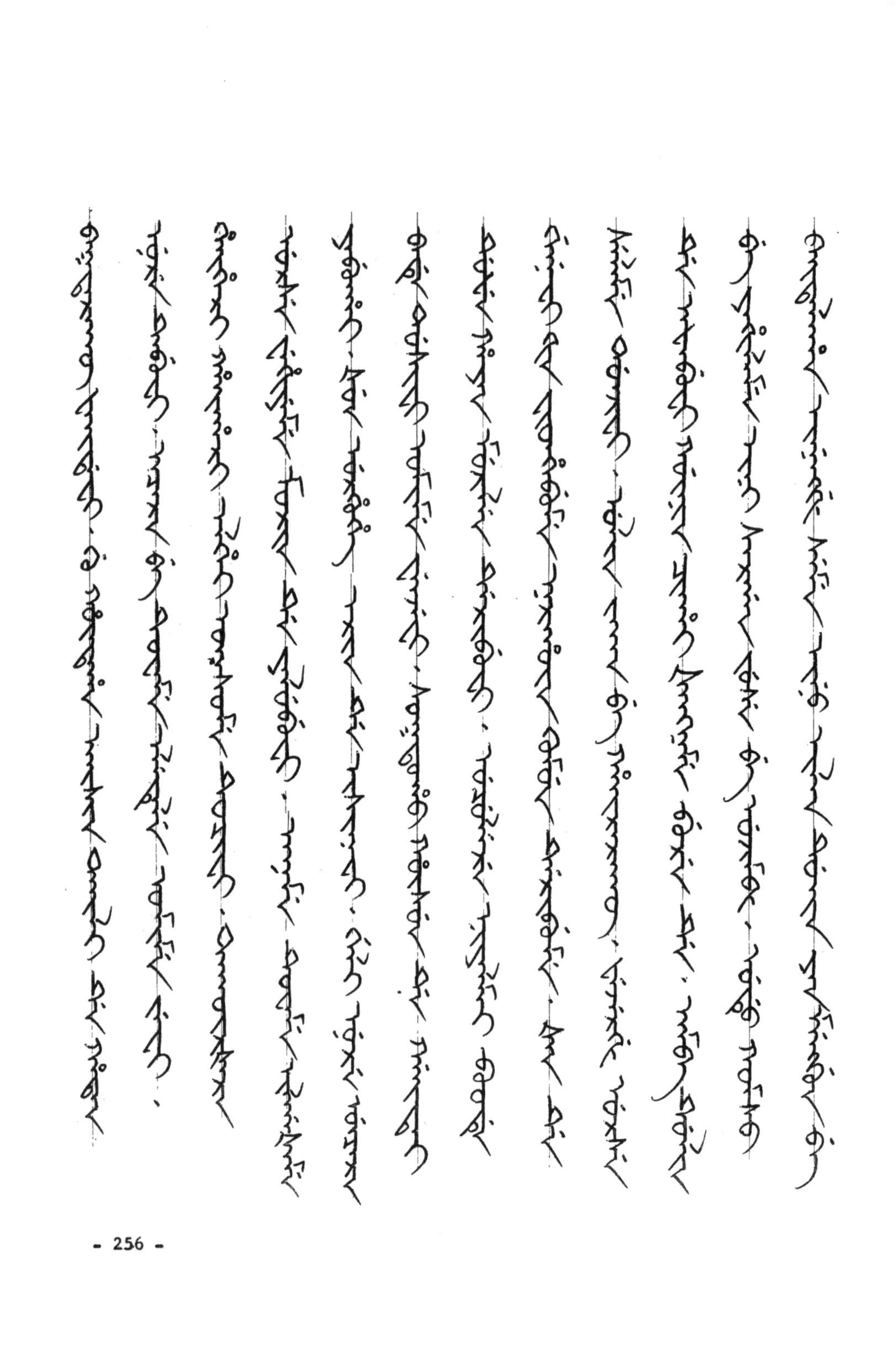

[illegible]
[illegible]
[illegible]
[illegible]
[illegible]
[illegible]
[illegible]
[illegible]
[illegible]
[illegible]
[illegible]
[illegible]

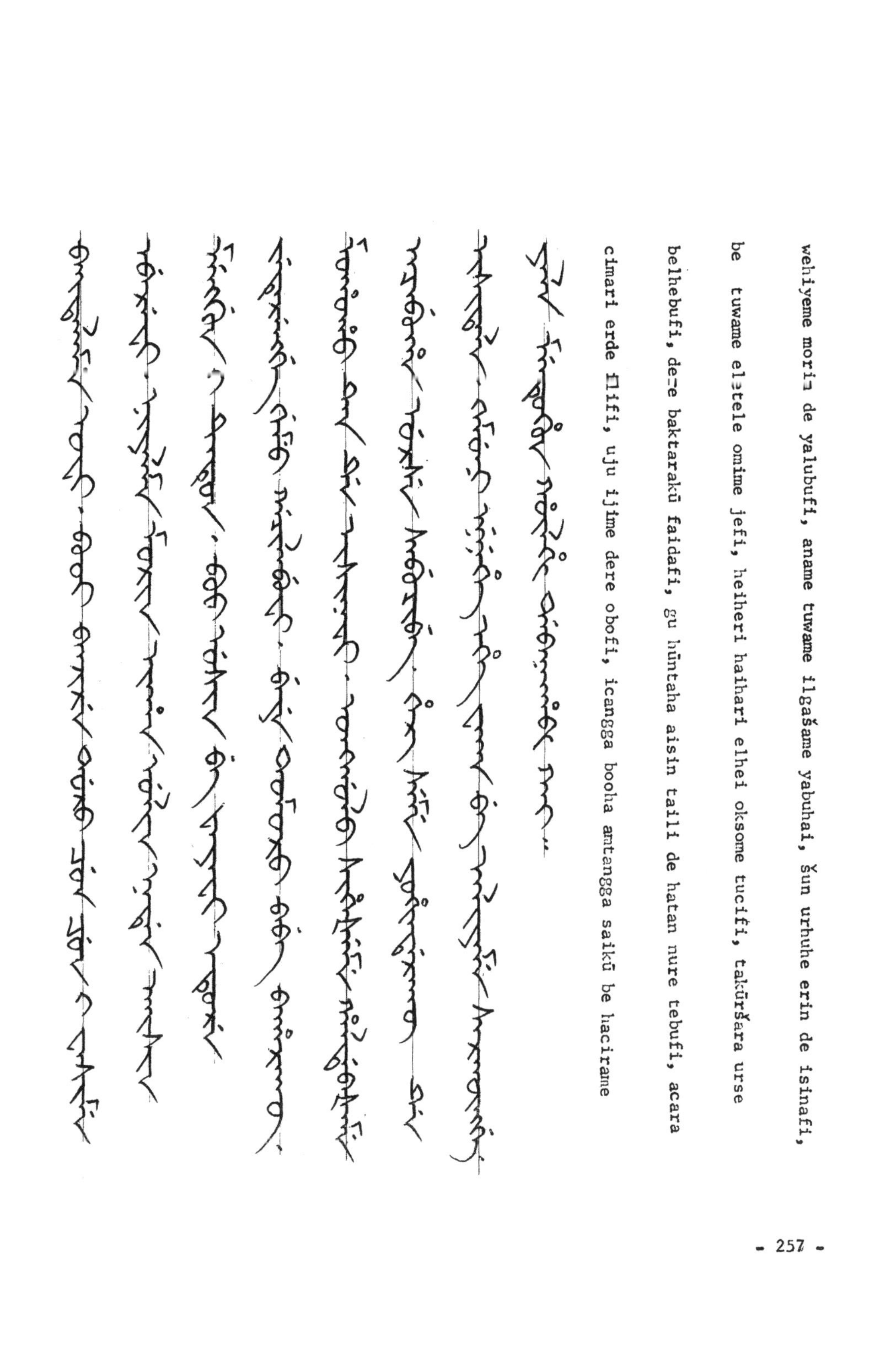

cimari erde ilifi, uju ijime dere obofi, icangga booha amtangga saikū be hacirame
belhebufi, dere baktarakū faidafi, gu hūntaha aisin taili de hatan nure tebufi, acara
be tuwame el[illegible]tele omime jefi, heiheri haihari elhei oksome tucifi, takūršara urse
wehiyeme morin de yalubufi, aname tuwame ilgašame yabuhai, šun urhuhe erin de isinafi,

去，使喚的人扶着讓他騎馬，挨次觀看，閒遊行走，到日斜時又進入

杯裡盛了强烈的黃酒，隨意飽飽地吃喝，大搖大擺，慢條斯理邁步出

清晨起來，梳頭洗臉，叫人預備各樣佳餚美饌，桌子擺不下，玉鐘金

yala mentuhun hūlhi dabanahabi kai.

sabucibe, her seme yonhindarakū de isitala, kemuni nenehe ehe waka be aliyame sarkūngge,
beye tomoro babe baharakū, mohoho ten de isinafi, onggolo sihešeme haldabašame acabuha urse
ihan ulin nadan aisin menggun i tetun, boo usin be fayafi eture jeterengge gemu gacilabufi,
yan menggun be baitalame ofi, booi banjire doro cun cun i wasime eberefi, niyalma morin
dulin be yahillame ini sargan juse be ujimbi, udu komso baitalaha inenggi seme inu ilan duin
donjifi, ulin jaka be hairarakū, fejergi urse de afabufi gūnin cihai šangname bure de, amba
deribufi, uculere niyalmai boode genefi kin fithebume narhūn kumun deribume, šan de selame
geli nure uncara bade dosifi omime wenjefi, soktoho hūsun de gaitai dufe hayan mujilen

後悔，眞是太愚昧啊！

雖然看見了，一點也不理睬，到此地步，以前的劣點過錯仍然不知道食都窘迫了，自己得不到容身之地，窮困到極點，從前逢迎諂媚的人用三四兩銀，家家漸漸衰落，人馬牛財帛金銀器皿房舍田產賣了，衣的人，暗中尅留大半以養活他的妻子兒女，即使用的很少的日子，也琴奏細樂，耳朶暢快地聽着，不愛惜財物，交待屬下人隨便賞給唱歌賣酒的地方喝得醉醺醺的，由於醉力忽起淫心，到唱歌的人家裡去彈

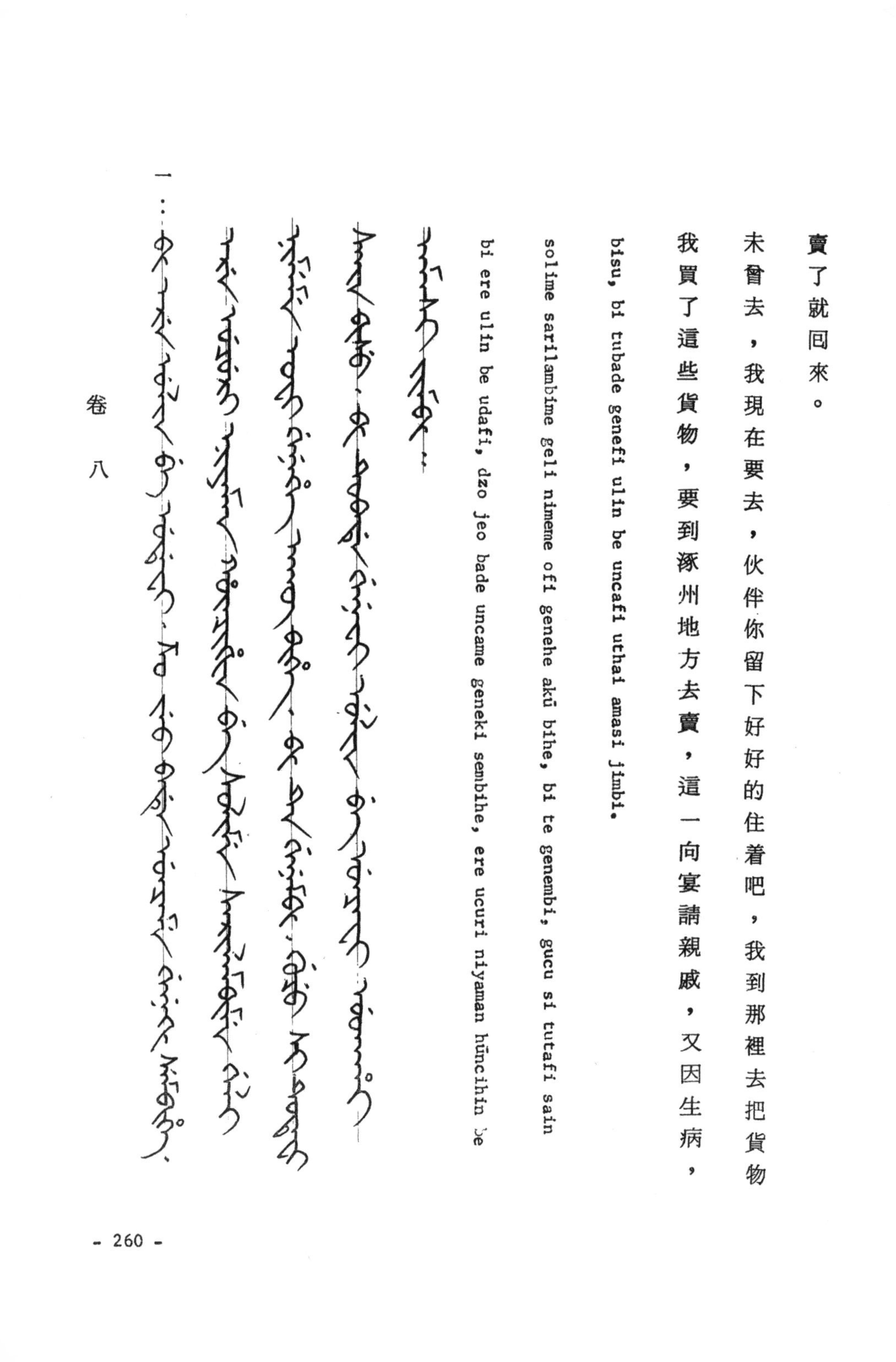

賣了就回來。

未曾去，我現在要去，伙伴你留下好好的住着吧，我到那裡去把貨物

我買了這些貨物，要到涿州地方去賣，這一向宴請親戚，又因生病，

bisu, bi tubade genefi ulin be uncafi uthai amasi jimbi.

solime sarilambime geli nimeme ofi genehe akū bihe, bi te genembi, gucu si tutafi sain

bi ere ulin be udafi, dzo jeo bade uncame geneki sembihe, ere ucuri niyaman hūncihin be

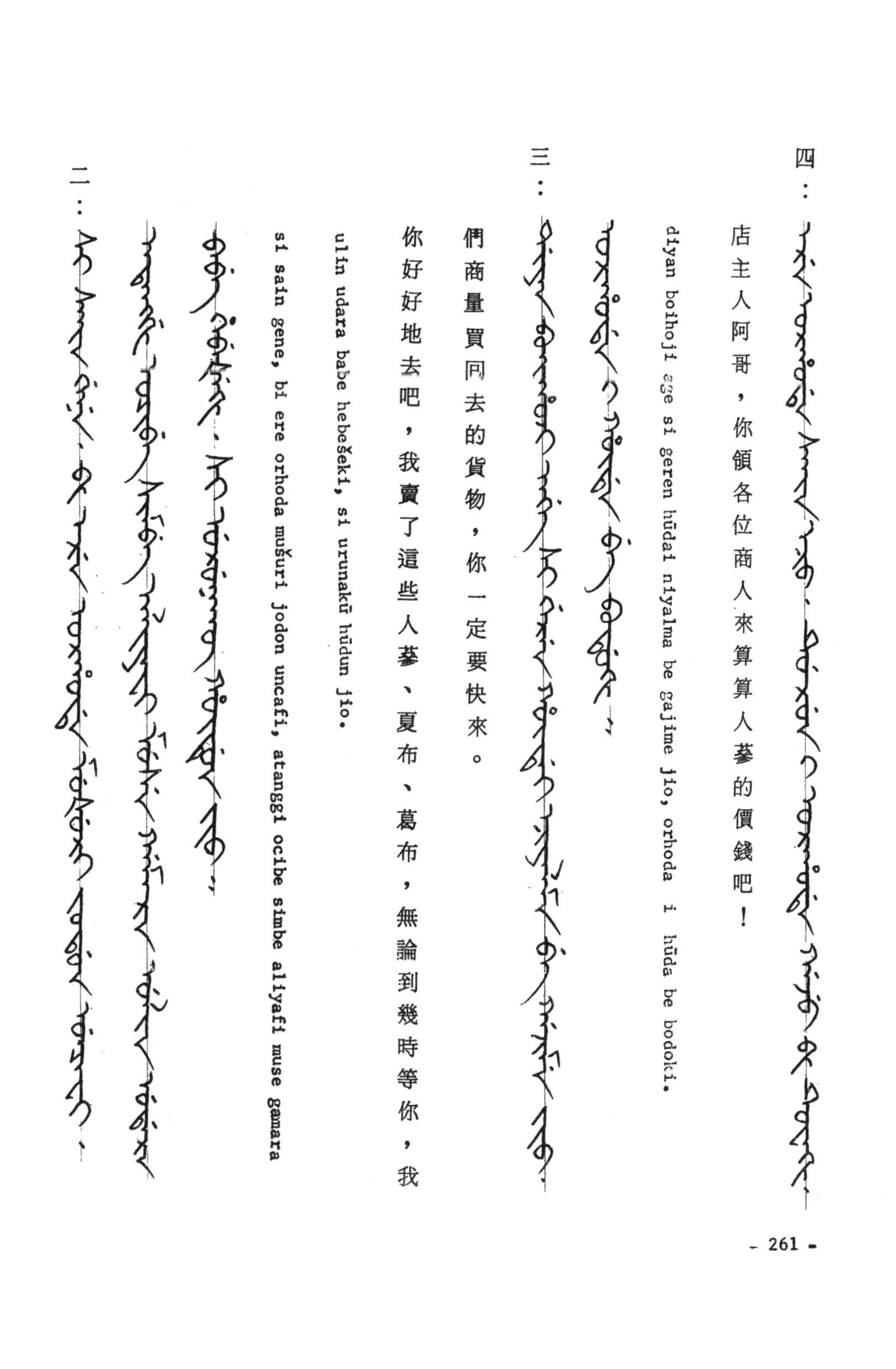

四：

店主人阿哥，你領各位商人來算算人蔘的價錢吧！

diyan boihoji age si geren hūdai niyalma be gajime jio, orhoda i hūda be bodoki.

三：

們商量買同去的貨物，你一定要快來。

你好好地去吧，我賣了這些人蔘、夏布、葛布，無論到幾時等你，我

ulin udara babe hebešeki, si urunakū hūdun jio.

si sain gene, bi ere orhoda mušuri jodon uncafi, atanggi ocibe simbe aliyafi muse gamara

二：

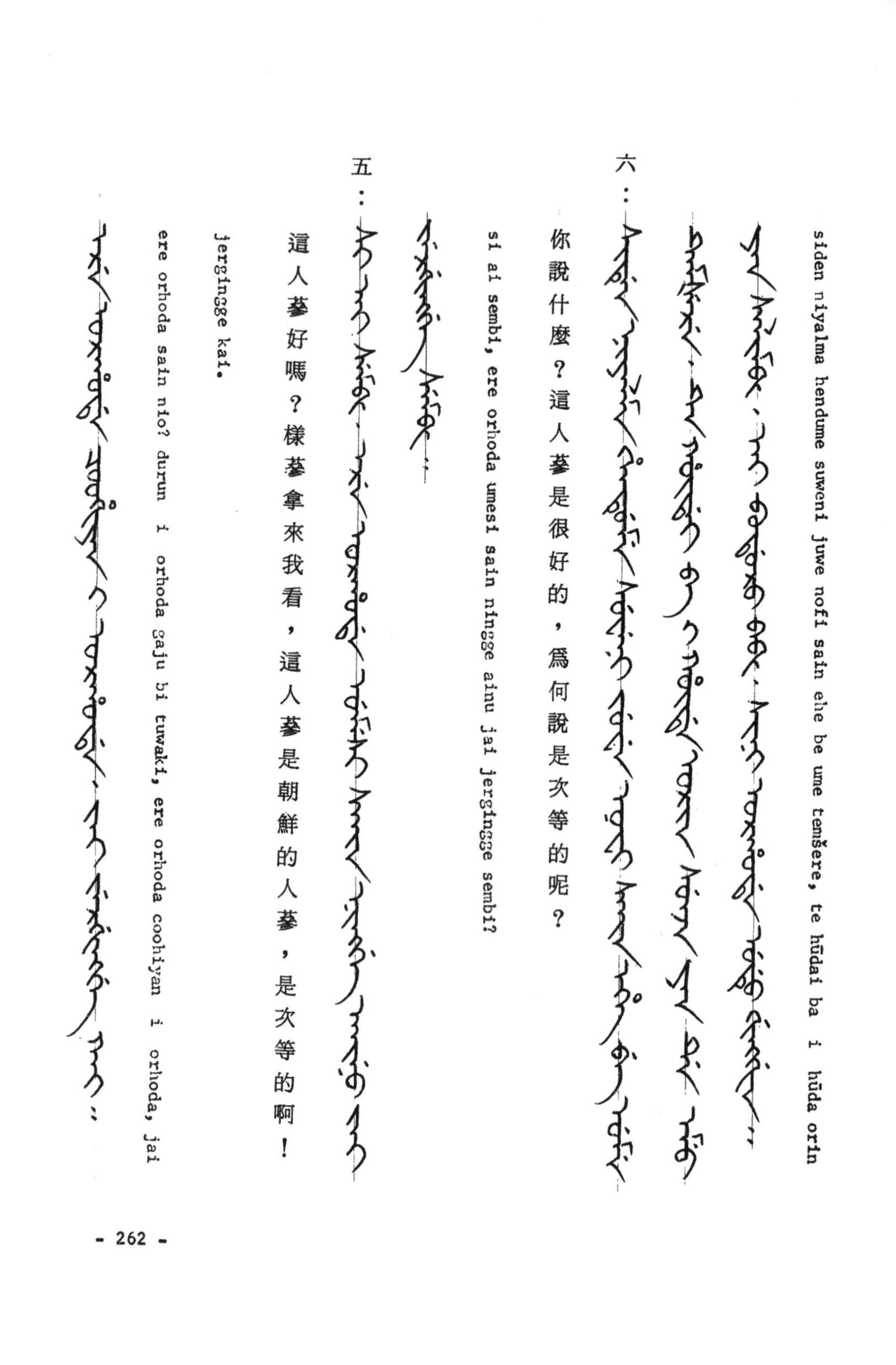

siden niyalma hendume suweni juwe nofi sain ehe be ume temšere, te hūdai ba i hūda orin

六：

你說什麼？這人蔘是很好的，爲何說是次等的呢？

si ai sembi, ere orhoda umesi sain ningge ainu jai jergingge sembi?

五：

這人蔘好嗎？樣蔘拿來我看，這人蔘是朝鮮的人蔘，是次等的啊！

ere orhoda sain nio? durun i orhoda gaju bi tuwaki, ere orhoda coohiyan i orhoda, jai jergingge kai.

mininge alban i dengneku doron gidahabi, we ai gelhun akū encu dengneku be baitalambi.

九：

你的戥子何如？

sini dengneku antaka?

八：

一百一十斤。

emu tanggū juwan ginggin.

七：

值一兩銀，有什麼可算之處，你的人蔘幾斤？

證人說，你們兩位不要爭執好壞，現在市場的價錢二十五兩人蔘，

sunja yan de emu yan salimbi, ai bodoro babi, sini orhoda udu ginggin.

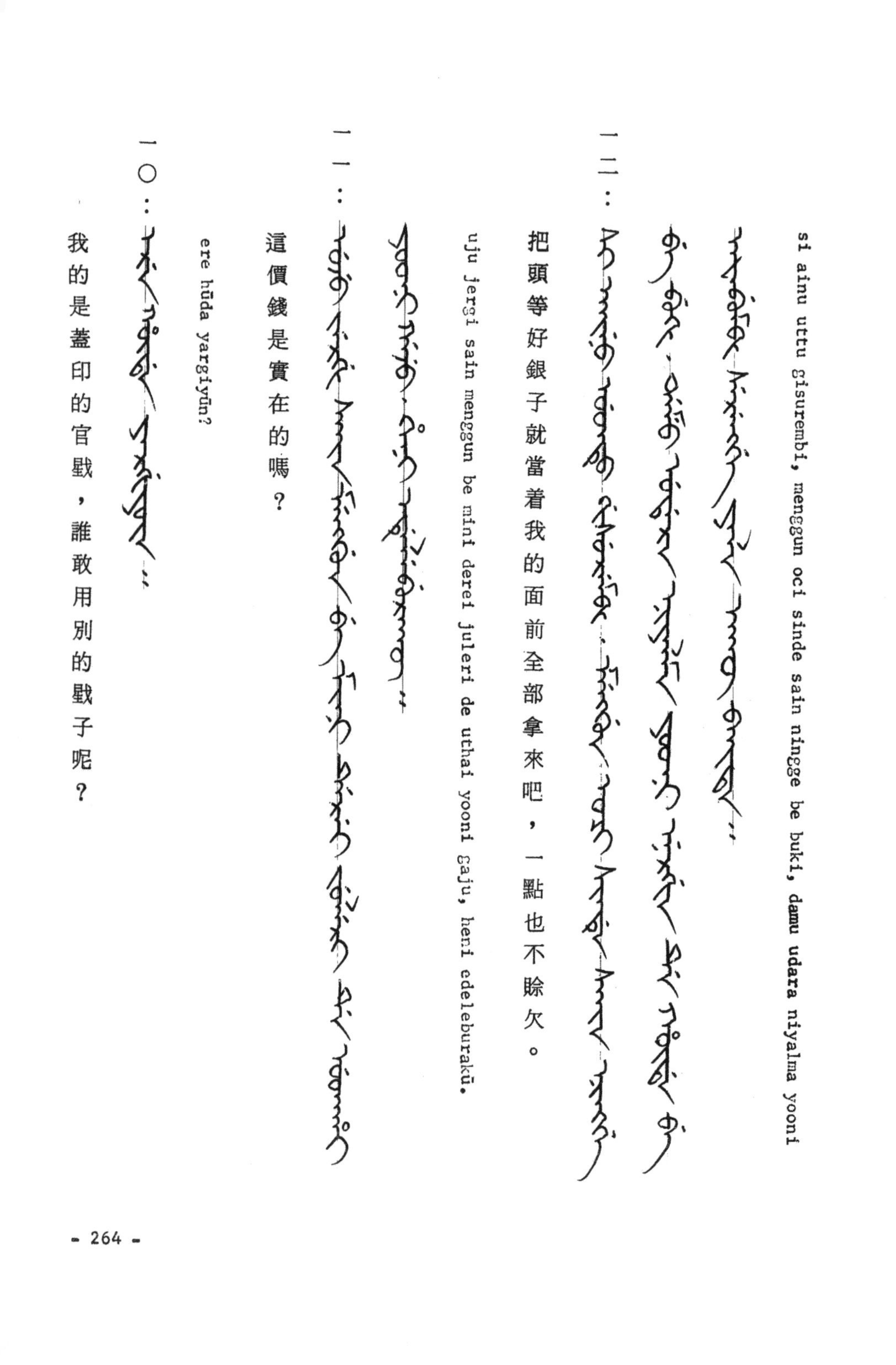

si ainu uttu gisurembi, menggun oci sinde sain ningge be buki, damu udara niyalma yooni

一二：

把頭等好銀子就當着我的面前全部拿來吧，一點也不賒欠。

uju jergi sain menggun be mini derei juleri de uthai yooni gaju, heni edeleburakū.

一一：

這價錢是實在的嗎？

ere hūda yargiyūn?

一〇：

我的是蓋印的官戳，誰敢用別的戳子呢？

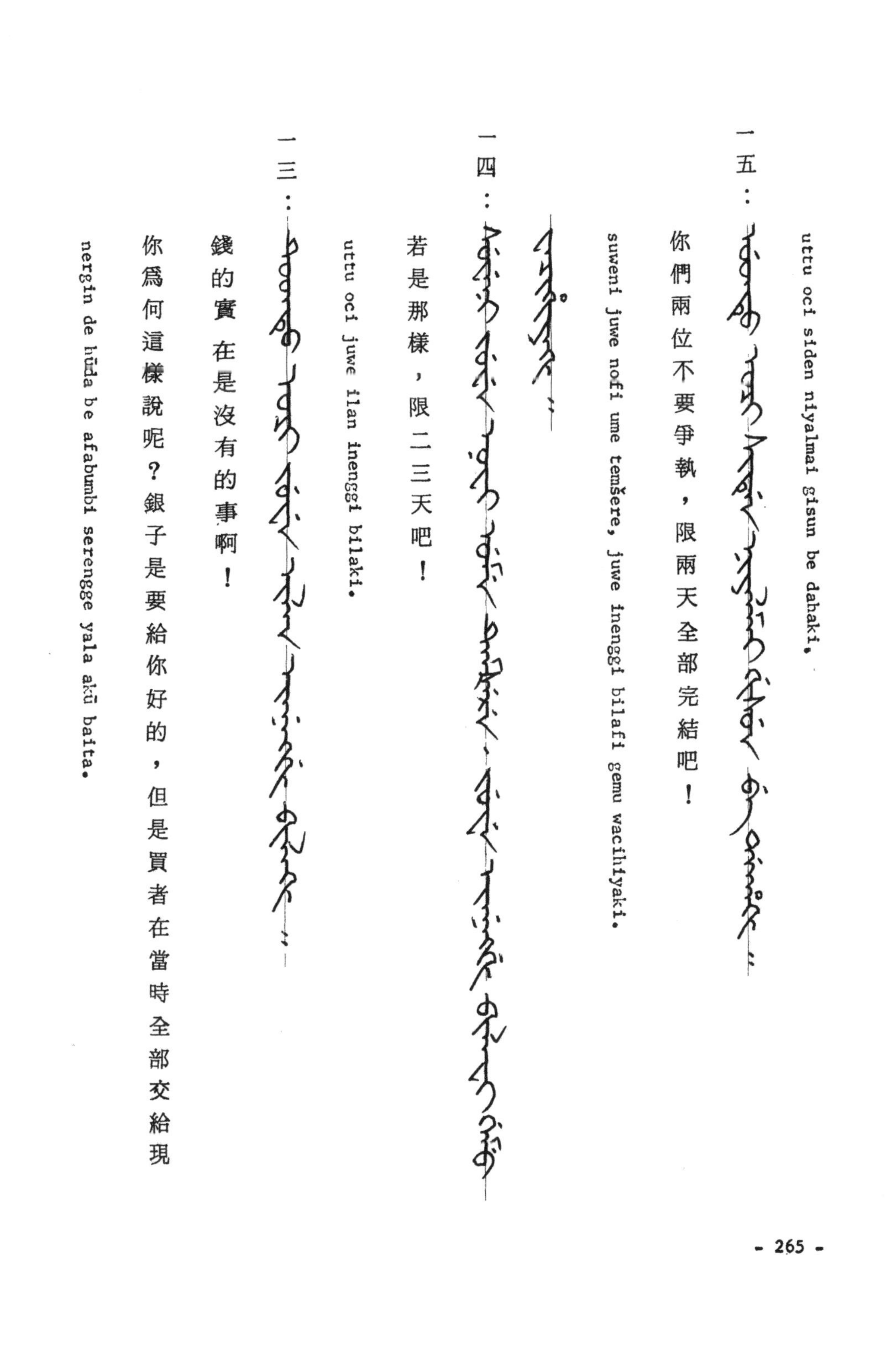

uttu oci siden niyalmai gisun be dahaki.

一五：

你們兩位不要爭執，限兩天全部完結吧！

suweni juwe nofi ume temšere, juwe inenggi bilafi gemu wacihiyaki.

一四：

若是那樣，限二三天吧！

uttu oci juwe ilan inenggi bilaki.

一三：

錢的實在是沒有的事啊！

你爲何這樣說呢？銀子是要給你好的，但是買者在當時全部交給現

nergin de hūda be afabumbi serengge yala akū baita.

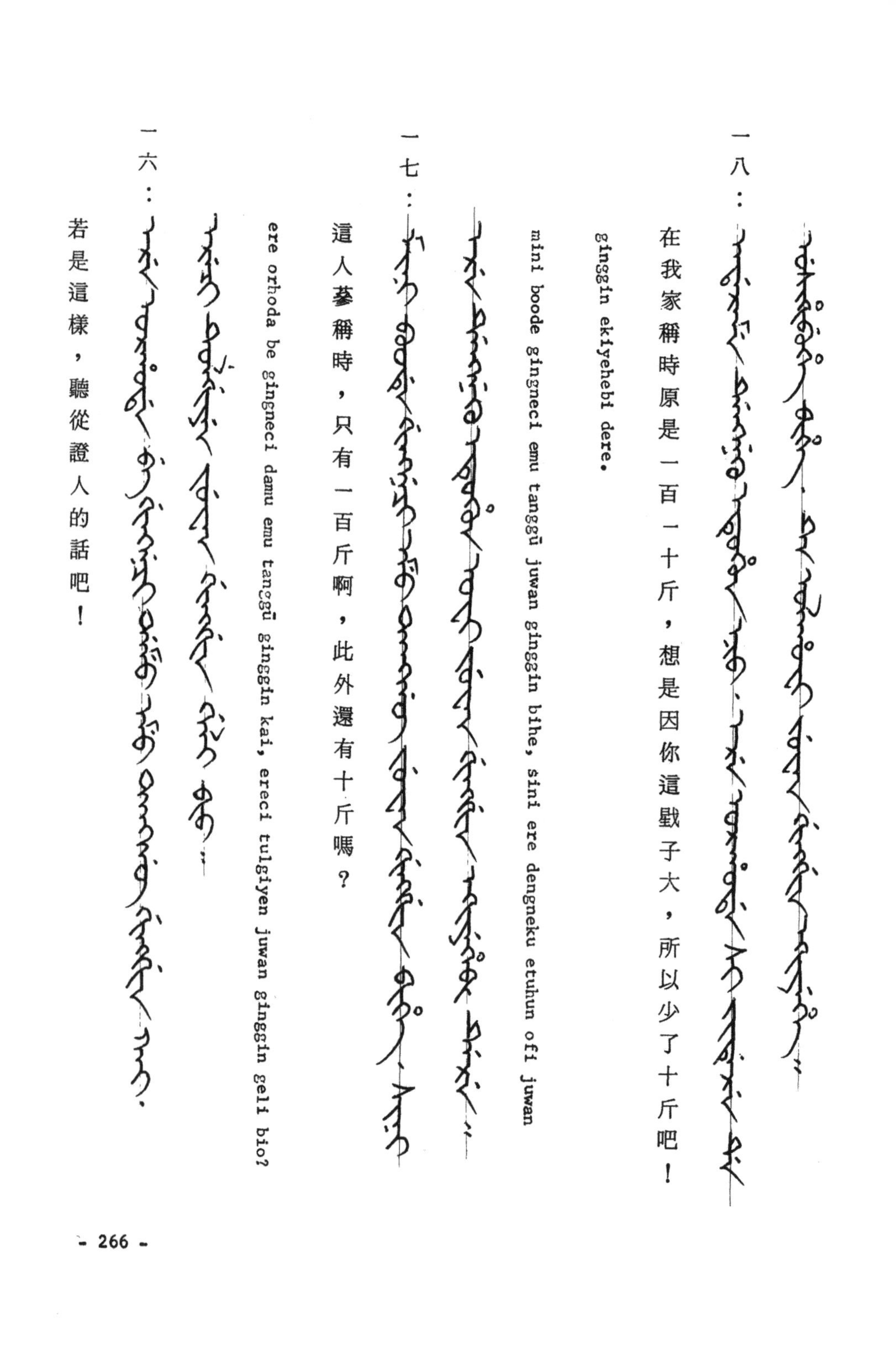

一八：

在我家稱時原是一百一十斤，想是因你這戥子大，所以少了十斤吧！

ginggin ekiyehebi dere.

一七：

mini boode gingneci emu tanggū juwan ginggin bihe, sini ere dengneku etuhun ofi juwan

這人蔘稱時，只有一百斤啊，此外還有十斤嗎？

ere orhoda be gingneci damu emu tanggū ginggin kai, ereci tulgiyen juwan ginggin geli bio?

一六：

若是這樣，聽從證人的話吧！

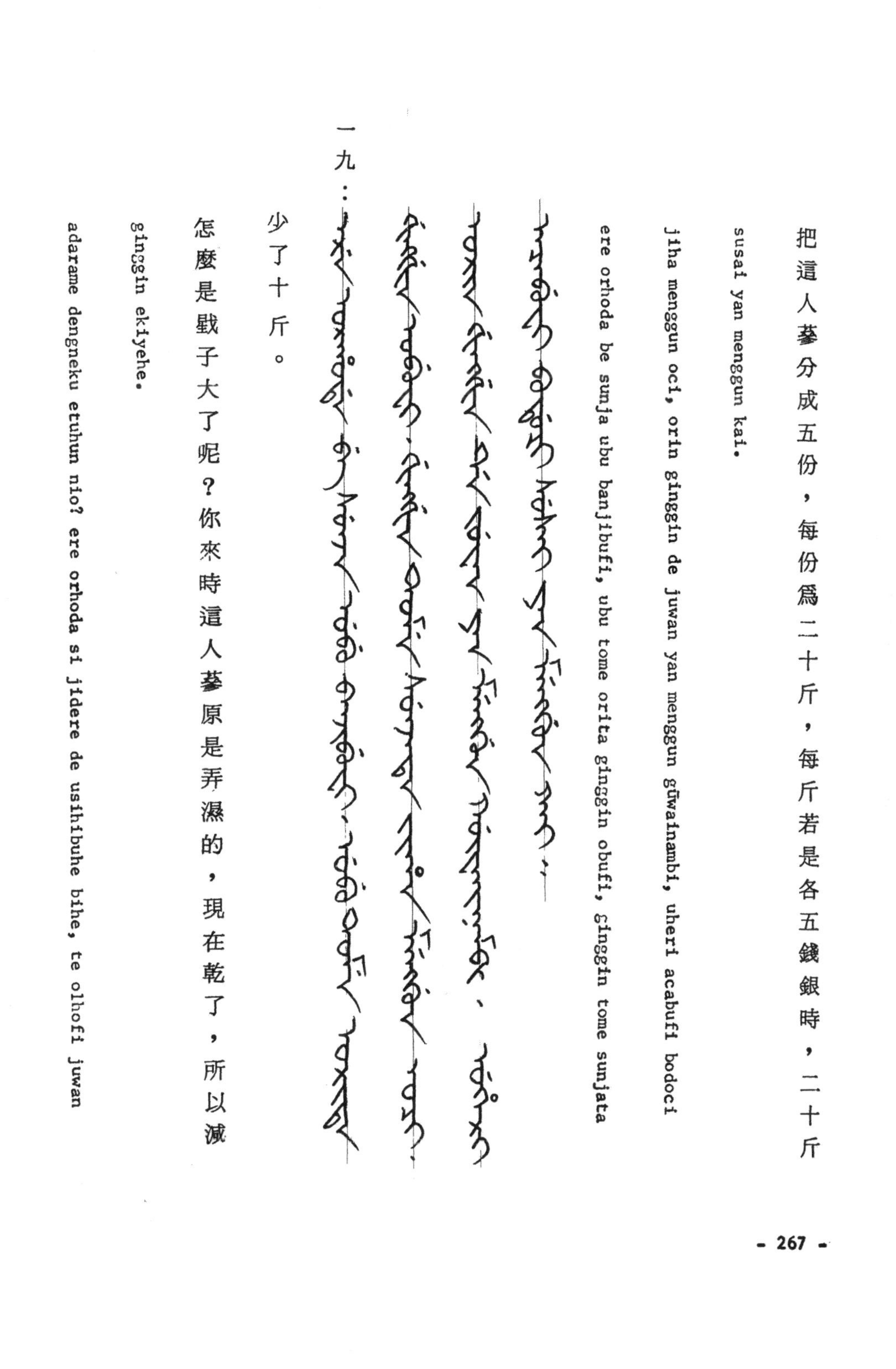

把這人蔘分成五份，每份爲二十斤，每斤若是各五錢銀時，二十斤

susai yan menggun kai.

jiha menggun oci, orin ginggin de juwan yan menggun gūwainambi, uheri acabufi bodoci

ere orhoda be sunja ubu banjibufi, ubu tome orita ginggin obufi, ginggin tome sunjata

一九：

少了十斤。

怎麼是戥子大了呢？你來時這人蔘原是弄濕的，現在乾了，所以減

ginggin ekiyehe.

adarame dengneku etuhun nio? ere orhoda si jidere de usihibuhe bihe, te olhofi juwan uju jergi narhūn jodon de emu yan juwe jihe, muwa ningge de jakūn jiha be gaiki sembi.

ᠨᡳᠩᡤᡝ ᡩᡝ ᠵᠠᡴᡡᠨ ᠵᡳᡥᠠ ᠪᡝ ᡤᠠᡳᡴᡳ ᠰᡝᠮᠪᡳ᠉

二二：[illegible]

你的這夏布、葛布，細的價錢要多少，粗的價錢要多少？

sini ere mušuri jodon narhūn ningge de hūda udu? muwa ningge de hūda udu gaiki sembi?

二一：ᡩᡳᠶᠠᠨ ᠪᠣᡳᡥᠣᠵᡳ ᠠᡤᡝ ᠰᡳ ᠮᡠᡧᡠᡵᡳ ᠵᠣᡩᠣᠨ ᡠᡩᠠᡵᠠ ᠨᡳᠶᠠᠯᠮᠠ ᠪᡝ ᡤᠠᠵᡳᠮᡝ ᠵᡳᠣ᠉

店主人阿哥，你把購買夏布、葛布的人帶來吧！

diyan boihoji age si mušuri jodon udara niyalma be gajime jio.

二〇：[illegible]

該爲十兩，合計共是五十兩銀。

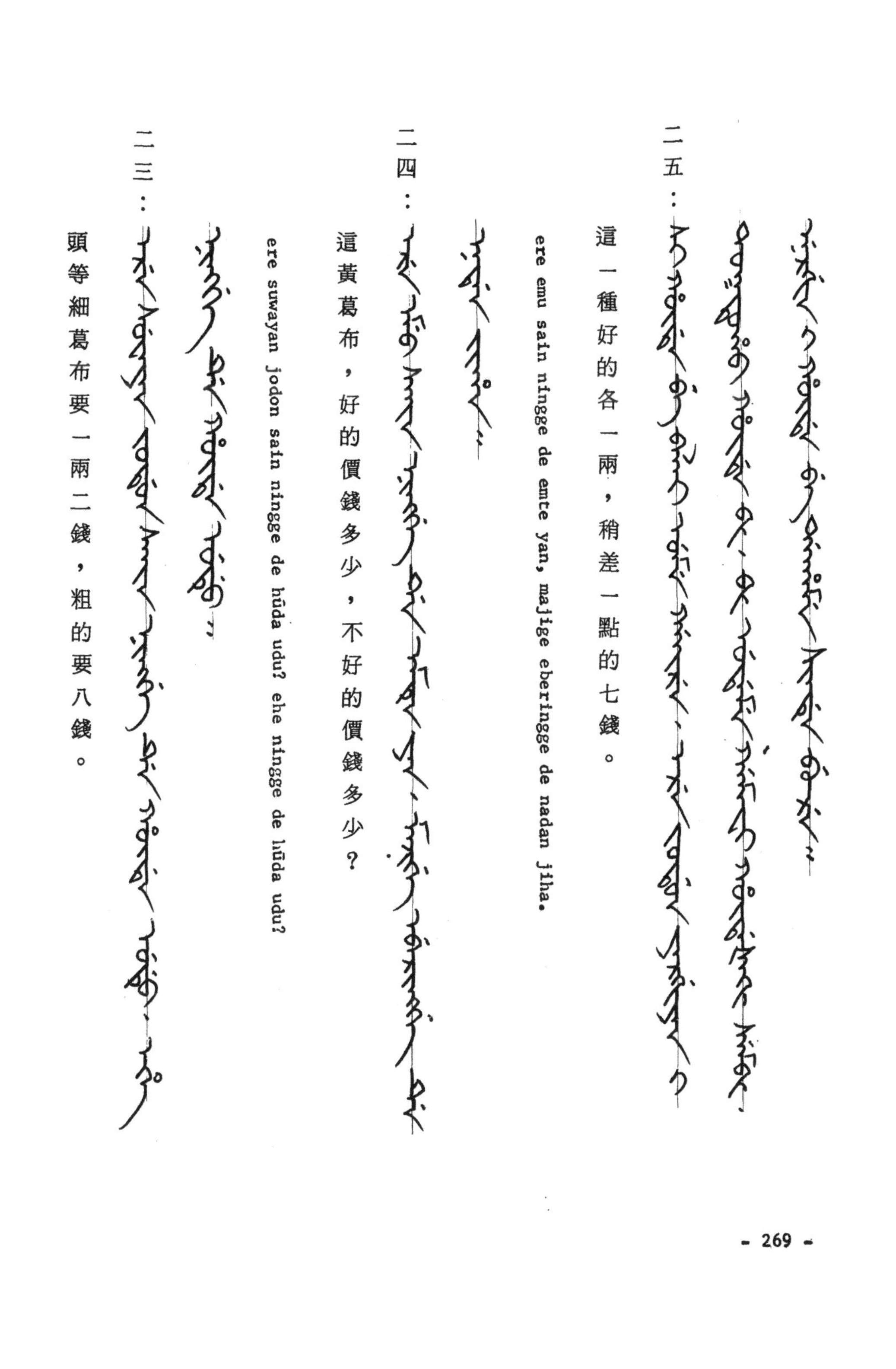

二五：

這一種好的各一兩，稍差一點的七錢。

ere emu sain ningge de emte yan, majige eberingge de nadan jiha.

二四：

這黃葛布，好的價錢多少，不好的價錢多少？

ere suwayan jodon sain ningge de hūda udu? ehe ningge de hūda udu?

二三：

頭等細葛布要一兩二錢，粗的要八錢。

si hūda be balai ume gaire, ere jodon yargiyan i toktoho hūda bi, bi udame gamafi
hūdašaki sembi, nergin i hūda be dahame sinde bure.

你不要胡要價錢，這葛布實在有定價，我買去做生意，照時價給
你吧！

二六：ᡝᡵᡝ ᠮᡠᡧᡠᡵᡳ ᠵᠣᡩᠣᠨ ᠰᠠᡳᠨ ᠨᡳᠩᡤᡝ ᡩᡝ ᡝᠮᡠ ᠶᠠᠨ᠈ ᡝᠪᡝᡵᡳᠩᡤᡝ ᡩᡝ ᠨᡳᠩᡤᡠᠨ ᠵᡳᡥᠠ᠈ ᠰᡠᠸᠠᠶᠠᠨ ᠵᠣᡩᠣᠨ ᠰᠠᡳᠨ ᠨᡳᠩᡤᡝ ᡩᡝ ᡠᠶᡠᠨ ᠵᡳᡥᠠ᠈ ᡝᠪᡝᡵᡳᠩᡤᡝ ᡩᡝ ᠰᡠᠨᠵᠠ ᠵᡳᡥᠠ᠈ ᡥᡝᠨᡳ ᠮᠠᠵᡳᡤᡝ ᡝᡩᡝᠯᡝᠪᡠᡵᠠᡴᡡ ᠪᡳᠮᡝ ᠰᠠᡳᠨ ᠮᡝᠩᡤᡠᠨ ᠪᡝ ᠪᡠᠮᠪᡳ᠉

ere mušuri jodon sain ningge de emu yan, eberingge de ninggun jiha, suwayan jodon sain
ningge de uyun jiha, eberingge de sunja jiha, heni majige edeleburakū bime sain menggun
be bumbi.

這夏布、葛布好的一兩，差一點的六錢，黃葛布好的九錢，一點不

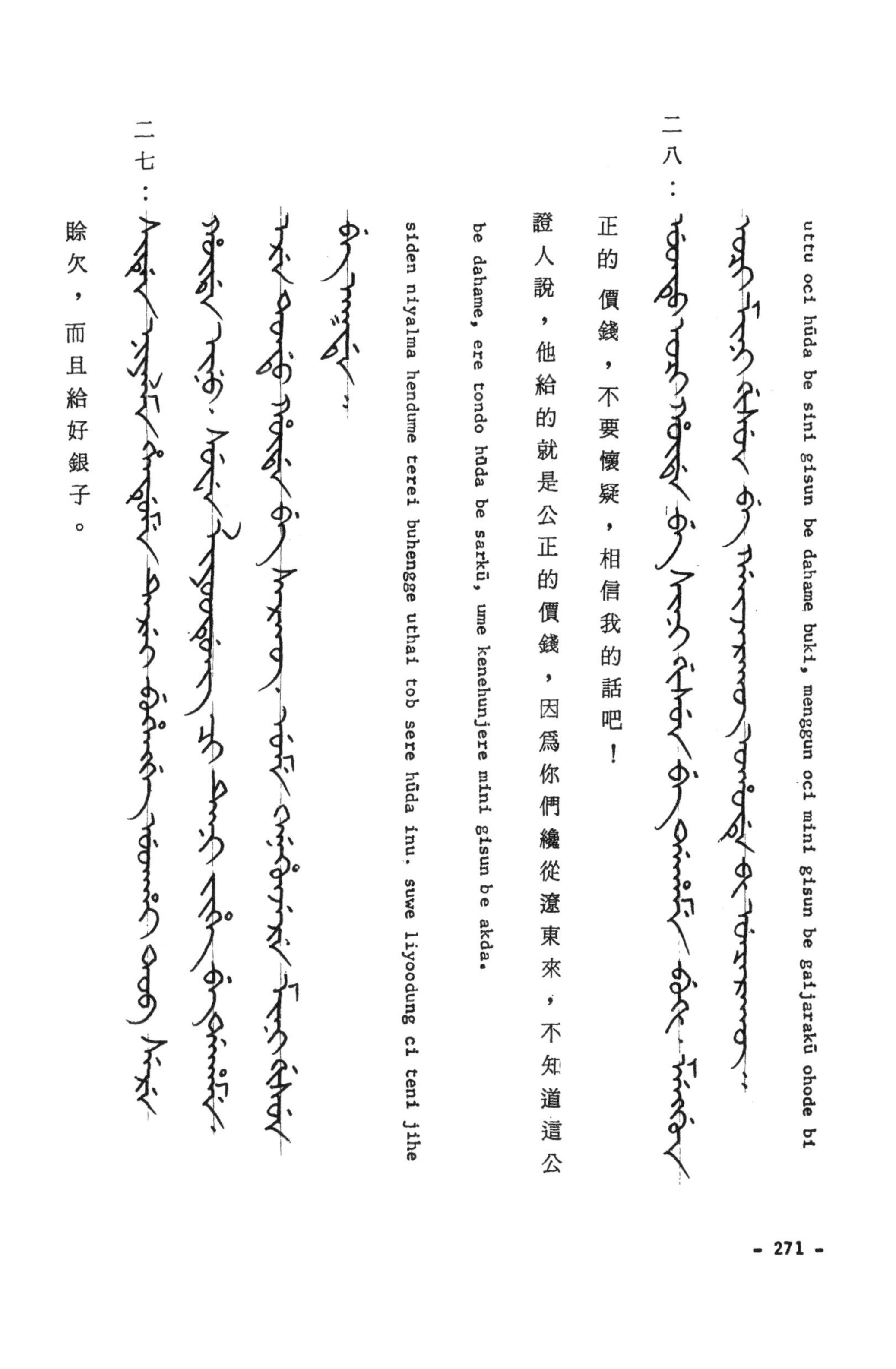

uttu oci hūda be sini gisun be dahame buki, menggun oci mini gisun be gaijarakū ohode bi

二八：

正的價錢，不要懷疑，相信我的話吧！

證人說，他給的就是公正的價錢，因爲你們纔從遼東來，不知道這公

be dahame, ere tondo hūda be sarkū, ume kenehunjere mini gisun be akda.

siden niyalma hendume terei buhengge uthai tob sere hūda inu. suwe liyoodung ci teni jihe

二七：

賒欠，而且給好銀子。

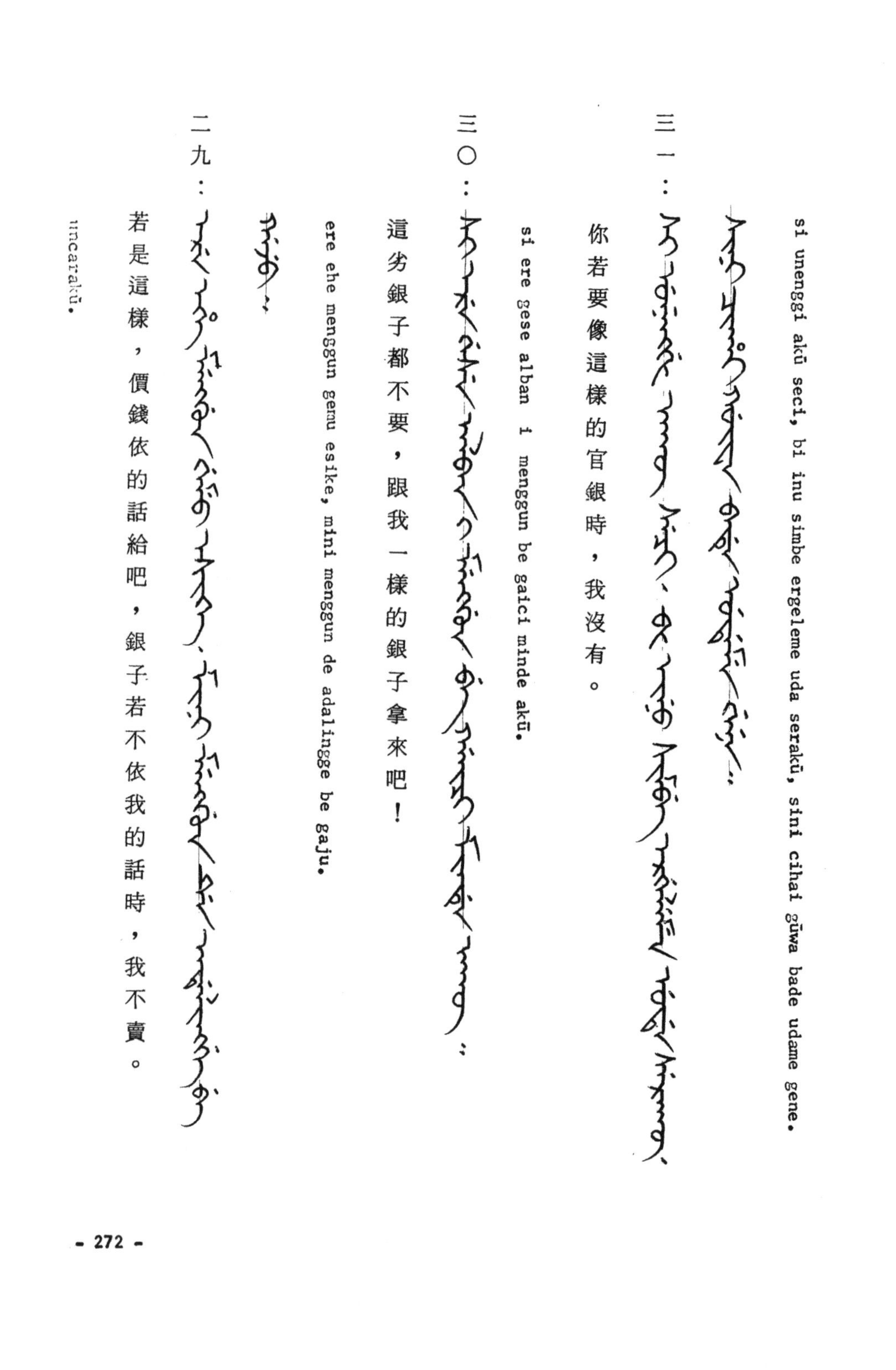

si unenggi akū seci, bi inu simbe ergeleme uda serakū, sini cihai gūwa bade udame gene.

三一：

你若要像這樣的官銀時，我沒有。

si ere gese alban i menggun be gaici minde akū.

三〇：

這劣銀子都不要，跟我一樣的銀子拿來吧！

ere ehe menggun gemu esike, mini menggun de adalingge be gaju.

二九：

若是這樣，價錢依的話給吧，銀子若不依我的話時，我不賣。

uncarakū.

三四：ᠰᡳᠨᡳ ᡝᡵᡝ ᠵᠣᡩᠣᠨ ᡳ ᡩᠣᡵᡤᡳ ᡩᡝ᠈ ᡤᠣᠯᠮᡳᠨ ᡶᠣᡥᠣᠯᠣᠨ ᠠᡩᠠᠯᡳ ᠠᡴᡡ᠈ ᠰᡠᠰᠠᡳ ᠵᡠᡧᡠᡵᡠ ᡶᡠᠨᠴᡝᡥᡝᠩᡤᡝ ᡳᠨᡠ ᠪᡳ᠈ ᡩᡝᡥᡳ ᠵᡠᡧᡠᡵᡳᠩᡤᡝ ᡳᠨᡠ ᠪᡳ᠈ ᡤᡝᠯᡳ ᡩᡝᡥᡳ ᠵᠠᡴᡡᠨ ᠵᡠᡧᡠᡵᡳᠩᡤᡝ ᡳᠨᡠ ᠪᡳ᠉

四十八尺的。

你這葛布裡頭，長短不等，也有五十多尺的，也有四十尺的，還有

dehi jušuringge inu bi, geli dehi jakūn jušuringge inu bi.

sini ere jodon i dorgi de, golmin foholon adali akū, susai jušuru funcehengge inu bi,

三三：ᡠᡨᡨᡠ ᠣᠴᡳ ᠰᡳᠨᡩᡝ ᠰᠠᡳᠨ ᠮᡝᠩᡤᡠᠨ ᠪᡝ ᡶᠣᡵᡤᠣᡧᠣᠮᡝ ᠪᡠᡶᡳ ᡠᡩᠠᡴᡳ᠉

若是這樣，換給你好銀子買吧！

uttu oci sinde sain menggun be forgošome bufi udaki.

三二：[illegible]

你若是眞的沒有，我也不逼你買，你隨意到別處去買吧！

三七：ᡝᡵᡝ ᡝᠮᡴᡝ ᡨᠣᠩᡤᠣ ᠨᡝᡳᡤᡝᠨ ᠠᡴᡡ᠈ ᠵᠣᡩᠣᡥᠣᠩᡤᡝ ᡤᡝᠯᡳ ᠮᡠᠸᠠ᠈ ᡠᡩᠠᡵᠠ ᠨᡳᠶᠠᠯᠮᠠ ᡠᡵᡠᠨᠠᡴᡡ ᡝᡥᡝ ᠰᡝᠮᡝ ᡤᠣᠯᠣᠮᡝ ᠠᠰᡠᡵᡠ ᡥᡳᡥᠠᠯᠠᡵᠠᡴᡡ ᡩᡝᡵᡝ᠉

這一塊經緯線不勻，織的都粗，買的人一定嫌不好，很不希罕吧！

ere emke tonggo neigen akū, jodohongge geli muwa, udara niyalma urunakū ehe seme golome asuru hihalarakū dere.

三六：ᡝᡵᡝ ᡤᡝᠰᡝ ᠵᠣᡩᠣᠨ ᡳ ᡨᠣᠩᡤᠣ ᠨᡝᡳᡤᡝᠨ᠈ ᠨᡳᠮᠠᡥᠠ ᠴᡝᡵᡥᡠᠸᡝᡳ ᠠᡩᠠᠯᡳ ᠰᠠᡳᠨ᠉

像這樣葛布的經緯線均勻，像魚子兒一樣的好。

ere gese jodon i tonggo neigen, nimaha cerhuwei adali sain.

三五：ᡝᡵᡝ ᠵᠣᡩᠣᠨ ᡤᡝᠮᡠ ᡩᠠ ᠪᠠᠴᡳ ᠵᠣᡩᠣᡶᡳ ᡤᠠᠵᡳᡥᠠᠩᡤᡝ᠈ ᡠᠵᠠᠨ ᡶᠠᡳᡨᠠᡥᠠ ᠠᡴᡡ᠈ ᠵᡠᠸᡝ ᡠᠵᠠᠨ ᡩᡝ ᡝᠵᡝᡥᡝ ᠪᡳ᠉

這葛布都是從原地織來的，沒有剪掉梢子，兩頭做了記號。

ere jodon gemu da baci jodofi gajihangge, ujan faitaha akū, juwe ujan de ejehe bi.

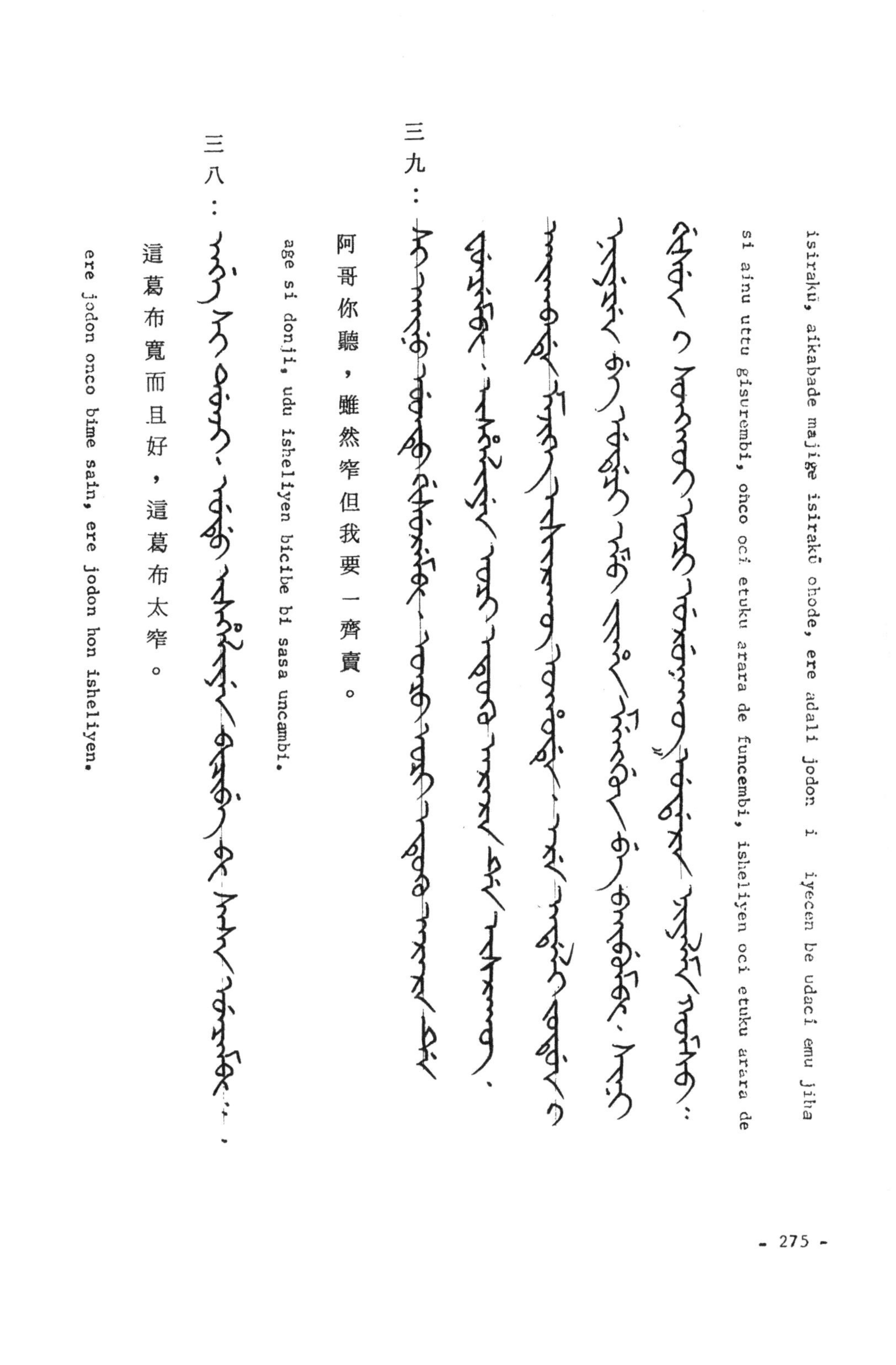

isiraku, aikabade majige isiraku ohode, ere adali jodon i iyecen be udaci emu jiha

si ainu uttu gisurembi, onco oci etuku arara de funcembi, isheliyen oci etuku arara de

三九：

阿哥你聽，雖然窄但我要一齊賣。

age si donji, udu isheliyen bicibe bi sasa uncambi.

三八：

這葛布寬而且好，這葛布太窄。

ere jodon onco bime sain, ere jodon hon isheliyen.

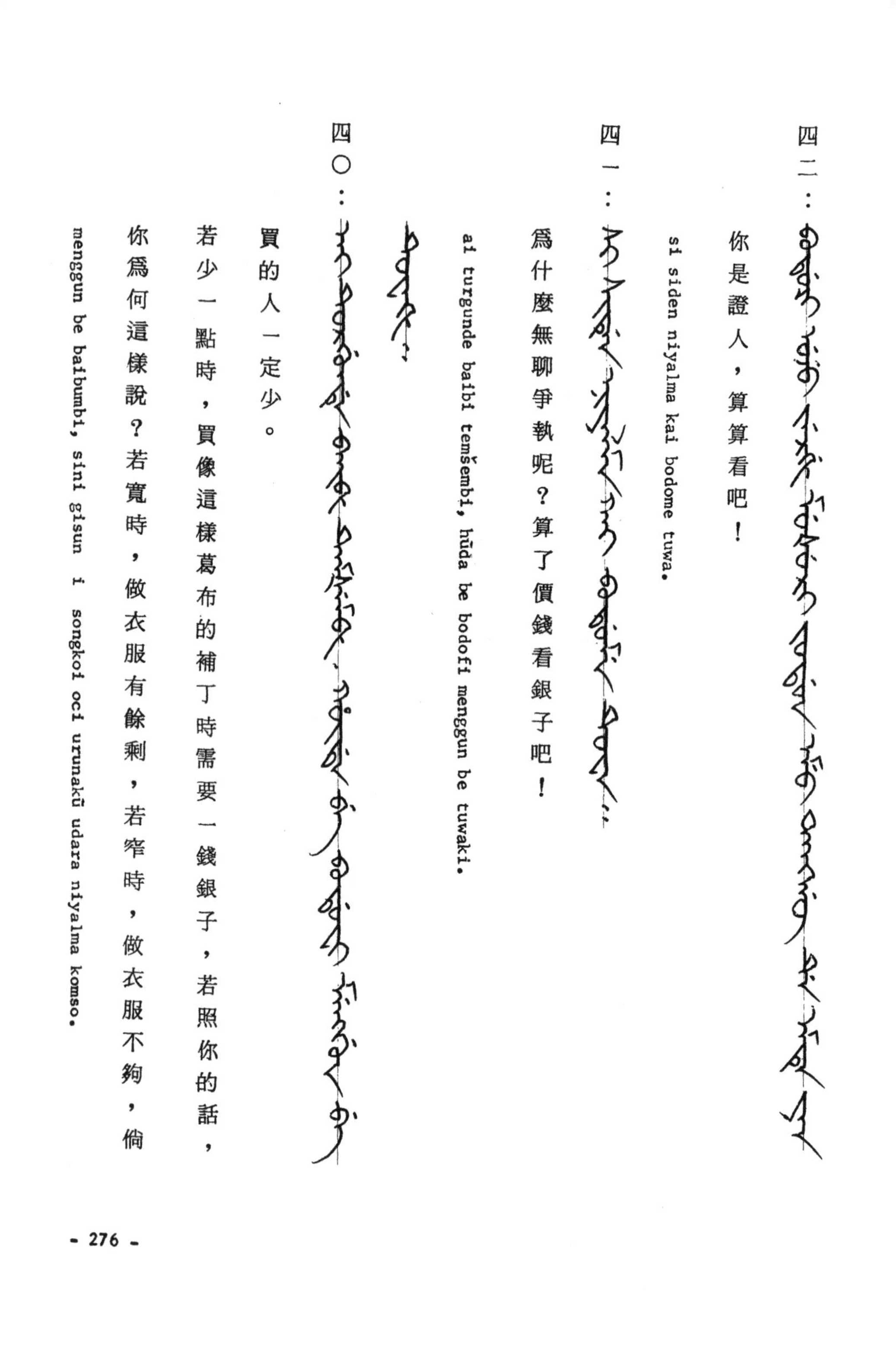

四二：

你是證人，算算看吧！

si siden niyalma kai bodome tuwa.

四一：

爲什麼無聊爭執呢？算了價錢看銀子吧！

ai turgunde baibi temšembi, hūda be bodofi menggun be tuwaki.

四〇：

你爲何這樣說？若寬時，做衣服有餘剩，若窄時，做衣服不夠，倘若少一點時，買像這樣葛布的補丁時需要一錢銀子，若照你的話，買的人一定少。

menggun be baibumbi, sini gisun i songkoi oci urunakū udara niyalma komso.

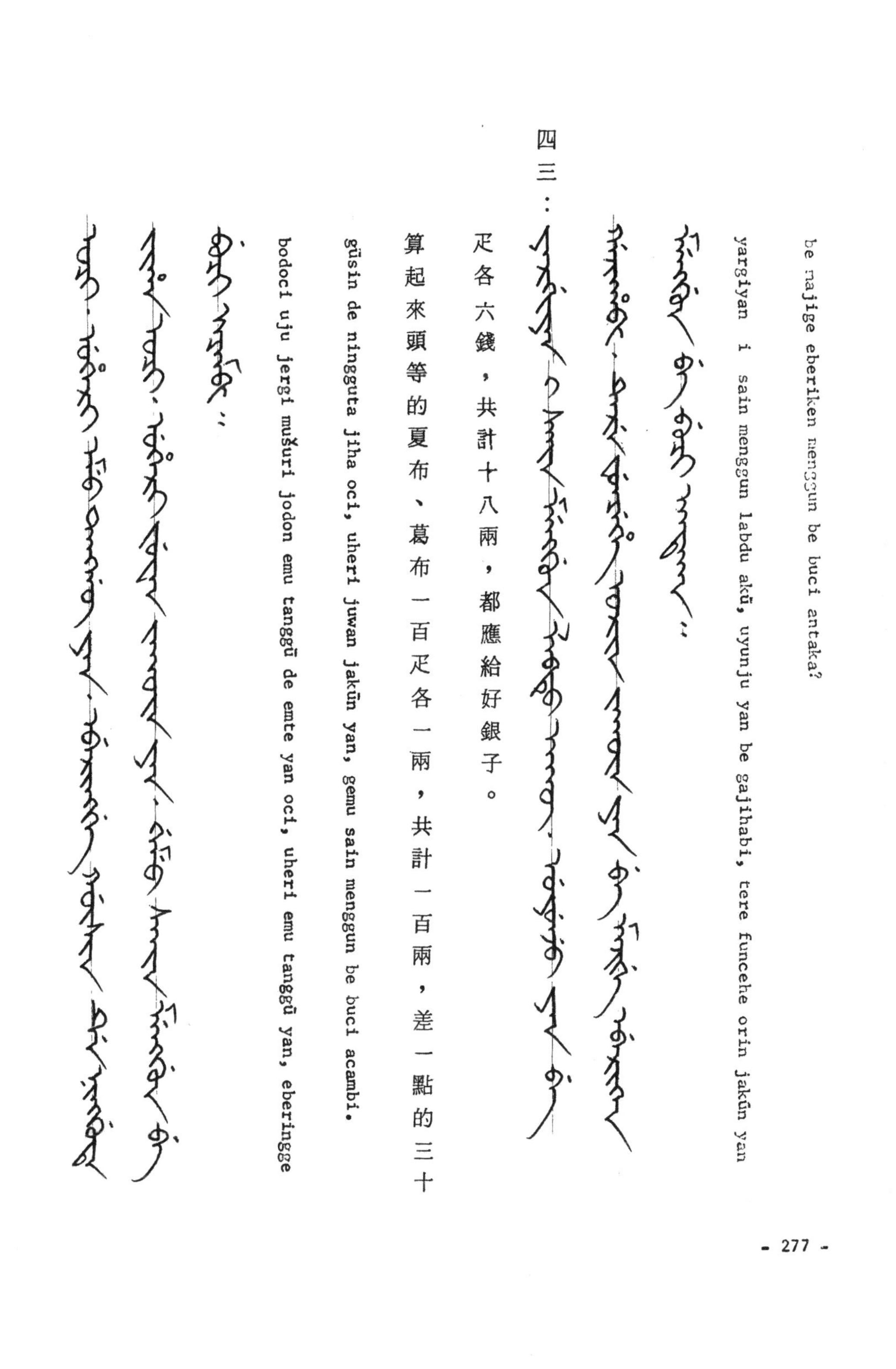

be najige eberiken menggun be buci antaka?

yargiyan i sain menggun labdu akū, uyunju yan be gajihabi, tere funcehe orin jakūn yan

四三：

疋各六錢，共計十八兩，都應給好銀子。

算起來頭等的夏布、葛布一百疋各一兩，共計一百兩，差一點的三十

güsin de ningguta jiha ocí, uherí juwan jakūn yan, gemu sain menggun be buci acambi.

bodoci uju jergi mušuri jodon emu tanggū de emte yan oci, uheri emu tanggū yan, eberingge

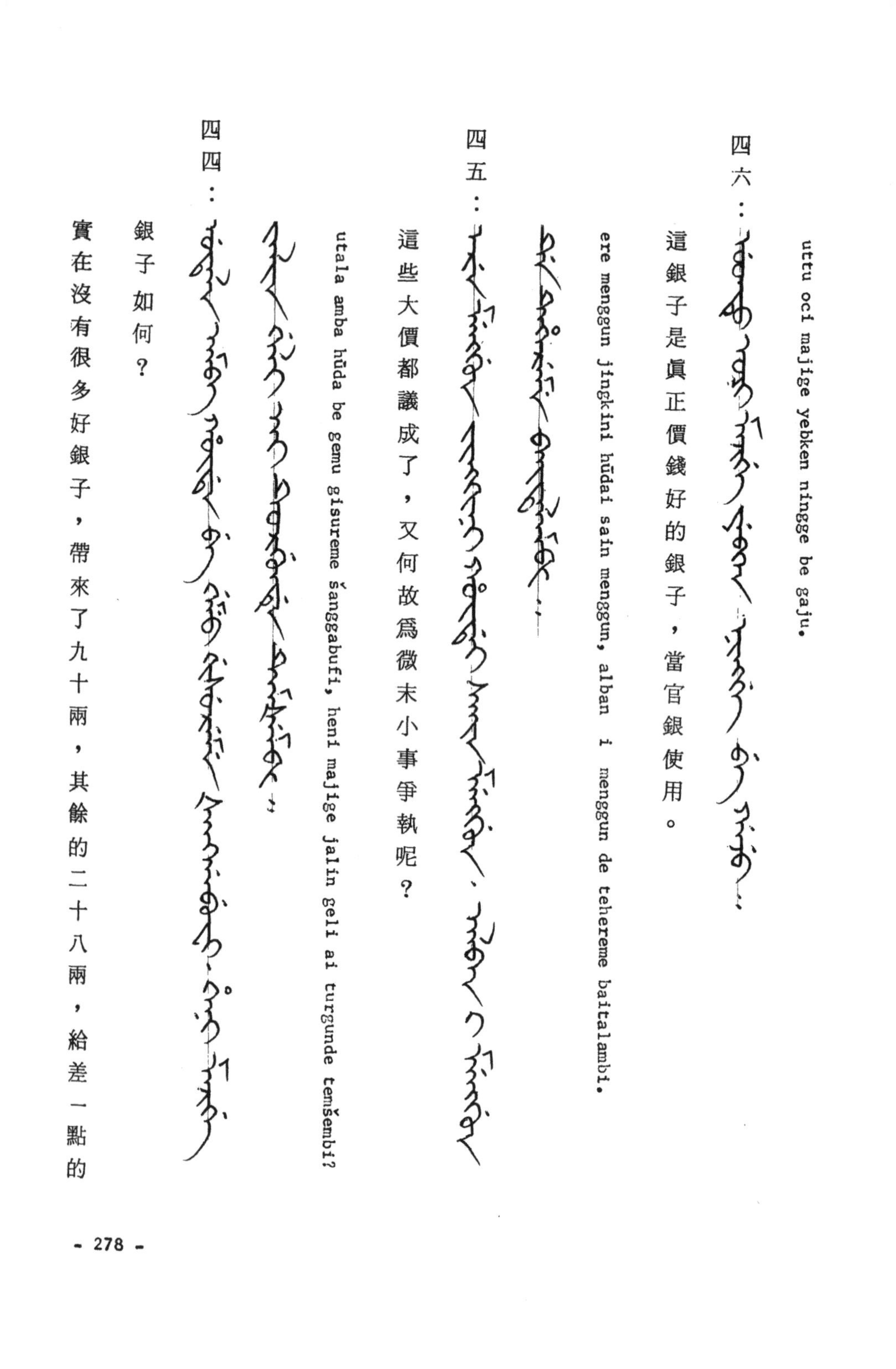

uttu oci majige yebken ningge be gaju.

四六：

這銀子是眞正價錢好的銀子，當官銀使用。

ere menggun jingkini hūdai sain menggun, alban i menggun de tehereme baitalambi.

四五：

這些大價都議成了，又何故爲微末小事爭執呢？

utala amba hūda be gemu gisureme šanggabufi, heni majige jalin geli ai turgunde temšembi?

四四：

銀子如何？

實在沒有很多好銀子，帶來了九十兩，其餘的二十八兩，給差一點的

不能使用時，我找證人來兌換。

你且慢，這銀子的眞假我不認識，你做記號，與證人一同看吧，以後

tuwa, amala baitalaci ojorakū ohode, bi siden niyalma be baifi hūlašame jimbi.

si takasu ere menggun i yargiyan holo be bi takarakū, si temgetule, siden niyalmai emgi

ᠰᡳ ᡨᠠᡴᠠᠰᡠ ᡝᡵᡝ ᠮᡝᠩᡤᡠᠨ ᡳ ᠶᠠᡵᡤᡳᠶᠠᠨ ᡥᠣᠯᠣ ᠪᡝ ᠪᡳ ᡨᠠᡴᠠᡵᠠᡴᡡ᠈ ᠰᡳ ᡨᡝᠮᡤᡝᡨᡠᠯᡝ᠈ ᠰᡳᡩᡝᠨ ᠨᡳᠶᠠᠯᠮᠠᡳ ᡝᠮᡤᡳ ᡨᡠᠸᠠ᠈ ᠠᠮᠠᠯᠠ

ᠪᠠᡳᡨᠠᠯᠠᠴᡳ ᠣᠵᠣᡵᠠᡴᡡ ᠣᡥᠣᡩᡝ᠈ ᠪᡳ ᠰᡳᡩᡝᠨ ᠨᡳᠶᠠᠯᠮᠠ ᠪᡝ ᠪᠠᡳᡶᡳ ᡥᡡᠯᠠᡧᠠᠮᡝ ᠵᡳᠮᠪᡳ᠉

四八：ᡝᡵᡝ ᠮᡝᠩᡤᡠᠨ ᠪᡝ ᠰᡳ ᡤᡝᠮᡠ ᡨᡠᠸᠠᡥᠠ᠈ ᠪᡳ ᡨᡝ ᠵᠣᡩᠣᠨ ᠪᡝ ᡨᠣᠯᠣᠮᡝ ᡤᠠᡳᡴᡳ᠉

這銀子你都看了，我現在點收葛布吧！

ere menggun be si gemu tuwaha, bi te jodon be tolome gaiki.

四七：[illegible]

若是這樣，把好一點的拿來吧！

四九：ᠠᡤᡝ ᠰᡳ ᡥᡡᡩᠠᡧᠠᡵᠠ ᡩᠣᡵᠣ ᠪᡝ ᠰᠠᡵᡴᡡ᠈ ᡩᡝᡵᡝᡳ ᠵᡠᠯᡝᡵᡳ ᡴᡳᠮᠴᡳᠮᡝ ᡨᡠᠸᠠᡶᡳ ᠠᠯᡳᠮᡝ ᡤᠠᡳᠴᡳ᠈ ᡩᡠᡴᠠ ᡨᡠᠴᡳᠮᡝ ᠪᡝᡩᡝᡵᡝᠪᡠᠴᡳ ᠣᠵᠣᡵᠠᡴᡡ ᠰᡝᡥᡝᠪᡳ᠉

age si hūdašara doro be sarkū, derei juleri kimcime tuwafi alime gaici, duka tucime bederebuci ojorakū sehebi.

阿哥，你不知道做買賣的道理，語云，當面查看接受，出門後不可退還。

五〇：ᠰᡳ ᡥᡡᡩᠠᠰᠠᠮᡝ ᡠᡵᡝᡥᡝ ᡠᡵᠰᡝ ᠣᡶᡳ ᠮᡝᠨᡳ ᡤᡝᠰᡝ ᡠᡵᡝᡥᡝ ᠠᡴᡡ ᠨᡳᠶᠠᠯᠮᠠ ᠪᡝ ᠠᠮᠪᡠᠯᠠ ᡝᡳᡨᡝᡵᡝᠮᠪᡳ᠈ ᠰᡳ ᡨᡝᠩᡤᡝᡨᡠ ᠰᡳᠨᡩᠠᠴᡳ ᡨᡝᠨᡳ ᠰᠠᡳᠨ᠉

si hūdasame urehe urse ofi meni gese urehe akū niyalma be ambula eiterembi, si tengetu sindaci teni sain.

啊呀！我們帶來的貨物既然都完了，收了人蔘的價錢，我們帶回去

gamara hūdai jaka be inu erdeken i baime udaki.

ara muse gajiha hūdai jaka gemu wajiha be dahame, orhoda hūda be bargiyafi, muse amasi

ᡤᠠᠮᠠᡵᠠ ᡥᡡᡩᠠᡳ ᠵᠠᡴᠠ ᠪᡝ ᡳᠨᡠ ᡝᡵᡩᡝᡴᡝᠨ ᡳ ᠪᠠᡳᠮᡝ ᡠᡩᠠᡴᡳ᠉

ᠠᡵᠠ ᠮᡠᠰᡝ ᡤᠠᠵᡳᡥᠠ ᡥᡡᡩᠠᡳ ᠵᠠᡴᠠ ᡤᡝᠮᡠ ᠸᠠᠵᡳᡥᠠ ᠪᡝ ᡩᠠᡥᠠᠮᡝ᠈ ᠣᡵᡥᠣᡩᠠ ᡥᡡᡩᠠ ᠪᡝ ᠪᠠᡵᡤᡳᠶᠠᡶᡳ᠈ ᠮᡠᠰᡝ ᠠᠮᠠᠰᡳ

五二：ᠵᡝ ᡝᡵᡝ ᡝᠮᡠ ᡨᠠᠩᡤᡡ ᠶᠠᠨ ᠪᡝ ᡝᠮᡠ ᡠᡥᡠᠨ ᠣᠪᡠᡶᡳ ᠪᡳ ᡝᠵᡝᠮᡝ ᠠᡵᠠᡥᠠ᠈ ᡨᡝ ᠮᡳᠨᡳ ᠪᠠᡳᡨᠠ ᠸᠠᠵᡳᡥᠠ ᠪᡳ ᡤᡝᠨᡝᠮᠪᡳ᠉

是，這一百兩做爲一包，我記下了，現在我的事完了，我要走了。

je ere emu taŋggū yan be emu uhun obufi bi ejeme araha, te mini baita wajiha bi genembi.

ᠰᡳᠨᡳ ᡝᠵᡝᠮᡝ ᠠᡵᠠᡥᠠᠩᡤᡝ ᡳᠨᡠ ᠰᠠᡳᠨ᠉

你做記號才好。

五一：ᠰᡳ ᡥᡡᡩᠠᡧᠠᡵᠠ ᡩᡝ ᡠᡵᡝᡥᡝ ᠨᡳᠶᠠᠯᠮᠠ᠈ ᠮᡝᠨᡳ ᡤᡝᠰᡝ ᡠᡵᡝᡥᡝᡴᡡ ᠨᡳᠶᠠᠯᠮᠠ ᠪᡝ ᠯᠠᠪᡩᡠ ᡝᡳᡨᡝᡵᡝᠮᡝ

因爲你是熟悉做買賣的人，對於像我們這樣不熟悉的人多有欺騙，

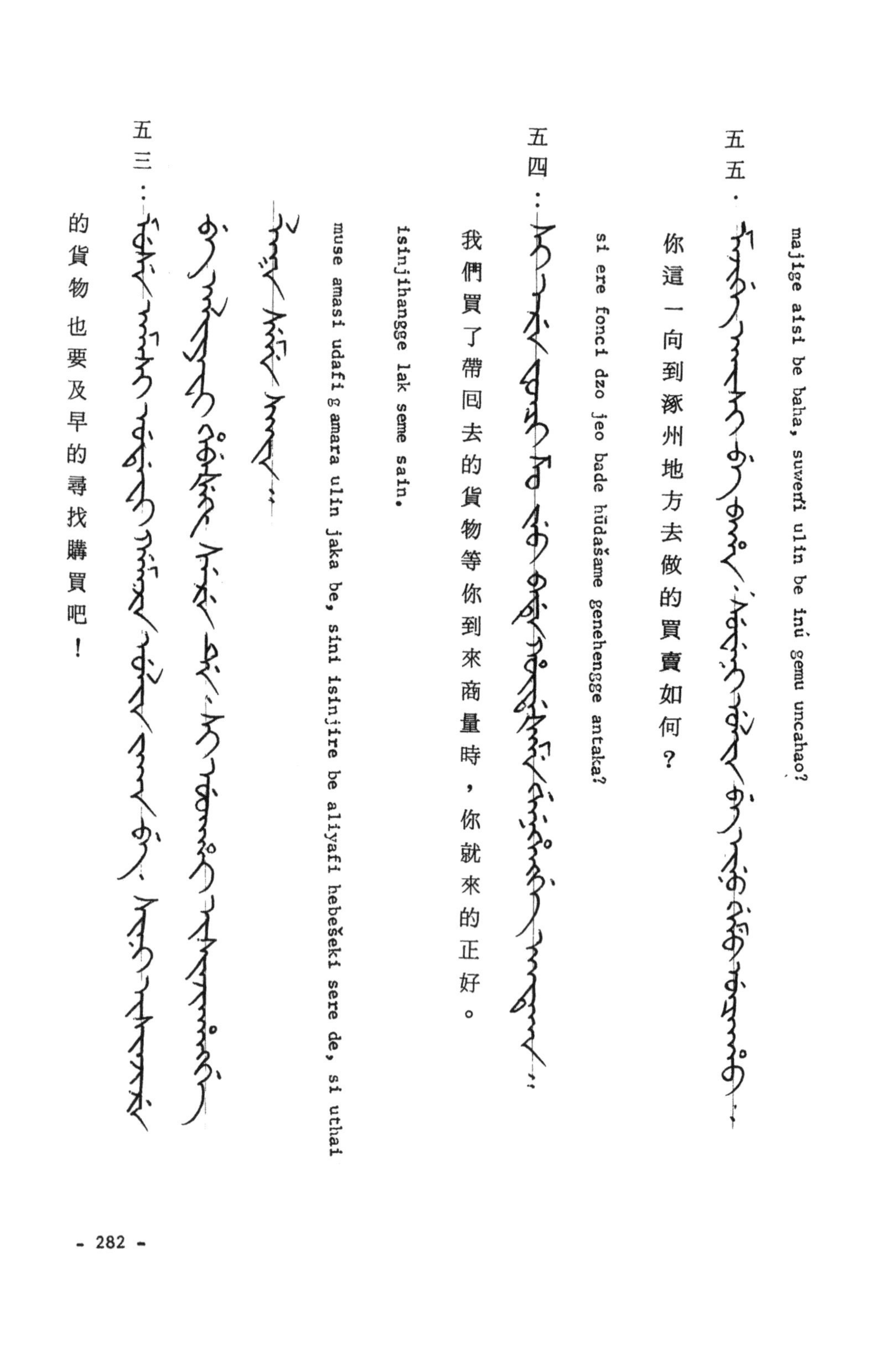

majige aisi be baha, suweni ulin be inu gemu uncahao?

五五：

你這一向到涿州地方去做的買賣如何？

si ere fonci dzo jeo bade hūdašame genehengge antaka?

五四：

我們買了帶回去的貨物等你到來商量時，你就來的正好。

isinjihangge lak seme sain.

muse amasi udafi gamara ulin jaka be, sini isinjire be aliyafi hebešeki sere de, si uthai

五三：

的貨物也要及早的尋找購買吧！

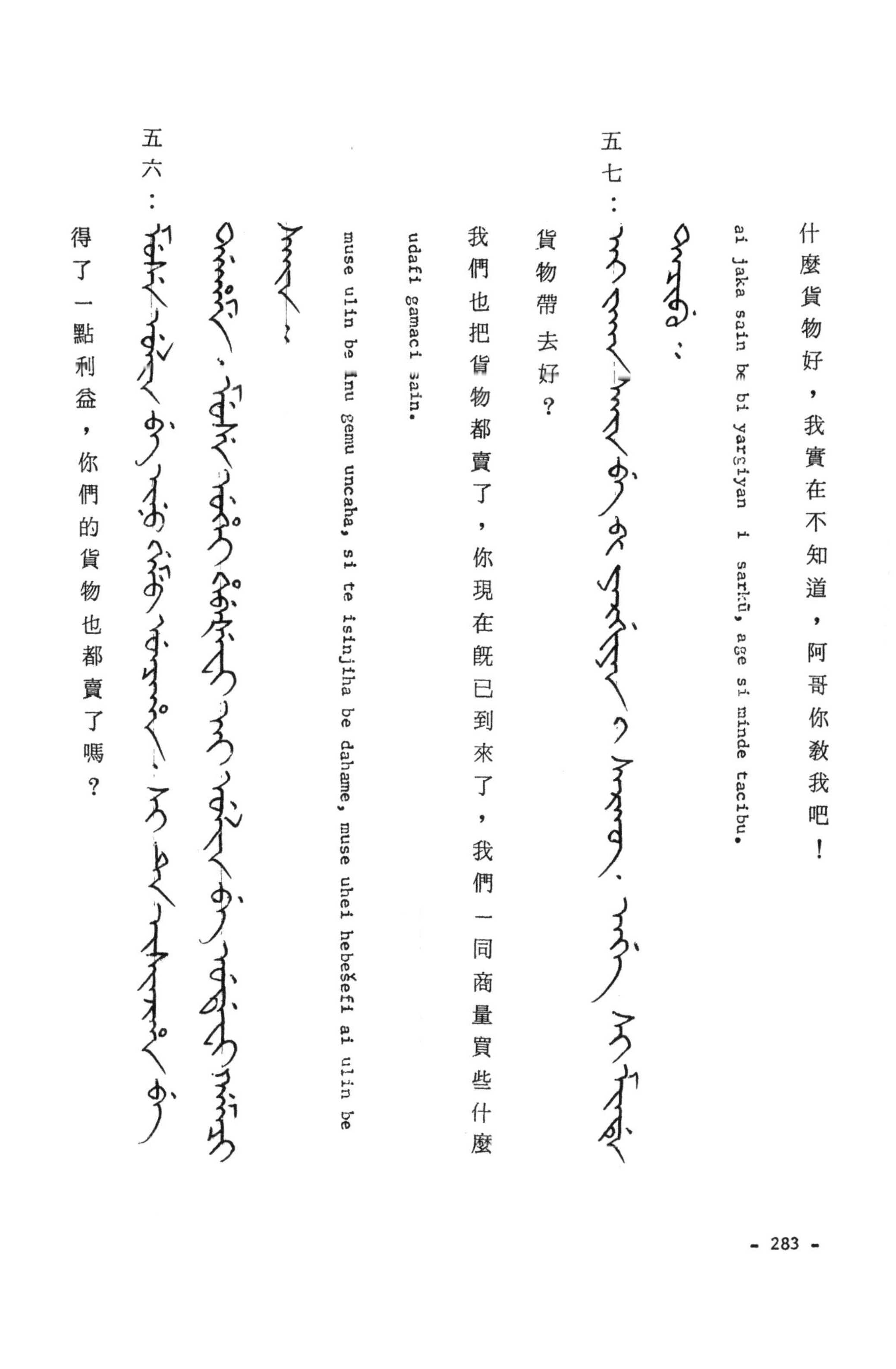

什麼貨物好，我實在不知道，阿哥你教我吧！

ai jaka sain be bi yargiyan i sarkū, age si minde tacibu.

五七：

貨物帶去好？

我們也把貨物都賣了，你現在既已到來了，我們一同商量買些什麼

udafi gamaci sain.

muse ulin be inu gemu uncaha, si te isinjiha be dahame, muse uhei hebešefi ai ulin be

五六：

得了一點利益，你們的貨物也都賣了嗎？

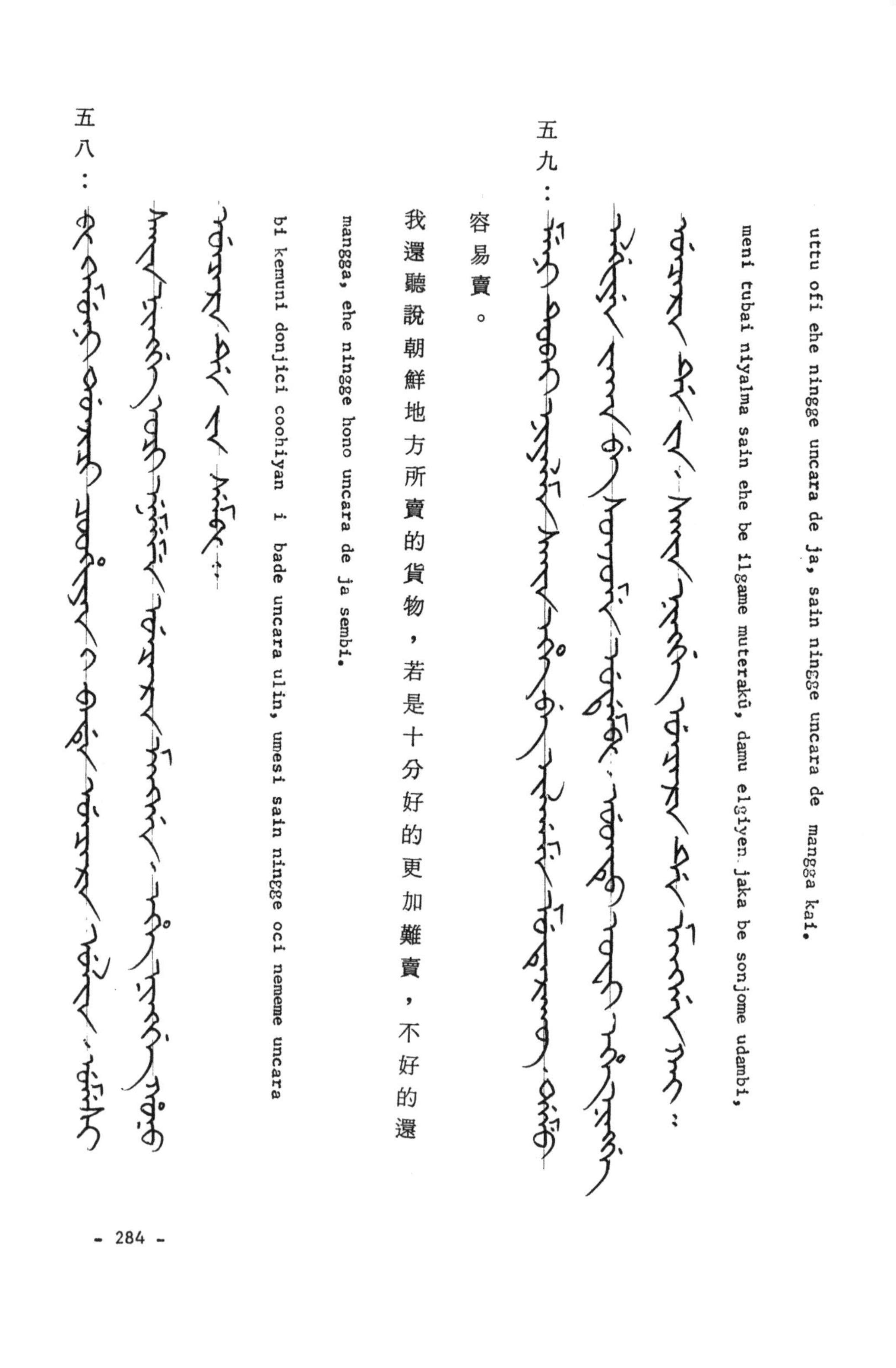

五八：

bi kemuni donjici coohiyan i bade uncara ulin, umesi sain ningge oci neneme uncara mangga, ehe ningge hono uncara de ja sembi.

我還聽說朝鮮地方所賣的貨物，若是十分好的更加難賣，不好的還容易賣。

五九：

meni tubai niyalma sain ehe be ilgame muterakū, damu elgiyen jaka be sonjome udambi, uttu ofi ehe ningge uncara de ja, sain ningge uncara de mangga kai.

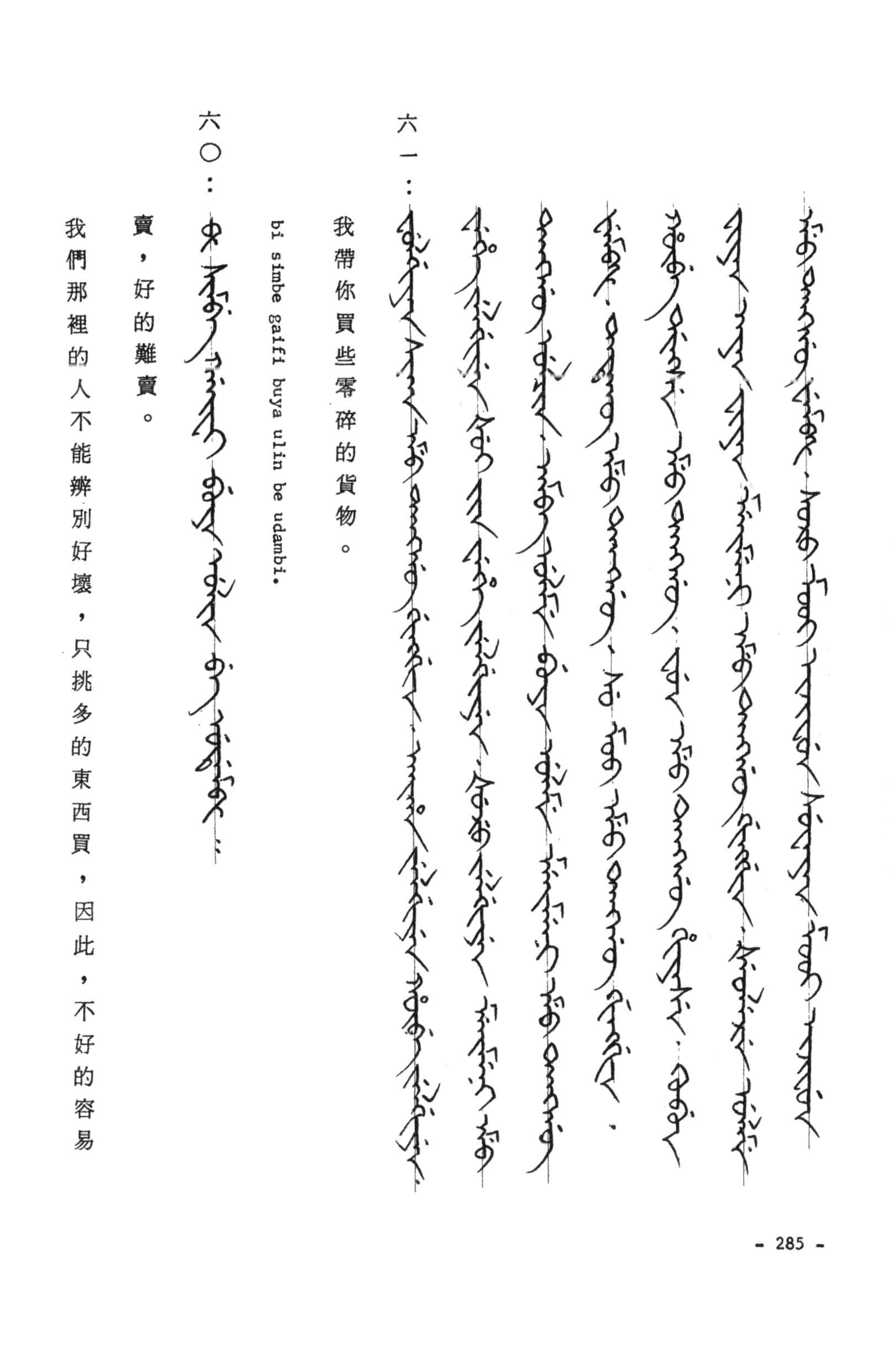

[illegible]

六一：[illegible]

我帶你買些零碎的貨物。

bi simbe gaifi buya ulin be udambi.

六〇：[illegible]

賣，好的難賣。

我們那裡的人不能辨別好壞，只挑多的東西買，因此，不好的容易

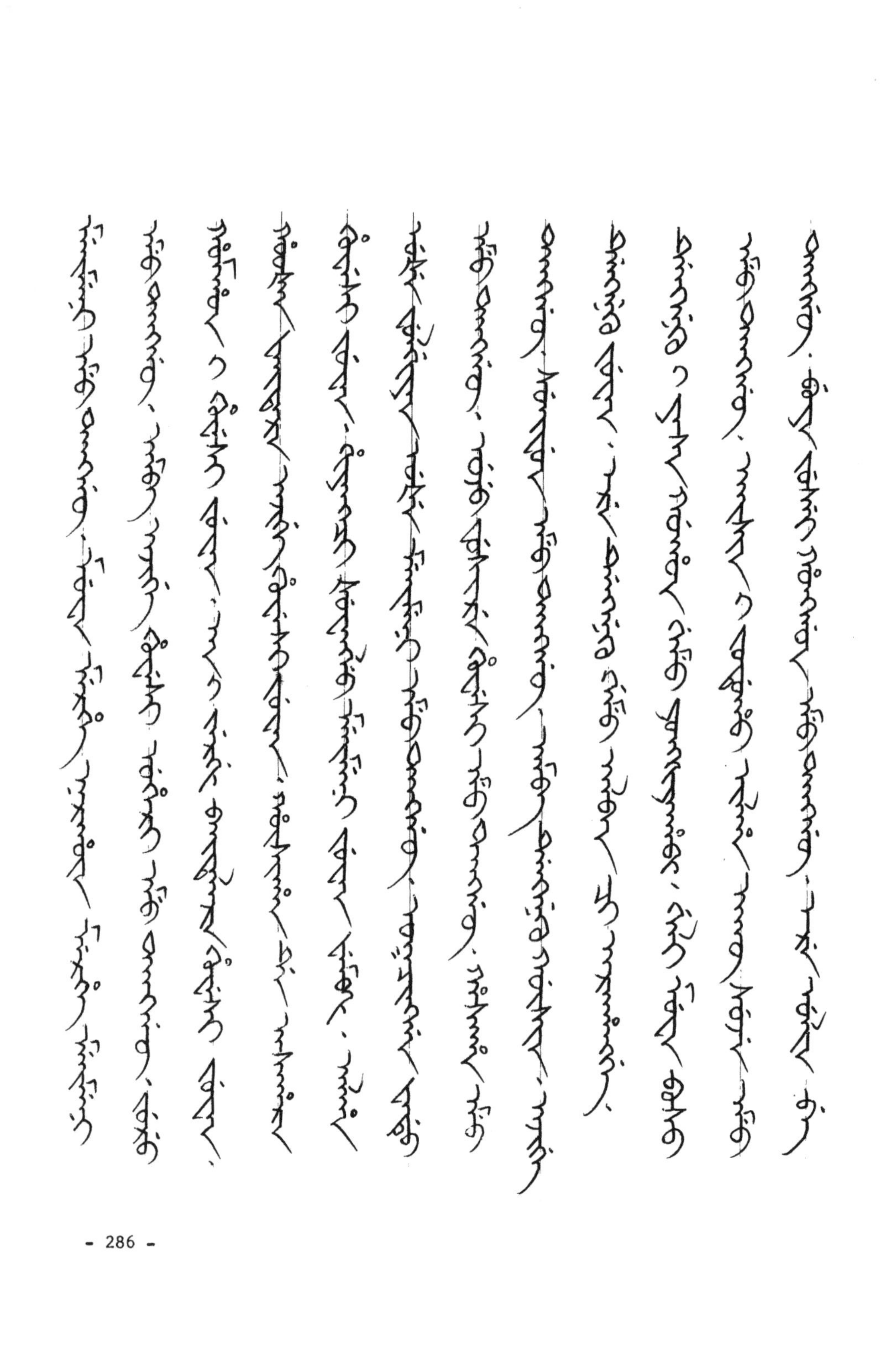

[illegible]

arahangge, dengneku i yasa gohon gemu yongkiyahabi, geli muwa boso emu tanggū, aisin i suifun emu tanggū, amba dengneku gūsin, ajige dengneku juwan, ere dengneku gemu alban ci emu tanggū, okcingga fadu emu tanggū, uju fusire huwesi emu tanggū, hashan emu tanggū, ashara huwesi juwan, hiyangci šuwanglu meimeni juwan fempi, alha uše fulgiyan uše meimeni juwan, an i jergi baitalara huwesi juwan, hoošan faitara ajige huwesi juwan, hūsihan de merhe meimeni emu tanggū, amba ajige huwesi uheri emu tanggū, juru homhon i huwesi tanggū fempi, soro mooi ijifun suwayan mooi ijifun meimeni emu tanggū, muwa merhe narhūn emu tanggū hiyase, kubun fiyan ayan fiyan meimeni emu tanggū ginggin, šeolere ulme emu tanggū fempi, tatakū emu tanggū, su moo emu tanggū ginggin, hūbe dingse emu tanggū, fun wehe jelgiyen, šuru jelgiyen meimeni emu tanggū ulcin, amba ulme buya ulme meimeni emu fulgiyan sika emu tanggū ginggin, aiha jelgiyen hūbe jelgiyen, gu wehe jelgiyen šui jin

六二：ᠵᠣᡩᠣᡥᠣ ᡳᠯᡥᠠ ᠠᡴᡡ ᠰᡠᠵᡝ ᡝᠮᡠ ᡨᠠᠩᡤᡡ᠈

了。

一百疋，織金無花緞一百疋，小孩子的鈴子一百個，這些貨物都全買

，小戥子十支，這戥子都是官家做的，戥子的星鈎都完備，還有粗布

囊一百個，剃頭刀一百把，剪子一百把，錐子一百把，大戥子三十支

女裙上佩帶的小刀十把，象棋雙陸各十封，花帶、紅帶各一百條，蓋

刀共一百把，雙鞘小刀十把，平常使用的刀子十把，裁紙小刀十把，

，棗木梳子、黃楊木梳子各一百個，粗篦子、細篦子各一百個，大小

頂子一百副，面粉一百匣，棉胭脂、臘胭脂各一百斤，繡花針一百封

帽帶各一百串，大針小針各一百封，柳罐一百個，蘇木一百斤，琥珀

紅鬃毛一百斤，琉璃帽帶、琥珀帽帶、玉石帽帶、水晶石帽帶、珊瑚

jodoho ilha akū suje emu tanggū, buya jusei honggon emu tanggū ulin be gemu yooni udahabi.

你的生年月日時刻告訴我吧！

sini banjiha aniya biya inenggi erin be ala.

六五：ᠰᡳᠨᡳ ᠪᠠᠨᠵᡳᡥᠠ ᠠᠨᡳᠶᠠ ᠪᡳᠶᠠ ᡳᠨᡝᠩᡤᡳ ᡝᡵᡳᠨ ᠪᡝ ᠠᠯᠠ᠉

你看看我的八字吧！

si mini jakūn hergen be tuwa.

六四：ᡠᠪᠠᡩᡝ ᡠ ᡥᡡ ᠰᡳᠶᠠᠨ ᡧᡝᠩ ᠪᡳ᠈ ᡳᠨᡝᠩᡤᡳ ᠰᠣᠨᠵᠣᡵᠣᠩᡤᡝ ᡠᠮᡝᠰᡳ ᠮᠠᠩᡤᠠ᠈ ᡨᡝᡩᡝ ᠰᠣᠨᠵᠣᠪᡠᠮᡝ ᡤᡝᠨᡝᡴᡳ᠉

這裡有五虎先生，善於擇日，去叫他擇吧！

ubade u hū siyan šeng bi, inenggi sonjorongge umesi mangga, tede sonjobume geneki.

六三：ᠮᡠᠰᡝ ᠰᠠᡳᠨ ᡳᠨᡝᠩᡤᡳ ᠪᡝ ᠰᠣᠨᠵᠣᡶᡳ ᠠᠮᠠᠰᡳ ᡤᡝᠨᡝᡴᡳ᠉

我們擇個好日子回去吧！

muse sain inenggi be sonjofi amasi geneki.

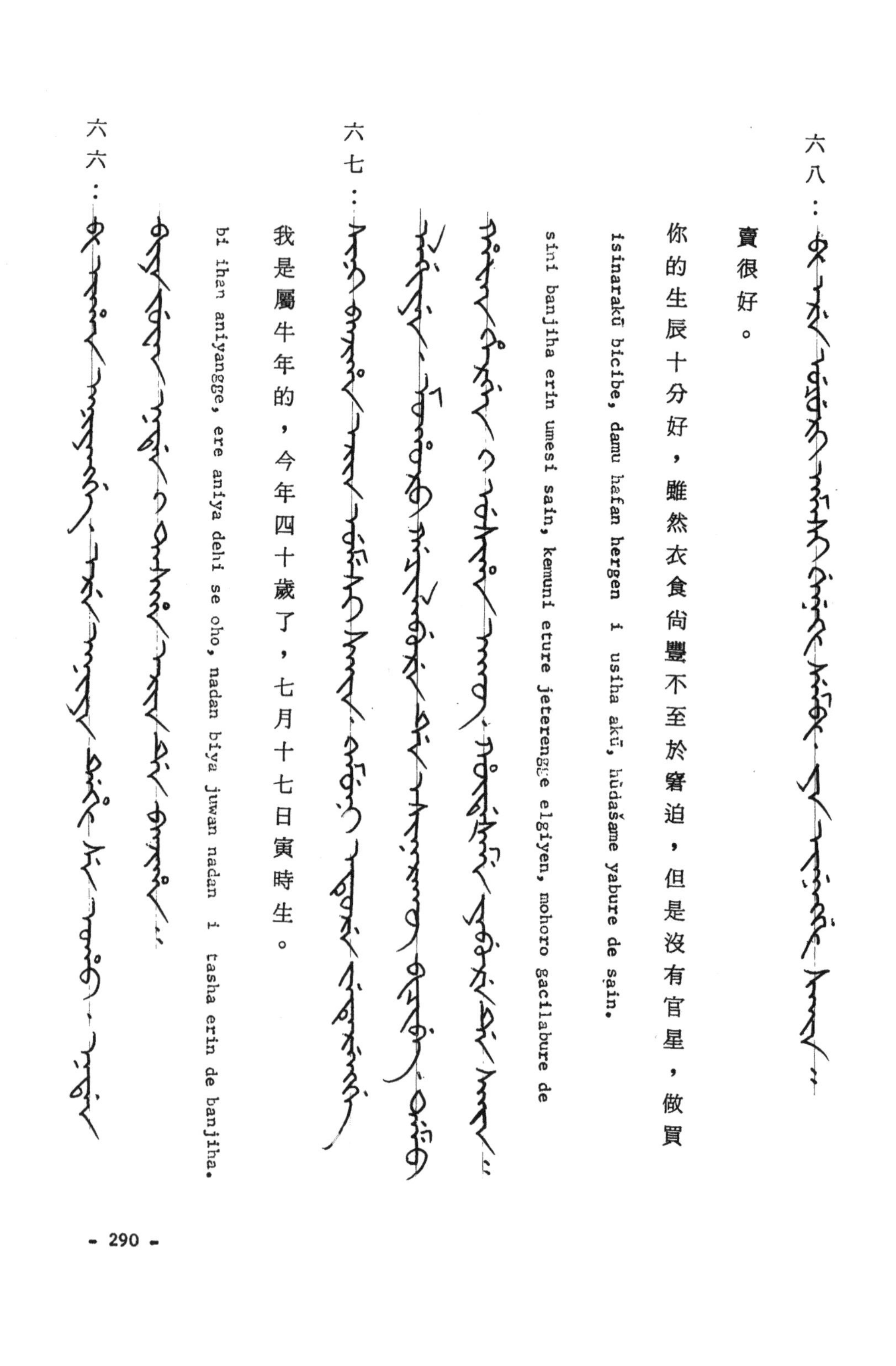

六六：

我是屬牛年的，今年四十歲了，七月十七日寅時生。

bi ihan aniyangge, ere aniya dehi se oho, nadan biya juwan nadan i tasha erin de banjiha.

六七：

sini banjiha erin umesi sain, kemuni eture jeterengge elgiyen, mohoro gacilabure de isinarakū bicibe, damu hafan hergen i usiha akū, hūdašame yabure de sain.

你的生辰十分好，雖然衣食尚豐不至於窘迫，但是沒有官星，做買賣很好。

六八：

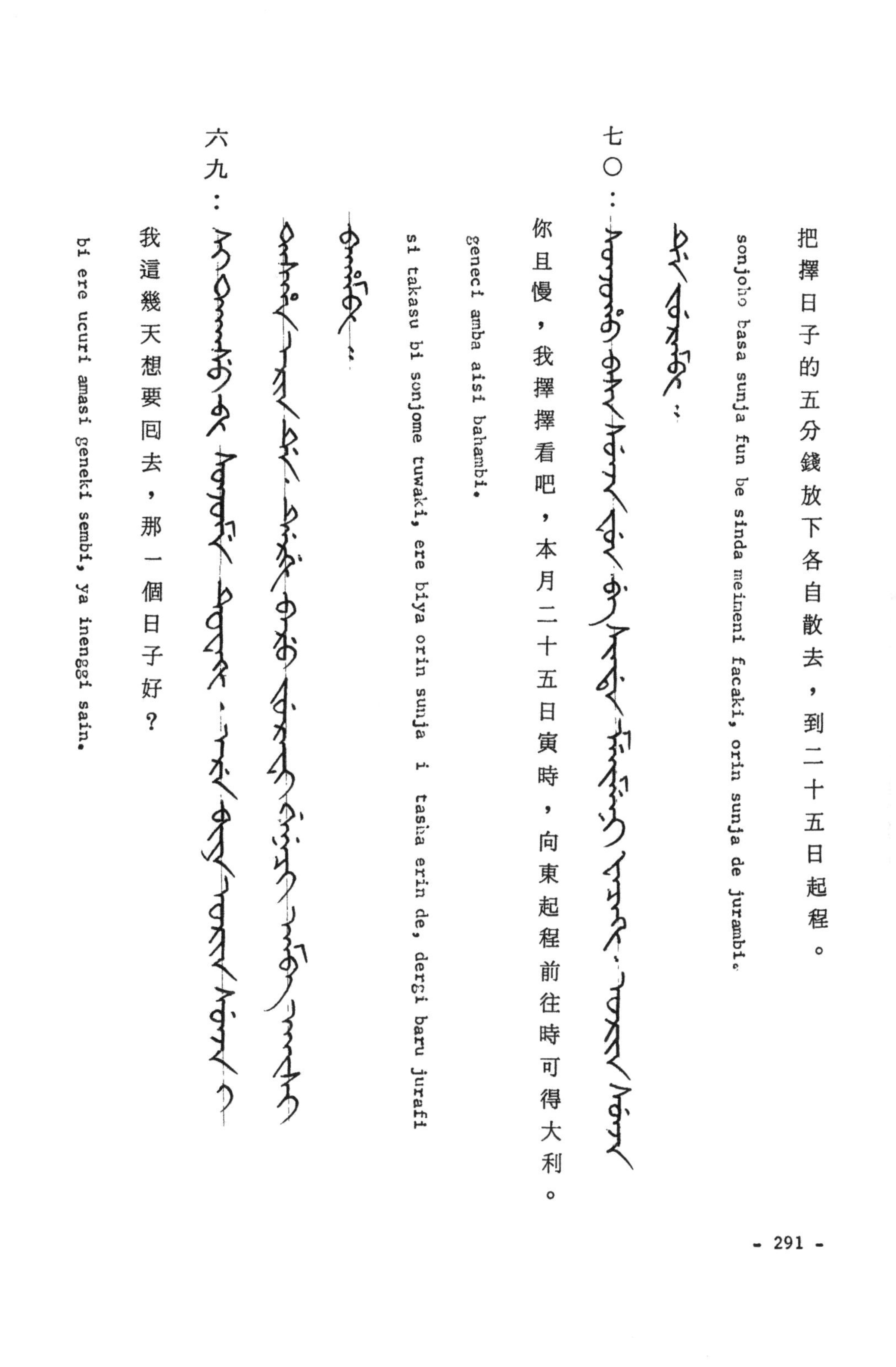

把擇日子的五分錢放下各自散去，到二十五日起程。

sonjoho basa sunja fun be sinda meineni facaki, orin sunja de jurambi.

七〇：

你且慢，我擇擇看吧，本月二十五日寅時，向東起程前往時可得大利。

geneci amba aisi bahambi.

si takasu bi sonjome tuwaki, ere biya orin sunja i tasha erin de, dergi baru jurafi

六九：

我這幾天想要回去，那一個日子好？

bi ere ucuri amasi geneki sembi, ya inenggi sain.

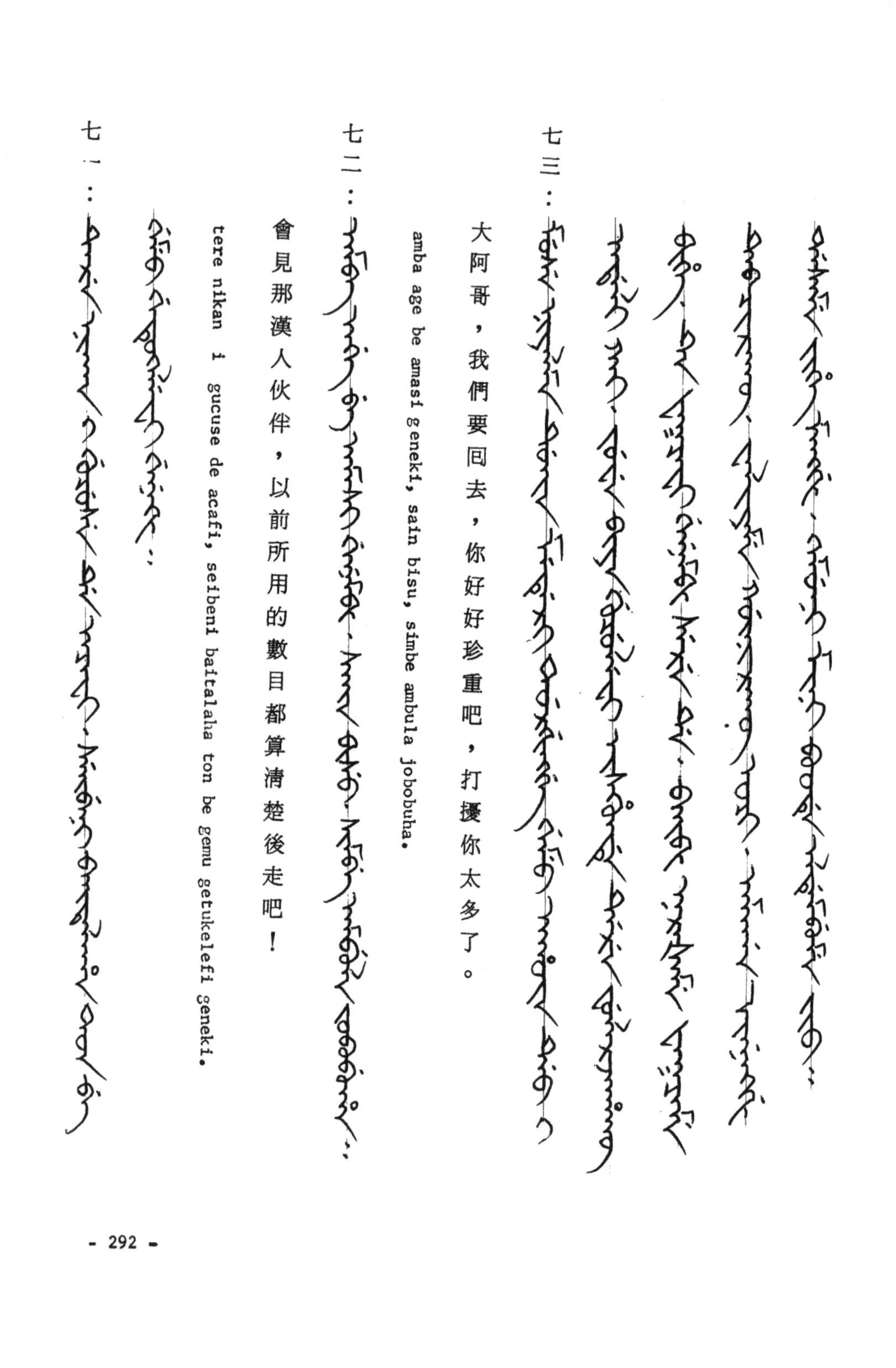

七三：

大阿哥，我們要回去，你好好珍重吧，打擾你太多了。

amba age be amasi geneki, sain bisu, simbe ambula jobobuha.

七二：

會見那漢人伙伴，以前所用的數目都算清楚後走吧！

tere nikan i gucuse de acafi, seibeni baitalaha ton be gemu getukelefi geneki.

七一：

又怎麼得知再相見？

geli acara be ainambahafi sara.

七四：

仍請光臨　寒舍吧！

現在分開要走了，徒然感到戀戀不忍分離，如蒙不棄，日後再來時，

我們人類四海之內皆如兄弟啊，交了兩個月的朋友，彼此不曾面紅，

waliyame gūnirakū oci, amaga inenggi dasame jihe manggi, kemuni mini boode eldembume jio.

dere fularjahakū bihe, te fakcafi genembi sere de, baibi narašame fakcame tebcirakū,

muse niyalma duin mederi dorginggE gemu ahūn deo i adali kai, juwe biya guculefi ishunde